地火

李亚东 著

加拿大国际出版社

书名：地火
作者：李亚东
出版：加拿大国际出版社
印刷版国际书号 ISBN:978-1-998479-29-0
电子书 ISBN:978-1-998479-30-6
2025 年 4 月加拿大第一版
2025 年 4 月第一次印刷

Published by: Canada International Press
ISBN: 978-1-998479-29-0
E-book ISBN: 978-1-998479-30-6
First Edition in Canada, Apr. 2025
First Printing, Apr. 2025

自 序

编这本书，是受到推动。

2011 年秋，笔会 10 周年时，我写《正声何微茫，哀怨起骚人》。世存读后写，“你的每篇散文都需要多读，这样有文字尊严和人的尊严，真是罕有。”第二年 6 月，又读《清理奥革阿斯牛圈》，喝彩“好文！你的这些文章也该结集了吧。”

同时有北明。2012 年初，哈维尔远去，我写《远房表叔》。北明读后叹：“又看了一次，深得我心！文字就该这样写：仔细倾听言说自己心灵的声音！谢谢你！”同年 7 月，再读“牛圈”，回复“要不是你，还有屈指可数的几位作家评论家，我就关上了大陆当代文学的大门！你的相关文章我都读。以后你出了集子，记着给我留一本。”

好的好的，记着记着。虽然如此，走着看着。

终于有人，来推动我。在美国的蔡楚兄，以推广“野草”为己任。2017 年 6 月问：“8 月底瑞典笔会有个文学会议，我想知道你是否愿意参加？”我人去不了，可应九九请，写了篇诗论——“想到写九九这篇，9 月份去瑞典开会的话，兄可散发一下或代为宣读？”回答，“作为书面发言放入会议文集里应该没问题。”我开心：“谢谢！人没去，文章去了，‘我欲因之梦寥廓’。”

2018 年 4 月，四易其稿后，改定“深水鱼”。当然广而告之。蔡楚兄最积极，分析国内能发表的机率很小，“如果不能发表，我有几个想法……最后才考虑在民主中国上发表，由中国民主转型研究所出版一本书。你看如何？”

网络发表，我很犹豫。虽然明白，自己“看重纸媒，跟国内学术界风气有关——不轻易引用网络。当然是不良的惰性，更是一种自我阉割”；尽管如此，怎么说呢，还是看重一个“学术共同体”的看法——“哪怕国内的‘学术共同体’，包括诗坛和期刊并不上进——这几年出于可以理解的原因，进一步‘收紧’。”但是蔡兄，所见不同：

“文章所体现的价值需要学者和受众知道。网络传播快而广，不局限于学者的研究。再说，出版后可赠送图书馆，供学者查阅。”

终于决定，出一本书。“地下文学现场”为题，选了十来篇。“只是加起来有 20 万字以上，超出了原先‘小册子’的想象，也增加了成本。所以还要斟酌。”

不管怎么讲，步子迈开了。出于虚荣心，还请人站台。

先跟一位，自己看重的朋友试探：“想到什么时候，编成一本书。请你写个序，会被拒绝吗？”他答：“有地方出版吗？现在发声太难了。十天前为张鸣写的序不仅出版社不用，就是网上也发不出来。”可接受了，“大作断断续续读完，介绍文字可能要慢慢来”。2019 年，“新年第一愿，希望能把小文写出来，虽然还没找到感觉”。到了 10 月，说“今年好奇怪，身边的亲友好几个重症，走了三位了，焦头烂额”，我说亦然，颓唐得很，“也就更任性了：想不了那么多，趁能写时赶紧写”。他答“对，先写出来。你的文字会是一个标杆。”

尽管这样，泥牛入海。一直到现在，我都不好催。

再就是王牧。18 年 5 月，我说“想出个集子，能否赐个序？不一定长，直接指出问题。”回复“当然好啊，发给我吧”。又问：“自己印吗？正式出，我写的肯定通不过。”——那时已经，山雨欲来。谁都能感到。

能说什么，到了年底。能说什么，五年过去。

记得多年前，2011 年春，还是“胡温时代”，他写了篇《忍看朋辈成新囚》，说“公共生活中的恐惧，就如公共生活中的邪恶，都是海量的”；有一天进去，“如同去非洲……昨天以福音为生，明天还是以福音为生。因为召我们的，既是昨天的神，又是明天的神。”

我想一切，都在上帝手中？虽然很多事，我们人猜不透。

这五年里，发生的事：

2019 年初，被威胁“公职”。要信仰就不能要饭碗。

这年 5 月 3 日至 5 日，“基督教与文学艺术”会议在美国普渡大学举行。接到邀请，“相约普渡”，未能成行。

同年 11 月，沙河先生弃世，遂“为流沙河辩诬”。

次年 3 月，疫情正盛时，“恶水上的桥”改定。

谁曾想，连续三年，“万万生民伤洗劫，区区棍竖逞枭雄，不可思议”。

2022 年 11 月，退休。

嗯，差点忘了！围绕出书，2020 年初，蔡楚兄邮件：“你的书稿完成了吗？我已找到一个出版渠道。”

没有回复。没有心情。

2023 年 12 月 12 日

目 录

正声何微茫，哀怨起骚人 1
清理奥革阿斯牛圈 21

风动花开日，把酒话桑麻 77
“不知有谁能够，倾听他的沉默” 86

落叶满空山，何处寻行迹？ 101
地下文学的“深水鱼” 105
长沟流月去无声 247

查勘地下文学现场 254
讲述是我们的首要责任 285
思到无邪合打油 298

悠悠苍天，此何人哉 313
“在这个冬天，我们靠一些词语取暖” 383

为无权势者立命 424

正声何微茫，哀怨起骚人

——为独立中文笔会十周年而写

我入笔会是 04 年，刘晓波当会长时。

记得廖亦武和王怡，是我的介绍人。大致的情形是，老廖先拉王怡、汪建辉加入，当时我也在场。到了他俩批下来，我还没提出申请。以至老廖有点不高兴，说不愿意就直接说，用不着看朋友面子。其实我是疏懒。顾虑总有的，没到那一步。何况我也，在乎尊严。

我是在乎尊严，无论做人还是写作，就叫虚荣心吧。分析下我的入会心理，大约几个方面：一是荣誉感或虚荣心。创建笔会的那些人，都是人中龙凤，都赢得我敬重。能跟他们在一起，当然无上光荣。就算有点风险，早已有人说过，“择福之道、莫大乎与君子同祸”，还是一种光荣。二是功利心。自己好歹文学研究者，吃的是“中国当代文学”饭。要想研究到家的话，第一手材料或现场感很要紧。呵呵，看我私心杂念。

真正打动我心的，还是“独立”二字。长久以来，匍匐在国家体制下，有什么独立可言？名义上“群而不党”，人与人分隔成互不往来的“单子”，有什么独立可言？就算珍视自我，自由藏在内心。那叫自闭，还不是独立。因为独立在与人关系中实现，自己跟自己只能叫孤立。我确实自闭已久，人都憋出了毛病。不惯与人往来，人多就感到窒息。实际上还是，匍匐在莫非王臣的网络中。觉得这样不行，应该调整自己。现在有个笔会，是国际标准建立，既能保持独立，又能相望或相忘于江湖。两方面好处都有，岂不甚好？

所以我加入了。记得王怡当时打趣，我们不止“国家级”。国际笔会在联合国科教文处于A类地位，胡适当过主席团成员，林语堂当过笔会副会长。论起资历啊级别来，我们比“中国作协”高多了。一席话让我们几个很受用。不过受用是受用，笑过也就算了。本非身外寻找意义的人，该干什么还干什么。因此在笔会七年，基本是潜水员或者隐士。不想打扰人，也不想被打扰。

但是当个潜水员，也有一份梦想。我的梦想有两方面：一是做人、二是写作。

写作方面，我动笔少。衡量自己和他人，都要有生命体温。譬如野夫获2010年自由写作奖，我曾参与提名。记得当在美国的一平兄提起时，我欣然赞同，还很来劲，凑了几句话寄去——“楚人的后裔野夫，通过披麻戴孝的写作，为自己去耻辱，为末世做见证，也为古中国招魂。作为屈原、司马迁与李贺的结合体，昭示出自由写作的无尽生机。”

做人方面，举个例子。是09年3月，笔会在香港举行自由写作奖颁奖典礼。可能由于我的默默无闻，成为“唯一一个成功从大陆赴港的笔会成员”，并接受自由亚洲电台采访。我说“坚持独立写作要有心理准备，很多东西不会给你。”那次香港之行，见识到什么是人的尊严。——印象很深地记得，颁奖礼后的星期天，从汇丰银行到维多利亚公园，一路在成片“菲佣”堆里穿行。感到不可思议，甚至“有碍观瞻”：据说每到星期天，“菲佣”都在这儿集结，享受法定的休息权。没有雇主会说半个不字。据说香港这地方，没有非法城管，法律上也没“清场”之类。人家在这里休息，没做违法的事，谁有权力管呀。据说这就叫，传说中的“法治社会”……是啊、是啊，我连连点头。突然羡慕起法治社会。看人家香港社会，连“菲佣”都那么有尊严！

说到“连”，因为我是大陆过去的，思想和表达时摆脱不了人分三六九等的旧习惯。换句话说，我的心灵被污染了。而且意识到，我的审美被绑架了。怎么别人在地上休息，就会冒犯我的“美感”？一下子“城市形象”啊、“有碍观瞻”一类词就冒出来，敢情我在审美上有了洁癖，跟内地那些父母官啊市长穿一条裤子？还自诩热爱自由民主的人呢。其实一个人厌恶专制，不等于热爱自由。真的见了自由，或许叶公好龙呢。以至于一个人是否真的反专制，也很难说了。“菲佣”的星期天，给我上了很深的一课。

“菲佣”的星期天，至今在提醒我：有谁劫持了我的美感。说是我的，何尝是我的？说是美感，何尝是美感？矮人看戏何曾见，都是随人说短长！意识到这些，不能不沮丧。表面上独立的人，还不是人的全息？在大陆活了那么久，经历了反复搓洗、漂白、染色、浆直、裁剪的过程，早就变成了大陆的一部分。说什么“出淤泥而不染”，哪有别人“菲佣”有尊严？别给自己戴高帽子了，总算意识到这一点。就像哈维尔曾经发现：“我都已经变得习惯于极权主义体制，把它作为一个不可改变的事实来接受，并保持它的运行”。

真的，我们何曾享有，“菲佣”享受到的尊严？！不知道真理其实简单，而且一整套语义系统，思维、表达、想象方式和审美趣味，都被旧世界污染。这方面的问题，不像平素以为的那么轻。它很深、很隐蔽、又很普遍。就说我们自己吧，——笔会是怎么回事？独立写作是怎么回事？是审美的、艺术的吗，还是贴个标签“政治的”，抑或奥威尔主张的“政治写作作为一种艺术”，还是几种情况都有？我们的写作在学科上怎么定义，有大义名分和知识尊严吗？以及我们笔会的写作，和笔会之外汹涌澎湃的民间写作，对于太平盛世、繁花锦簇的文学格局，有什么价值和意义？进一步说，我们一切独立写作，究竟有什么特征？以及独立写作与一切不独立的写作——姑且叫官方主流写作（有些人忌讳“官方”一词，可在一个社会发育不良的社会，只有官方控股才有所谓“主流”），在哪里分开的？

我想这一系列，困惑着许多人。我想一切有价值的写作，都要面临拷问，就是要与混沌搏斗，筚路蓝缕。要之，“有一种更高层次的怀疑，它每天都在不断地与自我战斗”。

我想尝试做下梳理。

首先想说，一切独立写作都是自我赋权的，哪怕写作者并没意识到。独立写作是自发性的，有话想说才拿起笔来，不是出于外界诱惑（比如市场，可市场也加压）或外部压力（比如领导，可领导也诱惑）。就是说独立写作，一般是非功利的，是出于内心需要。根据这一条，独立写作与不独立写作，看上去范围太大，其实好分，写作者自己心里清楚。其次我想说，既然是自我赋权，是春鸟秋虫自做声，独立写作就不可避免带有反抗压迫或争取独立的性质。这里说的压迫，不光是政治压迫、极权主义；也不是写作者需要敌人，而是外部物质世界不鼓励一种“非功利性”，物质世界要对心灵施压。如果顺从压力或不反抗，心灵就没有自己，写作者就没有尊严感。所以很多时候，独立写作是一种“充满敌意”的写作。那是它的外部特征，不是所有作品都那样，更不是它的出发点。在本质上或初衷上，独立写作是争取自我尊严、却没有敌人的。它的眼界开阔得多，并不停留在政治、社会层面。

上面两条很笼统，可也凸现了“独立写作”的特征。它是自由的、非功利的，”是反抗的、争取尊严的。仅此两点，已足以把形形色色的独立写作，与形形色色的不独立写作分开来。（虽然具体到作家、作品，有时还需要辨认）由于头一条，它是审美的而非狭义政治的。由于后一点，又带有广义政治性，甚至带有“维权”的特性。——是否显得矛盾呢？其实不。没有敌人是原则，心怀恶意是处境，并不纠结。本就是自我赋权，遇到压力才反抗。古人说的“不平则鸣”，本意也是像水一样，“初无定质，但常行于所当行，常止于所不可不止”。据此，我们完全不用理睬那种对独立写作乱贴“政治性的”标签的举动。

独立写作的出发点，肯定是审美性的。归宿呢，有时候是审美的，有时候走上了歧路或中途迷失。这也不奇怪。毕竟中间有很长一段路。在这条取经路上，审美与非审美、艺术的与政治要相遇、纠缠、周旋、较量，有时候审美与艺术会败下阵来。我们不希望那样，那是我们的失败。可从根本上讲，任何人不能期待自己会避开这种纠缠、较量和生命的耗费。自由与审美也无从避开不自由、反审美的围堵。事实上，你说自己在审美，别人说你冒犯他的权威，那有什么办法？就像美学家高尔泰一生所经历的，不管他怎样分说如何申辩，一个等式都成立了：“强调美的主观性，也就是强调人的主体性，人的自由权利，呼唤人文精神的多元性，等于挑战权力意志”。哪怕换个语境，等式未必成立。正如人们常说，“谁叫你生在中国”。因此，他的美学就被视为政治，爱美的人被“打入另册”。而那些顺从权力意志，一生命都用学术话语为“无产阶级政治”背书的，反倒成了纯而又纯的美学。事情不是颠倒过来了吗？

我们的独立写作，遇到了同样的纠缠。

去年老廖在柏林，表达了个重要观点。就是作为中国作家，有个理想就是恢复中国人的审美能力。他在答记者问里，有句引人注目的话——“对于美和丑，我个人和官方有不同的看法。”他的那个理想，能否实现姑且不论（我个人觉得，还没跳出“现代中国文学感时忧国的精神”）；我想说的是，他谈到的不同很要紧。就是在审美上，我们和官方看法有分歧。我们坚持自己的眼光，他们坚持自己的权威。事情看起来错综，简化说就是如此。

老廖的话很对，却没有充分展开。他所谈的问题，也没有得到足够的正视。我们和官方围绕美和丑的分歧，远远没有得到强调和梳理。我认为需要作补充，把问题摊开来说。如果不明了这个问题，不弄清它的来龙去脉，独立写作显得名不正、言不顺，写作者自己也感到理不直、气不壮。现有的大陆语境，也是不利于我们。目前的大陆语境，经常鱼目混珠，还恶紫夺朱。不利于我们深入分析问题，还时常偷梁换柱、倒打一耙！事情确实颠倒。

真正的不同，发生在审美上。我们跟官方主流，确有不同的认知。我们坚持自己的审美，他们说是“政治性”的，我们不承认却无力反驳。要我们否定自己，我们又如何做得到？你们有自己的美，可不该定于一尊。如果定于一尊，我们就得不到美。但愿有多种选择，可在时下中国，个人得不到尊重。坚持个人趣味，等同持不同政见。从五十年代至今，进步何其缓慢。甚至根本不承认，你提出的是“问题”。这几年反三俗、唱红歌，都不是新问题。记得十年前王怡为F4辩护，写了那篇《美得惊动了党中央》。大意思是，我们可以承认自己缺乏道德，不能承认自己没有品位。“如果说我的政治觉悟低于政府，我只好沉默。如果说我的道德水准也低于政府，这口气我也忍下了。但要说我的审美品位也低于这个政府，这个押我就死活也不能划。”我想他所表达的，是从高尔泰到廖亦武们始终如一的观点。

我们独立写作者与官方主流作家，确实是各执一辞。他们说我们是“政治性的”，说他们自己“纯文学”。我们的回答是，其实各有各的政治、也各有各的文学。他们有自己的政治，我们有我们的文学。根本不是什么，文学与政治的对决，而是我们不同的写作者，在职业上有各自不同的追求。作为成年人，应该不掩饰自己观点。作为写作者，最好维护自己的职业尊严，不要携带着文学傍任何大款。把问题摊开来，看哪里不一样。我想坦白地讲，我们是两套不同的运行系统，“信与不信的不可同负一轭”。

那不同的文学观，究竟不同在哪里？

首先对“文学”的定义上，各执广、狭之一端。官方主流作家醉心学科意义上的“纯文学”，就是把文学与“非文学”（政治、历史、哲学、宗教等）撕裂，文学只是诗歌、小说、戏剧、美文等。虽然这个观念遇到抨击，如现在有人说，古典时代和现代主义式的大师创作，早已被后工业文明的文化扩张吞没，剩下的不过是一群畅销书职业写手。“所谓纯文学这种说法，在后工业文明时代，不过是痴人说梦。”（陈晓明）可大体上，大陆的文学体制（不光中国作家协会，还有社科院、大学、出版社等）是维护它的。就像当年革命时代，为政治服务是合法的国家文学；在改革、后改革时代的今天，“纯文学”（或叫“严肃文学”）具有国家文学的合法性。可惜有些人，竟罔顾“老大”存在的事实，说自己在天高任鸟飞。

独立作家则倾向于主张，一种整全而健康的文学理想。即按照国际眼光，丘吉尔的历史著作可获诺贝尔文学奖（“由于他在描绘历史与传记方面之造诣和他那捍卫人的崇高价值的杰出演讲”）；按照中国传统，则经、史、子、集四大部，不是只在“集部”有文学。无论按照中国传统还是国际眼光，文学的路子都是宽广的。有的论者甚至回到《文心雕龙》（“文之为德也大矣，与天地并生……此盖道之文也”）那里，实可谓反动。

其次在文学与世界的关系上，有迥然不同的取向、趣味。主流作家为生存而写作，他们把“生存”啊、“活着”抬得很高；独立作家为心灵而写作，人不光要活着，还想要有意义。由于注重生存，主流作家关爱肉身，而且明显地，抑制不住文化市场上分一杯羹的冲动；独立作家则有强烈的边缘感、疏离感，感叹“吟罢低眉无写处”，甚至接纳“忍看朋辈成新囚”。这里说的朋辈，多为“嘤其鸣矣，求其友声”而已。也就是心灵性的。由于种种原因，独立写作“失掉了土地，得到了天空”。不，这样讲不准确。准确地说，该是承认自己匍匐在地上，却大声说，“我自爱我的野草，但我憎恶这以野草作装饰的地面”。

在对共和国文学与世界文学的关系上，主流作家虽然大量模仿西方和古代，很大程度上在技巧、文体、修辞等层面，他们很多时候偏向表扬和自我表扬。有时甚至按捺不住想要挤入“文化奥运兵团”的冲动，梦想“出征”这里、那里。独立写作者没那么多“国家队”意识，强调写作是私人的事，是纯个体性的精神劳动。它属于民间、属于社会，与官学无涉、与官场无干。“官方可以成立宣传部，大搞宣传，大搞‘五个一’工程，但从本质上是非文学、非艺术活动。”（章诒和）在对“中国当代文学”的评价上，偏向于一种批评的眼光，对“五粮液”啊“二锅头”的议论也能听进去。认为六十年一段窄轨铁路，影响到我们能走多远、能否与世界同步。相对而言，更青睐西化和“万恶的旧社会”，也可谓反动。

三是文体和语言方面，两类人表现得太不一样。

主流作家讲求文体与类别，喜欢个“黑质而白章”；独立作家的文体，则不守章法，甚至桀骜不驯。前者亦步亦趋，后者喜欢创新。有时让人“认不出”。比如作家汪建辉，我曾说他《人间的思路》，“无意于成为传统意义上的小说。你可以称它小说，也可以说是散文、随笔，甚至不妨说是哲学札记。这种桀骜不驯、散漫无归的文体，称它流浪汉文体好了。”事实上它，表达了流浪的思想。再如他的《十四年》，是一个纪实、梦呓、旁白、独白、引证、摘录混杂的长篇。甚至把友人狱中寄出的信件也公布出来，表现一个作家在专制之下、世态炎凉之中，不可抑制的古道热肠。可惜大陆的文学格局，已形成了新的“三一律”。因而像廖亦武这样充满突围意识、跨越不同门类，被德国汉诺威大学 Detlef Claussen 教授指认“是一位伟大的全才艺术家，他乃是集诗人、音乐家、演员、史记家之大成的人”，在共和国的文学秩序中很难得到恰如其分确认。显然是，生产关系束缚了文学生产力发展。

语言方面同样。据说今天主流作家，高度强调语言，乃至标榜“在汉语中出生入死”。强调语言当然没问题，也要看究竟做得怎样？由于对整体语境的臣服，对语义系统的被污染失去警惕，他们的感受一步步钝化或疲软。甚至渐渐地，成为自我的压制者。还是乔治•奥威尔讲得有理——在我们时代，“不问政治”是没有的。所有的问题都是政治问题，而政治本身又集谎话、遁辞、蠢事、仇恨、精神分裂症之大成。“不论什么色彩，凡是正统，似乎都要求你采用一种没有生气的、鹦鹉学舌的文风。”（《政治和英语》）一个现成的例子是，《王力雄退出中国作家协会的声明》里统计出来的：一个由作协全体委员通过的《决议》总共 543 字，其中 413 字是“讲政治”。——“偌大中国集中了几乎全体最善文字者的作家协会，怎么就只会说这种僵尸般的语言？！”

确实是僵尸般的语言，不想举太多例子。还不能单纯说是，“总气候一坏、语言就受害”，而是许多人主动“抵押掉了所有人格、良知与气节向权力摇尾献媚”。当然有人格分裂的，以为自己能操“两套话语”或更多话语。我想那是想得太简单了，事情不会那么便宜。得到一个东西，总会有失去的。一个说惯官话、套话的人，怎么会面目不可憎？真正走到那一步，谁会有办法解脱？一个人的语言与他的真实生活，关系太密切了。现在多的是鲁迅所谓“二丑”，以为在人在鬼那里都很胜任，也真是把“人”看扁了。现在确实有许多“新词”、“淫辞”，语言的狂欢与意识的腐化相互摩荡，促成了一种“浮夸的文风”。一本书叫修辞，五本书叫风格，五十本叫风尚，五百本叫繁荣。据说中国文学，就此繁荣了。

确实是标准不同。不同标准的两类人，在一起话不投机半句多。

当然最不能沟通的，是美学兴趣和癖好。

主流作家信奉一种成功主义，他们大抵是“乐感文化”；独立作家以“失败”为核心，他们是“悲哀传统”。主流作家歌功颂德，独立作家写失败之书。怎么理解呢？看看表现吧。余世存在为《尘世挽歌》作的序里说，野夫的散文揭示了死亡。在汉语的散文史上，在20世纪以来的中国，除了鲁迅外，很少有人这样集中地、执着地叙说死亡。除了意义丰富的死亡主题，还贡献了中国人生存的另外两大主题：恐惧和残忍。其实不光他如此。廖亦武、章诒和、高尔泰等差不多。都是在世界面前，裸陈我们的卑怯、软弱和绝望下的扎挣。王怡说廖亦武：对曾经的诗人而言，活在这个国家，就是一种与生俱来的灾难。“像狗一样的活着。然后写作。写作仅仅为了见证像狗一样的生活。”章诒和言：“我这辈子没有什么意义和价值，经历了天堂、地狱、人间三部曲，充其量不过是一场孤单的人生。我拿起笔，也是在为自己寻找继续生存的理由和力量，拯救我即将枯萎的心。”高尔泰则以“四十来年家国，多少血泪消磨”概括自己。在他的心底，永远是“月照大漠，天地一片空白”。我的一位朋友说，每次看高尔泰都要哭一场，常常想，一个人活在这个无法言说的世界上，到底是为了什么。

这样看待世界和自己，在主流看肯定是不健康的，可以说是扭曲、变态、偏执。其实作家自己清楚怎么回事。廖亦武主张，“刽子手制造血腥的现实，诗人制造血腥的文字”。野夫坦白，“雪下在大地上，我写下的却不是诗句，是彻骨的寒意，是对一个恶世的诅咒。”在章诒和看来，神州大地，美不胜收。但是任何一个人只要怀着人道情怀和苦难意识，就很容易发现美景背后的灾难与不幸。她明确提出，“中国是有悲哀传统的”——我们不仅要为“五十年无祭而祭”，还要追述和追究“土改”、“肃反”、“三反五反”、“肃胡”、“反右倾”、“三年大饥荒”、“十年文革”和“六四”。几十年无数话语，无数命债，都无可奈何地画上潦草的句号。“现在，我们要重新述说、重新书写。只能这样，也必须这样，况且时间已经不多了。”高尔泰《寻找家园》沉重如山、灵动如水，堪称“关于苦难的艺术之书”。但也是压着极大的火气写的，是“把毕生的愤怒铸成一个个汉字”。

这样的主张、这样的书写，有美学或叙事伦理的合法性吗？

可从几方面来说。

从艺术原理来说，文学与失败结缘。所谓“文章憎命达”、“诗穷而后工”，以及“欢愉之辞难工，穷苦之言易好”，还有“家国不幸诗人幸，赋到沧桑句便工”，意思差不多。拉斯金那句著名的话，少女可以歌唱她所失去的爱情，守财奴却不能歌唱他所失去的钱财，意思也差不多。就是说文学跟俗人相反，她是嫌富爱贫的。而从写作者一端来看，则“所谓诗人，是那种对忧患意识特别敏感的人们，他们能透过生活中暂时的和表面上的圆满看到它内在的和更深刻的不圆满，所以他们总是能够在欢乐中体验到忧伤。”（高尔泰）

从历史和现实来说，二十世纪苦难深重。世界如此，中国同样。外部世界如此，内部世界更是。二十世纪的世界文学，主流为现代主义。什么是现代主义？就是文明一败涂地，一切坚固的都烟消云散了。现代主义文学，多以“城堡”、“流放地”、“荒原”、“迷宫”为主题。叶芝坦承，最崇高的人缺乏信仰，最低劣的人却充满激情。米沃什自白，在恐惧和战栗中，想要实现自我的生命，“就必须让自己做一次公开的坦白，暴露我和我的时代的虚伪……”。哈维尔的看法是，我们只有先沉到井底，才有指望看到星星。二十世纪现代主义文学的鼻祖卡夫卡，被称为“失败主义大师”。本雅明断言：要公正地评价卡夫卡形象的纯粹性和独特的美，“我们不能忘记一样东西：它是失败的纯粹性、失败的美。”

二十世纪中国，不在世界之外。革命突飞猛进时，人性被犁庭扫穴。北岛说以太阳的名义，黑暗在公开的掠夺。后改革时代依然如此。野夫写道："血沃中原，始终难以催生自由的劲草；尸横长街，平添专制恐怖之膻腥。"二十世纪中国文学，有人说以"荒寒和冷硬"为特征，我想那有充分道理。表面上看 1949 年后，文学跟上时代凯歌高唱，其实人的内心逐渐死亡。高尔泰说，"一杯在手君无怪：不知何处是故乡"。廖亦武叱责"太阳有毒，看客是猪 / 你无家无国无底气"。是啊，活在今天有何"底气"可说？

当然，"当代文学"主流不是如此。中国古代有"发愤抒情"的传统，"革命"使它中断了。我们一直有伯夷叔齐、不食周黍，有楚虽三户，亡秦必楚，有田横五百士，孟姜女哭长城；——或许它们不是史实，却是中国心灵的真实。我们一直有屈原的传统，也有司马迁的传统。有孔子作《春秋》而乱臣贼子惧的传统，也有《红楼梦》"满纸荒唐言，一把辛酸泪"的传统。它们都是，好的资源。当然古代也有坏传统，如歌功颂德、"瞒与骗"、"大团圆"等。我觉得基本上，1949 年以后的大陆主流，是沿着后者走的。

1949 年革命胜利，马上开始歌颂功德。第一次文代会上，周扬就直截了当要求——"假如说，在全国战争正在剧烈进行的时候，有资格记录这个伟大战争场面的作者，今天也许还在火线上战斗，他还顾不上写，那末，现在正是时候了"。他要求作家歌颂战争、歌颂胜利者。跟现代意识形态宣传比，古代"凌烟功臣少颜色"。"新时期"出现转机。无论中国社会，还是中国文学。可是现在，人们选择性谈论问题。经常对后三十年与前三十年的不同，喜欢大书特书；而对六十年的一脉相承，就闪烁其辞不坦然。我以为变化是真实的、深刻的，不变也是真实的、深刻的。如要力求客观研究，就该看问题全面。历史不是"换了人间"。如考虑到九十年代对八十年代的背叛，以及很多领域"国进民退”，历史更不是凯歌高进。

现在，主流作家学者不约而同，渲染“不少西方人把中国当代文学视作为中国政府歌功颂德之作”，是“西方社会对中国当代文学意识形态的偏见”。事情有那么滑稽吗？我觉得需要分辨，有些东西需要正视。如在官方主流那里，8964 事件对中国近二十年文学的影响，基本没有正视。也见不到研究者梳理。但我想说的，还不是这个。我想说其实更早些时候，中国作家就走上了不同的路。如 1979 年新时期起始时，已经有被掩盖的历史关节点。据刘宾雁回忆：“1979 年起，作家们的创作自由确是有所扩大了；但是保守派力量还相当强大，说真话还有一些危险。就在这同时，很多作家就宁愿放弃自由、而走上一条既安全又可以名利双收的道路。”(《“精英”的叛卖》)可叹这些得不到细致清理。六十年也得不到细致而系统全面的清理，每一段都在痛说“今是而昨非”，都在编造一套有利于当局者的话语。一个基本事实是，1979 年开始不说，哪怕八十年代崛起的那些（无论寻根派还是先锋派，现代派相对边缘）现在既安全又名利双收，蛮像当年归来的“老干部”。

书写过去为现在服务。文学史呢，肯定要遮蔽那些“搅局”者。

我不是说，独立写作只是刘宾雁的传统。虽然事实上，从刘宾雁到今天的独立写作，有精神血缘上的联系。宾雁先生也是我们的创会会长。可涉及到“刘宾雁与笔会写作”一大题目，我总感到踌躇。任何一种有生命力的写作，都不可能以人划分。事实上，为了理性探讨问题，我觉得与刘宾雁分道扬镳的国家公仆王蒙，都可以作我们的参数。王蒙先生有篇《苏联文学的光明梦》，写得一唱三叹：苏联瓦解了，苏联文学的光明梦，产生这种梦的根据与对这种梦的需求并没有随之简单地消失。资本主义当然不是无差别的天堂。苏式社会主义实践的失败并不能证明资本主义的万事大吉。“……在这种情况下梦都不要做，太清醒也太沉重了。而梦做下去，就仍然会时而在这里时而在那里出现苏联文学的回声与反照。”虽然他的结尾，又一如既往摇曳生姿、顾左右而言之，毕竟他对“光明梦”的一往情深，已经苍天可鉴。王蒙当然在与时俱进、时时吸收新的东西。但是我想，说他只知道苏联而不知伟大俄罗斯，说他是吾国“乐感文化”、“大团圆”美学的传人，大概不算乱说吧？

我当然认定，国家公仆王蒙是我说的“官方主流作家”。虽然涉及到批评时，我尽量避免落实到人。我当然认定，刚才谈的问题，在官方主流写作不同程度都有。

怎么识别主流？最显著的外部标志是，众中俯仰不材身。是文格渐卑庸福近。

独立写作，当然很不相同。什么是独立写作？

独立写作是艰难的写作。对写作者而言，写作不是写作而是呼吸，语言不是语言而是血肉。作品也不是作品，而是自己的命根子。不为稻粱谋，不为颜如玉。写作者不表达自己，就会感到活不下去，就人生在世不称意。章诒和说，“对我这样一个生非容易死非甘的人而言，唯有写作才能进入我的骨肉，激活生命。”又说“这些事浸透着父辈的血泪，而我的笔并不出色，只是字字来得辛苦。”高尔泰说，“我之所以四十多年没有窒息而死，之所以烧焦了一半的树上能留下这若干细果，都无非因为，能如此这般做梦。”写《寻找家园》，又像在墙上挖洞。他提醒自己“要写得慢些，再慢些。少写，再少些”。即令写得如此艰难，写作者是经常感叹，“吟罢低眉无写处”。更有时，得接受“忍看朋辈成新囚”的事实。生存如刀尖。“侠客望着灵魂的锋刃慢慢起锈，他的余生将消耗在与那锈迹的搏杀中”。

独立写作是匹夫无罪、怀璧其罪的写作。由于对语境的高度清醒，写作者很清楚“字迹是赃物罪证”（高尔泰），或者说，“在一个思想犯罪的国家里，一个作家，如果天良未泯，如果试图表达更大范围的真实，那么，写作本身就是制造罪证。”（廖亦武）甚至可以讲，怀璧其罪是独立写作者免不了的遭遇。你的言说如何挣扎，你的愤怒怎样炼成。在这个意义上，汪建辉成了“文学特务”。他自己也承认，写作是有敌人的，文字“充满着恶意”。——在审查者的眼里开不出玫瑰，而只有棘刺。他们的工作就是将棘刺清除，而使玫瑰的生命转向苍白、凋零。“想想看吧，有思想、有个性、有重量的文字，能够通得过审查者的堵截，公开的光明正大的出版么？如果可以，那么我敢断定，这个政府不是专制的，而应该是民主的、自由的。”正因如此，中国大陆几十年的独立写作，不仅跟“国家机器”发生关联，环境好些的时候免不了要“非法出版”关联。独立写作的历史考证、版本变化，也给有志于研究它的人，出了很多题目。也可以说，一部作品是否“独立”，国家在帮着做鉴定。

独立写作是古道热肠、一梦千年的写作，是斯人已去、吾谁与归的写作，是抚哭叛徒、哀伤切齿的写作。独立作家笔下，有太多失败的事，挣扎的事，无望的事，苟且的事，疯狂的事，耻痛的事，死亡的事，生不如死的事。活着的甚至羡慕死者，死了就一了百了。可以说独立写作，基本是苦难叙事。独立写作是披麻带孝的写作，多少作品都是哭出来的。读者也是边读边哭、边哭边读。读着读着，泪往下滴、血朝上涌。说它不唯美不要紧，说它不文学不要紧。重要的是，活生生的人。眼睁睁看着，一条条鲜活的生命消失。《圣经》有云：“出来如花，又被割下。”亲爱的，究竟为什么呢？——也可能拣来的骨骼里，有他们的。“然而面对累累枯骨，谁又能够区别，英雄与奴才、殉道者与市侩、老实人与骗子、这个人与那个人？即使是未来的基因考古学家，又怎么能够知道，哪具骨骼里面，曾经‘满腔的热血已经沸腾’？更何况，早已经，没有人想要知道这个。”（高尔泰《安兆俊》）

独立写作是穷途末路的写作，是兴亡继绝的写作，是“归来兮！不可以久淫些。魂兮归来！”的写作。章诒和一曲挽歌为故国招魂，野夫在散文的形式里招魂，郑义痛感我有迷魂招不得，声声召唤“魂兮归来，一切活着与死去的痛深创巨的贱民们！魂兮归来哟！”廖亦武更是在64开枪后因号啕大哭而入狱。“招魂”构成他的罪状。魂兮归来，东方不可以托些。南方不可以止些。西方不可以淫些。北方不可以久些。魂兮归来，反故居些！在今天能够号啕大哭的人肯定是少有的赤子。可是为什么，要与广大人民为敌，说“在这史无前例的屠杀中只有狗崽子能够幸存”？要与文艺工作者为敌，说.“六四亡灵在上！我是个苟活的狗崽子，在政治和生活的双重暴力下，我四肢趴地矮下来，但我有脊梁、有血、有眼泪，我以后不希望别人以诗人或作家这样的名称来侮辱我。”廖亦武你为什么？

独立写作是见证的写作，就是经历了“奥斯维辛”，还要继续活下去、继续写下去。基本来说，奥斯维辛之后人们继续在写，只是写的跟以前大不同了。借用胡平先生的论述，则经历过大灾难的人，“意识到艺术必须将本身‘非美学化’以证明其存在价值。一个亲历苦难与罪恶的人深知，现实的苦难与罪恶常常是没有诗意的，如果你打算把现实塞进某种传统的美学形式之中，如果你努力将自己的经验改头换面塞进原有的、也就是大众习惯接受的文学形式，你就不可避免地扭曲了现实，落入媚俗的老套。”因此，需要创造一种新的文学。见证文学的出现，是经历大灾难后的“非如此不可”。从二十世纪世界文学说，从“大屠杀文学”、“古拉格文学”到中国的“夹边沟”等文学，精神血脉是贯通的。

总之，变化的生活、变化的心灵需要一种更有效的语言来表达。

独立写作是也流离失所的写作，也是天地大悲而无言的写作。一代或几代、若干代的无家可归者，讲述着不知何处是故乡。

在台湾的齐邦媛说："二次大战的那些法国人、德国人、捷克人等到战争后，终于回了老家。可我们回不去了。"在北美的高尔泰说："风物依旧，新世界不新，好像旧世界的延伸，只是没有了家。"最不难受的结局，也不过是——"在永恒的彼岸，一切的一切都烟消云散"，或：从巨流河到哑口海，"据说风浪到此音灭声消。一切归于永恒的宁静"。在大陆的野夫则说："一个个给过我少年养分的老人，似乎都在夕阳中列队，向一个叫着彼岸的地方出发。此岸的悲苦伴随了他们一世，我没有任何信心和能力，足以把他们留在尘世今生。"真是吾道不孤啊。独立写作是安魂的写作，是慎终追远、民德归厚的写作。如《报任安书》总结，"此人皆意有所郁结，不得通其道，故述往事，思来者。"

独立写作甚至，也是自嘲自虐、掘心自食的写作。据台湾诗人杨渡解读，野夫连同自己的童年教育、自身的残酷本性、家世的离奇遭遇，都一一拿出来细细审视，"这是野夫散文有别於其它散文的地方。它用鞭子打这世界，也鞭打自己的内心"。廖亦武说《中国底层访谈录》是自嘲自虐的，某种意义讲是本"无耻之书"，——"在血腥和无尽的苦难及羞辱之下，我们仗着无耻才活下来。才有了蟑螂一般健康而忙碌的日常生活。"刘晓波《来自坟墓的震撼》坦言："我这十年来，时时被负罪感所困扰。在秦城监狱我出卖了亡灵们的血，写了悔罪书。出狱后，我还有个不大不小的臭名，得到过多方的关怀。而那些普通的死难者呢，那些至今仍在牢狱之中的无名者呢，他们得到过什么？每每念及此，我都不敢往自己的灵魂深处望一眼，那里面有太多的懦弱、自私、谎言和无耻。"因此他超越了旧我。

独立写作是上穷碧落下黄泉、两处茫茫皆不见的写作。高尔泰在感激命运的同时，表达自己的负罪感："生而为人，当先尽人子、人夫、人父之责，而后才有资格负匹夫有责之责。无论客观如何，最起码要照顾好孩子。这种连动物都能尽到的责任，我没尽到。对不起孩子，也对不起她们的已经去世的母亲。不孝不慈，岂可委过于乱世？”郑义《招魂》一次又一次追问“我是谁？”他痛彻肺腑地发现，自己心底潜藏着一只阴沉的兽——“是的，是仇恨，以及对仇恨的惧怕。但我无力驱除。三十九年过去，有谁曾向我表示过悔恨、表示过哪怕一点点含蓄的歉意？他们中的多数幻灭了内疚了，但仍有政权在握者至死与民众为敌。……血流得太多了，苦难太深了。我不可自作多情。我无法宽恕。我无权宽恕。我做不到。我走到了人的尽头。”写到这里，我感到不能再引用。

你不能不感到，恐惧和颤栗。确乎是，“我似乎走到了人的尽头。我向往光明，心中却有千年长夜。……你那使太阳暗淡的大光竟在何处？”读着这样诚实的文字，听到这样啼血的呼喊，我突然有点写不下去了。这是怎样的写作者，在怎样艰辛地寻求救赎？想到王怡在 71 届国际笔会年会上的愤激：“……请诸位看，这是一群多么卑微的写作者。他们在接近人类最低的那个起点上开始写作。这个起点就是一个被损害者的尊严。就是活得像一个人，一个自由人。在我的国家，所谓作家，不过就是有能力通过文字、通过写作使自己活得不像狗的人。”当然也有人批评，中国文学有内在的缺陷。“往往只体验到外部世界的荒凉和虚无，对人本身的内在缺陷认识不够深刻”等。我想说，看人挑担不吃力。

当然，我说的是当然，官方主流写作没有这种困扰。他们有时也讲“反思”，那是针对别人。他们要求别人掘心自食，自己不妨继续深揭狠批。他们红得像丹顶白得像天鹅。他们曲学阿世、随人俯仰。他们优孟衣冠、傀儡儿戏。他们挥动生花妙笔，营造“好的世界”。有时跟着号令起舞，丧事当喜事操办。他们蝇营狗苟，快活如蚁。爱党爱国，大义凛然。一涉功利，皆为苟且。他们是些妙人，常损着别人的牙眼，却反对报复、主张“宽容”。秋雨含泪、兆山羡鬼、发模舔菊、林貌杨音……——“文人画士之祸之烈至此哉”！一个奇妙国度，草泥马戈壁。还是悲惨世界，依旧人间喜剧，只是没有但丁《神曲》。对于他们的“文学”，流沙河先生厌恶不已：“十年来，我厌读那些远离现实之作，藻饰脓疮之作，涂改历史之作，贩卖乡土之作，玩弄智巧之作，更不用说瞎眼颂德之作了。这些作品，大不足以扬大我之声，纾大我之困，小不足以进小我之德，娱小我之情，根本不严不肃，却自命为严肃文学，真是笑话。”章诒和则在另一场合，公开说“当代无文”。如果承认那些东西是“文”，我们不就成了海上逐臭之夫？——当然这个押，我们死活也不能划。

本就是两类人，在一个屋顶下。你的有趣，是我的肉麻。

我也不讳言，当下的独立写作，有这样那样的匮乏。当下的独立写作者，也有这样那样作为人的罪错。但是我喜欢这些人，包括他们的罪错。理解他们做人的无奈。而我自己，也是无可救药的家伙。但是正如多恩所说：“对真理提出质询，并不是误入歧途。麻木不仁，才是！”让人最厌倦的，还是麻木不仁、永远正确。基本来说，独立写作者的美学追求，与世界先进文学、以及古代高贵心灵能够沟通。写作者们艰苦卓绝的追求和勇气，也跟历史上的仁人志士能够互文。只要有心跳和呼吸，语言不同也可以共振。这样一群没有身份、却有尊严的作者，从事的是起点很低、却很有高贵的工作。没有身份使他们失去矜持，而能自由无忌放开写。从而挤除生命中容易出现的泡沫，让心灵回到初始、让写作豪华落尽。

也因此，我想说笔会作家群的写作，笔会之外独立作家的坚持，以及当代汉语贡献奖、自由写作奖、林昭纪念奖、华语文学传媒大奖、在场主义散文奖等所表彰的佳作，代表了大陆中国文学的前沿水准。不等于每部作品都够经典。其实有价值的写作，多是“画到生时是熟时”。更恰当地说，对应于人心大面积死亡及艰难重生的现实，目前我们尚处于疗伤和复原阶段。疗伤与复原也不会没有反复。那是情理之中的。我还想说，在一个较低的海拔上，可能出现一览众山小的泰山，要出现文化的珠峰大概不现实。对于独立笔会及其会员来说，与其高蹈远引，不如脚踏实地。我想诚实地讲，现在而今眼目下，让人们能自由地发出声音，让言论及心灵从禁锢中渐渐舒展，比制造多少个“文学经典”要紧。

独立写作的长远意义，大约毋需我来费辞。有道是

——正声何微茫，哀怨起骚人！

2011 年 9 月 6
日星期二
2011 年 9 月
18 日星期日

清理奥革阿斯牛圈

——文学史视野中的“8964”

一直都在想，二十多年前的8964，对这些年来的中国文学，产生了怎样的影响？还将具有怎样的意义？有时跟朋友在一起，要把话题引到这上面。

肯定是一次断裂，或者说一个转折。那又在多大范围、多大程度上？当然在“中国当代文学”，也就是“当代六十年”的范围。问题是哪怕从1949年讲起，期间还是发生了太多的转折与断裂：诸如1957、1966、1979、1985、1992……等等。在蔓延曲折的历史行程中，8964处于怎样的位置？究竟怎样的谈论，才够得上恰如其分？

这件事不好做。战战兢兢不说，没有足够的资讯。“资讯的空白导致理解力偏失”，就像友人北明文章里写的。她并引用了美国诗人拉姆斯菲尔德，写过的一首《未知》(The Unknown)，大意是说：

“有些东西我们知道我们知道，有些东西我们知道我们不知道，但是还有些东西，我们根本不知道我们不知道。而对于我

们无知这一状况，我们有时候也不知道。"（转引自北明《风的色彩》）

那又该怎么做？权当瞎子摸象、或录以备忘吧。

一场旷日持久的预谋

为写这篇文章，翻了几种当代文学史，看 8964 是怎么言说或者"绕过"的。现有的"中国当代文学史"，少说有七八十种吧，我只能翻检公认有影响、有见识的几种：洪子诚《中国当代文学史》（北京大学出版社，1999 年 8 月）、陈思和《中国当代文学史教程》（复旦大学出版社，2004 年 7 月）等。

洪著"90 年代的文学状况"章，如是写：

由于 1989 年的政治事件，在 90 年代初期，文学与政治的关系一度较为紧张，政治对文学创作和文学批评的控制加重。自 1992 年市场经济政策提出后，文艺政策上也做出了调整。市场经济体制的确立和发展，也使得文化与政治的关系相对疏离成为可能。（第 386 页）

提到了"1989 年的政治事件"，认为"90 年代"作为一个文学时段提出来，并非因为它具有独立的阶段特征；与当代文学在七八十年代之交出现的变化相比，它与 80 年代文学之间的"延续性"要大于两者的"断裂性"。因而言说重点放在 1992 年及其后。

陈著"社会转型与文学创作"章，如是写：

……要探究这种变化的根源，除了经济因素之外还有一些不容忽视的政治文化方面的事实背景，知识分子的社会理想激情受到一而再的挫败以后，一方面难以很快重新获得明确统一的追求方向和动力，另一方面也暴露了精英意识自身浮躁膨胀的缺陷。来自这两方面的原因促成了90年代初基本的文化特征："五四"传统中的知识分子启蒙话语受到质疑，个人性的多元文化格局开始形成以及出现了知识分子在精神上的自我反省。在文学创作上则体现为对于传统道德理想的怀疑，转向对个人生存空间的真正关怀，特别是由此走向了民间立场的重新发现与主动认同。（第321页）

显然，"政治文化方面的事实背景"指不能明言的8964。对于"过来人"来说，不说包含着一种说，所谓"众所周知"、"不言而喻"等。可对于并非过来的人来说，即如对于80后、90后的莘莘学子，不说当然就等于没有。可见书中缺少了8964，不仅讲述的历史不完整，而为了使显得完整，就得支持某种"元叙事"剪裁历史。

我当然理解，为什么会这样。可也固执地认为，历史的链条少了一节都不行。何况是大的链条。我记得"八十年代是有个句号的"，那句号"虽然有政治性，但更是文化的，也是文学的。"（李劼《查建英的"八十年代"派对》）我能够理解同事们的无奈。但是假如有机会说出真实的话，就不能否认下面一句话的真理性：

"忘记真实的历史，制造虚假的历史，本来就是一场旷日持久的预谋。一直到今天，我们还生活在这场预谋之中。"

这是著名报告文学家卢跃刚于2006年初，在一篇题为"有一个人，叫刘宾雁"的文章里讲的话。在几年后的2009年春，他又公开写了《致中国报告文学学会的信》，宣布"我有起码的自我意识和历史感。我不愿意被一种无形而强大的东西裹挟，不愿意参加这场‘旷日持久的预谋’，……戕人，然后自戕。”

让我坦白一下吧，这篇文章为什么起这题目。那是又一次读了卢跃刚的文章，他的话让吃“中国当代文学史”饭的人害臊，他在文章中的经验“分享”也让我知道该做什么、以及该怎么做：

……我要跟各位分享的是，研究中国近、当代历史（如果想秉持严肃的历史态度认真研究的话）如同打扫奥革阿斯牛圈，其中很重要的一项内容，就是把那些出于政治的需要被忘却被蒸发的人物打捞回来，还历史于本来面目。

历史中的一道巨大裂缝

“所有的日子/都绕不过‘六月’”。这是目前还在服刑的诗人师涛，于2004年所写的一首诗。“暴虐的真相轻易地就将我击倒。”

20世纪80年代的十年，以后的史家会怎么记录？起码过来的人在讲，那是知识分子“过年”的气氛。现在有许多“重返八十年代”、“追寻80年代”、“闪开、让我歌唱八十年代”的书，有时给人的印象是“白头宫女在、闲坐说玄宗”。不过就连喜欢指摘的外国学者，都承认“1979到1989年是新中国精神上最丰富的时代”（顾彬）。国内学者许允仁则在网上发表文章，说8964是“中华民族的高峰体验与创伤记忆”。我认同他的表述，起码8964一开枪，许多人命运改变了。

曾在一篇文章里讲：“在那个风炎土灼的夏天，我的‘人民’迷梦醒了。”朋友汪建辉也是，他在为获2009年自由写作奖写的受奖词里讲：“1989年之前我在写诗，是一个梦想成为诗人的梦里人，1989年之后我走上了另外一条路——与那些不断敲回车键将句子分行的人所做的事相反，我将一个一个短短的句子连起来，形成一个个清晰、准确的现实长镜。”（《时间的重量》）这是一条没有回程票的路。去年出去的廖亦武更是。他在接受德国媒体访问时耿耿于怀：

“以前我们只是把 1989 年看成是一种政治分界线，其实，它也是历史、文化的分界线，包括个人经历的某种分界线。……”

其实何止我和我的朋友。著名作家莫言讲：“从整个的文学界来看，1989年是一个坎，1989年以后别说作家的心态，老百姓的心态也发生了一个根本性的扭转。”他坦承自己“1989—1993年这一段是非常消沉的”。（《莫言访谈录》，王尧《在汉语中出生入死：关于汉语写作的高端访谈》第58页，春风文艺出版社2005年1月）据一本《唐达成文坛风雨五十年》披露，1989年末，时任中国作协党组书记兼作协书记处常务书记的唐达成对人说：“哀莫大于心死。这一次热血沸腾，大概燃尽了我心灵的最后一点激情。前七个是白雪公主面前的小矮人，第八个是铜像，奥斯维辛之后没激情。”还说，“炎夏之后是凉秋。”（陈为人《唐达成文坛风雨五十年》第356页，美国溪流出版社 2005 年）

当然迷梦醒来后，有个“睁开眼后怎么办”的问题。正像唐达成之子日记里所写：“当然，选择退出后，如果退出只是一种意志的一时冲动，也有可能以另外一种不自觉的形式进入。”事情确乎如此。于是造成了许多纠结。我们听到了一首唱遍南北的歌：“欲说当年好困惑，亦真亦幻难取舍”。也看到了一篇有影响的文章：《1989年后国内诗歌写作：本土气质、中年特征与知识分子身份》，文章明确提出，“1989年将我们的写作划分成以往的和以后的。”同时又说，抗议作为诗歌的主题，其可能性已被耗尽了：

“1989 年在人们心灵上唤起了一种绝对的寂静和浑然无告，对此，任何来自写作的抵销都显得不足轻重，难以构成真正的对抗。写作既不能镇痛，也不能把散落在茫茫人群中的疼痛集中起来，使之成为尖锐的、肯定的、个人性质的切肤之痛，极限之痛；既不能减缓事后的、回想中的恐惧，也不能加速恐惧的推进，如果它最终能推进到生死两忘、鞭笞和赞美混而不分的境界的话。……因此，当某种可怕的历史景观实实在在地呈现出来时，我们发觉写作无力做出真正有效的反应。……”（欧阳江河《1989 年后国内诗歌写作：本土气质、中年特征与知识分子身份》，《花城》1994 年 5 期）

——究竟是真是幻，应该如何取舍呢？其实此种现象，在世界史上多有发生。如纳粹大屠杀后的犹太人，“二二八”后的台湾作家，“布拉格之春”后的捷克，“光州惨案”后的韩国，……事件过后都曾出现过长时间、大面积的失语。确实是“一种绝对的寂静和浑然无告”。国家的钳制只是一个方面。你发现语言不再胜任，你所经验的一切具有不可传达性。

一般来说，开始言说在一、二十年后，甚或二、三十年后。而且这样的言说，具有多大的价值、怎样的意义？也不是没有质疑。

除了感受上的莫名外，还有个认知上的困难。就是在茫茫历史中失去方向感，“上国随缘住，来途若梦行”。孤立无援的个人感到，自己“前不见古人，后不见来者”。生生死死，又能如何。所经历的8964，不过是又一次虚无的证明。我们实在无力。更怎么好谈论，“文学史视野中的8964”？虚妄罢了。老实说，我也这样看。

不过从另一方面，也有一点思考。就是借鉴开放的世界史，对我们自身有所察知。我觉得相对的方位，可能还是可以捉摸的。怎么估摸呢？且以影响我们甚大的“二十世纪俄罗斯文学”为例。据托洛茨基《文学与革命》讲，十月革命“以自己的直接行动扼杀了文学”，“在我们这儿，文学是与新经济政策一同开始复活的。”——我想说前一句，相当于我们的1949，后一句好比1979的改革开放。还不仅如此。据说在二十年代的苏联，新经济政策曾带来“文化复苏”，可惜接踵而来的是“新雅各宾主义”及其“猎巫运动”。以至于更后来的俄国知识界，把那段历史称为“祖国历史中的一道巨大裂缝”。

我想对于8964以至长期“维稳”，大概也能够如是说吧？

当然不是完全一样，谁也不知道以后会如何。也当然不意味着，“裂缝”中失去了生活。事情不是那样。如果我们用诺贝尔文学奖得主、犹太作家凯尔泰斯的现成话，则集中营里也有幸福。“这一刻恐怖与幸福并存。但这种幸福比任何不幸都更恐怖。”（吴蕙仪译：《集中营里也有幸福的存在—诺贝尔文学奖得主凯尔泰斯·伊姆雷访谈录》，《译林》2005年第5期）我想诚实地说，对于这样一种“幸福”，大概很少有人可以真正拒绝？就像我们这边乐观的诗人唱：“但自然并不因我停止它的运行 / 世界上仍然到处有着青春，/ 到处有着刚开放的心灵”（何其芳）。果然到了1992年，“东方风来满眼春”。

对于此后发生的故事，文学史家洪子诚记述：

“在90年代初，我们猝不及防地目睹了作家在新的社会背景下的又一次‘转向’和精神的‘溃败’。这种转向和溃败，以前或由于政治力量的压力，而现在，则是物质、金钱等的诱惑和挤迫。”（《文学的“转向”和精神“溃败”》，《中华读书报》1995年5月3日）

另一位研究者则颇有微词地书写：

“……或许，每个人的学术和社会态度的选择，都有各自不同的心路历程，而很难被他人理解；但是，在中国的 90 年代，这转折，又过于整齐划一，过于轻松潇洒，甚至很少回过头去再看看自己早先的足迹。”（张志忠《1993：世纪末的喧哗》第 192 页，山东教育出版社 1998 年 5 月）

我想，是时候了。——“却顾所来径，苍苍横翠微”。

文学史上的流亡者

1990年1月，中共高层分管文化宣传的李瑞环先生在全国文化艺术工作情况交流座谈会上，以“关于弘扬民族优秀文化的若干问题”为题发表讲话，其中专门提到：

就文艺战线来讲，资产阶级自由化的影响是严重的，……有些人卷入了去年春夏之交的政治风波，极少数人甚至站到了党和人民的对立面。对于这种状况，文艺界的同志要有清醒的认识，绝不可低估，更不能护短。……一些坚持资产阶级自由化立场的所谓“文化精英”，在去年春夏之交的政治风波中成了“动乱精英”。在反革命暴乱破产后，他们中的一些人叛国出逃，从民族虚无主义走向了卖国主义。（李瑞环《务实求理》，中国人民大学出版社 2010 年 4 月）

若干年后，2000年诺贝尔文学奖得主高行健先生以“中国流亡文学的困境”为题撰文，有这么一段：

一九八九年天安门事件之后，许多中国作家纷纷流亡海外，加上原已应邀在外访问的，讲学的，也不得不在西方定居下来，为数可观，而且大都还继续写作，既出书，又办刊物，名副其实，形成了一股潮流，应该说，这还是中国文学史上没有过的事情。这之前，辛亥革命以来，虽然有一些作家，或留学讲学，旅居海外，也有的还从事创作，但都知客居他乡，悠悠游子心态，故国时时在梦中，并不认可流亡。(《中国流亡文学的困境》，郑义、苏炜、万之、黄河清策划编辑《不死的流亡者》，台北印刻 2005 年 2 月)

他们讲述的，是同一件事。就是在8964后，许多人“不愿继续作为中国体制内的一员”(杨炼)，“六四凌晨的枪声把多少文人送上了流亡甚至逃亡的道路，也把中国文学的一支分流到了海外”(万之)。究竟多少人成了“文学史上的流亡者”？因材料所限，我不能回答。只能就自己的印象，列出个大致名单，并以此表达纪念：

六四前出国，镇压后不归者：

刘宾雁、王若望、北岛、高行健、胡平、马建、杨炼、友友、顾城、江河、万之、贝岭、戈扬、刘青、陈奎德、仲维光、还学文、郑念、巫宁坤、巫一毛、赵复三、古华、彭小明；

六四后断断续续，从秘密通道出去的：

高尔泰、金尧如、郑义、孔捷生、北明、苏晓康、祖慰、徐刚、苏炜、张郎郎、老木、老鬼、刘再复、吴仁华、京不特、多多、杨小滨、宋琳、刘洪彬；

晚些时候“出中国”，到底跟8964有关的：

王军涛、郭罗基、于浩成、孟浪、一平、张伟国、蔡楚、严亭亭、张伯笠、李劼、黄翔、何清莲、黄河清、康正果、盛雪、齐家贞、茉莉、傅正明、井蛙、王一梁、冯海光、任不寐、刘念春、周勍、蒋品超、袁红冰……

上面这个名单，别说很不完整，是否准确都不敢说。其中有的过世了，有的后来又“回来”了，我如何能一一弄清？再如去年才出去的廖亦武、余杰等，并没有包括在其中。可他们出去再晚，不能说“与六四无关”。“统计口径”真的烦人，可也是讨论的前提。怎么办呢？就说一个例子：那走上了康拉德、纳博科夫式的道路，用英语写作获得成功的作家哈金，当然不在上面名单中。可要是细究的话，也跟8964有关。据说他到美国留学，那年准备回来，正赶上了六四，就决定留在美国。其选择以英文写作，也与这个有关。根据报道他的考虑是：

用非母语写作，很可能失败。但，如用中文写作，读者一定是中国人，作品必须在中国出版。而中国官方对出版品的审查制度，将使他的作品内容无法保持完整性。既然决定留在美国，他就别无选择，只能用英文写作（《“六．四”20 周年，哈金有话要说》）

据说哈金在 2007 年，出了部英文长篇《自由生活》。写一个中国留学生跟作者本人一样，从美国电视上看到天安门事件而决定留下，经过一番努力成了一个诗人。书中夹杂了一些诗，其中有首《交锋》就跟本题直接相关：

《交锋》（明迪译）：看在上帝的份上，放松些吧。／别没完没了地谈论种族和忠诚。／忠诚是条双向街。／为什么不谈谈国家怎样背叛个人？／为什么不谴责那些／把我们的母语铸成锁链的人？／这条锁链把所有不同方言／禁锢在执政的机器上。／是的，我们的语言曾经像条河，／但现已萎缩成一个人工池塘，／你被困在其中，半死不活，／像宠物一样去服从和取悦。／所以我宁可在英语的咸水里／以自己的速度爬行。（转引自《六四诗歌 20 年回顾》一文）

——当然在这个问题上，有着多种言说的可能。即如学者赵毅衡为一种言说方式，他说“上个世纪90年代以后，中国大陆一半以上的名诗人都到了海外”。批评家陈晓明则是另外一种方式：

1989 年后留在大陆写诗的一批诗人主要有：欧阳江河、西川、陈东东、于坚、钟鸣、雪迪、翟永明、张曙光、萧开愚、孙文波、廖亦武、金海曙、吕德安、庞培、杨键、杨子、韩东、叶辉、唐丹鸿等。……没有证据表明，1989 年后，中国大陆的文学活动（包括诗歌创作）就停止了，或移到海外。如果认为“最优秀”的诗人都在海外，那么，同样“不逊色”的诗人依然在大陆写诗。(《表意的焦虑——历史祛魅与当代文学变革》第 191 页，中央编译出版社 2004 年 1 月)

他想要表明的是，对那种认为89后最优秀的中国知识人移居海外，大陆的文学思想之类精神活动实际停止的说法，“笔者不能苟同”。他的立论当然有其依据。不过对他的“求是”，我想和对赵毅衡的“实事”一样，都有加以细辨与分说的必要。别的且不讲，“精神活动”是一件很复杂的事情，是否人留下就没有停止或停滞？需要更细致的论证。再如他文章中提到的廖亦武，不好说是“留在大陆写诗”的。曾经的诗人廖亦武，在8964后不是诗人了。当然他写了长诗《屠杀》、《安魂》，在狱中还写了《古拉格情歌》（法文版名为《犯人的祖国》），可我猜想，那不是陈先生所关注的；根据我的阅读，他不像是那“谴责那些把我们的母语铸成锁链的人”。

——这么多“文学史上的流亡者”，对于“中国当代文学史”意味着什么？或许有人认为，“中国当代文学在国外”，依然不失为“中国当代文学”；有人认为出去了就是海外华人文学，大陆当代文学与海外华人文学本来就是两回事。更有人在“流亡”、“离散”、“移民”这些词中徘徊。我不想纠缠于这些标签，而倾向于一种动态的眼光。

我认为8964带来的流亡（有些人后来成“离散”），固然可以说加快了国人参与“世界大串联”的步伐，“标志着某种新的海外中国文化社群的出现”（陈奎德），甚或说“华人华文放光华”云云；但也应该坚持，像高行健获诺贝尔文学奖，确实跟现代汉语文学有关。毕竟据瑞典文学院的原话——他的“具普遍价值、刻骨铭心的洞察力和语言的丰富机智，为中文小说艺术和戏剧开辟了新的道路”，着眼点在于“中文小说艺术和戏剧”。我觉得他加入了法国籍之类，根本不是事情的关键。对于世界背景之下的国别文学史来说，选择用什么语言来写作才是关键。因而在此问题上，我比较认同陈思和的看法：“……譬如说严歌苓和虹影的小说，写的都是大陆的事情，包括高行健的作品，虽然说他是法裔作家，严格说来，还是中国大陆作家。”（李安东《冬天里的对话——陈思和教授访谈录》，《墨走集——文学放谈丛书》，吉林文史出版社2004年12月）

如从我们“母国”的角度观察，则1989的流亡更非无关紧要。那么多人出去了，我不相信“母国”无动于衷。哪怕你决定口上不说，一百年都咬紧牙关。着眼于文学及文化大生态，我注意到学者谢泳表达的看法：1990年代以后中国知识界的形成，像1949年后中国社会变革的一般规律一样，结局是建立在精英淘汰基础之上的。无论在学术界、文学界、新闻界还是科学界，“六四”以后由于精英流亡出现的空白，最后平庸成为大陆知识界的主流：

对文学界来说，最好的“右派”作家和最好的“知青”作家最后都走了，我们不用再开列详细的名单就可以想见，如今大陆文学界的构成是一个什么样的局面。如果刘宾雁还在大陆，右派作家中，人们记住的不会是王蒙。……精英出局后，平庸才会如鱼得水。（《斯人流亡　精英何在——写在流亡者刘宾雁先生八十华诞》，郑义、苏炜、万之、黄河清策划编辑，《不死的流亡者》，台北印刻 2005 年 2 月）

——显然这不是，国内学界乐于探讨、面对的课题。

诗人之死或先知言说的中断

8964造成“先知言说的中断”，使世纪末情绪提前降临。这是早在90年代初，由先锋评论家朱大可提出的观点：

先知言说的全然中断，乃是在一九八九年春夏。三月二十六日，年仅二十五岁的海子、痛不欲生的海子，在山海关附近卧轨自杀，饥饿的胃中仅有两枚腐烂的橘子。而五月十四日，骆一禾在京城广场上猝然昏迷，十八天之后，他尾随海子而去，走过黑暗的门槛，“眼望着家乡”。(《先知之门——海子和骆一禾论纲》，收《话语的闪电：文坛独行侠的“降龙十三篇”》，华龄出版社 2003 年 10 月)

几年前他接受记者采访，继续说海子是“一个时代的精神路标”。“因为海子的死亡年份，恰恰是中国社会的里程碑，也是文化里程碑，在这之后，中国人的思维方式，所关注的问题，乃至人格特征，都发生了剧烈的变化。这是一个重大的时间分水岭。”（朱大可《“沉默是我的最后底线”》，《经济观察报》2009年5月4日）

谢冕《20世纪中国新诗：1989—1999》一文如是写：

在九十年代到来之前，也就是在八十年代的最后一年，有一个令人悲痛的春天。三月二十六日的死亡是一个不祥的预告，五月三十一日的死亡则是一个对于前者的确认。诗人之死不会与诗无关，更不会与这个春天无关。不然的话，在不长的时间里接连发生这样一些令人震惊的悲剧事件，便真的成了偶然。从春天到夏天，八十年代最后一年的中国，仿佛是又一次经历了 1976 年那样的大地震。惊天动地的雷鸣电闪中，中国大地有一个剧烈的颤动，中国的天空则留下了一道刻骨铭心的永远的隐痛。(《山花》1999 年第 11 期)

我们能听懂他的话，又不能说全听懂了。直到过了许多年，吴仁华《1989年天安门广场血腥清场内幕》一书出来，我才明白了谢冕先生写作中的悲情。“骆一禾是一九八九年民主运动中第一位死难者。”吴仁华书中记述：“……中共当局极为担忧骆一禾的死讯会引起社会震动，给学生运动火上加油，爆发更强烈的抗议浪潮，于是对骆一禾的家人施加了巨大的压力，迫使他的家人全力予以配合，严密封锁了骆一禾的死讯。……”(《1989年天安门广场血腥清场内幕》第16页，明镜出版社2007年5月）哦，一封锁就多少年。

不能怪文学史失职。一开始就不该期待。

从文学史的角度看，周伦佑在90年代初写于“风雪打锣坪”的《第三代诗人》一诗，具有显见的“诗史”和文献价值。

由于本文篇幅所限，仅将结尾部分抄录下面：

历经千山万水之后 第三代诗人
正在修炼成正果 突然被一支鸟枪击落
成为一幕悲剧的精彩片断　恰好功德圆满
北岛顾城过海插洋队去了　第三代诗人
留在中国坚持抗战　学会沉默
学会离家出走　同时作为英雄和懦夫
学会坐牢　在狱中慷慨陈词 拒不悔过认罪
学会流放　学会服苦役　被剃成光头
在镰刀与铁锤下面换一种活的方式
周伦佑在峨边服刑　廖亦武李亚伟

在重庆受审　尚仲敏在成都写检查
于坚在云南给一只乌鸦命名　第三代诗人
树倒猢狲散 千秋功罪十年以后评说

什么是历史？这就是历史。什么是“先知言说的中断”？这个就是。应该及时指出的是，八九十年代之交的诗人，确实力图在诗性表达方面有所突破。用周伦佑的话说，是“在刀锋上完成的句法转换”，以及“永远的伤口是一种深度，我们深陷其中而不能自拔”。关于这一表达及转换，需要更合适的人、做更专门的研究。

着眼于文学史大关节，有研究者强调了如下事实：

在先锋诗歌的历史上，1989 年是很不平凡的一年，它具有一定的象征和转折意味。且不说这一年政治层面的历史变动，铸成了时代精神的震荡，单是海子、骆一禾的相继夭折，就令诗艺界茫然不已，……海子之死，一方面是为诗坛献身精神的符号化，一方面也构成了文化诗性大面积消失的象征源头，尔后许多诗人纷纷亮出白旗，踏上迢遥的精神逃亡之路。他们有的去赴死亡的约会，如海子、骆一禾、戈麦、顾城、方向，有的耐不住寂寞和贫困的折磨逃离缪斯，改弦易张，扑入商海或者转写小说散文，如韩东、海男、张小波、朱文、秦巴子、叶舟，有的干脆就逃亡去了海外，如北岛、江河、杨炼、严力、牛波、张枣、张真、宋琳、胡冬、欧阳江河等，队伍分化、削减和流失的变异现实，无疑使先锋诗歌经受了一次历史的强烈震颤。（罗振亚《90 年代：先锋诗歌的历史断裂与转型》，《文艺评论》2004 年 4 期）

这些话看得人惊心动魄。“诗人纷纷亮出白旗，踏上迢遥的精神逃亡之路”，不能不造成一种更深刻、更本质的精神中断。

当然这种精神中断远非从8964开始。或许某种精神逃亡，即使从先锋的诗歌界来看，也不是以8964为起点。或许更公正地说，这一年的逃跑并非没有伴随着抵抗。哪怕在有的人看来，是未必有效的美学反抗。可事实不宜抹煞。进入九十年代后，也不全是呜呼哀哉。

当然大的格局，似乎落花流水。诚如林贤治《中国新诗五十年》一书所描绘的："整个九十年代，中国诗界同知识界一样，弥漫着一种逃避主义的精神氛围；实质上，这是从八十年代中期开始的非政治化、反崇高倾向的必然性发展。"（第274页）他还特别指出：

在中国，如果说在八九十年代之交知识分子诗人作为批判主体，一度在诗性表达方面有所突破，那么在九十年代以后，则为社会客体所操纵，包括为优越的生活所累，丧失了"知识分子"的身份而徒享其名。（林贤治《中国新诗五十年》第 207 页，漓江出版社 2011 年 11 月）

“一种危险的文学样式”

在这里想说说，刘宾雁及其报告文学。

刘宾雁及其报告文学，是考察80年代文学无法罔顾的事实。“刘青天”是那个时代当之无愧的文化英雄，哪怕从1987年后被屏蔽至今。可他开创的事业没有中断，哪怕经历了8964的山重水复。

我想通过对一个人、一种文体的考察，彰显出三十年中国社会、文化、精神的变迁。对于我们的精神作业，也能带来某些启迪。

记得80年代中期，高尔泰先生在其引起深刻反响的《为“社会学的”评论一辩》一文中，热情洋溢、高屋建瓴地言说：

……如果说西方美学的诸流派要比我们的文学评论更科学些，那么我愿意指出，无论是唯美主义的佩特还是未来主义的马里内蒂；是意识流派的詹姆斯还是表现主义的布莱希特；是超现实主义的布列东还是新小说派的葛利叶；是结构主义的弗拉亥还是语义学派的瑞恰兹，都不能说明，为什么刘宾雁的报告文学，以马蒂斯式的粗线条而能如此以雷霆万钧的力量，震撼着亿万人的心灵。……这不是说这些西方美学家不深刻或者没有创造性，而是说要了解当代中国文学，首先要了解它不同于世界文学和传统文学的特点，而这只有立足于八十年代的中国现实，才有可能。（《美是自由的象征》第273页，人民文学出版社1986年12月）

他指出刘宾雁的报告文学，以雷霆万钧的力量震撼着亿万人的心灵。而且他从接受美学的角度，把问题提得那么高。为什么提得那么高？得从八十年代中国现实，和报告文学文体两方面来说。

80年代中国最大的现实，是思想解放和改革开放。不像89以后至今，“稳定压倒一切”，“和谐”或为“河蟹”。——报告文学文体又如何？这是一种现实性极强的文体，人称“在野者的文体”、“行动中的美学”。从发生学的角度来看，报告文学在世界范围内一产生，就被认定为“一种危险的文学样式”。也有中国的研究者称：“在我看来，报告文学并不是一种大众的写作方式，而是一种知识分子的写作方式”（丁晓原）。所谓“铁肩担道义，妙手著文章”，用在报告文学作家身上再合适不过。因而“谈到报告文学这样一种现实性极强的文体，就不能不涉及‘时代’的要素”（王晖）：

报告文学在中国大陆发展的近30年，也正是我们亲历并见证的中国文学高速运转的30年。30年中国文学发展的思想启动器无疑是思想解放和改革开放，它使得我们大陆的文学从一个十分逼仄的书写环境奔突出来，获得了全方位的解放，可谓“海阔凭鱼跃，天高任鸟飞！”……至于后来在中国改革开放的每一个进程中，报告文学都成为了“急先锋”。……（丁晓原、王晖对话：《报告文学30年：时代的文体和文体的时代》，《文艺报》9月16日第2版）。

人们记得曾几何时，社会进步的主要动力凝聚在报告文学作家身上。“人们还记忆犹新，从70年代末到80年代，报告文学是何等辉煌：哪里有不平，哪里就有报告文学；哪里有抗争，哪里就有报告文学；哪里有危险，哪里就有报告文学。”（张升阳

《当代中国报告文学史论》第 171 页，中国社会科学出版社 2002 年 7 月）以至于中国作协副主席、著名评论家张光年在第二届全国获奖报告文学作者座谈会上讲话，大张旗鼓表彰：“……这一代的报告文学是立了功的！过去的报告文学作品，只被编选在散文特写选里，现在不同了，单独设了报告文学奖，今后的文学史，应该开辟报告文学专章！它不是哪个人的恩赐！这是你们的笔换来的荣誉，这是新的历史条件下的新创造！”

可惜后来的发展，跟张光年说的不一样。

主要是时代变了，发生了某些微妙而重要的变化。在邓小平点名开除出党之后，从“1987 年开始，‘刘宾雁’三个字就人间蒸发了。我们在新闻媒体上、大学教科书中看不见刘宾雁的名字。我们在书店买不到刘宾雁的著作。刘宾雁去世，大陆新闻媒体没有刊登一个字。……”（卢跃刚）或许刚开始时，损失不大能看出。毕竟改革开放势不可挡，在报告文学界也长江后浪推前浪，“刘宾雁的精神在苏晓康身上得到延伸”（《当代中国报告文学史论》第 131 页）据说 1988 年被称为“中国报告文学年”。跟我们论题相关的是，据说 1989 年“当时中国最好的报告文学作家几乎全部卷入了民主运动”（谢泳）。在历史发生巨大变迁的 90 年代，报告文学从中心放逐到边缘。

有研究者如此梳理：

80 年代的报告文学固然激情满怀，固然成绩斐然，但与其他文学样式相比，它一样甚至更多地受到了社会生活特别是政治因素的影响。有人常常把 1988 年称作“报告文学年”，但我们却无法否认“八六学潮”、“八九风波”等带给报告文学的潜在影响，这中间还穿插着“反对资产阶级自由化”的风潮。……相比而言，“八九风波”对文学创作的影响可能更为明显。如果我们不再对“80 年代报告文学”作出细分，而是将其看作一个完整的文学概念，那么，结论便不言自明——80 年代报告文学事实上以这场风波为终结，90 年代报告文学则在这场风波的余响中开端。此后一段时间，广告文学、表扬文学、明星文学、史志文学开始泛滥，理想、激情、批判元素有所收敛。（龚举善《转型期报告文学 30 年——1977～2007 年报告文学的社会文化背景》，《郧阳师范高等专科学校学报》2007 年第 5 期）

另有研究者补充指出，“……1989 年的那场政治风波，让报告文学创作者不得不重新思考一些问题，并有意识地调整创作方向。因此，不管是自愿还是被迫，90 年代的报告文学纷纷由以前的暴露审丑转向歌颂审美。”（张升阳《当代中国报告文学史论》第 140 页，中国社会科学出版社 2002 年 7 月）因而进入 90 年代后，报告文学缺少了一种骨气、一些刚性，“哪里有金钱，哪里有买卖，哪里有甜蜜，哪里就有报告文学，报告文学几乎成了广告、成了侍女、成了欲望的代名词。”（范培松）换句话说，报告文学从小“王守信”的揭露者，升级成了大“王守信”的吹鼓手。世事若此，夫复何言？

“魑魅魍魉何其多，一个钟馗奈若何”。（高尔泰）

事情到这一步，还没算完。随着纪实文体的“有争议”，整个社会的文学观、审美观也发生了变迁。其实这个变迁，也不是一夜间发生的。正如洪子诚《中国当代文学史》一书描述：80 年代“散文发展的另一方面，是散文文体‘窄化’的趋势，即将报告文学等叙事性形态和杂文等议论性形态从散文中加以剥离，重新提出了‘抒情散文’、‘艺术散文’或‘美文’等概念。报告文学、回忆录、以及史传文学等，在许多批评家和散文家那里，不再被放置在‘散文’的范畴里。尤其是报告文学，……以及 80 年代中后期出现的引起一时轰动的大批长篇社会问题‘报告’，

基本上已不再被作为散文看待。……”（第369～370页）

事情到这一步，还不能算没完。确实像“巨石走峻坂一样，非到达平地不能停止”，前几年更是出现了“恐龙已死”的讣闻和“报告文学的枯竭”论：“有一种文体确实正在衰亡，那就是报告文学或纪实文学，真正的衰亡是寂静的，在遗忘中，它老去、枯竭”云云。（李敬泽《报告文学的枯竭和文坛的“青春崇拜”》，《南方周末》2003年10月30日）此种文学正统的腔调，当然受到报告文学界的狙击。批评家王晖说，宣告报告文学“恐龙已死”的人，实际上出自教条、狭隘的文学观和唯小说为大的“文体自大狂”或“文体盲视症”的批评理念，很难说是一种科学的、实事求是的批评理念。（王晖、丁晓原《事件·创作·批评——关于当下报告文学局势的对话》）周政保则指出：“中国的文坛上确实暗暗行着一种莫名其妙的偏见，即过于看重小说及小说作家，而这种观念带有明显的媚俗倾向；无非是小说更富有消费性与娱乐性罢了。若论创作难度，小说之外的文体也是很难的。特别是报告文学，它在很大程度上是一种‘文学大活’，一种大视野、大手笔才可能真正进入的创作活动。……”（《关于报告文学的六封信》，《昆仑》1996年第6期）

他们诉诸学理的辩驳，道理上当然能成立。因为包括文学在内的人类精神产品，与滋生出它的时代土壤间，其实有着常人难以觉察的联系。正是在这个意义上，人说“一代有一代之文学”（王国维）。即如杰弗逊、罗比《现代西方文学理论流派》一书“引论”所揭示：“现代给予文学的定义极为狭隘，我们现在所谓的文学篇章在十九世纪的法国，只是范围广阔得多的‘学问’（letters）的一部分，‘学问’这个词并没有区分开我们现在已区分开的文学篇章和非文学篇章。从这一词义的变化，我们应当得出这样的结论，给文学下定义应当采用所谓的‘机能’定义。这就是说，我们要从本质上把文学看成和其它的社会机制和文化机制相似，所以文学的特性和功能也随产生它的社会的变化而不断变化。”（A. 杰弗逊、D. 罗比《现代西方文学理论流派》第9～10页，北京大学出版社1992年8月）

也是基于此，台湾学者龚鹏程更在其《中国文学史·自序》中旗帜鲜明辩称：文学史的主角，并不如一般人所以为的，是作家和作品，而是观念。“写文学史若要通古今之变，首先就得究明这个文学观的变化，说明不同时代人对什么是文学、文学性为何、审美标准何在、谁才是大作家、什么才算是好作品等，都有些什么不同的见解。作家与作品是第二序的。”（龚鹏程《中国文学史》上册第4页，世界图书出版公司2009年10月）

可问题在于，历史地形成的某种审美或文学习见，一旦形成了就有难以理喻和坚不可摧的执拗、偏狭、非理性特征。分明是墨守成规，却自命坚持原则。骨子里“傲慢与偏见”，自以为“不降低标准”。面对此情此景，你会感到无话可说。一个铁一样的事实是，曾经是“时代文体”的报告文学，已“无可奈何花落去”了。占据文学界统治地位的是另外一种“范型”（库恩意义上的）。也因此万马奔腾的报告文学，被定格在了它的80年代，作为“头马”的刘宾雁、苏晓康也就流放者不能“归来”。

2009年2月，卢跃刚《致中国报告文学学会的信》掷地有声地说：“……我始终以为，评价二十世纪中国报告文学，书写新时期报告文学的历史，绕不开刘宾雁、苏晓康，他们是上个世纪七、八十年代中国报告文学标志性的人物。”而且他进一步“返回现场”：

七、八十年代读者对报告文学作家的尊敬、信赖、支持，一篇报告文学发表后对社会的震动，今天是难以想象的。刘宾雁、苏晓康等作家开创的批判现实主义创作态度和立场，以及坚持这一立场显示出来的作家的人格魅力，是七、八十年代中国报告文学的基本特征，正是这个基本特征掀起了一场持续了十年左右的报告文学风暴。

更早些时候，在刘宾雁先生去世后的2006年初，卢跃刚在网上发表《有一个人，叫“刘宾雁”》一文，讲述了中国报告文学的发展历程，称刘宾雁为“一个讲真话的殉难者”，心情沉重地讲：

这是一个不可更改的宿命么？讲真话必然是这样的下场？一个记者，一个作家，因为讲真话，因为直率地说出自己的意见和想法，便被两次开除党籍，第一次开除，在国内尘封了二十二年；第二次开除，在国外尘封了十八年，直到他去世。整整三十年！……

刘宾雁先生的示范，对于中华民族，会有怎样的结果呢？只能是精神萎顿，万马齐喑！只能是思想贫乏，创造力枯竭，不能真正地自立于世界民族之林，赢得世界其他民族的尊敬！……

着眼于“时移世易”，我注意到刘宾雁去世后，同为流亡者的苏晓康在其文章中，对“解读刘宾雁”的困难有着足够的清醒：

解读刘宾雁，估计将是当代文学史上的一个空白，因为在中国当代史被厘清之前，刘宾雁的文学含义也不会清晰起来，而他所代表的那种文体也只有被忽视的份儿，这种文体转瞬即逝，太短命，是文学和政治的双重缘故。我想宾雁的意义更在当代思想史上……刘宾雁是一个撕开口子的人，他从怀疑细节开始，怀疑整个庞大的乌托邦；他也最先开始讲真实的故事，讲得全中国如梦初醒；……（苏晓康《刘宾雁——非自愿的流亡》，《开放》2006年1月号）

写到这里，搔首踟躇。前尘隔海，岂易评说？

可又何必费力地钩沉，只为“自将磨洗认前朝”？

我说非也、非也。

首先想说，这不是一个人、一种文体的事情。兹事甚大，不那么简单。时代的精神气候，跟我们任何人都有关。不管你是否，愿意有所体认。其中消息，好比老歌德所指认的：“一切倒退和衰亡的时代都是主观的，与此相反，一切前进上升的时代都有一种客观的倾向。”（爱克曼辑录《歌德谈话录》第 97 页，人民文学出版社 1978 年 9 月）如用钱宾四论学的话，则好比“清人治经须读乾嘉以前，虽有未精，然元气淋漓，乾嘉以后便趋琐碎……总是零碎文字，不能成大著作”。（余英时《钱穆与中国文化》，上海远东出版社 1994 年）

我以为，中国的八、九十年代，时代盈虚与之差不多。身逢一个开放的年代，你可以“我的爱，赤裸裸”；遭遇一个封闭的时期，只有“山盟虽在，锦书难托”。一个自由得到扩大的时代，你“击鼓骂曹”没什么大不了；一个自由极度萎缩的时代，要“含沙射影”都不大可能。事情就是这样，有时你身不由己。

我要指陈的是，八、九十年代之交，人们的文学潜意识发生了转移，“写真实”所具有的可能的风险，作为一种触目的真实呈现在人们面前。想要文艺家们不敏感，根本不可能。秋风秋雨，确实弥漫一池秋水。不想列举很多，只讲一个简单事件：1989 年底，福建女作家唐敏因一部纪实小说《太姥山妖氛》被捕，以“诽谤罪”被判一年有期徒刑。这件事情，我注意到有人描述是“报告文学严重失实”，而作家自己说是“纪实小说”。当然我也记得，80 年代刘宾雁所受到的“失实”指控。全国所有的读者，都可以为《人妖之间》对于公民王守信的“诽谤”作证。

作为新中国首个因“诽谤”坐牢的女作家，唐敏在 1989 年底被捕是意味深长的。（《唐敏：第一个因诽谤罪坐牢的女作家》，《深圳晚报》2003 年 7 月 5 日）现在，“唯有旧日子带给我们幸福”（柏桦）。

其次我还想说，哪怕经历了天崩地坼，一种在野者的文体、一种行动中的美学依然存在。哪怕经历了知识分子作鸟兽散的漫长岁月，“我为人民鼓与呼”并没有断迹。一种知识分子的言说方式，至今在“文坛”内外没有绝种。我想指出的是，正像80年代后期，“刘宾雁的精神在苏晓康身上得到延伸”，在8964之后的中国，刘、苏的薪火又在廖亦武、卢跃刚及众多“见证”写作者那里传递。我这样说不是牵强。比如据廖亦武说，“刘宾雁是我们父子两代的偶像”。而卢跃刚《有一个人，叫刘宾雁》一文，则交代了一种精神渊源：

> 我把我的作品带给刘宾雁先生，有两层意思，一是向他表示致敬，二是告诉他，我们没有忘记他，他在上个世纪五十年代开启，七十年代末、八十年代初狂飙突进地推动报告文学的“批判现实主义”传统，在九十年代薪火传继有人。

——有道是，“地崩山摧壮士死，然后天梯石栈相钩连”。

"肖洛霍夫的写作策略"

有一种写作，是近三十年间一以贯之的，是为"肖洛霍夫的写作策略"。

这个提法，是借用俄罗斯文学专家刘亚丁的概括。他说肖洛霍夫的作品"既有属于中心文学的因素，又不同于中心文学；既有与边缘文学交叉的东西，又不同于边缘文学，他处于中心与边缘之间的过渡地带。"(《肖洛霍夫的写作策略》，《外国文学评论》2000 年 03 期)。我借用这一说法，强调其两面奔走、左右逢源的含义。

本来从文学史的角度打量 8964，这个问题可以不谈的。只是看到前不久，一位我素来敬仰的作家表示他喜欢肖洛霍夫："苏联的肖洛霍夫是一个很不简单的作家。西方国家对他很赞赏，社会主义意识形态对他也很满意。一个作家能做到既获得诺贝尔奖又获得斯大林奖，这是很难的，肖洛霍夫做到了。当然，两个阵营从书中读到的东西各不同，同样一本书得出不同的结论，这个太不容易了。"（杨显惠《越写越冷静，这是一个有意的追求》，《南方都市报》2012 年 4 月 14 日）所以我感到，一个老问题有在今天重新说的必要。

说是老问题，因为胡平先生早谈过了。还在 1988 年 10 月，他就在《为什么我们没有自己的索尔仁尼琴》一文中尖锐指出："说起来也许令人难以置信：我们之所以没有产生像索尔仁尼琴一样的作家，在相当程度上竟是因为我们的作家自己大都并不想成为索尔仁尼琴。"因为他们中大多数人害怕陷入索尔仁尼琴的困境：

和索尔仁尼琴相反，中国的作家、特别是那些愿意触及重大敏感的社会政治问题的作家，通常都很注意表现出靠近共产党、或者说是靠近共产党改革派的姿态。他们最喜欢扮演的是共产党内自由派的角色：让共产党（主要是党的某些高级领导人）看来是共产党；让自由派（包括海外的、西方的自由派）看来是自由派。……这好比在一个天花板十分低矮的体育馆里比赛跳高：你既要努力跳得很高，同时又要提防着别撞上天花板碰破脑袋（轻轻碰一下自然无妨）。在这种情况下，一个人固然也可能取得某些好成绩，不过要想创世界记录恐怕就不太可能了。（胡平《从自由出发》，台北：风云时代出版公司 1994 年 12 月）

总之人性有其不光彩的一面。索尔仁尼琴一语破的："鱼群从来不会为反对捕鱼业而集体斗争，它们只是想怎么从网眼里钻出去。"胡平解释说，"如果你宁肯自我设限，你就很难拿出第一流的作品。一条鱼要想从网眼里钻出去，它就一定不能让自己长得太大。"基于此种心理，中国许多有才气的作家并不效仿索尔仁尼琴，他们更乐意效仿的是艾特马托夫。"不仅在于他在政治上的安全和生活上的优裕，主要在于他在文学创作上取得的左右逢源的巨大成功"。

这篇文章很有洞见，可惜我未能及早读到。还有刘宾雁的晚年反思：八十年代的中国知识分子，不是齐心协力投身改革大业的。果真如此的话，"1989 年的失败就不好解释了"：

自由是显然扩大了，虽然并没有法律上的保障，随时可以被收回。这就出现一个如何对待那自由的问题。……小说家是 1978—1989 期间中国写字人中间最自由的人群。也确实出现了不少好作品。张一弓的《犯人李铜钟的故事》，写毛泽东制造的大饥荒，写两位英雄冒死拯救人命的事，到了二十五年后的今天恐怕仍然属于禁区吧。然而张一弓就用他的笔硬是把当时享有的自由给撑大了！可是年龄相仿的作家冯骥才却做了相反的抉择。写完《啊!》(文革中间的悲喜剧，很不错，还得了奖)，却忽然转过身去写起三寸金莲和武侠小说了。聪明过人的作家还能让你看不出他的转向，甚至还能在一边给当权者帮忙、同时又教你觉得他似乎还是个伟大作家和“异议分子”呢。王蒙就有这个本事。……追寻起1989年惨败的原因，从林彪之死到八十年代末，中国人抛弃得太多、而真正应该否定的东西又没有否定，恐怕不能排除吧？（《我能体会朋友的焦躁心情》，2004 年 6 月 6 日）

这段文章，可圈点处甚多。可惜我也很晚才看到。对于一般年轻读者来讲，开始接触这个恼人的问题，是九十年代初王彬彬的破题和朱学勤的出拳相助吧。王彬彬《过于聪明的中国作家》感叹“中国当代的一些作家，一些文人，实在是过于聪明了”：

……这些人，为人为文，都那样善于把握分寸；一举手一投足，都那样恰到好处。他们知道什么时候该前进，什么时候应后退；什么时候该发言，什么时候应沉默。他们知道什么时候说话应多加谨慎，什么时候说话不妨稍加放肆。他们知道什么时候既应说话又应顾左右而言他，什么时候既应说话又应单刀直入，痛快淋漓。他们知道怎样以最小的代价换取最大的收获，怎样以最小的牺牲换取最大的报偿。

这些人的立身处世，借用《庄子》里的话，真可谓是“进退一成规一成矩，从容一若龙一若虎”。于是，这些聪明的人，以他们惊人的聪明，为自己赢得了人生的大成功。(《文艺争鸣》1994 年 6 期)

王彬彬举的例子，是写了《躲避崇高》的王蒙。他说王蒙对王朔的不少评析，大体可用于王蒙自身；王蒙成为王朔的知音，的确并非偶然。文章最后的结论："什么时候中国作家不再那么聪明了，什么时候始可谈论中国文学与世界文学的接轨、同步。"

这篇文章引起了被批评者的"黑马"、"黑驹"说，以及朱学勤那篇风神高迈的《城头变幻二王旗》。朱学勤讥刺"以被清算者比附当下的批评者，说四十岁的黑马下出了一匹三十岁的黑驹，这话实在有伤忠厚。……除此之外，世纪末的文坛景观还有什么可记？只有前任文化部长与现任地摊盟主结盟，也许是这块土地上最有观赏价值的世纪末景观，富有'后现代'魔幻色彩"。并进一步指出，"想想奥斯威辛，就可以看出有我的那些同行参与制作的关于文化超越这类精致的神话是多么苍白"；——

他们在围着一口井跳舞，跳出了各种花样，频繁更换舞步。没有人向那口肮脏的井里吐一口唾沫，甚至不敢向那口井里张望一眼。

为了不让舞蹈者偶而走神失足，发生不必要的麻烦，他们近来干脆制作了一个精致的井盖，把井口盖了起来。未必有人要求他们这样做，这是他们出于凡尔赛式的自觉。（朱学勤《书斋里的革命：朱学勤文选》第 143 页，长春出版社 1999 年 12 月）

"想想奥斯威辛"，以及"围着一口井跳舞"，并且"把井口盖了起来"、"井口边的舞蹈越跳越欢"，该怎么理解呢？

离开了 8964，论辩的双方都成了无本之木。

许允仁《中华民族的高峰体验和创伤记忆》一文沉痛写：

……恰恰是在对自由的向往达到炽烈的高潮的时候，杀人的枪声响了。整个民族在"六四"镇压中受到的精神上的重伤巨创真是难以用语言来表达。在出于恐惧而不得不服从自己不认同的强权的过程中，个人的尊严被彻底粉碎了。……人民再次被强权驯服了。是的，在青年一代中，红卫兵式的想要砸烂旧世界，开辟新天地的虚妄自负的精神被铲除了，与此同时，自由地追求真理的热情；形而上学的兴趣；在公共事务中表达自己意见的正义感和勇气；对他者的基本信任与爱感……，总之，使一个人格保持其高贵性的所有最核心的精神要素都被铲除了。

王晓明《在创伤性记忆的环抱中》一文则如是揭发：

进入 90 年代以后,无论在社会的一般意识中，还是文学的流行观念里,“个人”似乎都成了最重要的东西。“个人”的发达,事实上已经成为公众最普遍、也最迫切的要求。与此相应，“个人性”和“个人写作”愈益频繁地成为文学杂志上的热门话题,不但批评家以此论述作品,许多作家也以此自我论述,……但是,这一股在 90 年代急剧膨胀的“个人”意识，却并非只是经济“改革”、文化和社会“开放”之类的所谓“现代化”的一般后果,它分明还带有一系列由八九十年代的中国现实所铸就的特别性质。这其中最重要的一条,就是一种创伤性的记忆，一种对于公共生活的不由自主的回避。……每一个认真生活在这个时代的人,都明白这样的心情,谁没有陷入过人微言轻的无力感？谁又没有经受过或堂皇或卑琐的失败感？对公共生活的不由自主的回避,差不多已经成了我们本能的反应了。当然,生活并不仅仅给予我们失败的记忆,它还给了我们对这失败的理解。……我觉得，90 年代流行的“个人”意识,正是搭着这样的创伤性记忆的肩膀才站立起来的。也惟其是在这些记忆的环抱之中，90 年代的“个人”意识长成了一副极不对称的体格:物质欲望和官能冲动愈益泛滥,精神要求和公民责任感却日渐萎缩,无聊和惶惑感愈益深切,生活的主动性和热情却渐趋消退……于是，在 90 年代，人们想象个人独立和自由的现实可能性的大部分空间，就这样被圈定了……既然这么多的文学创作都成为社会一般精神状况的表征，你怎么能仅仅把它们看作纯粹的文学呢？（王晓明《在创伤性记忆的环抱中》，《文学评论》1999 年第 5 期）

据纳粹集中营幸存者、意大利作家普里莫•莱维揭发，纳粹主义有一种惊人的腐蚀力。当人一方面受到需求的驱使，另一方面又受到诱惑物的勾引，会有什么样的行为呢？“高压下人性变得模棱两可”，“在集中营和集中营外面，确确实实有一些随时准备妥协的灰色的，模棱两可的人物。”（《灰色地带》，见《我们选择的前途：21位诺贝尔奖得主向全球公众推荐的文字》第622页，陕西师范大学出版社2002年1月）……应该说，暴力排山倒海而来时，人们发现无路可走。

高压下的人性，就变得模棱两可。如果说80年代盛行的是启蒙立场、人文精神、主体性神话的话，伴随着“胜利大逃亡”，出现了“动物凶猛”式的“渴望堕落”、“躲避崇高”。不过具体表现，犹有分说的余地。如果说刚“平暴”后的一段时间，人们的沉默还很明显的话，有些人表现出良好的心理恢复机能，不失时机地表现“现实局促下的无路之路”。即如王朔的影视、《废都》、《叔叔的故事》等。

研究者贺仲明指出：

……从整体文化背景上来看，“新写实小说”是90年代初各种政治文化力量协调妥协的一种体现。在80年代末的政治风波之后，人们失去了政治热情，也被摧垮了所谓的“精英”意识，知识分子和社会大众一样，迫切地需要逃避以往，需要建立一个大众的神话去逃避自己的精神困境。而主流意识形态也欢迎这一思潮，希望以之疗救人们心中的政治情绪，平和缓解社会气氛的紧张。……社会达成了全民性的共识，都一致性地期望着宽容的平和的现实的文化产品的出现。于是，精明的王朔从调侃姿态中走了出来，编制起传统的道德故事，以“恩怨忘却，一切从头说”的态度迎应“一切向前看”的时代主导精神，满足着各方面的政治与情感需要，并因此受到了社会大众几乎是一致性的欢迎。(《中国心像——20世纪末作家文化心态考察》第222页，中央编译出版社2002年5月)

“新写实”与王朔如出一辙。事实上他们之间相互默契。比如池莉以“与历史合谋”为题评述过王朔，她的评述未尝不可以看作自况，他们不约而同参与了与历史的合谋。他们的作品多改变成影视，不管作者本人怎么看，用那时主管领导人的话讲，“对于活跃气氛、疏解矛盾、理顺情绪已经发挥并将继续发挥积极的作用。”（李瑞环）

“是的，我们的语言曾经像条河，但现已萎缩成一个人工池塘。你被困在其中，半死不活，像宠物一样去服从和取悦。”

《叔叔的故事》可谓“个人对时代的反省”。据陈思和《中国当代文学史教程》分析，“小说文本反映了作家对一个公共历史叙事的拆解过程。”小说问世于1990年冬天。据说在此之前，向来高产的王安忆有过长达一年的封笔。后来王安忆写文章谈到她在这封笔期间的心情，说她感到一切都被破坏了，有一种世界观遭到粉碎的巨大痛苦；严峻的现实迫使她对现实做出新的思考，或者说进行世界观的重建：

……由此“叔叔的故事”中所有那些虚假的神圣与高尚都被拆解掉了，显现出一个时代的荒芜与丑陋。叙述者在小说的最后说：“我讲完了叔叔的故事后，再不会讲快乐的故事了。(第

344 页）

《废都》呈现的是什么，已经无须我多说了。如同作家张贤亮通过小说《习惯死亡》所表白的当代一切“渴望堕落”的文化人的真心话：“我们都是一群老娃娃，我们写累了想累了在生活中受够了然后想宣泄一下卑鄙，因为一味地高尚叫人受不了。我们要把卑劣和神圣的界限打破，使我们既体会到神圣又玩味到卑劣，既表现出高尚又得意于下流……”

与此同时，许多“新写实”作品被影视改编（《红高粱》、《妻妾成群》、《秋菊打官司》、《活着》、《武则天》）。据研究者王彬彬分析，众多作品中出现“张艺谋模式”，即为了能被电影导演青睐，小说家们集合在导演旗帜下，“妆罢低声问夫婿，画眉深浅入时无？”——“张艺谋电影对当代小说的影响，也许更根本的在于为当代小说确立了一种评价尺度一种审美规范，在于左右着人们对于当代小说家的评判。……实际上，小说创作中的‘张艺谋模式’，便是一种‘高级通俗小说’”。（王彬彬《一份备忘录，为未来的文学史家而作》，《文艺争鸣》1994 年第2期）我想补充的是，这种大众文化的“张艺谋模式”，与小众阅读的“昆德拉热”一高一低，遥相呼应、并行不悖，共同建构出二十年来中国文学的主流，代表是“茅盾文学奖”及其作品。

“矛盾的茅盾文学奖”，已经有了太多的谈论，这里就不多说了。这里我想指出的是，“矛盾的茅盾”、以及暧昧的王蒙。作为对于文学界有长期、实质影响的两任共和国文化部长，王蒙与茅盾有近似的或许并非“个人”的特征。小说家茅盾曾在五十年代坦白：

为什么我取“矛盾”二字作为笔名？好像是随手拈来，然而也不尽然。“五四”以后，我接触的人和事一天一天多而且复杂，同时也逐渐理解到那时渐成为流行语的“矛盾”一词的实际；……那时候，我又看到不少人们思想上实在是有矛盾，甚至言行也有矛盾，却又总是自以为自己没有矛盾，常常侃侃而谈，教训别人，……大概是带点讽刺别人也嘲笑自己的文人积习罢，于是我取了“矛盾”二字作为笔名。(《写在〈蚀〉的新版的后面》)

而另外一个小说家王蒙，无论是褒是贬，人们说他具有两面性。洪子诚《中国当代文学史》如是慎重落笔：“……种种的矛盾和复杂性，构成他的小说的较为丰厚的内涵，也同时存在一种含糊不清的历史和精神态度；而‘辩证’观点所具有的穿透力，与精神上策略性的暧昧的界限，也常常难以分清。”（洪子诚《中国当代文学史》第262页，北京大学出版社1999年8月）在我看来，也就是具有艾特马托夫、或肖洛霍夫式的特征。这些特征具有极强的传染性。

与之类似的“昆德拉热”。“米兰•昆德拉在中国”，是得到学术界充分研究的课题。或者由于“布拉格之春”，“昆德拉”来到中国上演“告别圆舞曲”，演绎“生命中难以承受之轻”。当然是“政治化的性爱小说”（陈染），表现“由政治绝望转向性的变态追求”（陈思和）。也就是与三十年代以来“革命＋爱欲”的“子夜模式”很容易对接。要是漫画式说明这类作品，当然“非黄即暴”（韩寒）。值得注意的是，中国研究者指出：

“尽管米兰•昆德拉在某些欧美西方人眼里被看作是索尔仁尼琴式的政治极权主义的反对者，但他在中国的形象从一开始就不止于此，中国作家很容易就分辨出米兰•昆德拉具有索尔仁尼琴所没有的品质，他的幽默和机智以及怀疑主义的态度，他的叙事手法和艺术风格都与后者决然有别。……”（宋炳辉《米兰•昆德拉的“中国之行”》，《译文》2003 年第 6 期）

确实，昆德拉的中国粉丝容易分辨出，什么是索尔仁尼琴式的危险，正像他们先天地排斥哈维尔式的“意识形态因素”。学习米兰•昆德拉，就像靠拢艾特马托夫、肖洛霍夫，能够既成功、又安全。用那句总结出来的经验，叫“既不违背四项原则，又能顺应市场经济”。值得一引的事例是，中国的“大墙文学之父”从维熙跟人讲：“中国的作品与索尔仁尼琴不同，诺贝尔奖有政治契机等因素。……我觉得中国作家比索尔仁尼琴好。”（马原等《中国作家梦——马原与 110 位作家的对话》第 237 页，华东师范大学出版社 2007 年 12 月）

看到这样的话，忍不住想了又想。他果真相信自己的话？

“当太阳喷薄而出时，星星的光辉就显得很暗淡了。”（胡平）

先锋文学的国家话语

由于灰色地带人的模棱两可，因而造成“蛋，就是这么扯的”（韩寒《文坛是个屁，谁都别装逼》）。“生活在这样的同行中，要寻求突破，要回到人性本身，是非常困难的。”（余世存《致先生书》）我这样描述，是否愤世嫉俗？

想考察另外一些作家，80 年代的“先锋”们。

基本上现在人们公认，进入 90 年代后先锋不再先锋。用一位研究者的话说：“随着 1989 年的美术馆的一声枪响，形式革命从此没落了。……从创作的实践来看，已经成为了权威的先锋作家们大多采取了形式弱化、故事通俗、模式定型的保守主义文化立场，虽然他们也在不断地寻求突破，但创作手法缺乏创新，思想浅白复制，是否还处于先锋的前沿值得怀疑。”（宋世明《文学体制转型与当代先锋小说精神变异》，《扬子江评论》2008 年 4 期）用报端的语言，就是“现实主义开始大规模回归，先锋作家重走现实主义的老路”。以曾经的先锋自己的话，则“我们同现实主义达成了和解”（格非），或“现在应该说，先锋文学成了权威。”（余华）

为什么会如此？起意写这篇文章的时候，我曾经一度，把问题归结为泰山压顶的暴力，造成了作家的内缩和探索性的覆灭。我想时代背景变了，一切都要重新安排。没有什么奇怪。可是很快又想到，这道题有没有别的解？就是说，先锋“变脸”的背后，有没有水落石出的因素？变来变去的后面，有没有其实不变的东西？

还是回到历史现场，看图穷如何见匕首。前面刘宾雁的意思很明确，可他着眼的是“1979年初，某些1957年的受害者刚刚告别悲惨命运，就开始分道扬镳了。”关于1985年及其后的“纯文学”、“先锋”，我没有见到他的评说。手头的现成材料，是高尔泰先生80年代后期，对“文学与启蒙”的强调、及对“看客的文学”的抨击。

《“看客”的文学》，援引《桃花扇》中的尖锐话：“清流欲向浊流抛”，来概括看客般冷漠的当代作家，同样尖锐地指出：

> 中国作家，作为一个知识分子，作为普通老百姓的一员，生活在社会的下层，体验着种种困苦，与人民群众同呼吸共命运。在当前这样一个举步维艰，民族灾难深重的时代，本应当呐喊出自己的愤怒和悲哀，成为人民要求的代言人，成为时代精神的喉舌。但是他们之中的一些人，目睹流氓、扒手、骗子以及一切与人民为敌的势力在众目睽睽之下为所欲为而噤若寒蝉；目睹社会的黑暗，官员的腐败，以及被新闻封锁掩盖着的无数骇人听闻的事实而无动于衷。……“看客文学”的错误在于放弃生存努力，游戏人间而听凭“必然性”或既成事实支配。这不仅是文学的死胡同，也是一种精神力量及其能源的窒息和浪费。(高尔泰《“看客”的文学》，《书林》1988第10期)

《文学与启蒙》一文，也值得今天重温。文章纠正“纯文学”的见解，指出艺术是超越、不是超脱。所谓“回归文学本体”，该是从非人的东西向人回归，而非人向非人东西回归。尤其痛切陈词：

> 说封建社会在“五四”时期已经结束是不对的。当然，说80年代的中国仍然是封建专制主义也是不对的。……但是，我们确实没有来得及在思想文化领域把反对封建主义的斗争进行到

底。……不论价值取向如何“多元”，我们所面临的这个阻力和危机是共同的。在它巨大的阴影下任何“多元”都笼罩着一层惨淡虚幻的和暂时的色彩。 当“纯文学”论者们宣称封建主义已经在“五四”时期结束，我们没有可能再像“五四”时期那样进行单一的“民主与科学”的思想启蒙时，他们本来是应当注意到这个最基本的事实的。

也许注意到了，也许没有。无论如何，这个非文学的事实终将通过支配作家个人的命运和影响作家个人的思想感情进入文学，迫使作家们做出文学的选择。(《人民日报》1989 年 5 月 2 日)

这篇文章，后改成《“文学本体”一问》，并添加了一些话：

我认为，文学不是政治的奴仆。但是我不认为，因此就可以说，“文学本体”的追求不同于人生的追求，文学的价值可以和人生的价值无关。……有那么多人不遵守语法，写作谁也看不懂（我怀疑作者自己也不懂）的东西，无异买空卖空。有那么多的编辑发表没有看懂的东西，是一场文字的灾难。许多宝贵的才华，由于诺贝尔情结压倒了对暴政的仇恨，果实越结越酸，我感到十分痛心。(高尔泰《文学本体》一问》，见“文心社”网 2008 年 1 月 13 日)

“买空卖空”啊、“文字的灾难”等，是否太过言重了？你可以争辩，只是审美趣味的不同。更可以说，文学无关“对暴政的仇恨”。但不管怎么说，8964 都证明巨大阴影下“多元”的惨淡虚幻。此后的转型也证明了巨大阴影下“先锋”的暂时色彩。

林贤治《60 年文学史如何书写？》一文如是写：

从大的方面而言，中国文学基本上在 1981 及 1987 前后两次“反自由化”及 1983－1984 的“清除精神污染”之下作“自律化运动”。80 年代初，“朦胧诗”及“伤痕文学”（“知青文学”在很大程度上可以纳入这一范围）的出现，与“思想解放运动”是同步的；比起前后的文学创作，以暴露和批判为主，表现出鲜明的异质性。这些作品，开始走出“瞒和骗”的大泽，敢于直面人生，思想是激越的，情感是充沛的。然而，这条刚刚踏出来的创作道路——以几代人的创伤记忆为题材，表现为对高出于革命原则的人道主义的认同，对历史和社会的重大主题的发掘——未及深化，就很快被打断了。这是中国文学惨重的损失。至 80 年代中期，作为文化偶像，博尔赫斯代替了萨特。“寻根文学”、“先锋小说”、“后朦胧诗”、“纯诗”等等相继出现，文学内卷化，文本至上，艺术至上。这种现象，可以看作对 80 年代初期文学的一种切换，或者一种反动。不过，此时毕竟还存在着某种探索的热情，即使是形式上的探索。89 年以后，中国知识分子迅速犬儒化，在作家中间，“去政治化”倾向抬头。（《60 年文学史如何书写？》，《西湖》2010 年 03 期）

这是事后的看法，旁观者清的观察。确实，“未及深化，就很快被打断了。这是中国文学惨重的损失。”至于“某种探索的热情，即使是形式上的探索”，今天又该怎么看呢？可以说它体现了某种“热情”，也可以说它暴露出一种冷感，属于“远离现实，躲在象牙之塔里编织一些五光十色的梦幻，而又要避开封建势力雄赳赳的猫须，以为这样能够实现多元”（高尔泰）的表现。当然历史是复杂的。在 1984 年 12 月作协“四大”后宽松的政治背景下，出现了被人们称之为“85 新潮”的多姿多彩。不可一概否定。但是否应该一味美化呢？

评论家张柠在分析“叙事异端中的赝品”时指出：“十几年前的‘先锋小说’看起来也好像是一种叙事异端。实际上他们从登上文坛开始，就一直领到了意识形态通行证。他们所追求的不是文学创作的自由，不是对正义和良知的表达自由，而仅仅是一种叙事方式的、技巧上的自由。……正是他们，把中国当代文学带进了一个咒语般的叙事圈套中，以致十几年来，中国当代文学一直在回避当代社会现实问题，大家都在玩一些文学叙事的'空手道'，既漂亮、前卫，又像带着安全套一样保险。"（张柠《想像的衰变——欠发达国家精神现象解析》第 217、218 页，福建教育出版社 2008 年 4 月）他尤其抨击"重返 80 年代"的冲动是"自我撩拨"，实际上是一种历史痴迷症：

……他们甚至不惜通过强行遗忘曾经有过的创伤经验，来实现'乌托邦叙事'的完满性。最令人感到不解的是，作为 80 年代的文化先锋，他们曾经试图将历史变成碎片。今天，他们却用遗忘的材料将历史断裂的缝隙抹平。他们貌似与现实经验格格不入，但他们与'八十年代'，或者与'历史'之间似乎没有任何格格不入之处，仿佛沉入甜蜜的梦幻，借此缓解现实焦虑。难道回忆往日梦境、压抑现时经验，是期待未来的唯一方式吗？（张柠《想像的衰变——欠发达国家精神现象解析》第 305 页，福建教育出版社 2008 年 4 月）

学者王利芬则通过系统考察，得出了自己的结论："无论是先锋小说的内容还是新写实小说的追求，都是工农兵文学的一个极端，只不过它们是同一土壤上结出的两个不同的果子罢了。"她进而发感慨：

由此我们深深感到一种思维方式对作家甚至是几代作家的深远的影响力，根除这种思维方式的困难也许正是中国文学所要真正面临的一场革命，否则我们的所谓先锋文学永远只是外在花样的翻版，而文学的发展也难以出现质的变化，而更像一个模特在不同舞台穿着不同的服装在做时装表演。（《变化中的恒定：中国当代文学的结构主义透视》第 251 页，广东人民出版

社1999年9月)

再看另一个人的观察：顾彬《二十世纪中国文学史》(华东师大出版社，2008年9月版）的看法。作为大陆译本，我想难免有所删节。可他已经说出了大陆的修史者不敢或者不屑说的话。比如他在“展望：20世纪末中国文学的商业化”一章开头就说：“中国的文学批评界更愿意把1985年当成中国当代文学的转折点，而不是1989年。”(第345页）看来对于中国当代文学的“转折点”之类，他们有着与我们大陆学界不同的看法。

与我们这边对《棋王》、莫言等的表扬式修史不同，顾彬的发现和指摘很有意思。他说《棋王》“小说主题并非下棋本身，毋宁说是中国的生活艺术，并且完全是在传统意义上被理解为对既成事物的委身。这在眼下情形中导向了一种对于无意义事物的意义赋予——无论如何对西方批评家来说是如此。”(第343页）莫言这样“一位畅销作家”，“他在每一场合都得心应手，懂得该如何分别操作。……作为党员和军人的莫言不仅利用市场，也利用国家意识形态。”(第345页)即如《天堂蒜薹之歌》：“……不管怎么去批评官僚阶层，主人公们还是完全懂得为改革者邓小平唱一曲赞歌。”(第350页）他尤其注意到写作者“超我”以及“叙事者的暧昧态度”——“一种模糊性能够产生美学上的张力，但只是当对立各方的立场都赋有力量时才有可能。”(第329页)

——依我看,他说的正是“灰色地带”及“肖洛霍夫”。

再看他对“先锋作家”的评点。比如《迷舟》：“……格非在政治上处理得面面俱到。谁在关键的历史时刻站到了错误一边，而且为了一桩昔日恋情疏忽了他的职责，就只能从历史中‘消失’。”(第348页）比如苏童，喜欢标新立异地重写民国年间故事，“……尽管如此，他的绿林小说也能站在党的路线上。”(第

355 页）再如《活着》："在某些方面，作者是从底层视角来重写人民共和国的历史。然而必须说到的是，对于大跃进的批判视角同 1979 年以来党的路线完全一致。……"（第 352 页）看来"先锋"云云，先锋多少堪疑。

看到这些，想到唐达成的话，"中国人太容易默认现状"（陈为人《唐达成文坛风雨五十年》第 387 页，美国溪流出版社 2005 年）。如果先锋都流于"对既成事物的委身"，除了名头外有多大意义？当然先锋们虽然变脸了，他们对年轻时的"风光"不会放弃。或者通过"重写文学史"，来巩固自己的"经典"地位。我想对于这种情况来说，8964 是尖峰时刻，却不是出生入死。

说到八十年代的"光荣"种种，我赞成李劼先生的评估：

> 不错，八十年代确实是个风风火火的年代。以前长不出来的文化庄稼，在八十年代一茬一茬地长了出来。八十年代让人回想起"五四"当年，只是"新青年"一类的尝试，被当局严厉禁止。然而，八十年代也是个相当戏剧化的年代，也是个相当泡沫化的年代。八十年代的文化精英也罢，文学先锋也罢，很少能够经得起九十年代和二千年以后的磨砺和风蚀。（李劼《查建英的"八十年代"派对》）

骅骝开道路，鹰隼出风尘

——写作史上的“八九一代人”

从另一方面来讲，8964 也是个契机。

当我这样讲时，未免小心翼翼。是的，“国家不幸诗人幸”。

先举两个身边的例子。一个是廖亦武，8964 使他转变了写作方向，他本人“由极端的个人主义疯子转换为传奇式的殉道角色”。正像王力雄所说的：“廖亦武的写作道路是被他自己的生命轨迹决定的。而他生命轨迹的转捩点就是监狱。如果没有监狱，他可能只是一个出类拔萃的诗坛嬉皮士。监狱的经历使他从此变成独一无二的历史证人，成为今日中国千万不为人知且不能发声的底层贱民的代言人。”（《从嬉皮士到反抗者》）从某种意义上说，悲剧成全了他。

——不，我无意于说，他由以前“非政治的”，变成了“政治的”。不是那样。廖亦武 8964 前的那些“史诗”，谁说没有包含“民族国家的文学想象”？那在 8964 以后，就从此不是一个无政府主义艺术家吗？不管国家如何分类，诗学需要仔细辨分。我以为在许多人自弃后，他没有放弃自己。用他《证词》里的分辨：“不，我不是政治犯，即使触怒了当权者我也不是。我只是一个顺从自己本性的艺术家，在一个具有几千年集体主义传统的种族里，无论谁当政，做一个遗世独立的艺术家都很难。”仔细想想，道理并不难懂。

再一个例子是王怡，1989 年他才上高一，可他说 1989 对他是个个人主义的关口。《美得惊动了中央·后记》略显粗暴地写：

“我之所以能成为一个知识分子，只因我在精神上是六四之子。有人说你才多大。我想说，我是谁啊，我是屠杀现场的一个未成年人。当初你们杀人，不能避着我这样的高中生吗。就像你们做爱时都避着我们一样。没有。没有总要付出代价。”在另一个地方他沉痛回顾：

……在 1989 年及其以后，整个社会没有人来顾及未成年人，没有人考虑未成年人的心理健康。整个杀人现场没有把儿童清场。甚至整个社会合谋在整整一代人的面前作伪证。并用谎言一遍一遍的为我们洗脑。我花了多少年的时间和整个青春期的流浪，来寻找正确的知识，来遗忘被强迫背诵的答案，来认识你们这一代的苦难。（《一个人的反对党——解读“公共知识分子”并致任不寐》）

总之“1989”像一个魔咒，不断在他的内心生出冲动。那是他难以摆脱的。类似的例子还很多。即如著名的右派“归来”诗人流沙河先生，在回答 1989 年后为什么不再写诗的提问时老实说：“我写的最多的诗都是歌颂的。1989 年以后，我就没有脸再歌颂了。”（《最后的文化贵族——文化大家访谈录》第三辑第 46 页，南方日报出版社 2008 年 1 月）……限于本文篇幅，无须举更多例子。已够说明问题了。就像索尔仁尼琴的“埃克巴斯图兹”，也像哈维尔《第二口气》中的“从下面”：“因为已经如此熟悉和掌握了‘从下面’（from below）看问题的眼光、卡夫卡的经验、法国荒诞派戏剧，以及在某种程度上有些迷恋从精确的推算开始却导致荒谬的结论，我在这些非同一般的社会情境中（它们是前所未有的和未曾描述过的）找到了我自己的最好起点。”

“1989”作为起点或背景，影响着许多人的思考和写作。我想把这样一些写作者，无论他出生在哪一个年代，统一命名为“写作史上的八九一代人”。深入、细致、系统地研究这个问题，只有等待以后的人们。我只能略带偷懒（只限大陆）、而且不无势利（比较有名）地列举一些人名，以引起人们对一种历史、文化现象的注意：

丁子霖、蒋培坤、陈子明、胡石根、刘京生、李海、叶文福、于浩成、王若水、许良英、李慎之、刘军宁、戴厚英、何家栋、沙叶新、流沙河、张先痴、包遵信、高瑜、刘晓波、周舵、江棋生、戴晴、王鲁湘、陈小雅、章诒和、王力雄、唯色、吴思、崔卫平、肖雪慧、秦晖、徐友渔、朱学勤、廖亦武、野夫、胡发云、杨春光、郭小林、傅国涌、周忠陵、汪建辉、李必丰、冉云飞、樊百华、秦耕、张博树、任不寐、华欣远、余世存、赵晖、周勍、浦志强、笑蜀、王康、师涛、欧阳懿、欧阳小戎、王怡、余杰……。

上面有的人，已经过世了。可在我心目中，还是那么鲜活。好像文字确实，能够让人活得长久。正如一位六四诗歌的研究者所说：“与六四的对错无关，与政治纠葛无关，与将来的道德审判无关，与未来历史学家怎样为六四定性无关……50年后，500年后，当六四已成为记忆的尘埃，这些诗歌仍将存在，六四作为一个政治事件留给后人的只有文学作品。”（明迪《六四诗歌20年回顾》）

关于八九一代人的写作，我不敢指望自己能概括。概括只能在大量的研究基础上，我目前没有可能那么做。我只能说，他们不是什么。八九一代人的写作，与其说是用墨水写，不如用目前在狱中的行动诗人李必丰的话说，是“用生命写诗”。也就是“断在浓墨处”、“我写故我在”。说到八九一代人的写作，“真有思维路绝、言语道断之感”（陈寅恪）。

就借用作家北明的盘点，——他们沉痛地意识到：

……虽然家国不幸诗人幸，但被人出卖了还帮着点钱，点完了，将数量可观提成存入银行私人帐户。这样的手和脑，如何可以写出文学杰作？五十多年以来，过眼云烟一样的一茬茬标题命名文学过后，是否有堪称伟大的作品浮出水面？被“文艺为政治服务”强奸过的中国当代文学，从强暴中醒来，第一件事就是揩净身上的政治荒淫污秽，发誓独立。但同时它把生命的真实一同抛弃了。从古到今，从东到西，从赢得国际声誉的西方名著到中国地下至今默默无闻的杰作，从那些文学大师的生平，到他们的自我认同，我还没有见过中国当代这样惧怕政治，铲除真实，切断背景的文学作品。这实在是政治强暴中国文学的最大成功，是中国文学因此高位截瘫而不能站立的证明。（北明《风的色彩》）

八九一代人的言说，当然从“国王没穿衣服”开始。也即他们的写作，是去除奴性、自尊自爱的写作，也是践行独立、张扬生命的写作。从世界文学史的路数看，当是继承了“萨米兹达特”（Samizdat）传统，而在网络时代发扬光大了的。意思是，拒绝戴铐跳舞。你不妨说，还是一种“反抗的美学”，却要比他们的反抗对象博大。就是恨恶罪、却不恨恶罪人，是“有敌意”而“没有敌人”的写作。可能在有的人难以理解，我想慢慢会理解的。一个现成的例子，是 1979 年到 1983 年监禁后，哈维尔回答“你是否恨那些狱吏”的询问：“不，我不懂得如何去恨，这点让我感到满意。如果没有其他的原因，那么便是仇恨会遮挡人的视野和使得寻求真实变得困难。”

在充满生机的野地，活动着八九一代人。

在这里，我只想引用胡平的话，以表达我对他们的理解：

中国的文学必须要有真正的突破。我们必须要有自己的索尔仁尼琴。中国的作家不必去追求诺贝尔文学奖，但他们必须去追求真正的自由的创作。……人生很短。如果我们还不肯放开喉咙，大声说出我们心中的一切，如果我们还不肯努力夺回我们固有的自由权利，我们将永世蒙羞。面对历史，面对我们的后世子孙，我们将无地自容。（《从自由出发》第五部分："为什么我们没有自己的索尔仁尼琴"）

失了大地，得了天空

陈子明先生《我与“八九学潮”——〈我的辩护书〉节选》言：

在我看来，“八九学潮”是一个感情真挚、动机良好、思维偏执、处置失当、结局悲惨、后果深远的历史性事件；它的整个氛围，整个进程，整个结果，都笼罩着强烈的悲剧色彩；它的悲壮的美感将永远值得人们赞叹，并极大地丰富中华民族的精神文明。

真正决定“八九学潮”的悲剧性质的，是与导致罗米欧和朱丽叶死亡的因素类似的某种心理上的东西，某些支配着学生和政府双方行动的全社会共同具有的思维定势，某些长期以来已经为包括知识分子在内的广大群众接受的并不具有真理性的信条。……

他这话说得沉痛，值得一再思忖。我知道他的反思，不是谁都能接受的。在这里，仅想表达个人的认同，就是在雅斯贝斯的意义上，“六四我们都有责任”。此外，我还赞同卢跃刚的观点：

六四促成了一次反省。一次刻骨铭心的反省。我们从天上回到了地下，从浪漫回到了现实，从西方回到了本土。这个过程，我称之为从浪漫理性到“客观理性”的过程。这个过程的本质，是换了一个认识中国问题的逻辑前提。这个前提是普通人日常生活中便能呼吸到触摸到的，是用普通人的情感、常识来铺垫来累积的。

这是一个带有血腥味的痛切的回归。(《有一个人，叫刘宾雁》)

这里我想说的是8964后，在多数人“渴望堕落”、“躲避崇高”的同时，有一些人发现了内心的幽暗，开始向上帝认罪。如按照官方的老话，叫“一小撮人”。按照《圣经》上的话，叫“进窄门”。

陈奎德《六四——现代中国的十字架》一文写：“自从六四那天的枪声响过之后，中国就不复是原来的那个中国了。我们都是六四之子。中国人都是六四之子。在某种意义上，六四将为这个正在溃烂的民族之精神输入道德感，输入宗教感，输入神圣性的资源。”

——他的话是否夸张？我觉得可以讨论。毕竟以历史的眼光看，这个民族的苦难可谓多矣。远的且不表，诸如“土改”、“镇反”、“反右”、“三年灾害”、“一打三反”……哪一个不是“严重的时刻”(里尔克)？我想再怎么强调8964，也得承认它不是绝无仅有的。也有人会提出一些反题，类似“奥茨维辛证明上帝并不存在”等。

我想这方面的问题，靠争论不容易有结论。毕竟心灵的问题与逻辑无关。正像一个人肉体的痛，不是发现“公理”就能缓解。灵魂啊拯救啊之类如果有，也不靠“少数服从多数”。在上面的问题上，我以为美国作家詹姆斯·克莱恩的谈论入情入理：

邪恶不善的事早已不是新闻，如果眼前的种族灭绝是上帝不存在的证明，许多已牺牲的无辜生命早该写下没有上帝的结语。我不相信我们能靠一个数字来作为有无上帝的指标：五十人、一百人、一千人，或是1937年南京三十万人被屠杀时，我们都能相信上帝的存在，到了六百万人丧命时，我们就宣布上帝并不存在，这完全地不合情理。如果非要等到奥茨维辛的惨案发生了我们才能相信邪恶的存在，人类也实在笨得不必活下去了。(《历史不会重演吗？》一文，见《我们选择的前途：21位诺贝尔奖得主向全球公众推荐的文字》第682页，陕西师范大学出版社2002年1月)

且让我从经验事实出发。

相对来说，8964与以前许多次不同，在于它是在世界众目睽睽之下，从“高峰体验”直线下坠的。不是不留痕迹的消失，也不是容易接受的温水煮青蛙。正是这一点，让人们感到难以接受。暴力的施展赤裸裸的，让人感到瞒与骗的艰难。人们的自我感被摧毁了。

正像苏晓康披露的心路历程：“……我们曾是那样自信于‘修复’国家、民族、社会、文明之病入膏肓的一类‘人物’，临到独自面对一个人和一个家庭的灾难境地，除了天塌地陷之感，一无所凭。我忽然看到了存在的深渊，一个无底的黑洞张开在脚下。”(《生死与人神之间》)相似的还有远志明，其《爱与爱》一文披露：“祖国的爱，党的爱，人民军队的爱，曾经激励我为之献身。但是六四那一夜之间，这些爱统统变成了恨，变成了血，变成了恶梦。……”在另一个地方，他生动真切地描绘自己的经验：

“悬崖绝壁是人生最好的地步，因为此时人会百倍清醒、四面环顾、蓦然回首；这是人蒙上帝垂顾的时候，这是柳暗花明的时候。那些正在‘春风得意马蹄疾’或‘坐地日行八万里’的人们，哪里能理解和领会此时的福份呢！……”(《信仰乃是一种经验》)

简捷地讲："人的尽头，神的起头"。神要开道路。

远志明因此得出结论：假如中国人，首先是他们的先导者，没有心灵的升华、没有超越性的信仰，那么不管举起什么旗号、走上什么道路，都结不出好果实。从相反的方向上，表达了"失了大地，得了天空"的观点。——当然他这句话，引起很大的非议。我以前也不赞同，现在注意到它的语境，那是自"两个城"的意义上说的：

"……我信主以来，所蒙的福份莫大于内心的改变。天还是那个天，地还是那个地，但内心一变，万事万物对我的价值和意义都变了。"(《心理与事实》)

值得一提的是，2009 年 5 月 6 日，80 多位华人基督徒发表《关于六四 20 周年的宣告》，坦白自己寻求信仰的过程与 64 有关：

我们中间一些出身中国大陆的学人，今天之所以成为基督徒，其寻求信仰的历程，多与六四事件密切相关。一方面……专制暴力的罪孽更粉碎了我们在人间寻找天堂的梦想。另一方面，这一悲剧也震撼了我们的灵魂，使我们看见自己并不是站在这一罪孽和悲剧之外的全然无辜者。一切社会层面上的苦难，虽然往往被归结于制度与政治的丑恶，然而，究其根本，它无不源于人心中根深蒂固的罪性。就这一罪性而言，我们与杀戮的决定者、指挥者和执行者，并无根本的不同。……

这是成为基督徒的。没有成为基督徒的又如何？就说现在狱中的刘晓波先生，自 8964 后被负罪感困扰。在"六四"十一周年时，他表示"以忏悔和赎罪的心情面对心灵和天安门母亲"。

当看到廖亦武在长诗《屠杀》的结尾自问自答："谁是幸存者？幸存者都是狗崽子！"刘晓波说面对六四受难者遗属这些年来的不幸，"我这个幸存者连他妈的狗崽子都不如！"（刘晓波《来自坟墓的震撼——"六四"十一周年祭》）

还有一些著名作家与诗人。如诗人杨炼说："'我'正是通过不停探寻自身内黑暗的极限与存在对话的。""对我来说，周围的'黑暗太多了以至生命从未抵达它一次'。"诗人北岛说："我想流放给了我许多去面对'黑暗之心'的机会，那是每一个人都必须面对的……"小说家马健说，"我不是基督徒，但我觉得这种忏悔意识在中国人是最缺少的東西，……你不能老是指责别人的问题，你自己的问题也在自己里面。"年轻诗人宋晓贤表现得言简意赅：

为了我们的民族
我常吟咏苦难
发出略含夸耀意味的悲叹
却忘了，苦难的背后
罪孽之深重

（《日悔录·22·苦难》）

有人说"忏悔意识取代控诉意识"，是"中国文化的转折"（王晓华《忏悔意识取代控诉意识：中国文化的转折》，《探索与争鸣》2002年1期）。果真那样的话，中国文化、包括中国文学有望出现一个深刻的"转型"，一个迷信"六亿神州尽舜尧"的国家或者会灵性上觉醒。汉语写作、汉语思想中会出现前所未有的东西。甚至会出现类似果戈理、契诃夫、陀思妥耶夫斯基、卡夫卡、康拉德、莫里亚克、艾略特、里尔克、梅尔维尔、斯坦贝克、C.S.路易斯、托尔金、辛格、马拉默德……那样对人性有洞见的文学大师。其中的关键，正如1952年诺贝尔文学奖得主莫里亚克所表达的：

“由一位基督教小说家讲述人类历史，不消说，不能使用田园诗的抒情方式，因为他绝不能回避罪恶的神秘事物。但是永远被罪恶萦系心头，同时也就永远被纯洁无瑕和童稚天真萦系心头。……”（莫里亚克《一线光明穿透了我所描绘的黑暗》，《诺贝尔文学奖获得者讲演精萃：我们经历了世界与一切》第 138 页，福建人民出版社 2010 年 5 月）

当然我也不认为，认罪就是动不动劝人受洗，认为受洗就一劳永逸。而且我还认为，虽然在归根结底的意义上“没有义人”，也即“就罪性而言”，我们与杀戮的决定者、指挥者和执行者无根本不同，可也反对不分青红皂白。或许我没有完全走出来。就是有些事情上，我比较纠结。个人比较认同犹太作家普里莫·莱维说的话：

“我知道，刽子手确实存在，不仅仅是在德国，今天也还存在，或者退休了，或者仍然忙于屠杀；如果把他们与他们杀害的人混为一谈，那会是一种道德上的疾病，或是美学上的虚饰，或者是不祥的狼狈为奸的标志；更重要的是，它会有意无意地帮助那些否认真理的人。……混淆这两个角色意味着要模糊我们对公正的需求。”（《灰色地带》，见《我们选择的前途：21 位诺贝尔奖得主向全球公众推荐的文字》第 621～622 页，陕西师范大学出版社 2002 年 1 月）

大体上可以说，8964 被“打回原形”。天若有情天亦老。

值得一提的是，这些年来在海内外出现“文化基督徒”，更出现了一些基督徒写作者。从各方面来说，都是值得注意的现象。仅就个人涉猎、阅读而言，目前比较重要的基督徒写作者有：

何光沪、艾晓明、远志明、谢选骏、范学德、郑义、北明、刘光耀、施玮、余杰、王怡、李必丰、任不寐、郜元宝、安替、北村、贺雄飞、昝爱宗、鲁西西、齐宏伟、谢有顺、华姿、宁子、林鹿、吴茂华、刘青汉、周伟驰、苏小和、宋晓贤、阿吾、李建春、沙光、黄礼孩、李浩、黎衡、桑克、蓝蓝、杨键……。

正像圣保罗所说："罪在哪里显多，恩典就在那里显多"。

当然从写作来看，一切也还是开始。周伟驰《当代中国基督教诗歌及其思想史脉络》一文深入研究后得出结论："尽管基督教文学在现当代中国已有了一点积累，但我们很难夸大它的成就。作为文学，人们会用一般文学的标准来要求它。作为基督教的，它又必须向但丁、陀斯妥也夫斯基这样的最伟大的作家看齐，不能沦为一般的文学。以此理想来衡量，中国尚没有出现基督教杰作。"（《当代中国基督教诗歌及其思想史脉络》，北京大学中国新诗研究所：《新诗评论》2009 年第 2 辑（总第 10 辑），北京大学出版社 2009 年 12 月）

——或许可以说，在别的写作领域同样如此？

不过我们，已经有了开始。有了开始，本身就是安慰。

就引用北岛的几句诗，结束这篇长文：

是笔在绝望中开花
是花反抗着必然的旅程
是爱的光线醒来
照亮零度以上的风景

2012 年 6 月 2 日，

山中定稿

风动花开日，把酒话桑麻

——为天堂桌子代写的序

文倩约我写序，感到很荣幸。也确实，有话想说。

按说我跟“桌子”，距离不算太近。最早是 2007 年春天，听班上的王静说起，有个天堂桌子沙龙，还送了本《龙泉的桃花》。后来大家都读了研，文艺沙龙变成读书会。可在我心目中，没什么大的不同。2009 年这个时候，应邀讲了次审美救赎的问题，想要破除一种迷思。再就是去年年底，旅美的台湾作家莫非女士来成都，我觉得是难得的机会，建议读书会邀她来讲一次。我也陪同出席了。就这样，从读书会开始至今，活动了八、九十次，我统共参加了两次，怎么都嫌太少。

现在桌子将“散”，大家纷纷作文，有篇题目是“纪念天堂桌子”。哦，纪念，我的心里突然有了不舍：怎么以前没珍惜，多去上几次？为什么我跟桌子，未能走得太近？想来想去，原因在下面：客观上住得远，跑起来会麻烦。读书会一般在周末，更嫌麻烦。主观上呢，自己不能放开，人一多就不自在。作为“老师”又妨碍别人自在。何况这么一帮有才华、有个性的人，你跟他们怎样相处才适宜？想不出来。记得 N 多年前，还在上大二的王静在邮件中问：“中文系学生应该怎样安排大学生活？”我说指引方向的话岂敢。我的理想，说不定别人看是放毒，又怎么好引导你、走向歧路？这是一个功利的社会，遵循的是丛林法则。如果你想脱出“功利心”，做自己想做的事情，我不知该鼓励还是叫停。就像现在写文章，许多人为了名利，有的人宁愿沉默。两样都不好。当然写自己愿写的最好，可是你若一意孤行，一直得不到承认呢？靠什么来支持自己，是个真问题。

其实到现在，我还这个想法。自己都走得跌跌撞撞，怎么能帮助别人？也就造成了，我跟天堂桌子的关系，更多是跟李文倩啊、王静个人的关系。与其说社会性的，不如说私人性的。我们是私人朋友，经常保持来往。有时晒书换书、谈论禁闻电影，包括学校里的八卦，学术界的拍案惊奇。许多事不听他们说起，就压根儿不知道。在这种交往中，究竟谁在说、谁在听啊，反正我受惠良多。当然也喜欢品茗，有时喝点小酒。吟到恩仇心事涌，少年心事当拏云。这种交往是私人的，也蛮低调、犬儒、市井小民式的。话说过来，蜗居在中国，谁人不犬儒？

此外，还有原因吗？我不知，该不该说。眼看“桌子”散去，反正要成过去式，那就说：十年前的 2001 年，北大“新青年四君子”的阴影，在我脑海里不能散去。我的杞人忧天，或许在阳光的人看来无稽，可也是经历了一些事后，养成的第二天性。毕竟读书会不止谈文艺、学术，有时要谈时事、国事。你关心时事国事，有时还挺敏感的问题（如《零八宪章》、刘晓波案等），别人当然要关心你。我当然愿意你们，健康平顺，别有什么事发生。

就这样。在中国生存，有时得安稳一点、就得外松内紧。在中国讨论问题，也不能氓之蚩蚩的、放言无忌。当然校园里相对安全，却也更加敏感。尤其在“敏感时期”的话。相对来说，闭门读书最安全，躲进小楼成一统。也要看各人的造化。对我来讲，所有“特殊”、“敏感”的日子，都是疯狂读书、学问锐增的日子。家里的花木，也要长得茂盛些。可有时，觉得并不轻松。毕竟，你不在真空中，你不在深山里，你无法闭上眼睛。

你无法证明，自己不在现场。邦无道、危行言逊的说法，我不知是洁身自好、还是挥刀自宫。对自己说诚实话，我不相信独善其身。在一个不善的环境中，以“独善其身”相标榜，包含着多少谬误、自欺、软弱和怯懦啊。学者耿占春老实承认：“独善其身不仅仅是不与恶势力为伍，也是决不与恶势力为敌。在恶势力与弱小者或受害者之间保持无视态度。保持看见了装作没看见。所谓睁只眼闭只眼。我怕的太多。我怕弄脏了自己。我怕搅乱了内心的平静。我怕生活在愤怒的心境中。我怕反抗不了恶势力还把自己的生活赔进去。”

我也承认，这两年是怎么过来的。见到了那么多不义，却没有拍案而起，“把自己赔进去”。这两月是怎样过来的，见到那么多暴行，忍看朋辈成新囚，连喊一声“过分”都不敢。有个词说出就是祸，有朵花开了就是火。我能够安然坐在这里，人模狗样给你们写序，知道是为什么吗？因为我拿定了主意，“不与恶势力为敌”。我在书房品着好茶，云淡风轻写文章，而没有像刘晓波先生、艾未未先生，以及我们四川的黄琦、谭作人、刘贤斌等先生一样“赔进去”，那是大有缘故的啊。我不愿站在邪恶一边，可也没挡他们的道啊。——嗯还有，你们邀请来讲过两次的冉云飞先生，对你们的支持比我要多，他现在在哪里？

“正直和善意全都招来横祸，结果是所有人都噤若寒蝉。”

问题是我们都在现场啊，眼睁睁瞧着事情发生。这些日子里我们噤若寒蝉，看见了装作没看见。朋友被抓走，连上门探望他们的家属，都要想想。我们的内心发生了什么，我们怎么调整自己的，老实说该有人问一下。暴政不止是政治，也通向我们的内心。如果我们，不想自欺欺人的话。“二十余年如一梦，此身虽在堪惊”，是我很强烈的感受啊。眼睁睁看着，许多美好离自己而去，再也喊它不回来。剩下的是什么呢。我人还在，可谁是我？

依稀听到隐隐的响声，脚下的大地不安分。所谓岁月静好、现世安稳的生活，距离我们那么遥远。不可企及的爱啊，力不从心的奔波。早有人说过，“时代是仓促的，已经在破坏中，还有更大的破坏要来。”老实说我们更戏剧，存活在这一变革时代的人，早就不成个样子了。也有人告诉我们，这是一个“大时代”，中国痉挛了上百年。可人生苦短啊。

值此方生未死的大时代，如果不是在劫难逃的话，该怎么安排自己？如果不是《2012》，还不需要想方舟船票的话，该怎样来平衡站立？在时代的荒野、社会的暗夜里，如何才能点燃一支蜡烛，多少安慰自己？哪怕颤巍巍的，黑暗却无法吞并。可行的方案是：培育私人关系、建设精神团契。

“野径云俱黑，江船火独明”。

英国作家福斯特，表达过这个意思。他有篇《我的信仰》，对私人关系用“信仰”一词。他说在充满暴力和残忍的世界，相对而言这可说是坚实之物。当然它不是绝对坚实的。你必须做到爱他人，信任他人，除非存心把生活弄得一团糟。但同样，别人不叛卖这种爱和信任也很重要。他们经常叛卖。“由此得出的教训是，我自己必须力求为人所信。这是我努力要做到的。”他“由此出发，给当代的混乱引进一点秩序”。并不怕走极端地发表宣言：“今日的世界蔑视私人关系。人们被奉劝抛弃温情，献身于这个或那个大义名分的运动。我讨厌大义名分。如果我不得不在背叛祖国或背叛朋友里二者选一，我希望我有勇气背叛祖国。”

我们当然难以，像他那么彻底。老实说再标榜看重朋友的人，也要看什么情形。古代有刎颈之交，民国年间慷慨就义，现在你就别提了。还别说在叛国、叛友间“二选一”，就是在饭碗和爱情间二选一，也够为难人的。当然更多情形，没有那么悲壮。取舍多出现在，一笔大的订单和朋友间，以及房子、车子、位子与老婆、老公、亲友间。还是别展开说了，我们的人性已然败坏至此。在我们这里，说什么“大义名分”，轮不到你“签订卖国条约”。只你所置身的小环境，种种的鸡毛蒜皮、坛坛罐罐，已足以让你沦陷。

还是继续，说说友谊的话题。毕竟你们要分开了。

朋友是珍贵的，它是时代的暗夜里，与我们秉烛相守的人。朋友也是脆弱的，远非想象的那么牢韧。我还想说，交朋友其实是很难的。因为真纯的交往往往伴随着理想主义，纯真的友情需要梦想来供氧。而梦想或理想主义，是世俗社会几欲置之死地而后快的东西。当我们存活下来，理想已华丽转身。

友谊不是容易的事，如果你不想让它变味。你要信守初衷，“不从恶人的计谋，不站罪人的道路，不坐亵慢人的座位”。你很快会遇到，人生的歧路。人的成长过程，是越来越包容、忍耐的过程，却也是不断丢弃的过程。要不断跟过去说再见。少年人的梦想会显得可笑，“水至清则无鱼”，你意识到自绝于人民的艰难。真是高处不胜寒啊。你会不会，走上一条轻松的路？找啊找啊找朋友，却为“多一个朋友，多一条路”，朋友多了路好走。最后走的是康庄大道，写有“贫在街头无人问、富在深山有远亲”的标牌。

老实说，你不是无辜的，少拿“人在江湖、身不由己”开脱自己。你受到威逼也感受到诱惑，你其实想要那样。“人心比万物都诡诈，坏到极处，谁能识透呢？”问题只在于，承认不承认。老实说，你受到的诱惑远大于威逼。使单纯友谊难以存活的，不是国家与警察，不是命运的威压，而是你的亲人和你自己。你的圆熟世故，你的趋炎附势，你的首鼠两端。所以，若“生存”成了你的主宰，别轻言“朋友”。若你不恨恶乱紫夺朱，别动辄“朋友”。朋友本来是，以明净透视世界，以简单对付复杂，一个生命反熵的过程。

没有坚定立场和手洁心清，难免沦为沆瀣一气。朋友之道，实不简单。

我当然知道，包容的必要性和重要性，也承认基本事实："我的精神生活和物质生活都依靠别人（包括生者和死者）的劳动，我必须尽力以同样的份量来报偿我所领受了的和至今还在领受着的东西"（爱因斯坦）。可择友跟它，不是一回事。所谓"道不同、不相与谋"，道相同未必要"谋"啊。公归公来私归私。友情的花草不排斥公共绿地，可更多在自家小院里生长。

在中国当"麦田守望者"，说说而已还是要当真？我觉得该问问自己。很多事情经不住追问。现在分手在即，我们当然可以唱，"不管相逢在什么时候，我们是永远的朋友"。可更多可能，是"夕阳山外山"。饶是多少情深，未免桃源望断。人生是个马拉松，行百里者半九十。可能走到一半，已经"有的高升，有的退隐，有的前进"。不要觉得稀奇。更能消几番风雨，匆匆春又归去。时常摧花辣手看不见，只让你自己看着办。老实说在中国，所谓"精神"之类脆薄而可疑。无可置疑的是，弄翻你不需出大价钱。根本轮不到我们，像福斯特那样骄傲向天喊："信仰私人关系，看起来那样与世无争和稳当，但也同样包含着严酷和恐怖。对个人的爱与忠诚可能会走到国家利益的对立面，碰到这种场合——我会喊：打倒国家！但实际只意味着国家把我踩扁。"

噫，予欲无言。

可是已经值了。天堂桌子，福杯满满。

好羡慕你们，一帮年轻学子，才华横溢而心地单纯，怀着憧憬想要真实生活。揣着一个念想，多少次围坐在一起，风动花开日，把酒话桑麻，我想不出有什么图景，比这更好。

"天堂桌子"是什么？一帮饥渴慕义的人。它不是什么社团，不到地上的国度登记；也不是信仰团体，要到天上的国度注册。但是我觉得，它是有生命交流的团体，可谓精神团契。以在校学生为主体的"天堂桌子"，具有现实关怀、知识追求，也有情感交流、生命相交。

“天堂桌子”是什么？一个青春放歌、把酒言欢的场所。一、二十学子定期围坐，沐浴着杏花疏影。像鹅湖论道，如东林讲学。好比“湖畔派”再世，更像“四七社”移植。才说是锦江河畔“野草”诗人抖擞集结，却原来“布卢姆斯伯里”圈子东方安家。今日良宴会，欢乐难再陈。半壁见海日，空中闻天鸡：狮子山上，水木年华。博士上茶，口若悬河。男孩开坛，天女散花。曲水流觞，自歌自唱。或默或语，如切如磋。大弦嘈嘈，小弦切切。古典脉脉，现代眈眈。旧学邃密，新知深沉。杂树生花，月光宝盒。沧海月明珠有泪，蓝田日暖玉生烟。烟销日出不见人，欸乃一声山水绿。……打住吧，该梦醒了。不过我的艳羡之情，再也掩盖不住。

羡慕你们，一帮大有福气的人。我想很久以后都会记得，这帮有福气的家伙。如果说“接天莲叶无穷碧、映日荷花别样红”，那么我想说，你们实在得到了祝福。那就是名字里的“天堂”。我想起名字的时候，你们只想到海子的诗。跟“宗教信仰”无关，也没想到“审美救赎”走不通，只是一些模模糊糊的憧憬。现在该能看清些了。

天堂对于“桌子”，是一种光照。

诚然，我们对于“人间天堂”，应该有一种警醒。但也能够辨识，人间天堂不是天堂，正像红色经典不是经典。假币是对真币的冒名顶替，也是对真币的僭越、侵犯。被僭越、被侵犯者本身不坏，坏的是僭越、侵犯的行为。前者是普世价值，后者是歪门邪道。就题目而言，其实耶稣早就说，凯撒的当归凯撒，上帝的当归上帝，“我的国不属于这世界”。教父奥古斯丁也早就区分开天上、地下“两个城”、“两个国度”。可连魔鬼都会引用《圣经》，却是要颠覆上帝之城。一直都有人迷恋巴比塔，尤其有一种政治弥赛亚主义或社会乌托邦主义，妄想着“英特纳雄奈尔一定要实现”。其实在更多时候，这种冲动蛰伏在人的心里。

这种冲动或对于“理想国”、千禧年的追求，美国学者马克•里拉称之为“叙拉古的诱惑”，他说叙拉古的诱惑对于一切有思想的男人女人来说都是强大的。“20世纪的种种意识形态投合了某些知识分子的自负和不加掩饰的野心，但也阴险狡诈地投合了正义感和对专制的仇恨，并灌输给我们，如不加控制的话，它们会将我们完全俘虏。”显然我们被一种妄念所俘虏。但若能正本清源，检视自己的内心世界，应该说人的“正义感和对专制的仇恨”本来无可厚非。那是上帝造人时就放在里面的，是人类身陷奴役也永不放弃的向往。是的，天堂是我们不死的向往。不能由于被移花接木，而放弃本来属于我们的东西。

其实没有人能，真正跟天堂说再见。虽然我们被“人间天国”伤得够惨，虽然每一代的人，都该对“叙拉古的诱惑”保持警醒。那是两回事。天堂对于我们，永远是生命的来处、祝福的源泉。相信我，人的生命不像平常以为的那样，孤零零漂浮在太空中没有根基。相信我，有些东西即使在奴役中，也没有任何力量能从你跟前夺走。那超出了它们的能力范围。还是借用福斯特的话吧：一方面，“黑暗令人类茫然失措。黑暗自有道理，如果谁对这个万恶的世界举起哪怕仅仅一支蜡烛，防空监视员也会报告说他在召引死神”；另一方面呢，“人的可贵之处——同时也是人类社会的可贵之处——在于它创造不懈、真情与忠诚。尽管暴力过去一直是，现在也仍然是整个乱糟糟的世界公司的大董事，我深信，创造仍无时不存在，而且会趁暴力打瞌睡的时候经常的把历史主导权夺过来。”

是的，创造的力量无时不存在，哪怕经常有乌云挡住日头。

现在桌子将散，“笙歌散尽游人去，始觉春空”。心中不免空空。不知你们以后，走在什么路上。也不知你们的健康，能支持走多久。只有怜取眼前景，当散时就让它散去。天下万物皆有定时，拆毁有时，建造有时。栽种有时，拔出所栽种的，也有时。

重要的是记住，我们要守望，麦田在心中。如追根溯源的话，“天堂桌子”意象直接来自海子，间接来自凡高——凡高确曾如是讲：“一个人想起人间的万事而想不通时，除了望着麦田之外，还能怎样呢？我们靠面包过活，自己不也很像麦子吗？等我们像麦子一样长熟，就要给收割了。”从根本上来说，来自福音书。因为《约翰福音》里，耶稣明明白白讲：

“我实实在在地告诉你们，一粒麦子不落在地里死了，仍旧是一粒；若是死了，就结出许多子粒来。爱惜自己生命的，就失丧生命；在这世上恨恶自己生命的，就要保守生命到永生。”

2011 年 4 月 28 日晚
22 时初稿
2011 年 5 月 4 日上午
10 时改定

“不知有谁能够，倾听他的沉默”

——《诗与春秋》后记

“为什么编这本书？”

这是师母林秋宜出的题目。她在去年暑假前夕，委托我出面编这本书。并说编好了之后，再写个简短后记，交代下为什么出这本书。

那是应该的，记得我连连点头。可真要说清这点，在我还有点困难。

可能换上一个人，要好办得多吧？

本书的缘起，倒是三言两语能说清——

苏先生去世后的追思会上，苏先生与林师母共同的朋友、著名画家李金远教授郑重提出：为了利于美好品质的传承，十年前由文学院印行的《苏恒诗选》，现如今能否“在一个正规的出版社把它出版”？话音刚一落，万光治先生就响应，说愿意解囊一万元。林师母么当然大受鼓舞。事情么，就此吆喝起来了。

可交代了缘起，不等于交代“为什么”。在我看来，两者是不一样的。为什么一本已然印行过的诗集，要在人走后寻找“正规出版社”？必要性究竟在哪里？两样的区别有多大？老实说，我是踌躇的。毕竟我们年轻些的人，已多多少少从“大一统”的禁锢中有所游离，对于“出版”的理解也要宽泛些。只要能够传播，管他什么形式，说穿了都是出版。说到诗歌更是如此。如对中国当代诗歌发展情形略有了解，就会承认上个世纪七十年代末以来，中国新诗的重获生命与渐趋繁荣，跟一个“民刊传统”的支撑牢不可分。其生命是自下而上的（所谓“诗江湖”），而无待于官方的册封或劳什子“认证”。不，毋宁说，野性十足的现代诗是反体制的：无论就诗歌内容还是实现方式。

当然人各有志。我们需要啖饭的人，难免“功夫在诗外”地追逐什么。

可是苏恒先生，已摆脱这些了。他的生命形态同他的诗歌一样，已进入了超验而不朽的“第二性生活世界”。那是我们的语言够不着的世界。勉强而论，好比右派诗人石天河所描绘的：“也许在许多许多岁月的风雨消磨之后，苏恒这集子里的诗，还会有一些声音，随着地球，在太空中旋转。”说到对诗歌的自信，他的话无以复加了。都有这等自信，还在为一本书“转正”而烦恼，实在有点那个。

或许你会说，毕竟“正规出版”，影响会更大些，会有利于诗的传播。其实这点最难讲。诗歌有其自身生命，有时会“不胫而走”，有时你用波音飞机送，或强令全国人民人手一册，并不见得能够抵达。一定有些什么，是我们弄不懂的。恰当而言，我想诗的好坏，在于品质而不在长短；诗的影响，在于阅读是否优质，而非发行量的大小。“身后是非谁管得，满村听说蔡中郎”，你该怎么说？

所以重出的事，我期期以为“不可凑泊”。不，还有原因。其实说起“正规出版”的话题，我就一肚子不痛快。还就是当年，为了《苏恒诗选》的事情。

就允许我翻腾出来，为一段经历做见证：

那是 2001 年秋，我还在城里上班。一天接到林师母电话，吩咐我跑一趟出版社，商议《苏恒诗选》出书的事。记得那是下午，蹬自行车去了。在本地一家文艺出版社的办公室里，一位自我介绍是川师大毕业、“也是苏老师的学生”的中年女性出面接见我。依稀记得除她以外，还有一两位级别低点的同事。不过谈话过程中，他们自始至终没有插话，只是眼睛转过去、转过来，给人的感觉怪怪的。

中年女性先是，诚恳说我们国家，现在是“写作有自由、出版有纪律”，希望能理解。我当然能理解，可不理解这些话跟苏老师的诗，扯得上什么关系？随后她直接提出，高尔泰先生那篇序，可能要做点“文字处理”，我略微想了下就点头同意了。(不过看她说话表情，心里很不舒服。第二年写《关于“高尔泰美学”专题的通信》，其中有句：“据我跟这边出版社的接触，‘高尔泰’一名字就是洪水猛兽”，指的就是这次)接着她又吞吞吐吐，好像难以启齿地提出，苏恒老师的诗中有三四首，可能内容有点敏感，是不是把它们去掉？

我很诧异，问哪几首？于是他们翻开，指点这首、这首，尤其这首——

柳 丝

呵，柔弱多情的柳丝！
你风姿翩翩，
柔情似水，
玄思如梦。
惹得春风，在

浸透离泪的柳堤上，
欢快地追逐。

呵，柔弱多情柳丝！
你何必把秀发给流水，
何必把风流给云彩，
何必把绿色给桃花，
何必把柔情给烈日？

此诗以前见过，没怎么记住。现在仔细打量，平心而论，我以为在苏诗中，只能算平平的那种。如果想鸡蛋中找骨头，也不妨说意境比较陈旧、用语有点老套，甚至立意上，有点“吹皱一池春水、干卿何事”的搞笑。可是说到“敏感”，就看不出来。于是扭过头请求指出。她说你看啊标题，你念“柳丝”。我念是啊“柳丝”，怎么了？于是她“点醒”说，你再读两遍，跟什么谐音。我念了两遍，是有点谐音，可是又咋了？看不出影射哪，也难说隐喻什么，顶多就是“柔弱多情”过分。以为道理不难澄清，就忍住想笑的冲动，耐心提醒她：“仔细看两段诗吧，跟那个毫不相干！”女主管缓慢而凝重地摇头，——或许她真的认为，对面这个人死皮白赖装糊涂？可我是真糊涂了。甚至有魔幻感：这不是真的，怎么可能是真的？！同时死死盯她的眼睛，想分辨她究竟开玩笑还是当真？

最后只有，败下阵来。告诉自己：遇到丘八了。就忍住恼怒“表态”：

“我不能做主。只有把意见带回去，看看苏老师怎么说？”

到苏老师家一汇报，一向宁静宽容的老师犯起倔来：

书不出了！再跑一趟，钱要回来。

于是屁颠屁颠再跑一趟，从出版社的出纳窗口，取出此前交的一万块“书号费”。再后来，就有了文学院推动，让诗选面世的“句点”。

这是十数年前的旧事，属于陈芝麻烂谷子了。要不是李金远旧话重提，我以为过去的就让它过去吧。是不愿去想，而不是忘了。作为那个下午的当事人，我怎么能忘记？分明记得，他们的“有理有利有节”。也分明记得，自己的气急败坏，又不能发作出来。人间的道理，是那样难沟通。对我是所谓：“此情可待成追忆，只是当时已惘然”。有时在惘然之余，反省自己是否不够权宜，把苏老师诗选搞砸了；有时又想，或许事情没那么简单，人家严防死守，是冲着“高序”来的？

——假如真的那样，则苏老师没有退路。不是一时冲动的事。

因为上述原因，再考虑“正规出版”，我是提不起热情。当然现在各方面，跟十多年前不同了。但起码在出版方面，一点都没“与时俱进”。今天的情势，用苏恒先生《困惑》一诗的句子，则“一切都过去了，一切都还没有过去”——

我看见尖刀是那样地真诚
我看见鲜花是那样地虚伪
我看见风是那样地实在
我看见人是那样地抽象
我看见小草是那样地坚强
我看见大树是那样地脆弱

梦幻破灭
一切都看清了
一切都还没有看清

秒针把时间迅速地拉开距离
一切都过去了

一切都还没有过去

记得我的朋友汪建辉，在自由写作奖受奖词中，不无愤激地讲：“在审查者的眼里开不出玫瑰，而只有棘刺。他们的工作就是将棘刺清除，而使玫瑰的生命转向苍白、凋零……”结合自己的经历，我理解他的愤激。当然你要说，好书也出了不少，生产关系束缚不了生产力。我也部分地承认。不过江水蔓延，不是控制放松。有时他们“抽风”（阎连科语），不是政策开明。所以总体而言，没有理由乐观。

一定有些道道，是一意写作的人弄不懂的。

——听说那位女主管，已荣升“出版集团”：厅级、还是副厅级？弄不懂。

因此，我曾当面抱怨，“李老师多事”。不是我们不愿揽活，而是你花了许多时间，大家投入不少热情，临了又出现上一次的“瓶颈”（谁也不能保证），你该怎么办？到了那一步，不得不“委曲求全”，还真成了“早知今日、何必当初”。

假如成了那个样，面对先生的在天之灵，我们能怎么说？

可偏偏这担子，落在我的肩上。

林师母让我编，我不能拒绝。你不能拒绝，哪怕再不愿意。

面对林秋宜师母，这位在丈夫晚年承受了太多太多，尤其在先生的最后三年，每天都在学校与医院病床之间奔波，多少滋味都一人咽下、差点身体就没垮掉的羸弱女性，我根本说不出话。非不能也，乃不忍也。你不忍泼冷水。知道她有她的意愿，知道她有她的环境。而且说一千、道一万，现在在我心中，她能够代表先生的意愿。一切的一切，都像我在那篇“追思会侧记”中所交代的：

“每天，林师母都要坐公交车，赶到医院去看望。多少滋味，只她自己知道。大家尊敬她，不仅因为长期以来，她对先生事业的理解、支持。大家尊敬她，也不仅因为先生失语后，她长达21年的承受、付出。——时代的伤口，个人在疼痛。大家尊敬她，也因为先生走后，不苟世俗的‘后事’。昆德拉有本书，《被背叛的遗嘱》。是说没什么比死者的愿望，更易背叛。如果不是，心里有爱。”

所以接受任务后，不止一位友人好奇地问：

“你真的以为，有必要重新编这本书？”

每次我都坦白：“林师母让编、我就编。”

但是除了“让编我就编”，也感到有义务、有责任，说清十多年前的“拍案惊奇”，否则就没有来龙去脉。我感到有义务为历史做见证：让后人看看我们的出版体制，何等“惹不起”；也有责任为逝去的先生存真：让世人看到这位真诚的共产党员，一方面多么在乎“名正言顺”——哪怕是退而求其次，印诗集时还要封面落个“四川师范大学文学院”的名，封底印上一个“内部准印证”号。好像无论如何都不愿，《苏恒诗选》沦为无组织、无纪律的“非法出版物”。想想看他当时，都七十多岁了。可是另一方面，面临底线突破时，他果断有所不为。

他以自己的方式，为自己的诗、也为朋友一辩。

事情果真像，隔着太平洋的高尔泰先生在《苏恒诗序》中提出的：

“我想，失语，也是后极权主义语境中的一种写作；没有写出来的，比已经写出来的更多。不知有谁能够，倾听他的沉默？”

编书的过程中，这句话一再地，在我脑海中响起。

To Be or Not To Be？这个问题太难了。

一个太沉重的话题：我当说，还是不说？

最好就让别人说。作为汇编书或编年谱的人，我最好信守“述而不作”的古训，不要表达自己的意思。也跟林师母说了，这次我自己，就不专门写了。

可是怎么回事，觉得自己有“掉头不顾”的嫌疑？

那就面对一下吧，生命中难以承受之重。应该提前说清的是，你这点“重”算什么呀？！比异常沉重的谈论更沉重的，是从1989年到2011年，苏先生长达二十一年的失语本身。“1989年我说话困难”，这是他颤巍巍的白纸黑字。“我患疑难病，八方求医，不见效”，这是《报应》中面对世界的告白。我们当然不懂医学，可懂医的人也弄不懂。据说1993年全市会诊，基本上众说纷纭。最后某专家宣布：“管他啥子病，就照血管病来医。”另据师母回忆，《苏恒诗选》出来后，著名的神经内科专家袁光固教授专程拜访，了解这些诗是什么时候写的，想要分析苏恒的病与内心、精神、情绪等关系。我想医生无奈，似乎没放弃努力。

既然他们能够，“诗、医互证”地探讨，那么我们这些不懂身体的人，能否“诗、史互证”地谈论？我是说谈论，连“探讨”一词都不给自己。是否专家们探讨不清，所有的非专家也得闭嘴？我想未必那样。其实私下里的谈论是有，一直没有“浮出海面”而已。就像此次，查常平师弟在文章中谨慎写：“二十世纪八十年代末，苏先生内心经历了怎样的震荡，我不得而知，只知道他在九十年代上半叶开始丧失了言说语言的能力。”其实此前两三次，我曾跟师母冒昧说起，师母总是沉默不语。我的理解是她不赞同？然后就是2011月14日下午，约了张星一起到省四医院，最后一次跟苏先生告别。第二天早上跟张星短信：

“昨天听说，已经二十一年，我都有点意外。我是认为，苏老师的失语，并不是器质性的，而是由于精神之殇。属于广义上的，‘历史的伤口’。对于我这样的看法，可能林老师不会认同。

毕竟川师很保守，人心如江湖。苏老师害失语后，学校有飞短流长，林师母会感到受伤。”

不管林师母乐不乐意，我都是表达自己看法。失语在中国医学里，被命名为“暴暗”。跟中国文化中的许多词一样，由于模糊而难以索解。不过或许论证困难，理解起来并不艰难。假如不搞“科学迷信”的话。记得一九九几年，有一次晚上去川大听“二十一世纪学术沙龙”，主讲人是一位刚从美国学成归来的精神分析博士。休息时间我问：一个人突然说不出话，怎么回事？博士三言两语讲：

“说不出话来，因为他不想说。”

再然后就是这次，仔细阅读先生的一生。看到《自序》中漫漶难认的话：“文革我人生精神严厉摧残。我失语病去东大街药店，成都中医大学杨介宾教授、博士导师医治廿次几，杨介宾医生问我，失语原因的两次被伤。我决不回答！……”刻骨铭心的是哪“两次被伤”，既然先生“绝不回答”，我就不强做解人。应该有几分证据、说几分话么。昨天看到李双兄提供的几则往事，其中有蓝棣之先生跟他说：“苏老师给我写信说患失语症，有一桩心事他始终无法放下，就是他儿子都成年了却得急病死了。他总在自责，儿子的死是他人生抹不掉的阴影，这可能是一个病因。”关于这个话茬，原谅我没话说。我只想补充说，除了文革中被伤外，还有一次精神之觞，成了压垮骆驼的最后一击。“粉碎四人帮后，我心情舒畅，工作顺利，逐步从非人的地位转到一个公民应有的处境……”这诚然是真的。没想到“心情舒畅”后，还会有六月飞雪。

对于这一事件，表面看先生消化了。他也确实没写下什么，足以成为把柄的文字。包括长达十七页的《自序》上，也没有蛛丝马迹。但是我们懂得，许多事情没写出来的，往往比写出来的要紧。结合到苏恒先生，我们知道他是一位诗人。“诗人，像一

只土拨鼠 / 亦像一只蝉 / 专门研究气候和声音”，这是他作为诗人的自觉。没有理由断言，作为土拨鼠或一只蝉，会跟自己的研究对象无关。同时我们知道，先生是个好人。虽然“好人”一词笼统，苏恒给自己用“中间人物”——“我就是我。我不是称道我的同志说的那样好，我也不是批评我同志说的那么坏，我是不好不坏，亦好亦坏的中间人物。”可是很显然，那是严格来说。在一般意义上，我想说承认苏先生是好人，不该有什么问题。好人不是完人、更不是勇士。

我想指出的是：好人又是诗人，当然容易受伤。我想说长达二十一年的负伤，属于“世事都成劫里灰”后的“好人喑哑”。“好人喑哑”是渊源很深的中国古语，著名的出处是唐太宗引述过：“一岁再赦，好人喑哑”。连在一起的是“小人之幸，君子之不幸”之类。当然这些话都很笼统，但是理解起来并不费劲。台湾罗大佑有歌词，“在这批判斗争的世界里，每个人都要学习保护自己”，可惜在中国社会进入 80 年代后，苏恒放松了“保护自己”。于是他并非情愿地倒下了。

此次编书中，一再瞩目石天河先生称道的“君子之风”——“真想不通，这样好的一个人，为什么偏偏得了这种病呢？”稍感诧异地看到李双兄“溢美”——“苏老师这样的人，我们一生之中也难见到几位”；也不能不再三致意苏先生从小到大、好了一辈子的朋友李志广先生所写：“……‘天之报施善人其何如哉！’太不公了。”他引用司马迁的话，来表示“太不公”。当然我们指出，太史公本人没啥“想不通”。《史记·伯夷列传》早就揭穿“天道无亲，常与善人”的盲目：

“若伯夷、叔齐，可谓善人者非邪？积仁洁行，如此而饿死。且七十子之徒，仲尼独荐颜渊为好学。然回也屡空，糟糠不厌，而卒蚤夭。天之报施善人，其何如哉？盗跖日杀不辜，肝人之肉，暴戾恣睢，聚党数千人，横行天下，竟以寿终，是遵何德哉？此其尤大彰明较著者也。若至近世，操行不轨，事犯忌讳，而终身逸乐，富厚累世不绝。或择地而蹈之，时然后出言，行不由径，非公正不发愤，而遇祸灾者，不可胜数也。余甚惑焉，傥所谓天道，是邪非邪？”

所以知人阅世和大量阅读，在在告诉我们“太阳底下无新鲜事”。许多事我们未必说得清，不过确实未必“想不通”。有什么想不通的呢？或许真理本身，不像孩提时憧憬的那样清甜。如要真正“睁开眼看”，则这人世间事，真有司马迁概括的那样：伯夷、叔齐积仁洁行，无非“求仁得仁”。全部也就如此。可尽管如此，耐人寻味的是中国文化中“君子、小人”之辨，跟其他种种文化—心理规范一样，至今未能衰歇。今天的中国人跟古代一样，冷不防就以“举世混浊，清士乃见”、“宁赴清流、不立浊世”等话语砥砺自己。走极端的甚至称：“宁溘死以流亡兮，余不忍为此态也”……。我想对此种种，也不好一概抹煞。出于这一认知，对于苏恒先生长达二十一年的失语事实，我们无论如何都不愿，用橡皮擦轻轻抹去。

——“千古艰难惟一死，伤心岂独息夫人。”

不过，揄扬也得适度。从一方面说，苏先生晚年是“此时无声胜有声”。就如《哑症》一诗所表露的：“得了哑症/既是痛苦/又是幸福。”那只是一个方面。“幸福”的另一面是“痛苦”，那是触目惊心的。我们忘不了，90 年代初头几年，师母带着他到处求医问药，想要极力摆脱那种痛苦。那种情形，绝不是所谓“千言万言、不如莫言”的单一表现（像邵燕祥所讥刺的，“不愁百万成虚掷，安得金人似傻瓜”），实在还有阮籍那样“终生履薄冰，谁知我心焦”的痛楚。那是难以表达的。那种情形，确实有点像比苏先生略早、大体上是同时代人的徐干生先生所指明的："一个人有满腔的意见郁结于中，却活得像个哑巴，这多憋人！"

因而，我主张"同情的理解"。不主张一意赞美，把真实的有血有肉的苏恒先生，捧到不适宜的位置上。我想引用《复归的素人》中，徐干生先生的两段话，表达我复杂的感受：

"彻底摆脱了奴性影响的勇士肯定是极少的，只有他们才会在完全绝望的情势中，咬碎自己的舌头，用愤怒的血直接喷到肆虐者的脸上，然后在骂贼声中伏尸于无情的刀下。"

"真正的悲剧，不在于我们能不能防止悲剧，而在于有那么多的人，是如此习惯于悲剧，把最沉痛的挽歌当颂歌来唱，把殓尸黑布的颜色看成是最美丽的，从而，一切悲剧对他们完全变成了喜剧和欣赏剧，这个，你说怎么办呢？"

还想说，我由苏恒先生想到了自己。你可以说苏先生的晚年遭际，是比较悲惨的。问题的普遍性在于，我们这些还活蹦乱跳的人，认真说起来能比失语的先生"幸运"到哪里？苏先生曾跟自己的弟子交心："'从心从欲'，是理想，办不到；违心违欲，时常产生。生存，需要代价。"其实这也是我们每一个人，每时每刻都感受到的。"生存，需要代价"，请问谁敢说自己能摆脱？我要进一步提出的是，如果说晚年苏恒，在出自己诗集时"不逾矩"，可至少他写作的时候是"纵心所欲"的。如若不承认，翻开他的诗就是。而我们这些还活着的人，或者说还活得年富力强的人，谁敢说自己像苏恒先生那样，能够按照自己的内心写作？

所以，我一点都不敢有"死者已矣"的单纯想法。而且感受到，"万古到今同此恨"，联想到"秦人不暇自哀，而后人哀之；后人哀之而不鉴之，亦使后人而复哀后人也"的杀风景而不过时的话。是的，谁说历史会轻飘飘过去？如果不是虚无到家的话，我们每一个人都要面对和辨认自己的脚踪。尤其问问自己：假如没到悲惨的一步，我们怎么来得及活？

"死者已矣，我们活着的人应该如何活着？"苏先生二十年前写下的话，现在击鼓传花一样传到我们跟前。假如扭头不顾，发问者苦心就被辜负。

我想，好的书跟好的人一样，都是让有幸走近的人得益的。

既然接受了师母的委托，我就不得不思忖：除了个人意义外，如何让本书编出来后，让它有更高的价值？让有幸打开的人，能有更实在的收获？

思来想去的结果，"为什么"越来越清晰：我编这本书，就是想为历史存留一份真实。就是展现真实的诗、真实的诗人、真实的语境。诗是我们能读的，诗人是我们能走近的，语境是我们闭上眼也摆不脱的。想编一部更真实、更透明、更全息、更立体的书，除了诗歌文本外，把历史文本加进去。力求使书博得文学和史学的双重价值。加上我们这些后死者的追思，则本书由"诗"、"史"、"思"三大块构成：不光美与不美的诗歌收进去（在当今时代，所谓"美"并不是最高的审美价值），善与不善的追念收进去（正如 C.S.路易斯所说："我们认为自己很善良，其实我们不过是在自得其乐"），真与不真的历史也收进去（完全的真实，像彼岸一样难以抵达）。编书的目的，就是不忘历史的伤口、恢复对处境的意识。

心目中当然有样本。就是力求像徐干生著、徐贲编《复归的素人:文字中的人生》（新星出版社，2010 年 1 月），和郭晓惠编《检讨书——诗人郭小川在政治运动中的另类文字》（中国工人出版社，2001 年 1 月）一样。前书上文已经涉及，老实说"素人"徐干生所达到的思想深度和高度，让许多"大师"、"泰斗"见不得人。包含后书在内的《郭小川全集》，被历史学家秦晖评价为："在中国出版史上可能是头一次出版了这样一种不管是正面的反面的，不管是主动叙述还是被动叙述，非常真实地反映一个人的几十年的心路历程的严格而完整意义上的全集。”

当然我很清醒，达不到那一步。不光因为材料少。比如苏先生上个世纪八十年代当系主任期间，写过相当重要的工作笔记，可在 2000 年秋天把它烧了。当时还烧了哪些珍贵的资料？师母也说不上来。作为编者，我只能在苍白而空洞的惋惜之余，把焚烧本身记录在案。还因为，郭小川书是他的子女们编的。他的子女们表示：编书“不是仅从文学角度选取作家的传世之作，也没有为亲者讳而避开作者的失误、偏颇与特殊环境下的观点和话语，而是尽可能全面地、本真地提供史料的原貌。”可他们有那个资格、那份底气，我怎么可能有？作为弟子，我当然要顾虑自己的想法是否僭越？是的，苏先生晚年有手书：“我遗嘱，只医院解剖我遗体我失语的原因，唯一的人生的贡献，我死后不怕牺牲。”可是毕竟，他没有想到会有人来这样编书。一旦书出来后，有人出来责难，我将何以面对？

思绪比较纷乱。尽管如此，想编成一个人的《春秋》。

古人早说过：“一身之遭逢其小者也，盖亦视国家之运焉。”（归庄）

感谢李双兄，在我发生动摇的时候打气：“……年谱不但要，还要花力气做好。没有年谱，这本书就没有厚重感和学术感。一切学术最终其实就是史学的价值，这一点，学人都是公认的。草草几首诗几篇文章凑成一本纪念文集，苏老师九泉之下会骂我们的……”感谢蒲卫宁师妹，肯定“这个年谱简编非常有意义，是很好的知识分子样本……”。感谢万光治先生，对年谱的关注和悉心引导。

不过在工作全程，想得最多的还是苏先生。读他、写他、编他，一直感到他的目光在紧盯着我。可能是本书的编辑，才使我真正走近他。想到他一生谨慎，80 年代才扬眉吐气。想到他晚年困苦，多少话说不出来。想到他引用过的古诗：“公道世间唯白发，贵人头上不曾饶”，确实有了紧迫感。想到两千几百年前，孔夫子“知其不可为而为”的表白：“知我者，其惟《春秋》乎！罪我者，其惟《春秋》乎！”就感到一代一代人，都有应该担负的责任。也想到马克斯·韦伯的自觉：“你来之前数千年悠悠岁月已逝，未来数千年在静默中等待”。

不过想来想去，还是回到当下。不能不沉郁。正如一位诗人坦承的：

> 终于能按照自己的内心写作了
> 却不能按一个人的内心生活
> 这是我们共同的悲剧……

——长叹一声，就此搁笔。

2013年8月下旬
于成都附近山中

落叶满空山，何处寻行迹？

不敢称“序”，就当作说明，简短写几句。

我不是对现代诗，有细微感觉的人。有的只是探究历史的兴趣。当我去年底，从“陈墨之博”上见到埋藏了半个世纪的《落叶集》“见天”，一方面大喜过望，同时又疑虑重重。两样都是真的。就像韦苏州著名的诗句：“落叶满空山，何处寻行迹？”经历了半个世纪的风雪，那行踪真地很难寻找。即使出现在眼前，总要疑惑、总要辨认。

疑惑与辨认的过程，伴随着陈墨兄种种不快，就不说了。作为辛苦辨认的结果，呈现在7月2日我发给《前朦胧诗全集》编者、诗人潇潇的邮件中：

“依我看，《落叶集》的文学史意义有三：一是独立的立场最鲜明、坚定，自觉继承了嵇康以来的不合作传统；二是美学上最自觉，是对三十年代诗学的跨代吸收，也是唯美主义在革命年代不死的宣言；三是，在颂歌与战歌充斥的时代，它是我们这个社会不可多见的哀歌、挽歌。其实别说六十年代了，就是放在今天的背景上，哀歌与挽歌的气质及文体，都是我们这个社会、这个民族弥足珍贵的。

……我建议《前朦胧诗全集》，将《葉子老師教我象徵主義詩歌》八首也收入。它不仅是诗也是诗论，是象征主义诗学在火红的六十年代“地下运行”的铁证。本身具有史料意义。我想以后书写现代主义诗史，它是绕不过去的。……”

复制粘贴邮件，确有偷懒之嫌。我也确实承认，它们不足以，概括陈墨的全部早期诗，甚至不足以指陈他的主要贡献。既然话说到这里，就让我“几句”后再加一点。我的方法还是，“以陈解陈”。为节省篇幅，仅从写于 1962 到 1967 年间的小诗集《残萤集》中抄录。

对于自己和自己处境，诗人似乎不乏自知之明：

“底层　有重量的丑恶和真理　皆沉淀于此。”（第27首）

“不敢走近她的根本原因是　丢不掉致命的自卑　丢不掉致命的自卑的原因是　底层穷苦力　黑五类狗崽子　又丑又矮”（第28首）

对于那个时代，陈墨说他算什么先知啊，是经验太过刻骨铭心了：

“爱情对命运叫道：　别把你干瘪的乳头再塞给我了　我的娘！”（第53首）

“孙悟空被解放的代价是　戴上金箍　我又没有被解放何以脸上被烙上黥印？”（第161首）

“宿命：立正！向左看齐：向前看！稍息……”（第218首）

“步伐整齐，却各怀鬼胎”（第135首）

对于“苦力写诗”，诗人当时就自我解嘲、自我打气地抒发：

“苦力写诗　邻人讽为歇后：　泡菜下红苕稀饭吃多了——胃酸”（第92首）

“诗魂哟，别让人们划龙舟投粽子来纪念　吃力不讨好也于事无补　化作风花雪月罢　让苦日子里　也有美滋滋的东西让人挂怀　让人回味”（第112首）

关于写作姿态，诗人早就有自觉。1965 年初写《姿态》一诗，坦承“紅塵拒我棄我 / 鳞翼雖成而愈伏 / 野草閑花 / 長空孤雁 / 用詩思鑄就自己”。《残萤集》则流露出：

“人一生的祸福　选择权竟是口中发出的语言　像乌鸦还是像喜鹊”（第67首）

“假如你是悲哀的　人前何必装笑　假如我是坚强的　就躲开人群”（第120首）

“我已经习惯：诗写好后无人叫好，只从心头掠过一阵窃喜。”（第219首）

人生的苦难，该怎么转换为艺术？这是个大问题。我惊诧在 1964、1965 年的中国，居然有“向美而生”的惊叹号，以及象征主义诗学的穿山甲。我惊诧一个只有初中文凭的“黑五类狗崽子”，竟然拥有“未及弯曲的仇恨 / 伤到自己的正直”的清醒，以及“从此岸到彼岸”的舟楫：

“作了个奇怪的梦：　一只小鸟飞到我的坟上　惊爪爪地叫了几声　也许它就是死亡之花　夜的精灵或者是学者们说的——象征”（第12首）

“芳心之培育　有待春风吹进心坎　一轮月　一枝柳　或一声洞箫　虽寒而不酸　那是苍凉　不是苦力　穿着满身是补

丁的衣衫”（第59首）

“苦力的我何苦从兴亡中读出凄美呢？叶子说何必不读出呢？”（第193首）

最后，若问“苦力写诗”有什么价值，其实诗人只是当时已了然：

“雨天　校门外卖零食的老太婆　蹲在地上　撑把破伞护着她一个提篮的摊摊　再渺小的坚守也是坚守　再卑微的生活也是生活　”（第116首）

“窝里稻草暖身，梦里文字暖心。”（第166首）

“上帝不会让落叶返枝　正如美才能让　在污浊的急流中的灵魂　上岸”（第227首）

——够了，打住。

2014年7月14日，赴德前夕

地下文学的“深水鱼”

——《落叶集》考释

在我国，最优秀的著作是不为当时人所知的。(索尔仁尼琴)

谈论一位诗人不被其同代人所承认，这样的话题是天真的。为诗人感到高兴的人和因诗人而发疯的人，都能立马辨认出一位真正的诗人来。(娜杰日达·曼德施塔姆)

我们没有受难者纪念碑，我们的“文革”和历次政治运动没有遗址，只剩下几个幸存者星星点点的记忆，在烈风中飘零四散。(高尔泰)

珍重承天井中水，人间惟此是安流。

(陈寅恪)

缘 起

这篇或一组文章的写作，由于种种原因，一拖就是几年。

起初是 2014 年春节刚过，浏览“陈墨之博”的过程中，看见《落叶集》及其他早期诗。看到最早是 2013 年 4 月 12 日，披载了《一九六四年》、《底》两首，标题下面写：

墨按:《落葉集》是我一九六四年為紀念葉子老師而作的一本詩集，收詩三十六首，署名秋小葉。一九六八年，統一自畫了封面，將詩重新統一鈔在四眼活頁簿上。

再下面是封面。封面下面目录，依次为：

《一九六四年》、《底》、《葉子》、《老師》、《逝世》、《他》、《孑然一身》、《無父母》、《無兄弟》、《無妻兒》、《只有我》、《這個》、《學生》、《數月》、《未及》、《謀面》、《見他》、《住房》、《已》、《易主》、《一問》、《方知》、《月前》、《已走》、《政府》、《將其》、《火化》、《無》、《骨灰》、《無墓》、《與》、《世》、《訣絶》、《得》、《真》、《乾淨》。

留意到在我来之前，零零碎碎的留言及答复。现将留言和答复，一并录在下面：

尴尬走一回　2013-04-23 21:44

这组《落叶集》在下还是初次拜读，开始有些疑惑，这么好的诗，咋就没读过呢？一看前言，竟然作于1964年，越发觉得不可思议了！

阿黑土　2013-04-24 10:17

谢谢尴尬兄夸奖！

尴尬走一回　2013-04-25 10:15

几十年间，优美的汉语言文字已经被糟蹋得不成样子。林林总总的读物中，要么充满喧嚣、暴力、血腥；要么肮脏、下流、丑陋；要么宏大、空洞、八股。仍然坚守着"向美而生"的博主，注定是孤独的行者。即便有人同行，那也是寥若晨星的罢。

阿黑土　2013-04-25 10:51

谢谢尴尬兄理解。

尴尬走一回　2013-05-04 21:07

願懷念如霜

貼在你的墳頭

與鷄聲為伴

唉，咋说呢

阿黑土　2013-05-05 07:20

葉子老師無墳，他的墳在我心裏。少年時在鄉間見過農民用棺材板搭在溪上當橋。於是"鷄聲茅店月，人跡板橋霜"的意境定格，我便以為每塊板橋，都是先生的墳。

法國象徵主義詩中有所謂“個人象徵”者，“懷念如霜”之意正是仿學。

尴尬走一回　2013-05-05 09:23

所谓“个人象征”，原是作者本意。可我却以为，当语言表述直达人心时，就远远超越“个人”范畴了。这或许就是诗歌的魅力。

鄙人父亲也没有坟，读到这几行，禁不住潸然泪下。

九九怪名堂　2013-05-06 12:30

《落叶集》是 1963 年，也即是距今 50 年前所写！？无论境界、技巧、情思，真堪一流!

阿黑土　2013-05-07 02:10

1964 年底所作，明年整五十年。這也算現代中國詩歌史上的怪事一樁。

九九怪名堂　2013-05-06 22:03

墨兄的《落叶集》几十年从未示人，包括老友。我也只见过那一本本诗集的封面，这两天，我反复读，似乎读出奥妙------绝!反读、顺读味道出，不信可试。

阿黑土　2013-05-07 01:09

九九兄：的確，這本《落葉集》從不示人。快五十年了，却拿出來公開。原因是：再不公開，可能將永埋地下了。雖然許多老友知我第一個筆名叫“秋小葉”，也知我的恩師叫“葉子”，但不知葉子老師教導我些甚麼，他的人品學問如何，皆不得而知。說實在的，他和我交往不過一年多，但對我的影響却是極其深遠的。朋友們從這集子中多少可以看出來。

抄录这些留言与对话，因为其中包含着重要的信息。诸如“这么好的诗，咋就没读过”，“几十年从未示人，包括老友”，以及“1964 年底所作，明年整五十年。这也算现代中国诗歌史上的怪事一桩”，还有“怀念如霜”之为“个人象征”。我以为这些“夸奖”、“理解”与评论，构成接受美学上的“第一个读者”。用该派大家姚斯的话说：“第一个读者的理解将在一代又一代的接受之链上被充实和丰富，一部作品的历史意义就是在这过程中得以确定，它的审美价值也是在这过程中得以证实（或译为‘阐明’）。”

至于我的读后感，当然更强烈——像梁启超“初读定庵文集，如受电然”。

毕竟是干这个的。深知“文学史家必须是个批评家，纵使他只想研究历史。”（参 N. 福斯特：《美国学者》）赞同“尴尬走一回”的判断：坚守“向美而生”的博主，注定是孤独的行者，“即便有人同行，那也是寥若晨星的罢”……只是更关心它“见天”后，会有什么样的遭遇？它会“在人们无心的漠视里被更深地埋葬”（高尔泰语）吗？于是 2014 年 2 月 26 日晚，主动打电话给陈墨，想要知道更多。随后打扰了他很多次。还数番访问他的诗友邓垦、徐坯、九九等，并与民间思想家、文革研究者周伦佐，以及中国现代诗编年史丛书《前朦胧诗全集》主编、诗人潇潇几次三番讲述我的“发现”，大家一齐来推敲此一“考古发现”的意义。

就有了 2014 年 7 月中旬，我为陈墨《我早期的六个诗集》所写短“序”，重点说了“《落叶集》的文学史意义”。只是时间仓促，许多话说不清。而且围绕《落叶集》等的考证、笺注、阐释，要做很多工作，涉及到方方面面，诸如纯历史问题——

它真是“1964 年底所作”吗？

历史理论问题——作为未经“传播”的“未刊稿本”，对我从事的“中国当代文学史”研究有什么意义？怎么发挥意义？作为一种“孔壁遗文”，它只具有文献意义，还是同时具有文学、美学价值？

文化政治或政治历史问题——怎么会“从不示人”？怎么理解“这也算现代中国诗歌史上的怪事一桩”？以及在今天的现实语境下，该怎样恰如其分地阐释，才能把它“擦亮”，而不是令其继续“蒙尘”？……

工作得一步一步展开。本文想解答的，主要是“历史事实”问题。

一、"铁板下诗篇，岩石下真理"

先说一下，《落叶集》的见天，为什么让我"如受电然"？

这些年来，我们一直期盼有所发现。就像一位新生代批评家所表达的：

> 我在开始重新阅读"文革"时期的所谓"地下文献"的时候，总有一种期待，期待着能有某种令人震惊的发现，就像我们现在重新发现斯大林时代的别尔嘉耶夫、布尔加科夫以及更晚一些时候的索尔仁尼琴和"萨米兹达特"一样。许多"文革"史家似乎也有意地去努力发现（或发掘）那个时期的"异端"文献。可是，令人遗憾的是，我觉得我的期待基本上落空了。政治上的和哲学上的"异端"少得可怜，这且不说。文学上的"异端"除了一些带有现代主义倾向的诗歌之外，基本上也不再有什么值得一提的。（张闳：《戴面具的萨德》，《声音的诗学》，中国人民大学出版社，2003 年，50 页）

他的结论我不敢苟同。"期待基本上落空"云云，还不是他的个人经验有限？作为曾经"查勘地下文学现场"的人，我就不那么看。像我那篇文章明明白白说——这次"田野调查"消除了我的许多问题，从此对"地下文学"的历史真实性再不怀疑。但是我那文章的结尾，也明明白白表示：静水流深啊水流深，我怕"潜在写作"并未真正结束，而且沉潜得更深。我担心时间久了，深水鱼会成化石。我担心时间久了，地下河会成内陆河：

> 就像成都诗人陈墨 1964 年写过的《蚯蚓》一诗："谁能看

得见你哟／黑暗深处的躬耕者？／谁能听得见你哟，／沉默在愁苦之中的光棍？／出来吧！／小小的灵魂。／四周的压力使你不能奋进，／阴暗会腐烂掉你的青春。……”可“出来”见阳光谈何容易。再举个例子。人们说，“林昭在狱中写过不少的诗。那是用倒流的泪顺流的血写成的，至今还大约封闭在提篮桥监狱的档案里。”（林斤澜）可其实披露出来又如何？就拿林昭的血诗《献给检察官的玫瑰花》——“向你们，我的检察官阁下，恭敬地献上一朵玫瑰花。这是最有礼貌的抗议，无声无息，温和而又文雅。人血不是水，滔滔流成河……”来说，应该说大白于天下了，可我没见到，有哪部《中国当代文学史》把它写进去了。只能感叹陈伟斯先生《林昭之死》文中发的感叹：“……林昭的诗，每一首几乎都是这样交织血泪。尽管她有礼貌地呈现给这时代，但谁敢接受这些开在血泊里的玫瑰花？”(李亚东《查勘地下文学现场——从 1960 年代蔡楚的“反动诗”说起》)

——“但谁敢接受这些开在血泊里的玫瑰花？”的确是个问题。

可是与此同时，就看到有人抱怨。看到颇有建树的苏俄文学翻译家蓝英年谈论：在斯大林统治最严酷的年代，布尔加科夫、普拉东诺夫等作家，仍写出像《大师和玛格丽特》、《切文古尔》等作品。“当时当然无法出版，后来都出版了，引起轰动。他们写的时候就坚信总有一天能出版。中国仿佛没有作家在‘大跃进’年代写出真实反映‘大跃进’的作品，准备以后出版。反映中国历次磨难的作品都是后来写的。”（蓝英年、李辉《关于苏联文学与中国的对话》）看到本行业卓有贡献的学者洪子诚发问：

……为什么在相似的社会环境里头，俄国会出现一些让读者喜爱，或者说价值很高的著作，在这些著作中有那么多的对人的境况和精神处境探索的东西？而中国为什么不能？（洪子诚，

《问题与方法》，三联书店，2002 年版，126 页）

当然不能同意他们的“看见”。可能要话分两头：一方面，必须承认在相似的社会环境下，我们的情况有那么一点儿特殊。正像在民国年间鲁迅痛切陈词：“别国的硬汉比中国多，也因为别国的淫刑不及中国的缘故。我曾查欧洲先前虐杀耶稣教徒的记录，其残虐实不及中国……于是坚卓者无不灭亡，游移者愈益堕落”（《1933 年 6 月 18 日致曹聚仁书》）。他说的是实情。若用清人诗句，则“恸哭范滂犹有母， 飘零张俭已无家”（钮琇）、“可怜埋骨竟茫茫，四海五洲无寸土”（邢昉）……可是并不意味着，历史上无“硬汉”。如陶渊明《咏贫士》：“何以慰吾怀，赖古多此贤”，文天祥《正气歌》：“风檐展书读，古道照颜色”。

想说我们当代，也有“不能为大家所知道”的“坚卓者”：

——如前所述，林昭的狱中诗文是真的。“在诗坛上歌舞升平的颂歌和鼓吹斗争的战歌铺天盖地之际，在几乎所有诗人都加入到时代的大合唱队伍之际，在诗坛的边缘（或者更准确地说是在地下），却仍然有另一种声音。……就在这样一种情况下，却出现了一个中国诗歌史应该永远铭记的名字——林昭。她的自由之梦，她的反抗与挑战，她的独立人格和不屈的精神，成为那个时代的绝响。”（李新宇《被遮蔽的另一种声音——林昭的诗歌创作》）

——就在我们成都，就在五、六十年代，原川大中文系教授曾缄《双雷引》并序是真的。

据 1965 年 10 月，中共四川省委四川大学社教工作团、中共四川大学委员会所编《曾缄反动诗选印》（当时列为“机密”）指控：土改时裴铁侠“抗拒土改，焚毁家藏唐代古琴大、小雷，夫妇服毒自杀。曾缄曾写长诗加以歌颂，并在部分具有反动思想的人当中流传，后曾缄畏罪撕毁。到了 1962 年，在阶级斗争激烈的形势下，曾缄又将仅记得的四句原诗，加以铺衍并写了序言而成此诗。”——“这首诗一度被批为毒草，作者生前亦讳莫如深，如‘秦妇吟秀才’。时过境迁，读者应该站在诗的立场上，予以更通达的解读……至如‘询君身后竟何有，绝笔空馀数行墨’二语，则简直是作者的诗谶（曾缄在十年动乱期间被迫害至死）。”（周啸天：《以易传之事为绝妙之词——论曾缄歌行》）

——我的老师高尔泰先生，五十年代劳教时所写纸片是真的。他曾在八十年代中期，《美是自由的象征》一书前言中透露：“……忍不住要偷偷地拿起笔来，在环绕在四周的厚墙上挖几个透气的小孔，以减轻一点窒息的痛苦。不被逼到这个地步，怎会冒这么大的风险？”到美国后，更在回忆六四入狱经历的《铁窗百日》中提及——那“是我五十年代被劳动教养时偷偷地写下的记录。字极细小。……几十年来，我为隐藏这些记录付出的精力和承担的风险，比写作它们还大。……没有这些纸片，我写不出《寻找家园》。”

关于这些“罪证”文字，他还在《寂寂三清宫》一文中“坦白交代”：

……我翻出那些在夹河滩农场用很小的字写在各种碎纸片上的所见所闻所想，仔细地一张一张看起来。看着看着，仿佛又回到了那个充满着劳役饥饿和屈辱的生活。总觉得即使是那样的生活，也比现在这样，变成千年古墓里的行尸走肉要好。看着看着，不知不觉，又写了起来。……自知是在玩火，但也顾不得了。除了玩火，我找不到同外间世界，同自己的时代，同人类历史的联系。我需要这种联系，就像当初需要寂静与孤独。写起来就有了一种复活的喜悦。但同时，也就失去了安全感，写时总要把房门从里面拴住。有时风吹门嘎嘎一响，就会吃一惊，猛回头，一阵心跳。

——"这是真的吗？"或许有人要问。你可以不相信，那是你的判断。就像你可以不接受那"开在血泊里的玫瑰花"，那是你的文质彬彬。可是说到探究历史，就另一回事了。要真正探究和言说历史——无论美学史还是社会史、思想史、写作史，都必须出于公心。假如你不愿罔顾明显的史实，则哪怕再不情愿，恐怕也得玩味一下如此这般的判断："他的美学一开始就是其命运的一叶孤帆，历史的风暴把它扫向了荒野，他几乎是以年轻的心和孤单之力平衡着整个文化语境中不对称的'对话'。……"（胡继华《不该如此远去的背影——追思高尔泰及其美学时代》）无论赞成还是反对，都得以"现场勘察"为前提。

现在，"不对称的对话"又一次发生了。这一次，发生在一位才十九岁的诗人，与飞起来吃人的时代之间。这就是千呼万唤才出来的《落叶集》，及其《我早期的六个诗集》。

二十年前的1997年，诗人陈墨有过一篇《醉话》，说"人生须干一桩痛快事。 ……人有时就是这样，不可理喻地非功利地为一时的'豪情壮举'或'快人心之事'，甚至仅仅追求'不亦快哉'的美学境界而甘冒终身困厄、坐牢杀头的危险"：

当满街都是"镇关西"和飞起来吃人的"老虎"时……人倘若活得太清醒白醒，对利和害太过权衡，虽然"适者生存"会活得好点，不过"如履薄冰"、"战战兢兢"也许更累。人们常说"棱角磨平始圆滑"，棱角便是人格，便是感性。所以圆滑的人是理性特强的人，因而圆滑的人为求身存是绝对不追求"清名"的——尤其是在浊世和乱世。因为追求"清名"无异于给人生自设障碍、自设陷讲。

暴政制造出大批圆滑的人，但它同时产生出嵇康和阮籍一类"清流"。当活得太累太累之时，我们暂时需要陶醉在我们狭小的背时倒灶的审美快感之中。哪怕那是顾影自怜，哪怕我们不得不把自己变成一株苍白的水仙。（《醉话 ——读鲁迅〈醉话〉

及老舍〈新年醉话〉，仿巴特〈有节制的醉〉兼答诗友及酒友》)

《落叶集》和《我早期的六个诗集》，是这样一位不醉的醉鬼，在浊世和乱世追求“清名”、追求背时倒灶的“不亦快哉”的产物。至今已然半个世纪。它们没被发表，它们逃避发表，它们不适合发表。甚至我要说，即使它们在互联网上“见天”，即使我这篇考证和解读的文章出来，大概还是会被我们这个“一潭繁华的死水”排斥。因为它本身，是与我们这个活得太清醒白醒、对利和害太过权衡、“适者生存”的时代不兼容的。是“秦王扫六合，虎视何雄哉”时代，“体制城堡”下没用的“断瓦残砖”，像他 2001 年 5 月夫子自道：

据说，在斯大林时代，有经验的作家经常劝同行说：“能够的话，最好不要思考；万一思考，最好不要写出来；即便写了，最好不要发表！”

在“体制城堡”下，自然有许多没用的“断瓦残砖”。……体制决定了 D 文化。D 文化注定了智识分子必须接受 D 的“思想改造”；一般民众与成长中的孩子，也注定必须接受 D 的“思想教育”。教育手段：除了政治运动不断外，就是垄断传媒，垄断出版，垄断教育。让舆论绝对统一。该手段虽变幻无穷，可两字概括：“洗脑”！

……——要证明他们对我的“洗脑”失败，我就必须做一回真人。 (《被奴役并被异化着》)

现在，这些“断瓦残砖”在热闹非凡的互联网上探头探脑地露面了。它会得到人们青睐吗？大概难。作为教授、研究“中国当代文学史”的人，我要难以免俗地想：它会被我的同事们，被“中国当代文学史”接纳吗？大概还是难。尽管如此，我想，作为春鸟秋虫自做声的结晶，它们不是为“史”而写的。就像前引

《寂寂三清宫》的结尾：“这批文章，文革中全部失去。大都落到革命群众手里，成了我的罪证。但我无悔，因为写作它们，我已经生活过了。”1993 年鸡年隆冬，陈墨为《野草诗选》作序云：

外面的世界象一潭繁华的死水，若再添几片落红，已全然无意义。剩下的，唯有阿 Q 式的一点自我安慰而已。然而，我们的友谊，我们的人生，岂不正是靠这点自我安慰支撑着的么？

无论“历史”是什么，人们都在生活。无论“文学史”是什么，《落叶集》和陈墨都存在着……这就是《落叶集》的故事。这就是陈墨的意义。于无声处响惊雷。就像二十世纪苏俄相似的社会环境下，“文学的遗孀”娜杰日达•曼德施塔姆袒露：“就某种意义而言，我们的确生活在印刷术发明之前的时代，诗歌读者越来越多，而诗作却在整个国家以抄本的形式传播。”也像“俄罗斯的良心”索尔仁尼琴，在其回忆录《牛犊顶橡树》中吐槽：

革命者是地下工作者，这不奇怪。作家竟成了地下分子，这才是咄咄怪事。

他还在《古拉格群岛》第五部中，以“铁板下诗篇，岩石下真理”为题跟我们讲述：“真理似乎永远是羞怯的，在过于强大的无耻谎言的压力下，真理往往就沉默不语了。”但是“反抗没有外露，没有给普遍堕落的时代涂上光彩，但是它的不可见的温暖的血管一直在跳动、跳动、跳动。”——这就是《我早期的六个诗集》的故事。这就是陈墨们的意义。只是我们的情况，似乎比娜杰日达•曼德施塔姆、索尔仁尼琴们特殊。毕竟他们的社会，还有“萨米亚特”，那些“非正式出版的手稿复制品”。而对于陈墨来说，只有“从未示人，包括老友”的稿本。我以为它比“萨米亚特”更能彰显出，“二十世纪这样一个重要现象，当一个政权禁止人民提出任何质疑，毫不在乎他们的内心信念，竭力把他们降低到只能接受假话的水平时，自制的文本便成了作家的表达媒介，被那些渴望得到精神资源的人们看作唯一的安慰。”（景凯旋:《萨米亚特：见证自由的文学》，《书屋》2006 年第 10 期）

记住陈墨们“生不见叶，死不见根”的完全“非传播”状态。记住古今中外，“须知孔壁遗文在，岂逐秦燔烈焰销”（李复《残编》）的传奇。记住王国维对“地下之学问”的看重：“古来新学问起，大都由于新发见。有孔子壁中书出，而后有汉以来古文家之学；有赵宋古器出，而后有宋以来古器物、古文字之学。惟晋时汲冢竹简出土后，即继以永嘉之乱，故其结果不甚著……然则中国纸上之学问赖于地下之学问者，固不自今日始矣。”（《最近二三十年中中国新发见之学问》）记住鲁迅对“中国人失掉自信力”的不以为然：“这一类的人们，就是现在也何尝少呢？他们有确信，不自欺；他们在前仆后继的战斗，不过一面总在摧残，被抹杀，消灭于黑暗之中，不能为大家所知道罢了。”（鲁迅《中国人失掉自信力了吗？》）记住文学理论家韦勒克、沃伦的观察：“如果过去许多二流的、甚至十流的作家值得我们研究，那么与我们同时代的一流或二流的作家自然也值得研究。学院派人士不愿评估当代作家，通常是因为他们缺乏洞察力或胆怯的缘故。”（韦勒克、沃伦：《文学理论》，刘象愚等译，北京：三联书店，1984 年，38 页）也记住我的朋友，《沉沦的圣殿——中国 20 世纪 70 年代地下诗歌遗照》一书主编老廖，2008 年 12 月 5 日在一则群发邮件中所写：

……我希望引起写诗、写诗评的友人的注意，暂时装聋作哑可以，但我相信某一天，文学史会记录这一不同的声音。同时，记录下我们的盲从，我们的势利，我们的不知羞耻。

二、"地下文学的深水鱼"

其实写这篇文章，也曾有所迟疑。

毕竟是黑暗里的故事，也是揭发、暴露黑暗的故事。

《落叶集》是我所知道的五十年前中国，极其罕见的恸哭长夜之作。

为着一个人"暗暗的死"。鲁迅早就写：暗暗的死，在一个人是极其惨苦的事——"我每当朋友或学生的死，倘不知时日，不知地点，不知死法，总比知道的更悲哀和不安；……这时街道文明了，民众安静了，但我们试一推测死者的心，却一定比明明白白而死的更加惨苦。"(《写于深夜里》)问题是他写于黑暗之中。而《落叶集》的故事，发生在"以太阳的名义，黑暗在公开地掠夺"的时代，发生在"圣朝愁者都为罪，天下罪人竟敢愁"(聂绀弩)的"圣朝"。所以根本上就是反动的。所以必须"從不示人"。

薄薄一本诗集，收诗三十六首——究竟机缘巧合，还是苦心孤诣？你可以说是凑巧。但我们知道，诗人在根本上讲，是"文明的孩子"(布罗茨基语)。根据娜杰日达•曼德施塔姆的提示："要知道，人们有着各自的神圣数字，比如三或是七，这并非偶然……数字也是文化，也是从前人那里继承的一笔宝贵财富。"(《曼德施塔姆夫人回忆录》，刘文飞译，广西师范大学出版社，2013 年 9 月，第 311 页)考虑到在我们这个文明古国的传统中，三十六意味着什么……是的，我的确想到了《易经》第三十六卦：是的，"明夷"……

一个"明夷待访"的故事。难怪要深埋、要隐匿。在那"字迹是赃物罪证，保存比写作更难"(高尔泰《寻找家园•自序》)

的年代，写这些是什么行为？“在一个思想犯罪的国家里，一个作家，如果天良未泯，如果试图表达更大范围的真实，那么，写作本身就是制造罪证。”（廖亦武：《中国冤案录·被抄家者廖亦武》）难怪它要像“蚯蚓”：“谁能看得见你哟……谁能听得见你哟”。难怪它像阿赫玛托娃《安魂曲》，那“为受害者生命的哭泣，至今在我们祖国没人听到”（利季娅•丘可夫斯卡娅《被作协开除记——文学伦理随想》）。

问题是现在，二十一世纪了。诗歌打包上网了，诗人还张扬“黑色寫作”……我又迟疑什么呢？不知该怎么说。就抄录阿伦特《黑暗时代的人们》一书中，“作者序”的话：

所有这一切都具有充分的真实性，正如它们公开发生时那样；在其中没有任何秘密或神秘性可言。但它依然绝非对所有人来说都是可见的，更不用说能被轻易察觉了。……当我们思考这些黑暗时代，思考在其中生活和活动的人们时，我们必须把这种伪装也纳入到思考范围之内。这种伪装从“体制”（establishment，以前被称为“系统”）而来，并被它重重包裹。（汉娜·阿伦特：《黑暗时代的人们》，王凌云译，江苏教育出版社，2006 年 7 月）

诗歌是一回事，解读是另一回事。记得聂绀弩在 1982 年 10 月，给一位朋友信中说：“……尤其是诗，有一两个真正读者能看懂了，会心一笑，已为极境。何必硬要人懂，硬要人读？我实感做诗就是犯案，注诗就是破案或揭发什么的。”话说得透彻。“会心一笑，已为极境”，何必注它？何必考证？就举个例子，陈墨《残萤集》中一则小诗：

我的雨變着雲兒飛去
千里之外
在父親的戰場

落下

“孤立绝缘”地看，本诗能有啥？可“时代背景”地说，要看什么时候写的？“知人论世”地讲，要看“父亲的战场”何谓？我当然知道，此诗半个世纪前写。我当然知道，诗人的“父亲”咋回事？——现在指出这些，已经没问题了。

1992年8月，陈墨有《关于“因名”》一文，回顾作为“黑狗仔”的命运：

……猶太人“因名而喪”，要怪希特勒既獨裁又變态。而我們呢？我們有什麼罪？身份被定為“地、富、反、壞、右”的父輩們有什麼罪？拿我父親來說，兩次身負重傷，兩次返赴抗日前綫。待國共戰爭爆發，已然退伍。雙手只沾滿日本鬼子之血，而無半點同胞之血，就該戴“歷史反革命”之帽？就該槍斃？五零年、五一年的“鎮壓反革命運動”殺了幾百萬手無寸鐵的所謂“反民”，全系“因名而喪”。若父輩他們姓“國”該殺，我們既不姓“國”更不信“國”，他死時我才四歲，現在連他的樣子都記不起了，我該有什麼樣的“原罪”？我該先天喪失生存之資格？被打入另册，蜕變為額有黥印的“黑”奴？

……離“二戰”勝利快五十年了，有人呼吁建“猶太人死難紀念碑”。我想，再過五十年，“黑五類死難紀念碑”也許有人呼吁罷？

哪怕时过境迁，都能感到愤懑。就更能理解，《殘螢集》中另一则：

快天亮了
草兒都帶露水了
我的歌還不敢唱出口

只小聲哼哼

问题是今天，“我的歌還不敢唱出口 / 只小聲哼哼”吗？当然不是。只是有时候觉得，“一切都过去了 / 一切都还没有过去”（苏恒）。像诗人陈墨清醒的：“譬如眼下的‘二十二条茶规’，好象根本不存在，教你没法啃没法咬，唱赞歌吐口水比大指拇、中指拇统统无济于事；然而它确确实实无所不在，无时无刻不在局限着人、压迫着人、摧毁着人，并且一丝一毫不为个人的意志或情感所改变。——你就拿它没辄了。”（《庄话与谐话——〈九九谐诗〉读后》）有时觉得我们的历史，时常“鬼打墙”。就思忖自己，“休去倚危栏”。

那情景，像陈墨 1964 年 12 月所写《鋒利》一诗：

割傷我的
不是歲月
是文化滯差所形成的
飛瀑

魚群與光斑
它們在相互追逐
但只有我偏偏覺得
斜陽刺眼

——至今仍是，“斜阳刺眼”……需要做点注释吗？

不安全状态下写作，难免种种加密。正如诺曼 •马内阿揭示：“欺骗是日常生活中交际的社会惯例，甚至在创作的世界里也一样。在极权统治下写作的作家常常在作品中使用诈术、典故、暗码或者粗糙的艺术形象，痛苦而隐晦地和读者进行沟通，同时他们又希望能躲开审查者。”（《论小丑：独裁者和艺术家》，吉林出版集团有限责任公司，2008 年 3 月，第 76 页）俄国符号学家尤·米·洛特曼指出：“所有具有符码作用的、引起意识轴上丰富联想的语码都结合了本民族的历史文化背景。”比如此处“斜阳”，就跟中国诗歌传统有关：

……而在中国古典诗歌的传统中，那落日的斜晖，常常是代表一个国家、一个朝代到了它的危亡衰乱时期的意思。因为中国古代常常把太阳—日当作君主朝廷的象征。这是有一个语码的作用的。所以，“凝眼对残晖”，……无论是“斜晖”，是“残晖”，在中国的社会文化这个古典文学的传统中，是有语码的作用的。它暗示一个君主、一个朝代、一个国家的衰亡。(叶嘉莹《唐宋词十七讲》第三讲)

同书第十二讲“辛弃疾（下）”写：

他说：“休去倚危栏”，不要靠着那高楼危险的栏杆向外看，因为你一看所见的，是“斜阳正在，烟柳断肠处”。沉落的夕阳在烟霭蒙蒙的柳条之中向下沉落，这真是让人断肠。关于斜阳，我们在前一首《水龙吟》“系斜阳缆”时讲过，“太阳”一般代表君主与朝廷，“斜阳”正代表那些走向危险和衰败的朝廷和国家。所以他说：“愁最苦，休去倚危栏，斜阳正在，烟柳断肠处。”我的愁并不是要与玉环、飞燕一类的人争宠，我所优伤的是我们的国家会在你们这样作威作福之中落到什么样的下场。这才是我辛弃疾关心的事情。

所以我想到，“休去倚危栏”。

不一定会给《落叶集》作者带来麻烦，使他陷入如下真实的或想像的危险：

我害怕了，是的，真的害怕了。小说中，我用来隐射纳粹主义和罗马尼亚独裁主义同出一辙的语句被“解密”了——噢，我害怕了。我有一种感觉，门会随时被撞开，这份报告足以让我成为阶下囚。我想象着我的档案出现在“真理档案室”里！(诺曼·马内阿《论小丑：独裁者和艺术家》，第 76 页）

而是想到解读其诗，很可能吃力不讨好。最起码目前，恣意写文章会找不到发表的地方。

可我还是想，“破案或揭发什么的”。原因么，一是想到现在，毕竟跟五十年前不同，不是一天到晚大喇叭播放“不忘阶级苦，牢记血泪仇”的时候了。再说前面说了，不忍心看到好东西埋没。何况我也有文人的虚荣心，很想“不亦快哉”地显摆自己——怎么说呢？俄罗斯有句老话：“如果不是长长的喙，任何人在森林里也认不出啄木鸟。”我很想证明自己，是有着长长的喙的啄木鸟。或文学研究领域的福尔摩斯。何况还有接受美学护身，就是把责任揽过来说，“作者未必然，读者何必不然”——我的解读跟他无关。

种种犹豫。但主要还是不能坐视，“不容青史尽成灰”：

比如说革命年代的象征主义问题。相对来讲，此问题这些年得到较多关注。比如“前朦胧诗”与波德莱尔的关系，包括为纪念《恶之花》初版百年，1957 年 7 月《译文》杂志推出的波德莱尔专刊，得到越来越多解剖。“在波德莱尔影响下，‘前朦胧诗’的作者们个个是善于使用意象的象征主义诗人。”（杨玉平《波德莱尔与“前朦胧诗”写作》，《世界文学》２０１５年第 6 期）现在《落叶集》和《我早期的六个诗集》的见天，进一步佐证了这一点。

当“叶子老师逝世五十周年之际”，陈墨写就《關於“黑色寫作”——〈我早期的六個詩集〉後記》一文，为历史提供了更多细节：

一九六三年認識葉子老師後，我在舊書店買了一本日本本間久雄著，沈端先（夏衍）一九二八年翻譯的《歐洲近現代文藝思潮概論》(1937 年版)。看不懂，就去請教葉子老師。於是引起葉子老師以上對我的教導。這本書裏，本間久雄將法國波德萊爾定位為“頹廢派”，將馬拉美、魏爾倫、藍波等詩人定為“象徵主義派”。波德萊爾算象徵主義派的“鼻祖”。當時我既失學又失業，幹苦力謀生，前途一片渺茫，內心黑暗重重，既悲觀又憤懣，對“頹廢派”三字情有獨鍾。

在葉子老師的指引下，終於在省圖書館借到了一九五七年的《譯文》七月號雜誌，裏面有陳敬容譯波德萊爾《惡之花》的九首詩。算我生平第一次接觸波德萊爾的詩。

葉子老師還有另一個觀點：波德萊爾象徵主義的“諧契”理論，跟《詩經》時代的“興”相彷彿。遠古至今的民歌及古典詩詞中，皆有“興”的影子。而李商隱、李賀的詩，姜白石的詞，那種“隔霧看花”之美，與法國象徵主義詩歌有許多相似之處。於是在葉子老師的推荐下，認真地逐字逐句地讀了二李一姜的大部份作品（在舊書店買了夏承燾的《姜白石詞編年箋校》中華書局 1958 年版）。於是在這種資源奇缺的情況下，完全出於一種一知半解、邯鄲學步式的盲目模仿，我創作了《落葉集》等象徵主義詩歌。

所以，我在 2014 年 7 月 2 日，给《前朦胧诗全集》主编、诗人潇潇的邮件中写：“我建议《前朦胧诗全集》，将《叶子老师教我象征主义诗歌》八首也收入。它不仅是诗也是诗论，是象征主义诗学在火红的六十年代‘地下运行’的铁证。本身具有史料意义。我想以后书写现代主义诗史，它是绕不过去的。”这不是全部发现。让人亮瞎眼的是，在那滚滚红尘变血海的时代，还有唯美主义的玛瑙埋在地深处。就从《落叶集》中随便抄一点吧：

當青石板長滿青苔／掩蓋了車轍／支亞支亞的聲音／響徹夢中／聽不懂落葉說／“向美而生！”(《學生》)

……含恨終身／將是我們的／必然命運／既已如此／何不——／向美而生！(《已》)

……如果實在活得／無趣／何不——／向美而生！(《易主》)

还有《葉子老師教我象徵主義詩歌》组诗之六《混亂結構之超然（湘子）》：

我知你只是個吹笛的醉漢，
大爺韓愈的詩才是你的夢魘。
雪擁藍關，馬啊，何以不前?
你終於躲進了唯美的三清道觀。

——还有《向美坦白》：“你的光輝 / 照着這墳墓般陰沉的世界 / 你的聖潔 / 將引導我有補丁的靈魂 / 以後，仍要追逐你的光影 / 那怕一生就這樣飄零……”。实在刷新了我们的认知。此前我们对“革命年代的唯美主义”所知不多，大体上不外乎是：

新中国成立之后至 80 年代之前，由于特定的历史原因，中国文学一直处于现实主义文学一元独尊的封闭空间之中，浪漫主义文学作为现实主义文学要结合的对象，命运稍好。其他文学包括唯美主义文学基本上处于销声匿迹的状态。(张颖颖《源与流——唯美主义与中国现当代文学》，《徐州师范大学学报》，

1998 年 01 期）

以及另一本专门研究唯美主义在中国的专著宣称：

自 1940 年代以后，由于社会政治生活的巨大转折，唯美主义写作日渐式微。尤其是建国后，文坛现实主义文学一元独尊，唯美主义在很长一段时间内销声匿迹，人们甚至到了谈美色变的地步。新时期以后，虽然文学逐渐摆脱了政治的束缚，但随着时事变迁，唯美主义再没有像二三十年代那样发展成为一股风起云涌的文艺思潮。（赵鹏：《海上唯美风：上海唯美主义思潮研究》，上海文化出版社 2013 年 3 月，第 202 页）

现在来看，如上认知，跟陈墨的不被发现有关。其六十年代《残萤集》小诗云：

苦力的我／何苦從興亡中／讀出凄美呢？／葉子說／何必不讀出呢？

上帝不会让落叶返枝　正如美才能让　在污浊的急流中的灵魂　上岸

古体诗词《好事近•師教》，更是提出“瘖痶覓唯美”的口号：

葉師與我早相約，瘖痶覓唯美。薛濤製箋提取，蕩蕩錦江水。

除了以上两样外，还有一样要指出，就是“頹廢派”。

不能不说，“革命年代的頹廢派”，是我们所知更少的领域。虽然艾布拉姆斯《文学术语汇释》一书透析：“唯美主义”、“颓废主义”、“象征主义”、“为艺术而艺术”这些概念、现象在历史上同出一源，是同一思潮在不同民族、不同阶段的变体；它们相互之间有不可分割的联系。可是由于种种原因，我们倾向于分割开来、“就事论事”，遂使许多发现互不相通，造成认识上种种盲区。恰如一位学者检点：

中国诗人、批评家对颓废派与象征主义的关系，以及象征主义的颓废倾向是有所了解的，但在对“颓废”意义的阐释上，出现有意味的偏差和误读。……因为在中国文化和语境里，“颓废”绝对不是个褒义词，它常跟“堕落”、“异端”连在一起。对这个词的翻译可以看出接受者的微妙心态和文化价值取向。（陈希:《颓废：一个中国现代诗学概念演变史》，《学术研究》2014 年 02 期）

正因如此，我想多花点笔墨。

如上所述，陈墨在半个世纪之后回顾“當時我既失學又失業，幹苦力謀生，前途一片渺茫，內心黑暗重重，既悲觀又憤懣，對‘頹廢派’三字情有獨鍾”……其实他早就不讳言这点。早在 1964 年 10 月，就在所编自己与邓垦的爱情诗合集《二十四橋明月夜》的“序”中写：

……料想就此明月之夜做萝的怕也不至於只有我罷！低級趣味之愛好者雖不甚多，然而……唉，夢君與我豈非明智地陶醉於“杜鵑”、“白雪”之般紅而晶瑩的嫣然裏麼？可憐亦可悲哉！

在二十多年后的 1988 年，阅读蔡楚《我的忧伤》时又旧话重提：

《我的忧伤》几乎就是我们这一代——所谓垮掉的一代人的忧伤。当然，也包括了我；当然，并不包括了我所有的忧伤。因为，正如诗中所表现的，是社会压抑了我们，这种由压抑感派生出的普遍的病态的情绪，无疑是我们的通病，是所有忧伤中主要的。但我个人还有性压抑的忧伤（表现在诗中就是所谓爱的寂寞、爱的忧伤）。我从来就不讳言本人是"低级趣味之爱好者"（见 64 年春《二十四桥明月夜. 序》）。不管怎么说，《我的忧伤》总表现了我们主要的忧伤。（陈墨：《读蔡楚〈我的忧伤〉的断想》）

由《二十四橋明月夜》"序"中"近於不純的夢"，到直接点出"性压抑"……的确是一脉相承，但也与"革命化"的语境大不韪。那时的语境，如一位六十年代大学生回忆：

那时我们都是二十出头的年轻人，早就处在性躁动中，可是对"男女关系"讳莫如深，由于知识的缺乏，我形成一种观念，认为恋爱是损害妇女的行为，结婚令妇女痛苦，女人厌恶两性关系。因此我相信毛泽东禁止人们谈恋爱，是正义的。毛泽东要求他的臣民做清教徒，我们都顺从了。那时我们心目中的毛泽东虽然还不是神，却也是"高尚的人、纯粹的人、脱离了低级趣味的人"，读了他的教导，我们自惭形秽，越发感佩他的伟大。（黑老猫：《六十年代大学回忆录》）

几十年的故事，就像王小波《红拂夜奔》讽刺："……在我们这里，智慧被超越变成暧昧不清；性爱被超越变成了思无邪；有趣被超越后，就会变成庄严滞重。我们的灵魂将被净化，得到提升。"——好像即使今天，"三俗"都是一个贬辞？直言不讳自己是"低级趣味之爱好者"，都会被视为"段子手"？当然变化很大，你甚至可以说，从革命禁欲的极端转向人欲横流的极端……尽管如此，也少有人像《黄金时代》的作者那样坦然、勇敢：

众所周知，六七十年代，中国处于非性的年代。在非性的年代里，性才会成为生活主题，正如饥饿的年代里吃会成为生活的主题。古人云：食色性也。想爱和想吃都是人性的一部分；如果得不到，就成为人性的障碍。（王小波《从〈黄金时代〉谈小说艺术》）

另一位小说家陈希我，接着他说——“启蒙未必深刻，只要能解放；启蒙未必要高雅，只要可接受；启蒙肯定不精致，但粗砺而有力。莎士比亚许多戏剧也很低俗……某种意义上说，走私和盗版的黄色作品启蒙了中国。”（《看“黄”的年代》）。

与他们相仿佛，陈墨收入《灯花集》，标明写于 1964 年 11 月的《饑餓》云：

藝術與性慾
幾乎同時漲滿全身
饑腸轆轤
封條
既不讓我們說
也不讓我們吃
再餓得要死
也決不將此身屬人！

从“史”的角度讲，对“食、色”的张扬上，陈墨比他们早几十年。更不用说，“再餓得要死 / 也決不將此身屬人”的“金鸡独立”了。《落叶集》中《月前》一诗更有：

月前／任青年野合／壓抑的本該／只有不識時務的／懷舊情結／我們富有的只剩泛濫青春

作为注诗的人，看见这些会惊呆。是的，那是《周礼》所谓“中春之月，令会男女，于是时也，奔者不禁”的“花儿与少年”。是《詩經·鄭風》中的《野有蔓草》：“野有蔓草，零露溥兮。有美一人，清扬婉兮。邂逅相遇，适我愿兮。……”——可它是如火如荼的六十年代的诗句吗？实在不可思议。不可能不刷新认知。

话都说到这儿，就“进一步揭发”吧：直言不讳“低级趣味之爱好者”，跟前引《鋒利》“偏偏覺得 / 斜陽刺眼”一样，是一种“蓄意”的“现行反革命”行为。

必须“回到历史现场”，说明不是我“过度解读”：即是“低级趣味”一词，不管前人是否用过，在大陆中国的“知名度”，都跟毛主席有关。早在 1939 年 12 月，毛写《纪念白求恩》，号召人们“学习他毫无自私自利之心的精神。从这点出发，就可以变为大有利于人民的人。一个人的能力有大小，但只要有这点精神，就是一个高尚的人，一个纯粹的人，一个有道德的人，一个脱离了低级趣味的人，一个有益于人民的人。”然后上个世纪 50、60 年代，《纪念白求恩》与《为人民服务》、《愚公移山》一起，位列“老三篇”。跟年轻诗人陈墨为《二十四橋明月夜》写“序”有关的是，正是那一年，也就是 1964 年 1 月、5 月、7 月，《毛主席诗词》、《毛主席语录》、《毛泽东著作选读》（甲、乙两种版本）隆重出版，《毛主席语录》也即后来的“红宝书”中，就收入了如上铿锵有力、大义凛然的话……

考虑到“语境”，则陈墨之言行，不能不说“性质极其恶劣”。

不可忽视其性质。不可忽视其持久。如果说 1964 年的他，其“低级趣味”因“我們富有的只剩泛濫青春”而起，表现在“長髮妹啊 / 如果西風 / 把你的長髮吹散 / 我願變着一根紅綢

/ 緊緊地 / 系住它”，“紅唇呀 / 染一染我 / 蒼白的臉龐”……上，则二十多年后旧话重提，事情就不那么简单了。我能够引用福柯《性史》中的话吗：

如果性受到压抑，即性遭到禁止、被剥夺了存在权与发言权，那么，谈论性受到压抑这种行为本身就近乎肆意违法。于是，谁谈论性，谁就某种程度上摆脱了权力的束缚，动摇了法律，就或多或少超前享有了未来的自由。

现在要说到，一个与之相关的话题：中国的地下文学，是否具有“对抗性”？

是的，“对抗性”。不想用别的词。我知道有的文学史家，对“拨乱反正”的历史叙述厌烦：“……我们就是把新诗过程，描述成‘东风’与‘西风’争斗的历史。到了 80 年代以后，新诗史又是另一番模样，‘历史’被‘颠倒’了过来，有点变成‘西风’压倒了‘东风’了；……”（洪子诚：《回答六个问题》，《文学与历史叙述》，河南大学出版社，2005 年，100 页）更有学者明确反对这种“二元对立，你死我活的思维模式”：

原先被称为“支流”与“逆流”的“不革命”（“反革命”）的文学，例如作家中的自由主义者，文化保守主义者，被称为“现代主义”的作品，与现实政治保持距离的，偏于闲适、幽默风格的作品，等等，又被置于主导（类似于“主流”）的地位；而“革命文学”则似乎被 90 年代的中国年轻一代读者所遗忘，连它们的合理性、合法性也受到了怀疑，“革命”（与激进主义）在一些人眼里似乎成了“专制”的同义语……从表面上看，这是从一个极端跳到另一个极端；但其内在的理路却根本没有变：依然是二元对立，你死我活的思维模式，仍旧是一方压抑另一方的等级叙述。”（钱理群：《返观与重构——文学史的研究与写作》，上海教

育出版社，2000 年，300 页）

我的看法是，"等级叙述"是一回事，"实事求是"是另一回事。我现在要讨论的问题，是暂时放下"价值判断"，探讨在事实上，"中国的地下文学是否具有'对抗性'"的问题。而不是"史观"先行地抹杀某些明显的"史实"。

或者由于史料的限制，或者出于言说策略的考虑（借用鲁迅话："那原因就是我还想生活，在这社会里"），注意到有学者不喜欢"地下文学"一概念，尤其注意到他们所摆出的理由——"这倒不仅是'地下'这个词含有强烈地反抗现实的意义，我不想把这个概念引进文学史，是因为它不符合中国'潜在写作'的状况。我认为中国的'潜在写作'中大部分作品与中国现实没有什么对抗性，有一部分作品是可以公开发表的，只是作家失去了发表的资格。"

与之联系的是，反对者进一步反对在历史叙述中"夸大了知识分子传统、民间立场与国家意识形态的对立性……因为在当代文学史上，所有公开发表的文学都无一例外地体现了官方的政治意识形态，文学的知识分子传统和民间立场是通过对政治意识形态的传达体现出来的。否则不可能被出版。"（陈思和：《我对当代文学史的基本看法》，《杭州师范学院学报》2000 年 05 期）

我相信历史是复杂的。我也相信不同的学者，只是从不同的位置摸"历史"这头大象。而且不同的命名，表明所见有不同。尽管如此，在我提供了确凿的事实后，一意说"没有什么对抗性"……如果不是史心不公，起码是立论不严谨。

毫无疑问，陈墨很晚才揭橥的"黑色写作"是真实不虚的：

在回憶我同葉子老師的關係時，我曾寫道："他打破了我的作家夢，却把我引上了一條'文學險途'。"（見《何必集·書話》）所謂"文學險途"，就是"地下文學"；我名之曰"黑色寫作”，只是突出它跟“紅色寫作”的相對性和對抗性。故在一切紅色極權文字獄盛行的國家，“黑色寫作”的風險都很大，完全違背生物趨利避害之本能，隨時都可能引禍召災，殃及親朋。而且一旦從事“黑色寫作”，很難中途剎車，且無論命運如何黑暗，終將無怨無悔。因為這是我將成為人而不是狗的唯一選擇。（陳墨《關於“黑色寫作”——〈我早期的六個詩集〉後記》）

下面我将顺藤摸瓜，牵扯出整整一段中国地下文学秘史。

在诗歌写作一开始的时候，他就清楚自己的处境：“我醒來，是烈日可怕的光焰／我記起，是斧痕的血跡未乾／我的頭受到封閉／我的脚受到羈跸”（《獨木橋》，1964年4月）；“風是歌聲的軌道／歌聲一色／秦風造就了車同軌”（《殘螢集》）；“獨憐孤星寒光暖，唯恨群魔笑面猙”（《感懷》）；“这一片夕照中谁敢诅咒？／这一片沉闷里谁在哀求？”（《她要远去》，1968年12月）。他知道自己的“不合时宜”，自己的“不合法”：

命屬鷄／《禮記》管鷄為‘翰音’／這難道是我的宿命／——抗命？

我趕着我命運的破車／從你愛的窗下路過／却不敢唱起我／想唱的歌

既是“长夜之饮”，当然要“躲开人群”：

假如你是悲哀的／人前何必裝笑／假如我是堅强的／就躲開人群

因而勉励自己，满足于《吐“詩”的蠶兒》（1964年5月）：

要生出翱翔的翅膀／須堅忍孤獨、窒息與羈跸／不可受不住它給你的痛苦／而過早地把它咬殘！

当然孤独：

星星點燃相思之情／江畔茅屋／孤獨的吟哦者／自己是自己的知音

我已经习惯：诗写好后无人叫好，只从心头掠过一阵窃喜。

他知道自己要干什么。如 1964 年 12 月《姿态》所表明：

吃着對時飯
要吹五更笛
鳥不假甲於龜
魚不借脚於獸

紅塵拒我棄我
鳞翼雖成而愈伏
野草閑花
長空孤雁
用詩思鑄就自己

还有写于 1966 年 10 月的《只要》一诗：

只要東籬的菊
不要亂動
就没有篡改
江上清風

只要西寺的鐘
不再破響
就没有抄襲
山間明月

只要他的柴門
递得進一壺燒酒
就没有冒充
五柳先生

只要河那邊
聽得到他的心跳
就没有浪費
無弦之琴

——的确要“用詩思鑄就自己”，还不是 “冒充五柳先生”。

此处要多说一点。老实说古往今来，“冒充”者不少。所以新文学老人叶圣陶先生 1971 年作《论诗绝句十二首》，其二云“把杯便拟陶彭泽，居墅遽云王辋川；诗外生涯姑莫问，诗中人尽是高贤”，也非无的放矢。只是要及时指出：在“当代”很长时间，“冒充五柳先生”并不聪明、也不划算。一个确凿事实是，在伟大领袖《七律·登庐山》(1959 年 7 月)呵斥“陶令不知何处去，桃花源里可耕田”之后，当代的“陶渊明接受史”会不一样……还用多说吗？更不用说，陈墨写此诗的 1966 年 10 月，伟大领袖已晋升“四个伟大”(1966 年 8 月《人民日报》)，当是时，还有人念叨“河那边……他的心跳”……老实说，注诗的人不知该怎么讲了。

这些诗必须隐匿。必须埋藏得很深。连同创作者，要"万人如海一身藏"：

陰冷大雪天，流水橋邊。野葦殘破總不堪。茅店鷄聲慵無力，一縷炊煙。

從來不腰彎，混跡人間。苦力賣來果三餐。黄卷青燈終不誤，一樹梅妍。 （《浪淘沙•雪後》）

秋風黄葉濯錦江，夢裏現晴窗。影疏斜横枝一，心夜獨留芳。

燕勒遠，楚騷荒，蜀賦殤。登高何必，埋名江湖，野草蒼蒼。

（《訴衷情•自語》）

離群南山脚下，衆香國裏，七賢林東。千里歸來，老了三徑黄松。戴一蓑，空披楚月；谢兩履，難躲秦風。獨夜中，半吹鐵笛，幾望李弓。

（《玉蝴蝶•重陽影裏》）

白帽青衣，懷瓊握蘭，洞庭美人難遇。拂塵且掃，劍上霜花月緒。囊一錢，南山買計；炊數米，紅葉煮意。縱然寒衣裏熱腸，也須柴門深深閉。

邛竹撥開名利。忍將笠雨蓑煙，催得春去。自放江湖，中流何必相憶？木葉下，硯滿秋波，聊覓起，班筆在地。待孤星重到窗前，照余寫瘦句。 （《綺羅香 · 山居》）

正如象徵主義"鼻祖"波德萊爾《恶之花》明示：

多少珍宝睡得死死，埋在黑暗和遗忘里，远离着铁镐和探针；

多少鲜花空自叹嗟，寄身于深深的寂寞，散发着隐蔽和温馨。

（《厄运》）

你们两个都是阴郁而又谨慎：
人啊，无人探过你的深渊之底；
海啊，无人知道你深藏的财富，
你们把秘密保守得如此小心。

（《人与海》）

也像唯美主义大师王尔德《道连·格雷的画像》自白：

凡是怀着感情画的像，每一幅都是作者的肖像，而不是模特儿的肖像。模特儿仅仅是偶然因素。画家用油彩在画布上表现的并不是模特儿，应该说是画家自己。我不愿展出这幅像，是因为我担心它会泄露我自己灵魂的秘密。

……我现在变得喜欢秘密行事了。这大概是能够使现代生活在我们心目中变得神秘莫测的唯一办法。哪怕是最平常的事，只要你把它隐瞒起来，就显得饶有趣味。

应该指出的是，三十年代中国，诗人就这么认定过。比如1933年，戴望舒的挚友杜衡于《望舒草·序》中坦承："……我们差不多把诗当做另外一种人生，一种不敢轻易公开于俗世的人生。我们可以说是偷偷地写着，秘不示人，三个人偶尔交换一看，也不愿对方当面高声朗诵，而且往往很吝惜地立刻就收回去。……从这种情境，我们体味到诗是一种吞吞吐吐的东西，术语地来说，牠底动机是在于表现自己与隐藏自己之间。"

但是中国当代的"黑色写作"，跟历史上的"深处美学"又有不同。就是出于安全的考虑，还不完全是美学方面原因，必须比一般象征主义，还要“把秘密保守得如此小心”。

收入《乌夜啼》，写于1968年10月的《零碎的爱》意味深长：

我爱——
　　那藏着珍宝
　　而又不让人们随便亲近的
　　重山峻岭
我更爱——
　　从来没有人打那儿走过
　　埋着孤独、眼泪和梦想的
　　少年的荒坟……

——我以为此处，“埋着孤独、眼泪和梦想的／少年的荒坟”，暗指《落叶集》。

过了几十年后，陈墨有《黑话与行话及土话》一文，说“诗歌，不讲究含蓄、不讲究趣味、不讲究美的语言配称为‘诗’么？……黑话的实用价值全在它能够如试金石般分清敌友，区别内外，以及内部信息‘不足为外人知’的加密性。”他说的是一般的诗，但也是夫子自道吧？就是说自己的诗，具有与政治迫害相关的“隐微写作”（施特劳斯语）性质。因而我的解读，难以避免地带有“索隐”色彩——但愿不会过度，不会被认为穿凿附会。

我以为陈墨的故事，像极了索尔仁尼琴。如《古拉格群岛》第五部第五章写：

作诗给我以极高的奖赏，它使我不大留心人们怎样对待我的躯体了。有时候，走在垂头丧气的囚犯行列中，在冲锋枪手的吆喝声下，我会感觉到新的诗句和形象涌上脑海，我仿佛在行列的上空飞翔；我盼望着：快点，快点到达施工地点吧，我好找个角落把这几句诗记下来。每逢这种时刻，我感到既自由，又幸福。

我就是这样写作的。冬天，在工间休息取暖的时候写。春天和夏天在林子里，坐在石头上写。趁着两次抬灰浆的间隙，我把纸片放在砖上用铅笔头（还得不让旁边的人看见）偷偷写下上一次抬灰浆时想好的一两行诗。我像是生活在梦中。坐在食堂里吃那神圣的烂菜汤时，我常常确实“食而不知其味”；我听不见周围人的谈话，我总是在沿着自己诗句的山峰向上攀登，就像把一块块砖砌成墙一样砌造我的诗篇。人们搜查我，点名，报数，跟着队伍一起走向工地——而我却只看到我写的戏剧的场面、幕布的颜色、布景中的家具摆设、一排顶灯照在台上的光圈、演员的每一个动作。

我知道，我并不是唯一这样做的人，我知道，我已经接触到一个伟大的秘密。在古拉格群岛分散的一个个小岛上，在同我一样的孤独的胸腔中，这个秘密正在人不知鬼不晓中成长起来，为的是在未来的年代，也许是在我们死后，显露出它的威容，汇成整个狂涛怒吼般的俄罗斯文学。

只是，强健如索尔仁尼琴，也会有感到涨满的时候：

地下作家一个强有力的优越性在于他的笔是自由的……除了真理，再没有什么在他头上回荡。但他的处境也有一种经常性的损失：读者太少，特别是缺少文学鉴赏力很高的、挑剔的读者。地下作家完全是按照其它特征选定读者的：政治上可靠和能够守口如瓶。有这两种品质的人很少同时兼有细致入微的艺术审美能力……而事实上，这样的批评，这种把写好的作品放在美学的空间地带进行冷静清醒的局部测量是非常必要的……

《牛犊顶橡树》坦承：败坏一个作家的是许多年不能够有读者……这样的缄默会带来纯洁，但同时也会带来无为：

……整整 12 年，我平静地写个不停。只是到了第 13 年时才战栗了。这是 1960 年的夏天。由于我写的许多东西完全没有出路，完全无人知晓，我有一种涨满感，构思和行动失去了轻松。在文学的地下状态我觉得空气太少了。

……我已经对保守秘密感到了厌倦，这比写作本身还让我伤脑筋。

应该适时指出，在文学的地下状态，陈墨蛰伏得更久。

因而 1992 年 10 月，诉说“地下文學”之“遺恨終篇”：

文人多遺憾。若說嵇康的遺憾是《廣陵散》已成絶響，曹雪芹的遺憾就是《石頭記》未能終篇。要說我們的遺憾，空前絶後，成此時代之大特色：就是每篇寫完，不能見天（發表），只能自我欣賞。若硬想見天，則必然遺憾終身，追悔没及。因為你在“標準化”言說時，自己却走失了。“地下文學”，除了遺恨外，還是遺恨；因遺恨而生，順遺恨而終。（《關於“遺恨終篇”》）

1994 年 10 月笔记、1996 年 4 月修改的《独话——独白的无奈和无奈的独白》（收郑义主编《不朽的流亡者》）一文，回顾“自放江湖，中流何必相忆”的自我安慰：

我是先天的孤独者，我爱孤独。我给我文革前的五个诗集自作的封面，就可略见我少年时即已有这本质变态的倾向——《二十四桥明月夜》：一弯新月跟红唇组成夜空中一个大问号，箫的侧影变成桥身，箫孔成了桥洞；《残萤集》：一个夜行者在荒原留下一串斑驳的足迹，有如暗夜里点点残萤；《落叶集》：一片孤独的落叶在夜风中挣扎;《乌夜啼》:一只孤独的乌鸦站在一弯残月上,正张大着嘴向着茫茫夜空号啼;《灯花集》:一只侧立的眼像一朵灯焰,在茫茫的夜中。……“自放江湖,中流何必相忆?”这句写于文革中的诗句,几乎成为我灵魂寻找家园孤苦而无助的自我安慰的壮胆曲。

2002 年 2 月《我的“民间”观——读韩东〈民间立场——论民间〉》自我壮胆:

……只有在官方垄断了文学并独霸道义、价值资源的前提下,才有可能产生对抗于官方价值体系的叛逆与异端。即:如官方文学是一种庙堂文学,叛异文学就应该是山野文学;如官方文学是一种粉饰文学,叛异文学就应该是疮痍文学;如官方文学是一种东方集体主义的党文学,叛异文学就应该是西方个人主义的人道文学。

显然,对官方价值体系不认同的叛逆与异端,注定它既非官方性,又具非法性(非官方法),它也就务必受到官方的打压与杀戮。对此,中国人以“地下”一词形象生动地予以概括。因“地下”者,俗称“见不得阳光”者也,必为官方即权力所诛灭剿杀者也。如“地下黑工厂”、“地下俱乐部”、“地下天主教”、“地下夫妻”、“地下诊所”等等。

“生不见叶,死不见根”的地下文学完全两样。

网虫鸣唱,似蛙似蝉,似蜂似蝶;不过自得其乐耳。并不在乎别人听到没听到,中意不中意。所以证明:魂兮可以归来。

在自己是“似蛙似蝉”。可是结合“语境”,不能否认“对抗性”吧?!

2007 年 2 月,“写于城南人境笼”的《我的沟通观》一文,自诉“穴居”:

……我们深感沟通难，难于上青天的，不仅不是因语言阻隔的外国人、外族人或聋哑人，反而是身边最亲最亲的亲人。最痛苦的莫过于此。

……所以我以为既然是偷生，穴居也有穴居的好处，岂不闻“洞中才数日，世上已千年”么？不过关键要“独处”，跟其他人居一穴，迟早要“心肺碰心肺”，闹个“鹬蚌相争，渔翁得利”的事出来。生命已不多，何苦呢？尤其正处“抑郁症严重期”的我，孤独，无疑等同于自我救赎。

唯美主义有它不凡的秉性，那就是漠视沟通——“三年得两句，撚断数根须”，浪费生命么？老子情愿；看不惯么？那就离我远点。一个苦力，知识不多，文化不高，却“郊寒岛瘦”地写得出少有的美诗。

唯美主义不过只是我治病的一个偏方，等同于许多人在宗教中找到了照亮人生的光。——黑暗中，有些东西的确在发着光，并且温暖着接近她的人。

洞中又冷又黑。

的确，文学的地洞 “又冷又黑”。终于在《落叶集》五十年时，探出头来：

快五十年了，却拿出来公開。原因是：再不公開，可能將永埋地下了。

三、“微言惟有故人知”

未曾哭过长夜的人，不足以语人生。(歌德)

《落叶集》的价值，当毋庸置疑了。不过问题在于，它是真的吗？

我不能虚无主义地什么都不信。起码作为朋友，我相信陈墨的话——“《落葉集》是我一九六四年為紀念葉子老師而作的一本詩集，收詩三十六首，署名秋小葉。一九六八年，統一自畫了封面，將詩重新統一鈔在四眼活頁簿上。”可是历史研究，是另外一回事。必须像胡适所说，“处处想撇开一切先入为主的成见；处处存一个搜求证据的目的，处处尊重证据让证据做向导，引我到相当的结论上去”。(《〈红楼梦〉考证》)

必须回答而今眼目下，学者对“地下诗歌”之“真实面貌”的质疑：

“地下”诗歌作品只是到了“文革”结束之后，才陆续发表(在“正式”出版物上，或在诗人自办的诗报、诗刊上)。因为这种特殊情况，当时诗歌活动和作品的“真实”面貌，在历史研究中始终是个问题。

……至少在当前，对写作时间和作品具体细节的认定，就不是可以忽略不计的事情。对于读者和诗歌史叙述来说，问题的困难之处是，在多数情况下，并没有提供足够的资料，以便对写作时间和修改情况做出可信的判断。(洪子诚、刘登翰：《中国当代新诗史》，北京大学出版社，2005 年 4 月，第 110-111 页，第

124 页）

这里牵扯的是事实判断，而不是价值判断。必须回答质疑，提供足够的资料。为此，我做了多方努力。比如为"考辨本事"，明知《落叶集》中"叶子"，已经上升到了象征的高度，可既然是"感于哀乐，缘事而发"（班固）产物，也就干脆不避"必求出处，宋人之陋也"（王夫之）的嘲笑，2014 年 5 月到 6 月，大热的天气里，我一遍遍跑四川省、成都市、锦江区和四川大学的档案馆，还多方联系原四川大学中文系的老人，企图打捞"叶子老师"在人世间的雪泥鸿爪……最后两手空空。就目前为止，关于"叶子"的材料，仅限《落叶集》和陈墨早期《砚冰集》、《乌夜啼》、《残萤集》中若干具有"互文"性质的诗词。

主要还是《落叶集》三十六首诗的标题，串联而成的简洁、凝重"叙事"：

一九六四年底，葉子老師逝世。他孑然一身，無父母、無兄弟、無妻兒，只有我這個學生。數月未及謀面見他，住房已易主，一問方知，月前已走。政府將其火化，無骨灰，無墓，與世决绝得真乾淨。

——其实蛮挫败，但也没办法。心里清楚不是我一个人受挫那么简单。毕竟早就知道，"史实、材料的封闭和垄断，导致当代文学研究在许多问题上仍是暧昧不明"（洪子诚）；"抢救当代文学史料，并不是一个危言耸听的话题"（王尧）。何况也不是作为中国学者，会特别面临的困境。其实早在我之前，了不起的苏俄女性娜杰日达•曼德施塔姆就哀叹："在我们这个时代，档案其实和诗歌爱好者一样不可靠。""有谁愿意为了曼德施塔姆而到那些可怕的卷宗里去刨根问底呢？这位曼德施塔姆甚至连一本书都出不了……"

索尔仁尼琴写作《古拉格群岛》时，也曾为类似的事情大伤脑筋：

是的，我没有搜集到关于这个事件的旁证（可能谁也搜集不到。还有许多别的事情，也搜集不到证据，哪怕是一条孤证）。但是他既然能把人们冻死，把人们炸死，为什么就不能把他们烧死？是因为干这件事在技术上困难一些吗？请那些不相信活人的口述而宁愿相信印刷字母的人读一读下面的材料吧……。

其实，还不是研究者“不相信活人的口述而宁愿相信印刷字母”。而是活人的口述也要经过考证。而是由于种种原因，“抢救史料”成为一件困难的事。或者什么时候，我会写篇《寻找叶子》的经过。现在长话短说，两个月在文本之外“寻找叶子”的全部努力，被娜杰日达·曼德施塔姆一句哀叹打了总结：“我仅仅知道：一个人，一位老者和受难者，他死在了一个地方。一个生命就这样结束了。”（娜杰日达·曼德施塔姆：《曼德施塔姆夫人回忆录》，刘文飞译，广西师范大学出版社，2013 年 9 月，第 447 页）……何等的失落、不甘。

这种失落、不甘，好像野草诗人中九九兄最先遇到。他在其回忆录《魂断台北》（黑龙江人民出版社，1998 年 3 月）一书中，讲述了一旦“需要证明自己”时面临的尴尬：

他要我出示“法律证据”，我哪里有？“文革”中家被连抄三次，过去的东西统统烧成了灰。母亲被游街批斗，绑在派出所树上吊打，我被通缉，一家人躲的躲、藏的藏，四处流散，所剩下的“证据”，就只有那块众所周知的门牌号数了！

他哪里可能知道，在那个荒唐的年代，任何可能在今天称为“证据”的东西，在当时就可以定为“复辟翻天”的罪证。（《魂断台北》第四章）

《魂断台北》一书中，更叙说了一则陈墨“丢失诗稿”的故事：

记得，是夏天，推土机第一天干的工作就是把那些没有人认领迁移的坟推平，我们第二天便在烈日的烘烤下，用锄头和十字镐捡平挖方。这是一个想起来有点令人恶心和恐惧的工作。……恰恰在那几天，我见到了陈墨。他神情沮丧而紧张，神经质地告诉我说，他费尽心血创作的那些诗集《灯花集》、《落叶集》、《乌夜啼》、《二十四桥明月夜》连同一些日记、信件全部失踪了。我曾零星读过陈墨的几本诗，当时，不懂诗，但从那些诗中却感觉到他充满对现实不满的呐喊和愤懑之情。我从他的神情中感到事态严重。他说：“我要去躲一段时间，恐怕公安局要来抓我……”我一怔：“你记清楚没有，放在哪个地方？再多找一下。”“九九，你晓得我的家中有继父，姊妹多，地方又小，这些东西是我多年来的心血情感结晶，丢了，是不可能再复还的。”他说着，不断地用眼睛偷视着身后：“我记得清清楚楚，那天半夜我起来塞进那个不流水的干洞中的，为了防潮，我用牛皮纸加塑料布裹了又裹。没有了，我把那沟用竹杆捅过了，肯定是哪个公安局的搜去了……”“你该放在我家里嘛！这么重要的东西。”我后悔道。“你还不怕你家没有抄过一百回？这些东西，完全可以打成反革命，到时你都脱不了手。我走了，到时再联络！”

陈墨在新南门府河边和我匆忙分了手。我木然注视着他瘦瘦的背影在夜色中惶惶消失……说实话，我当时只有16岁，仿佛第一次被这接踵而来的心灵震颤弄得心中充满莫名其妙的恐惧感。人仿佛成熟也老了许多，感到严酷的现实真像一把罩在我们头上的大黑伞。模模糊糊地，我开始感觉到自己生命的颜色与众不同。岁月像张网，我们像天然猎物。那段时间，真有点惶惶不可终日。

——此事发生时间，好像也有分说。九九说是 1965 年夏，当他 16 岁时，“第一次被这接踵而来的心灵震颤弄得心中充满莫名其妙的恐惧感”。按理说铭心刻骨，“第一次”的事不会记错。可是陈墨回忆，在文革武斗中，大概 1968 年。他说当时借住小学同学窝哥处。有次窝哥偷自行车被抓，派出所通知单位要抄家，有人跟陈墨透了风，就慌忙把东西藏到阴沟里，想风头过后再去取，最后不翼而飞——“好在抄的诗全都写成二十年代”。对于这桩事，邓垦讲述又有不同，他说在“清阶”期间，“他失窃的只是一部分诗稿。清理阶级队伍，闹得很凶……藏诗稿不在了，被邻居看见了。其中有小说《疮痍》。只是一部分……。”

能肯定的是，事情发生过。而且几十年间，陈墨将其“内容反动”的诗东藏西藏、乃至狡兔几窟也是家常便饭。再说从上书记叙看，那时《落叶集》未藏在九九家里。也就跟他本人半个世纪后在“陈墨之博”上的留言——“墨兄的《落叶集》几十年从未示人，包括老友。我也只见过那一本本诗集的封面”……说法一致。对照见天的《落叶集》，则回忆中陈墨“这些东西，完全可以打成反革命……”云云，实在没有夸张。

现在的问题是，没有物证，亦无人证——既然一开始就讲，“从未示人”云云。

2014 年 5 月 14 日，在我第一次登门拜访时，陈墨跟我说：

它的写作年代，肯定是 1964 年底到 1965 年初。因为 1964 年 11 月份是我的生日，我的生日那天我去找叶子老师，发现叶子老师已经……他的房子都了换主人了。我才去问到派出所、问到办事处，都说此人死了，至于死亡的原因，在哪个医院住的，具体的死亡时间，骨灰在哪个地方……完全不得而知。因为那个时候，官方都是推的，事不关己、高高挂起，完全就“不晓得”，把我打发了。所以那个时候我受到的刺激很大，连续几天我都跑这个事情，想要落实叶子老师究竟咋个……但是一无所知。唯一知道的是他死了，骨灰都没有存留。因为我后来问了一个这方面比较熟悉的人，他就说对待这种"孤人"……他又是个"右派"，也没有什么财产，啥子都没得，就由政府把他拖到火葬场去烧了，骨灰很可能就丢到垃圾里头去了。……这个对我的打击很大，在这个过后，我就开始写关于叶子老师的，纪念叶子老师的诗。我记得很清楚，我11月份过生日，肯定动手在11月份，我过生日是11月20号，那么肯定……最迟不过12月份，大约就开始动手了。因为那个时候是，我一腔的……哎呀，说不出来的、非常复杂的感情……因为我跟叶子老师虽然只交往了一年多，但是叶子老师确实是我的引路人。哎呀，这种感情，我简直没法说……只有倾诉在诗里头。我就写下了这些诗。但是过后的话，这些诗我从来不示人。

……到了68、69年的时候，因为我在搞了本《中国新诗大概选》，我当时对新诗基本上具有充分的认识了，悟出中国新诗的出路，必须要把古典的美抓住，另一方面，还要像闻一多、戴望舒那样子……花了几个月时间搞它，在搞的过程中，我觉得要对自己的诗歌有个整理，于是……我特别画了些封面，这封面的纸都是很特殊的，都是一本老相册，那种黑色的纸，用白色的线条勾勒出来的……所以说这个诗集，它的创作年代肯定是1964年底，到1965年初，但是没有啥证据。至于这个版本，就是69年版，就是我最早的稿子了，其他就没得了，没得比这个更早的了。

——要之，"你要认定是64年的，也可以。站在更认真的角度，至少都是68年、69年。"我都不好跟陈墨说：作为历史学的研究，"认定"68年、69年，也还需要一些旁证……但也知道，他拿不出更多我所要的"证据"（除了安全原因外，1981年7月成都发洪水，住在河边的陈墨家进水，也让他永远地损失了很多）。就只有自己想办法了。

手稿本《落叶集》扉页，题写着如下字：

谨将此集献给恩师
叶子先生！

秋小叶
1928 年秋

据 2005 年 3 月，《关于前后持续三十年的四川成都地下文学沙龙》（日语杂志《蓝•BLUE》总第 18、19 期合刊号）提供的线索，陈墨早期诗编年的正确打开方式，是标“1926 年”就是“1966 年”，“1927 年”就是“1967 年”，“1928 年”就是“1968 年”……则《落叶集》手稿是 1968 年秋，即叶子老师去世 4 年时。细看 2015 年 5 月，陈墨给我的手稿本复印件，六个诗集钞在活页纸上，加了个右下方有“公私合营 上海文化纸品厂”凹字的封面、封底，里面又夹了几张彩印插图，其中有一张无疑是普希金画像，一张疑似《欧根·奥涅金》中的塔吉亚娜，推断其出品年代是六十年代前期或者更早，系五十年代中苏亲善时。另外抄写时，看上去较早的《砚冰集》头几页，用了有点漫漶的蓝墨水，别的则统一用了当时未必普遍的碳素墨水……介质能够参考，不能鉴定其“出生”。

倒是扉页上几句普希金《我爱过你》诗句，透露出确凿信息。杨健《中国知青文学史》记载，那时陈墨尚有“《孤星集》（1969 年献给恋人的诗，48 首）”（杨健：《中国知青文学史》，第 233 页，中国工人出版社，2002 年 1 月）。诗友们也回忆，陈墨当年有《孤星集》。可现有六个集子中，不见它。为此 2014 年 7 月 8 日下午，专门询问陈墨。陈墨说 1968 年到 1969 年，几乎与抄 6 个集子同时，发生了一段感情纠葛。最后感情破裂，到 1969 年就决定 6 个集子，“有些诗就决定不要了，有些比较好的保存在《砚冰集》、《乌夜啼》中。”

只是光凭这些，不能证明《落叶集》“是 1964 年底，到 1965 年初”所作。

似乎没有人证。比如交好以后不久，就合编过一本《二十四桥明月夜》，自云“自 1963 年 11 月通过徐坯结识陈墨以来，我俩就成了拴在中国新诗‘藤’上的两个‘苦瓜’（或傻瓜）”的老朋友邓垦，一开始听说我要了解《落叶集》，就肯定地说“写的过程中，我读得比较多。因为我们住在一起。”2014 年 5 月 25 日中午，电话中说：

《落叶集》64 年我就看到了，他就给我看过。我当时不以为然，可以说这么多年以来，我觉得他早期的几个诗集，都比较幼稚。原因是自由体，而我偏重新月……所以评价不高，这是我的偏见。和我接触之后开始转向，开始写所谓的格律诗，就是新月派所提倡的。才出现《草堂独游》、《望江楼》、《薛涛井畔》这样一些所谓的格律诗。他在 64 年、65 年这个阶段大量的自由体，比如《蚯蚓》、《春夜》、《嘶哑的叫喊》，都是他当年自由体的代表。可以说《落叶集》中这样的诗多。不觉得有多珍贵，这就是我们认识上的差距。

当天下午到邓垦家，听邓垦、徐坯后来还有杨枫回忆当年。当我翻开《落叶集》，询问一些诗句还有印象吗？邓垦又回忆不起什么，那么刺心的诗句。最后邓垦讲：

……至少这点可以肯定，他现在给你看的是 68 年的抄本。我们作为人证来说，能证明他 64 年在写这些东西，不能证明他有这个集子。但是至少能够证明他写——而且是这种风格、这种高度的。至少我可以证明，他 1964 年的诗达到了什么高度，其他诗可以证明这一点。作为旁证，还是能够说服一些人。如果我的抄本跟他的这些东西近似，几乎是一个人写的，能够做写作上的、风格上的、包括语言上的认定，那么应该是真实的。不光是《落叶集》，说不定 64 年还没有《落叶集》，他当初写的时候，没想到要用“落叶集”，是在一些诗写了一段时间之后，经过沉积，把它们收集一下，编成个集子，跟鲁迅一样，整了些乱七八糟的，《二心集》、《三言集》……乱七八糟的，都是总结、汇总。这些集子的命名必须是在若干年之后，专门做一个收集、归纳、命名。但不能因为它是那一年才汇集，就认定这集子是 68 年的。他口头上说，他 64 年就写这些诗，从逻辑上是完全站得住脚的。如果能够认定，他在 64 年就达到了这个高度、这个深度，那么就可以认定，他这些话是真实的。不会有假。

我以为这些话，逻辑上能成立。问题是，非证据。而且陈墨坚持，“从未示人”说。如何那么好的朋友，几十年都不让看？2014 年 5 月 14 日，针对我的诘问，陈墨答：

我以为主要是我的艺术观。我对《落叶集》使用的艺术手法并没有很大自信。《乌夜啼》更娴熟，这是我的艺术观。决定了我不会把不成熟的东西拿给人看。第二点是我的性格。像《落叶集》这样的诗歌，着重点完全是为了纪念一个人。这个人是我灵魂的引路人。对这份感情来说，艺术表现形式是次要的次要。我并不很看重它，而且我……没把它玩得很娴熟。这样不成熟的东西示人，一个是自取其辱，第二个，也许根本不会被人理解，甚至会根本不被理解这份心意，反而会亵渎了叶子老师。出于这两点原因，不愿拿给人看。再加上，我这个人骨子里非常孤傲……友谊再好也感觉是隔的，天然拉开了距离。

到最后，于前述《關於“黑色寫作”》一文中，“学理地”阐述这个问题：

在資源主要靠手抄本傳閱的年代，我對象徵主義詩的偏愛並未影響到我身邊的詩友們。我要樹“詩派”的野心，其重心只能偏於早期新月傳統的“新格律詩”。而這方面，我和我的詩友們幾乎不約而同地認為其成就最大。所以我從來不跟我身邊的詩友們探討象徵主義詩歌，這方面跟他們交流不起來；“偏愛”得有點孤獨，也有點缺乏自信。所以到了八十年代，朦朧詩創歷史地興旺發達時，我還在為一日三餐勞苦奔波，偶爾站在岸邊“觀戰”，並輕聲嘆息。没有人知道這些“輕聲嘆息”裏，其實還有一種“生不逢時”的沉重呢。

——毫无疑问，时间隔得久，记忆靠不住。所以任何人的一面之词，都还需要核实。只是在上述各执己见或“神龙见首不见尾”的讲述中，我倒有一种看见……怎么说呢？陈墨有诗友，能“见证”、甚至参与他的写作。比如早在1968年春节后二日，邓垦就以一篇《二十四桥明月夜》“后记”，为几年前江边同住时，对方“默默地寫，默默地想”留了真：

1964年元月，有臨工可作即往雙流。9月中旬返蓉。時硯冰君正漂泊萍跡，始能與我在我的江畔草屋同住一、二月，也方能有一段唱和之交。

多愁善感的硯冰並不缺乏熱情和理智，這集子便是力證。雙流歸來，戀人已吹，這雙重打擊是怎樣有力地製伏著我。然而，失學否，失戀否，終歸算不得什麼，失業則簡直就是大事；當然還不至於餓死，但至少什麼“金榜題名”、“如意佳人”怕非給餓飛或者餓瘦不可的。故每每感到一切的多餘與無聊。硯冰君卻不然，整日整日地、默默地寫，默默地想——在破屋的小桌旁，在半殘的昏燈下……這集子則只是其中小小的一件罷。

推算时间的话，“整日整日地、默默地寫，默默地想”，似乎正是叶子老师弃世前后？由于他“感到一切的多餘與無聊”，未能提供更多有助于今天考订的线索，只是按时间、按逻辑，则陈墨在写的《落叶集》（未必成集），或许也属于“其中小小的一件”？

关于邓垦与陈墨的唱和甚至“参与”，可抄录一段邓垦博客上的文字：

数日前，川师大李亚东老师来电话，求证陈墨在《我所遭遇到的几个放逐者》一文最后称《在那个阴暗多雨的季节》“是我的老友邓垦在 1970 年初我逃亡乡下时，为我写的一首送别诗”，与我所署写作日期“1967 年秋”不符是怎么回事？我说此系陈墨记忆有误。1970 年 3 月 2 日，陈墨与九九上山下乡，我只写了两首送别诗，一首是当天挥别后写的《送友人赴山中》，另一首是两天后写的《似水离愁》。《在那个阴暗多雨的季节》是 1967 年我从雅安返蓉后，读到陈墨许多诗作有感写给陈墨的，其中上半阙四句意象分别是从陈墨四首诗中转化而来的。第一句“你的歌难道只仅仅是秋雁呼唤在长空”，用的是陈墨诗《在你家门外》中“是寻一只飘零的失雁”的意象；第二句“夜半冷月下的流萤徘徊在荒冢”，用的是陈墨诗《嘶哑的叫喊》中“象萤火仰望着月光而孕育着羞惭”的意象；第三句“你的歌难道只仅仅是神往于一个桃色的梦”，用的是陈墨诗《小夜曲》中“找寻我心上的姑娘，难道是无望的梦幻”的意象；第四句“白云深山里几声清淡的清淡的的暮钟”，用的是陈墨诗《山寺》中“我爱山寺的黄昏和清晨”的意象。这些诗，都是陈墨在 1967 年之前所作。若《在那个阴暗多雨的季节》写于 1970 年陈墨下乡时，则此诗可供选择的意象绝不会只限于 1967 年以前（因为陈墨许多优秀的新诗产生在 1968 年以后）；又，若写于陈墨下乡时，全诗理应包含离情别意等。

这不是“孤例”。还想提及或表彰，另外一段运斤成风的“高山流水”史。

我说的是白水，与“茶铺派”有一定距离的他，倒是跟陈墨有两次隔了四十五年，无论于诗于人都很珍贵的“互文”。第一次在 1970 年。陈墨《“天才”话——怀念诗友白水》云：“69 年，他分配工作去了甘孜。……70 年，我下乡到了盐源，并很快结了婚。我所有的朋友我都未写信告知此事，仅告诉了他。大约一个月后，我收到他一封超重很多的厚信和四十元汇款。(这可是他一个月的工资呀！)厚信里除了一纸短函外，全是他的诗，约有三、四十首。其中有些是赠予我的，尤其是《赠砚冰》，情真境高，令人感动。”

——或许读过《零碎的爱》，《复砚冰信》写：

满纸的愁怨分明是激昂，
如哀筝弹出金石的铿锵。
谁能不抚膺愤然同歌，
卑贱的寒士正血涌满腔！

二十四年来落魄巴蜀，
何方不潜藏屈辱与悲凉？
云雨纵然是峨嵋最多情，
你也只空守住几天风光。

不妨让月儿暂将你朦胧，
无须效刘伶在杯中颠狂。
裁取锦水做白幅万段，
一只恨笔写人间沧桑。

古长城并没有衰老于战火，

黄水的风波几曾颓丧。
若正在苍茫时又遭暮雨，
请劈剑听三尺古铜的暴响！

是年陈墨二十四岁。白水劝他“不妨让月儿暂将你朦胧，/无须效刘伶在杯中颠狂”。后一句应该典出鲁迅二十年代，为“造成一座小小的新坟，一面是埋藏，一面是留恋”的杂文集《坟》所写的后记。但也可能是回应陈墨《八聲甘州·雨後》（《鸡鸣集》落款 1970·8）：

幾回江樓立寒，嘆訪濤村近，煙雨重重。料穿硯苦磨，相思寫更濃。且暫效，劉伶狂醉；枕華年，竹林臥清窮……

一晃就是半个世纪。2015 年 11 月，当陈墨 70 岁时，已在美国退休的白水写了《迷魂——贺陈墨大寿》一诗，继续他的看见和劝勉：

连番否卦，整部易书都乱套
凌空劈来老陕朱砂掌
案头陈墨四溅却无路可逃
百香词谱格律摇晃
掌风中有文脉抵死往南河一跳
凄厉迷魂沾着些许墨浆
然而并没有彼岸可以逍遥
罗刹在，天地无处不罟网

墨滴托身蝌蚪聚于浅塘
一堆小黑仔口含淋漓元气
丝丝尾尾泛出国风泥香

主流之外自己嘻戏
游入荥河经河，到彝到东藏
诳语盘空时代暗有蛙声醒提
歌，却不能鼓腹张扬
闲狐兔在阴阳界巡弋

吞吐锦江已然半个世纪
诗情还如雪梦晶莹且缥缈
举臂揽去，触境生霹雳
轰得腕下平地走蛟
堕落浮云有江河湖海兜底
招回迷魂定需文字燃烧
武松脱铐佛狸跋去
泰卦来时乾坤轻轻颠倒

我以为这首诗，简直就是一部微型的地下文学秘史——"吞吐锦江已然半个世纪"。然后重申"不妨让月儿暂将你朦胧"的提醒，毕竟"罗刹在，天地无处不罟网"。……没有理由说，陈墨没有"知音"。只是吊诡的是，需要"人证"时，没有谁能"出庭作证"。

我倾向"从未示人"说。不能怪他"信不过朋友"。2010 年 10 月，不厚于山城"唱红打黑"时，陈墨《读刘向〈新序〉闲批》深恶痛绝写：

……文革时，倡扬"大义灭亲"。不少红卫兵与父母"划清界线"，检举揭发父母的"反革命罪行"。更有甚者，在"批斗"父母时，不仅污言秽语凌辱亲人，还下狠手痛打父母。而这种禽兽不如之人，这三十年来，却鲜有认罪者与忏悔者。

其实何止“文革”。起码 1949 年起，“历次政治运动”如此。

宋永毅《1957 的荣光与耻辱——〈中国反右运动数据库（1957-）〉总导言》写：“一部中国反右史，从某种程度上可以归纳为中国知识精英的互害、自残乃至自虐的耻辱史，例如，1957 年右派们在突来的政治迫害前从抵抗到崩溃的时间都很短，这常常和他们陷入被自己的亲人朋友的无情揭发乃至任意诬陷中有关。”章诒和《谁把聂绀弩送进了监狱？》一文不请愿说：“事实就摆在那里，一切都是无法回避，也无可辩驳：长期监视、告发聂绀弩的不是外人，而是他的好友至交。”

几十年来发生的事，恰如《古拉格群岛》概括：“生活环境却让我们成了准地下工作者。……所有人彼此均不信任，我们怀疑每一位朋友都可能是告密者。”朋友之间呢？患难之交呢？就抄九九《魂断台北》书中，“埋书—挖书—转移”的情节：

也是一个半夜三更，当然只有我和老何两人，老何他拿起一把锄头使劲地在房子中间挖着，我举着油灯：“挖出来看一下，头回子偷书他分的尽是好书……”我有点替老何也替自己打抱不平。咚咚咚，松松的泥土已掏空见底，只有一个大坑和几截烂塑料布，哪有书！我把看到陈墨埋书的经过又复述了一遍给老何听。他眼睛眨了眨，吐了一口唾沫：“老子晓得，他怕你九九到公社告发检举，肯定转移了！”

是的，陈墨的书确实转移了，神经兮兮的他怕“运动”临头。虽然我们是患难之交——阶级斗争时期，谁敢相信谁？那几箱子书藏到哪里去了？几十年后我也没有问过他，广阔的天地大有作为，藏几本书，我看问题不大，不过，我已确定，越是读书求知，越是接近犯罪。

陈墨君是一个成熟得独特的人。

——陈墨的确是，成熟得独特。其《对话——旅湘笔记》

（1989年2月）一文，忆及十五岁时"打胡乱说"，被同学告发：

当同学们在学完《岳阳楼记》后，难免要私下议论。我愤慨地说："什么'先天下之忧而忧，后天下之乐而乐'？全是骗人的鬼话！那些高级人，吃高级，住高级，不管自家人民的死活，却把大米、面粉一火车一火车地运给古巴，运给越南，运给朝鲜，运给他妈的非洲黑人！"自然，我被其中一个同学告发了。曾老师把我找去(不是办公室而是家里)，对我说："你打胡乱说些什么话？你要是再大点，完全可以判你几年徒刑！至少也要被开除学籍！你一辈子就完了！……"后来我得知，曾老师并未将我的'反动言论'往上汇报，她又一次救了我的命！从此，我变得沉默寡言，落落寡合，郁郁寡欢，仿佛一下子就"懂事"了，或者更准确地说，是"懂世"了。

无独有偶的是，自己的恩师叶子老师，因为同样原因被打成"右派"：

63年夏，我偶然结识了右派分子叶子（本名叶超，但除政府方面的人其它人都叫他叶子，当然我也特别喜欢这样叫他，我觉得这称呼响亮亲切，还有点儿老子庄子孔子孟子……的味道）。……他跟我讲他的身世：他川大毕业留校任教才两年，就碰到"反右运动"。他的老师张默生因同情流沙河说了几句公道话而被打成右派；他又因同情张默生说了几句良心话（私下里对其内人)复被打成右派。并且被扫地出门，变成落到最底层靠体力谋生的社闲。新婚妻子也跟他 "划清界线"离了婚，嫁给了同时留校的另一位同学。

因而《落叶集》最后一首，拒斥"這個充滿告密的世界"：

惡意原地打轉／離心力讓沉默／化為堅硬的殼／不向人群

／多說一個字／你拒絕接受／這個充滿告密的世界

“不向人群，多說一個字”，既写叶子老师，也是学生自勉。所以年轻的他，“自与他分手后，就结识了邓垦等一批臭味相投、年纪相仿的文学朋友”。只是经过洗礼，已能觉察人性的幽暗与社会的狰狞。再要好的朋友，他都知道限度——原因还用多说么？我们置身的环境，确如《古拉格群岛》揭示：“有可见的生活也有不可见的生活。到处都张着蛛网，我们走过时注意不到是怎样被它缠住的。”

在同一国度呆过的诗人布罗茨基，跟人讲述自己在人群中的疏离感：

与其说是与国家和体制关系紧张，不如说是与周围的人关系紧张。我刚才谈到了什么人在什么地方会感到自己是陌生人的问题……还是在列宁格勒的时候，我写完一首诗，然后在晚上走到浇铸大街上，我感到——甚至不仅仅是感到，而是确切地知道——我置身在一些与我很少共同之处的人们当中。因此，十五分钟之前我脑袋里所产生的东西，由于各种各样的东西却没有产生在他们的脑袋中，看来，将来也不会很快地产生。可是，这些人却都是我的同胞。(《布罗茨基谈话录》第 291 页，东方出版社 2008 年 4 月)

陈墨跟我解释，像《落叶集》这样的作品，完全为纪念一个人，“也许根本不会被人理解，甚至会根本不被理解这份心意，反而会亵渎了叶子老师。”其实不如直截了当说：《落叶集》这样的作品，“思想感情太敢暴露”(李明达语)，所以不适合“示人”。

再看 1996 年 6 月，陈墨《庄话与谐话》一文有言：

三十年前，我就对九九说过：“何必要拉近人与人之间的距离？因为缩短射程只有利于子弹。——当你不是射手的时候，必然就是靶子。”可是三十年后，九九老早就“深悟空言正义之不免为愚”了，我还在自己的“愤慨”之中左冲右突，纠缠不休。

——很欣喜的是这段话，在《落叶集》中见到了。其《无兄弟》一诗云：

鬥爭哲學下：／縮短人與人之間的距離／只有利於子彈／——當你不是鎗手／就一定是靶子

还必须扯出《落叶集》中，《火化》一诗第四节：

朋友不由分說／把我的文字塞進／灶烘　火化／鍋裏煮着香噴噴的／紅苕　吃得我／發了一身風丹／燦若桃花／奇癢難止

所涉两事，均与“朋友”有关。一是吃红苕引发“风瘅病”的故实，邓垦《初识陈墨》一文有清楚记载：

这夜初见陈墨，正应了“酒逢知己”之意，却少了“千杯”之味，于是端出一锅红苕稀饭和一碟老泡菜来款待二人。事后徐坯告诉我，陈墨“盛情难却”，吃得“风瘅病”复发，痛苦不已，横生一节“怪哉笑骂”。

另一件就严重了，不过跟诗题相关。为弄清“本事”，我问了作者，然后找邓垦、徐坯核实，问写的事他们是否听说过？由于涉及的人已走，“本事”无从核实。只有听徐坯讲述，那时他跟邓垦已离开成都：

我们离开后，他还是时不时跟学甫啊、德基啊喝下茶。但是（我回来后）他跟我摆的，天啦，坐在一起硬是没话说，不晓得该说啥子。(邓垦点头)……假如这个事情是真实的，如果他……德基肯定是虚的（邓垦："他们关系不到位"）那个时候不见得跟德基关系很好（邓垦："他是65年12月才到喜德"）……一辈子都没听自强谈过这件事，德基也没说起过……毛哥推论可以成立：第一是关系不到位，第二个是，德基那个时候对这个未见得感兴趣（邓垦："德基一辈子胆小"）……

我的看法是，在那个年代，发生类似的事，一点儿都不奇怪。哪怕徐坯这样的"铁杆"朋友，忆及那时"他视我为'知己'，常常把他心中对社会的分析，对人生的领悟向我吐露。每次都听得我胆颤心惊，血脉贲张，又觉其言之在理，真知独到。"（《陈墨的对子》）……怎么不会胆颤心惊呢？哪怕只是口头。现在涉及到"我的文字"，换个说法是寒气逼人的"白纸黑字"……所以怪不得朋友。当然换个角度，也能体会被"朋友不由分说"的受伤。

因此之故，《殘螢集》中一则小詩，倒是完全能理解了：

友誼，以心換心／坦誠固然必要／理解更不可或缺／坦誠如舟／理解是水／水大水小舟快舟慢／一旦斷流必然棄舟

现在试着叙说一下，《落叶集》"秘不示人"的美学方面原因。

其《老師》一诗云：

蜀犬吠日／因為那時／天上／有九個太陽／吳牛喘月／因為那時／石頭／都被烤裂／於是眼中的形象／被昏昏噩噩的思維／扭曲／急欲出關的老子／只有用語言／流放語言／沼澤地／怎會有奔跑的鹿群？

还有《見他》：

走出函谷／需要勇氣／見他　更需要／黄沙襲來的黄昏／放棄不該放棄的脚印／脂肪太厚／沙漠折疊不出年輪／為他／放大針眼萬倍／讓緘默的駱駝／從中穿行／感覺如同踏浪而去／佛珠／只是一百零八個同心圓／被穿起的一串寂寞／不該／脚踏風火輪／哪怕是去見他／將你的花心藕骨／重新組裝／風沙撲面／弓腰牵牛的老子／喘得說不出一句話

这里的关键词，是“用語言流放語言”，就是自我放逐。鲁迅《出关》写得明白：

“不，”老子摆一摆手，“我们还是道不同。譬如同是一双鞋子罢，我的是走流沙，他的是上朝廷的。”

对照历史上，当王安石感叹知音难觅，“微言惟有故人知”时，他还是属世的、乐观的。而当阮籍认清，“如何金石交，一旦更离伤”时，那就迥然不同。当《落叶集》狂欢式写“见他”“如同踏浪而去”时，就透露了“走流沙”与“上朝廷”之歧途。其实也就反射出，自己与世界的冲突。正如娜杰日达•曼德施塔姆说自己丈夫——“曼德施塔姆写到，诗人面对的并不是亲近的人，而是遥远的读者”，“他一刻都不曾忘记他和当下的现实是不相容的……”。

曼德尔施塔姆《诗人与谁交谈？》一文“必然棄舟”地写：

……面对具体的交谈者、“时代”的听众、尤其是“同辈中的朋友”而有的恐惧，顽强地纠缠着所有时代的诗人们。一个诗人越是富有天才，他所怀有的这一恐惧便越是强烈。艺术家与社会之间那种声名狼藉的敌对，即由此而来。

……诗人只与潜在交谈者相关联。……因此，如果说，某些具体的诗（如题诗或献词）可以是针对具体的人的，那么，作为一个整体的诗歌则永远是朝向一个或远或近总在未来的、未知的接收者，写信的诗人不可以怀疑这样的接收者的存在。只有真实性才能促生另一个真实性。

“艺术家与社会之间那种声名狼藉的敌对”，在陈墨身上体现得很突出：

他以“瓜娃”自许，是有道理的。尤其是在为人处世方面，太“方”，锋芒太露，棱角太多，吃了不少亏；就是在朋友圈中，也得罪过不少人。就拿他跟雪梦的关系来说，他就几次三番言辞过激、行为偏颇，深深地伤害过雪梦（皆因把朋友的标准定得过高）。……其为人婞直，可见一斑。其“瓜娃”既属天之生就，虽时时常愧常悔，无奈那“毛病”总不见改。发展到后来，甚至提笔为文，公然表示对众文友“不思长进”、“学识浅陋”瞧之不起，大有绝尘而去之势。真是一竿竿扫倒了一朝人，也把与众友关系撑得老远，留一个孤“方”自嚼，慢慢消化。（徐坯《陈墨的对子》）

陈墨自己，则以“但去莫复问，白云无尽時”孤“方”自嚼：

其实我心中，一直把这首《送别》当作《自我放逐者之歌》。因为我们虽无他的气质秉赋能斩断红尘，但他在斩断前心绪的那种凄美彷徨，则是所有自我放逐者所共有的。我以为这凄美境界既包含了那么一点点《易水歌》的悲壮，也包含了那么一点点《采薇歌》的迂顽；既包含了那么一点点“杨柳岸，晓风残月”的缠绵，也包含了那么一点点“孤帆远影碧空尽”的怅惘……不过，对于一个自我放逐者来说，凄美境界只是一种象征，它只能给你血淋淋的逃亡蒙上一层诗意而已。（《我所遭遇到的几个放

逐者》)

毫无疑问，这是一个“内在的流亡者”。正如高尔泰《寻找家园》繁体版自序写：那些人为刀俎我为鱼肉的生态，家破人亡颠沛流离的命运，使自己有一种在敌国做俘虏的感觉。“但是像个人样，也就是同非人的处境——我们的生存条件或者说祖国的疏离。……偷越国境，只是外在流亡的开始。在那之前很久，我已经在内在流亡的途中，把一切都看作了异乡。”又像米沃什在《被禁锢的头脑》一书中袒露：“人把自己隐蔽在内心的至圣所中，为阻止他人进入其中所须付出的代价越高，这至圣所也就越是美好。”“人的精神上的健康有时也需要由内心的反抗来实现，而这往往是一种特殊的幸福。”

毫无疑问，“这是一位隐士发出的声音，这隐士清楚地知道自己为何孤身一人，他也很珍重自己的孤立。”（娜杰日达•曼德施塔姆）正如布罗茨基《娜杰日达•曼德施塔姆（一份悼词）》一文揭示：“一切落在纸上的东西都是危险的。……如果说有什么东西能够取代爱情，也就只有记忆。记住什么，这便是在重新确立亲近关系。”可是另一方面，会不可避免地失去一些东西。因为同样的原因，娜杰日达·曼德施塔姆在回忆录里自问：

我们这样的人适合作证人吗？要知道，毁灭计划中也包括清除证人……

——因而写这篇文章，既有发现的喜悦，也有深深的悲哀。

四、"诗史互证"的一九六四

物证、人证都没有，只有另辟蹊径。

据韦勒克、沃伦《文学理论》提示：在明显的外部证据缺失的情况下，"外在的证据必须由文本里的内在证据来补充，如从同时代一些相关的事件中找到暗示，或从别的可查考日期的事件中引出的线索等都是这类内在的证据。但这种能补充说明外在证据的内在证据，只能确定该作品与那些外在事件有关的部分的写作日期。"（韦勒克、沃伦：《文学理论》，刘象愚等译，北京：三联书店，1984 年，63 页）当然他们指的，是"假如我们一定要考证那些没有写明著作日期的手抄本的系年问题"而言。对《我早期的六个诗集》而言，情况还不一样。起码我所拿的稿本上，很多诗是"写明著作日期"的。

所以我的工作，不是从无到有。而是在"有"的基础上，进行审核、落实。

"由文本里的内在证据来补充"，其实是中国传统学术中，本证或内证的方法。这是顾炎武指出的——"稍为考据，列本证、旁证二条。本证者，诗自相证也；旁证者，采之他书也。"（《音论》）当然实际工作中，经常本证、旁证交叉进行。对我而言，就是在"诗自相证"的时候，适时引进以史证诗、以诗证史的"诗史互证"方法。不敢绝对说，它畅通无阻。而是说，要看什么作品、要看什么作者。对于带有"见证"性质的写作，我以为能够"诗史互证"地谈论。对于带有"写吧，记忆"自觉的写作者，能够"诗史互证"地谈论。

我们古代有"感物说"、"缘事"说，也有"心不孤起，仗境方生”（吴乔）的谈论。其实至今也说不上过时。就像娜杰日达•曼德施塔姆思忖——“即使那些保持了内心自由的人，所思考的也仅仅是强行塞到我们跟前的眼下。思想被俘虏了。某种程度上，思想总是为其时代所俘虏，但时代本身又扩大或限制思想的广度，而我们的时代把思想限制到了可怜的极限。”

无独有偶的是，陈墨表达过类似意思。曾在读秦觀《踏莎行•霧失樓臺》时反思：

現代人寫詩，無論如何都不及古人空靈，難免粘滯。意象空靈，意蘊才能寬泛。就我目前的心境而論，恐無一首現代詩能觸到點上。因為我們生存的條件，精神的荊叢，前所未有，空前絕後。

——我以为这些话，对于认识其《落叶集》，也是有效的。一般来说，很多悼亡诗立意上具有超时代、超时空的性质。因为死亡不分中外古今。只是死亡又是个体的，只是《落叶集》这个集子，确实有“纪念碑”、或做见证的冲动。就像第一首第一句：

這是一個／没有希望的年代／……這是一個／完全喑寂的世界

还有更触目惊心的《無墓》：

抬望眼／仰天長嘯：／這兒本就是一座／大墓／我們都是活死人／走着的肉／行着的尸／相互還嚷着腐臭的／語言陷害／在尸群中公開進行／……

——这些诗句有“时代烙印”吗？还有下面的《真》，能以“诗”说“史”吗：

驚蟄聲中／千山萬水充軍跋涉／迷惘寧願相信／二十八宿中沒有／北斗星／小雪大雪之間／你黯然墜落

我以为不好沾滞。但是如谨慎地讲：用以史证诗、以诗证史的方法，考察、判断其写作年代甚至年头……应该是可取的？我甚至想说，如果运用恰当，不仅能以史证诗，或者还能“补史之阙”？就像清人浦起龙《读杜心解》所写：“代宗朝时，（杜诗）有与国史不相似者：史不言河北多事，子美日日忧之；史不言朝廷轻儒，诗中每每见之。可见史家只载得一时事迹，诗家直显出一时气运。诗之妙，正在史笔不到处。”（浦起龙《读杜心解》，中华书局 1961 年版）

刚接触此诗集，曾想当然认定：“這是一個完全暗寂的世界”云云，当然是写“文革”，只能是指“文革”。那时的我，其实对“文革”，只有脸谱化、符号化的认识。只是与陈墨访谈后，经过阅读与思考，越来越认定，“这是一個完全暗寂的世界”，根本无关文革“动乱”，而是文革爆发之前，“黑云压城城欲摧”社会氛围的写照。

《落叶集》让我看到：史不言一九六四，“黑五类”已活不下去——先看“史”：

1964 年 6 月，京剧《红灯记》参加“全国京剧现代戏观摩演出大会”。10 月某日公演，引来如潮好评。11 月某日，毛泽东在刘少奇、邓小平陪同下再次观看（此前曾在周恩来邓小平陪同下观看）。除了《红灯记》，还有《东方红》。官史至今洋洋自得：大型音乐舞蹈史诗《东方红》“是中国第一部歌舞史诗巨片，为国庆 15 周年献礼，由周总理担任总导演，3500 名艺术家集体创作出的中国电影史上空前绝后的伟大经典”：

1964 年 10 月 2 日，在灯火辉煌的人民大会堂，有 3500 多名全国优秀的音乐家、舞蹈家、歌唱家、播音员、主持人参加的大型歌舞《东方红》拉开帷幕。周恩来和刘少奇、董必武、朱德、邓小平等观看了演出。此后，连续上演十四场，场场爆满，掌声如潮。毛泽东也在10月6日观看了演出，并在观看当中多次鼓掌向演员致意。10月16日下午，毛泽东和刘少奇、周恩来、朱德、邓小平、董必武等党和国家领导人还亲切接见了参与《东方红》编创和演出的全体演职人员。在接见开始前，周恩来还宣布了一个重大消息：中国第一颗原子弹爆炸成功！

除了《东方红》，还有《红色娘子军》，"万泉河水清又清，我编斗笠送红军" ……更有早些时候，1963年1月《满江红•和郭沫若同志》，毛泽东发出号召："正西风落叶下长安，飞鸣镝。……要扫除一切害人虫，全无敌。"——这样的一九六四，味道究竟如何？要看站在哪个角度。假如你是将要被扫除的"害人虫"呢？假如是那样，滋味并不好：

蜀犬吠日／因為那時／天上／有九個太陽／吳牛喘月／因為那時／石頭／都被烤裂／於是眼中的形象／被昏昏噩噩的思維／扭曲

時間不會生根／地下流行／嘔吐綜合症／紅十字插到哪裏／思想的佛爾馬林／熏得人想死

思想的石女／拒絶懷春／語言發酵／却越蒸越硬／雄鷄也左聲左氣／連篇累牘／不動腦筋／明明是沼澤／却被喚做星星

為了乾淨／不惜將世間的病菌／殺盡／八卦爐却傳出／悟空的鼾聲／烏托邦／在底片上曝了光／洗不出照片／臆語總是没有句號／瘋狂地在／印刷體中繁殖／漫無國境

人心高速旋轉／苟延殘喘得地老天荒／打字機／滴滴答答地咳／醫生的潦草／讓心跳驟停／叢叢荆棘／點綴房前屋後／鷄鳴聲有些扭曲／東坡夢遊／天上　地下／到處黑沉沉／甚麼都没有

上面诗句，我边抄边想：如果那时被“人赃俱获”，会怎么样？！……就继续抄：

我們向陽／幾乎淪為天數／同那覓食的蟻群一樣

小數點左移／黑色淪為負數／死亡之門洞開／生變成死的學生

鐐銬的細胞／在瘋狂地裂變／與延伸／看不到這／噩夢的盡頭

父親在雷鋒塔下／母親流放到西伯利亞……

一部半个世纪前，政治贱民的哀歌。相当时过境迁，才能“蓦然回首”：

在阶级斗争肆虐中华大地的年代，城乡青年倍受其难。其中，持续时间最长、规模最大、烈度最深的，莫过于“阶级路线”造成的伤害。几千万城乡青年，因家庭出身“有玷”（所谓家庭出身不好）而受到歧视、侮辱乃至摧残。直至今日，对于这段历史悲剧，披露它的真相仍有相当难度。官方文献，往往将真相掩盖得严严实实，即便偶有记载，也是轻描淡写或几笔带过。……(刘小萌：《文革前的“阶级路线”问题——以学校教育为中心的考察》)

曾经的北大学生，据说很早就写诗的周国平回首“四清运动”：

正是在四清运动中，我领教了当时中国农村的等级制度何其严酷，所谓四类分子固然被剥夺了人身自由，他们的子孙实际上也都成了低人一等的贱民。我不能不将心比心，设想自己倘若投生在这样的人家，情形将是何等悲惨、绝望、不公正。（周国平：《岁月与性情：我的心灵自传》，长江文艺出版社 2004 年 7 月）

他们说的，无论是否真切，毕竟不能等同于——“贱民能否发言”。

贱民怎配发言？！马大胡子《路易·波拿巴的雾月十八日》定义：“他们无法表述自己，他们必须被别人表述。”批判的武器比不上武器的批判。武器的批判到了东方斩钉截铁：“只许规规矩矩，不许乱说乱动”——“造反”大潮起来后，遇罗克写《出身论》：

“出身压死人”这句话一点也不假！类似的例子，只要是个克服了“阶级偏见”的人，都能比我们举的更多、更典型。那么，谁是受害者呢？象这样发展下去，与美国的黑人、印度的首陀罗、日本的贱民等种姓制度还有什么区别呢？

他为他的揭案而起，付出了生命代价。所以再多不满，都得埋地下。多少年后高尔泰发问：“我不知道血腥污泥深处，埋葬着多少遇罗克这样的人杰和《出身论》这样的好文……”（高尔泰：《弱者的胜利——〈半生为人〉读后》）。其实只是当时，血腥污泥深处，抖抖嗦嗦的《落叶集》在“少陵野老吞声哭”：

皇族／必得充分地奉承／但月前／應該屬於／奴隸的我們／我們披着頭髮／在郊外祭祀祖先／長歌當哭

天安門太對稱／一劈兩截／火花四濺／化着流星／可釘上蒼穹／只有我的背叛……

抄着这些诗，一切阐释都多余——简直是噩梦：

儺祀已走／面具世界恢宏／鏗鏘話語一統／水面飄着暗喻／哪裏才是意義的萍踪？／吴剛不停地／砍桂／搗藥的玉兔／瞌睡得蒙蒙董董／舞蹈旋轉的／嫦娥／停不下來／傳說取悦於傳說

——这不是跟伟大领袖“唱对台戏”吗？全国人民都深情：“我失骄杨君失柳……万里长空且为忠魂舞”，躲在暗处的人却含沙射影：“傳說取悦於傳說”——一个传说是嫦娥、吴刚，一个传说指乌托邦……双重解构。先看“史”：公元 1963 年，毛泽东 70 岁寿诞来临之际隆重推出《毛主席诗词三十七首》。再看“诗”，《残萤集》中另一则：

聽人家說／太陽是沉默的老人／他並不驕傲／“驕陽”只是誤傳

再看《落叶集》中，一系列“对话关系”：

程式化／喂不肥一頭／思考的豬／雷鋒塔是柄／去勢的刀／美人魚和美女蛇／都入了臉譜系列／七星瓢蟲／高興得拍手／病到一定程度／寫日記／成了新的賭博／——將其當作／一頭會思考的豬

——容我向历史“破案或揭发”吧：这黑五类狗崽子，竟将伟大中国的“学雷锋运动”，攻击为“雷鋒塔是柄去勢的刀”，更说什么“寫日記成了新的賭博”……有人或许分辨：“雷锋”不是“雷峰”，此“雷锋”非彼“雷峰塔”……我会赞同说，是的，《无父母》一诗中，“父亲在雷鋒塔下”云云，说明诗作者系错别字大王。或者无心插柳，可是怎么说？就像几十年之后，曾当过文化部长的某著名小说家耍贫嘴：

学雷锋时我常常想起“雷峰”，这种汉字的谐音可真够叫人分心的。再有就是,一旦有机会，我真想写一部《白蛇传》题材的叙事长诗。(王蒙 《〈白蛇传〉与〈巴黎圣母院〉》)

时过境迁后，今天可指出：1963 年 3 月 5 日，《人民日报》发表毛泽东题词：“向雷锋同志学习”，要学习的主要内容，其实就是林彪题词所说：“读毛主席的书，听毛主席的话，照毛主席的指示办事，做毛主席的好战士”(几句话出自雷锋日记)。时过境迁后，今天可指出：

……在六十年代的反修防修斗争中,不仅需要对毛泽东的个人崇拜，而且更需要有千千万万的“个人崇拜者”。《雷锋之歌》的独到贡献就是大大宣扬了对崇拜者的崇拜。领袖在雷锋的心目中是神圣的偶像，而这位偶像崇拜者的雷锋又成为了大众心中的偶像，通过他，把一系列反修防修的精神打入到千千万万的群众的心灵之中。(董健《论反修防修文学》,《当代作家评论》2009 年 03 期)

我关心的只是，探求“今典”，窥探“互文”关系，有助于确定《落叶集》的写作时间。再查《將其》一诗，不是跟《雷锋之歌》过不去，他过不去的还有郭沫若先生：

一把劈断昆仑的宝剑

毛主席《念奴娇·昆仑》一词中，有句云“安得倚天抽宝剑，把汝（昆仑）裁为三截”。我读了《雷锋日记摘抄》，感觉着雷锋同志就像这样一把宝剑。

雷锋，一把劈断昆仑的宝剑！
他虽然只活了二十二年，
他永远活在人们的心坎里，
他的声音永远在空中回旋。

“我是大海中的一珠水，
我要无保留地为人民贡献。
党要我入地，我就入地，
党要我上天，我就上天。

“我自己实在是非常平凡，
有人说我是猪，我也心甘情愿，
我是牧猪儿出身的人，
对于猪倒有十分的好感。”

（《中国青年》1963 年 5、6 期）

且看怎么互文：一个说“雷锋，一把劈断昆仑的宝剑”，一个说“雷鋒塔是柄去勢的刀”……此即话语旅行。话语旅行的表现还有：郭沫若“劈断昆仑”，说明是引用毛主席《念奴娇•昆仑》。根据目前考证，《念奴娇•昆仑》托词写于 1935 年 10 月“长征”

途中，发表于 1957 年 1 月《诗刊》创刊号。最豪迈是后几句：“安得倚天抽宝剑，把汝裁为三截？一截遗欧，一截赠美，一截还东国。太平世界，环球同此凉热。”据作者自注：“还东国”原作“留中国”，1963 年版改“还东国”。现在看《落叶集》中，什么伴随“长夜之饮”：

只有我的背叛
可釘上蒼穹
殘螢死在草叢
打碎的夜光盃
語言重新膠合
盛着热血　　依然
作長夜之飲

天安門太對稱
一劈兩截
火花四濺
化着流星
可釘上蒼穹
只有我的背叛

——难怪到了后来，写出《天安门》。九九《魂断台北》写：

陈墨君有一个别号“黑乌鸦”。当年，他一年四季服装漆黑，里里外外，衬衣、鞋子、甚至袜子，买不到黑色的就自己染成。黑色意味着什么，真是不言而喻！如果在“文革”中他有工作单位，都凭这装束，完全可以百分之百打成反革命。然而黑色，却是他的风格：

……我的感觉是，陈墨君衣黑裤黑，也许，连思想都是黑色

的。不然，后来 1976 年他怎么能写出震撼人心的长诗《垮了，天安门》？(见《野草》1979.4.第二期)

肯定是后话了。记得 1995 年元月，“梅、周百年纪念”活动之际，陈墨写《戏话——并非玩笑》一文，说宁愿变蛇、变鱼，躲开这矫情、虚伪之徒横行无忌的人间：

……我辈“牛鬼蛇神”及“黑五类”，在“正统”的淫威下，我们的生命其实只活得象条狗时，痛定思痛，宁可终身备受“脱鳞”之罪，也要变人！虽然“法海钳”依然法力无边，光芒万丈，而且愈来愈“刺目”；虽然“雷峰塔”依然屹立，而且愈来愈“崇高”！

怎能忘一九六四？《东方红》中的朗诵声，依稀在《落叶集》中回响：

黑暗的旧中国，地是黑沉沉的地，天是黑沉沉的天。灾难深重的人民哪，你身上带着沉重的锁链，头上压着三座大山，你一次又一次的呼喊，一次又一次的战斗；可是啊，夜漫漫、路漫漫，长夜难明赤县天……

五、“吾猶昔人，然而並非昔人也”

其实《落叶集》中，“以时事入诗 ”（胡震亨）的印记还多：

等級化的圖案／勾引着性慾／赤橙黄緑青藍紫／淪為后宮／月牙泉漸漸乾涸／左擺　右擺／椰樹林群情亢奮／從赤道划

來的獨木舟／擱淺？

当然指 1964 年推出的《红色娘子军》中，"左擺　右擺"的妖娆镜头。现在的人难以想像，禁欲主义的年代，"大腿满台跑"给青春期男孩多少刺激。以至于多少年后，诗人耿耿于怀着当年，"我个人还有性压抑的忧伤"。

收入《乌夜啼》，标明写于 1965 年 5 月的《葉子老師教我象徵主義詩歌》之八云：

縱被狗咬，你也要功成八百、行滿三千
窮街娃讀禁書，夢中都不敢調戲牡丹
漫說是用飛劍斬了為非作歹的黃龍
自宮的念頭都把我折磨得形隻影單

写于 1967 年 5 月的《自宫》一诗，同样感叹"當想到解脱，解脱却被鎖定 / 我跋涉在荊棘遍地的山"。可想而知，当年眼瞪着"赤橙黄緑青藍紫 / 淪為后宮"……会有怎样的"羡慕嫉妒恨"——其实我在，事后诸葛亮地轻描淡写……据福柯提示，"权力并不害怕性，相反，性是权力得以实施的手段"。其《规训与惩罚》一书云："肉体也直接卷入某种政治领域：权力关系直接控制它，干预它，给他打上标记，训练它，折磨它，强迫它完成某些任务、表现某些仪式和发出某些信号。"

总之，"没有比权力的实施更加物质的、生理的和肉体的了"。此为身体的政治。显而易见，"羡慕嫉妒恨"的诗人，已经有见于此种身体的政治。前面引用过"藝術與性慾 / 幾乎同時漲滿全身……"，以及"自宫的念頭都把我折磨得形隻影單"，可他并不头昏脑胀：

驚蟄聲中／千山萬水充軍跋涉／迷惘寧願相信／二十八宿

中没有／北斗星

——固然荆棘遍地，也要见招拆招，恶攻《东方红》中《抬头望见北斗星》。

仇恨不能聞鷄起舞／饑餓更不能／叫化鷄／叫化出一輪紅日／把婚姻烤成乾貓魚／不鮮　徒有其腥

——对于“仇恨”的解构，让人想到“收租院”，大喇叭灌《不忘阶级苦、牢记血泪仇》；让人想到《红灯记》，李铁梅唱“咬住仇，咬住恨，嚼碎仇恨强咽下，仇恨入心要发芽”。

至于“叫化鷄 / 叫化出一輪紅日 / 把婚姻烤成乾貓魚”，讽刺意味很明显。

相信我長大後／會跟你一模一樣

——透露出“三尺微命，一介书生”的孤苦无依，是《培养无产阶级的革命接班人》、和《红灯记》“革命还有后来人”，还有形形色色的“接班人之歌”……之互文。

好不好说，还是一场长达半个世纪的意志较量？关于这个，该多写一点。且看“史”：

“……要承认阶级长期存在，承认阶级与阶级斗争，反动阶级可能复辟”，这是 1962 年 9 月《毛泽东在八届十中全会上的讲话》。然后就有 1964 年 6 月，毛泽东《培养无产阶级的革命接班人》的讲话——“要准备好接班人。无产阶级的革命接班人总是要在大风大浪中成长的。”再看“文”：《红灯记》，“学雷锋”，社教运动，“文艺整风”，《霓虹灯下的哨兵》、《年青的一代》、《千万不要忘记》……杨健《中国知青文学史》叙说：“文革”前夕，在青少年中涌动着革命理想主义和革命浪漫主义的潜流。下面这首朗诵诗曾一度在校园中广泛演出和传抄，它表现了新一代要崛起的意志：

未成的大厦谁来建/未来的天地谁主宰/革命的红旗谁来接/亲爱的党啊/我们我们我们/红色的新一代！……无产阶级的子孙啊/革命本性永不改/我们的血管里/流着老一辈的血……把未来的世界啊/交给我们这一代/我们来了！/我们来了！/我们来了！——《接班人之歌》（徐荣街、钱初承）1964

杨健评说：共产主义道德文学不是考虑如何使青年一代成长为“巨人”，而是从政治功利出发，培养他们适应政治、经济、文化等各个领域的左倾思潮，以便利阶级斗争扩大化和经济冒进政策的需要。“它在提倡社会道德纯洁化的同时，还提倡个人迷信，从而造就了富有政治理想、献身激情，又思维封闭、习惯盲从的一代青年。……新生代被包围在浓烈的意识形态氛围之中，他们中的绝大多数人根本无法从震耳欲聋的时代宣传中，分辨出微弱的抵抗之声。”（杨健：《中国知青文学史》，第 54 页，中国工人出版社，2002 年 1 月）

现在来看，甚嚣尘上的鼓噪背后，清醒的抵抗是有的。只是被埋没。

“诗史互证”的考察足以让人认定：“富有政治理想、献身激情，又思维封闭、习惯盲从的”的尘埃落定后，“三军可夺帅也，匹夫不可夺志”的誓语自深深处传来。

相信我長大後／會跟你一模一樣

关于这个，该多写一点。布罗茨基提示，“只有当批评家同时在心理和语言这两个层面上展开工作时，文学批评才可能是合理的。”（《文明的儿子》）我想遵循他的指引，换一个角度，从诗歌写作主体及其心理特征的角度，推断《落叶集》的“心理年轮”。

且看《一問》：

一問／杜鵑花便謝了／遠山含雪／不再是炊煙的／背景／草兒依舊青青／銹了一年的犂／有了亢奮

我心沉沉／因為一問／滿是補丁的衣服／太小／雁陣飛過時／願我在夢中／不曾聽到它們／匆匆的聲音

葉落了／你走了／可是靈魂的／一次遷徙？／我寧願在等待裏／變得蒼老／任它紅霞滿天／鳥語花香／我的遷徙蹣跚來遲

再看《與》：

你說／……／我想／於是親情／成為亞宗教／關係不變／毋需智力／分裂親情的“學說”／鞋成了荆冠／脚有什麼智慧？／我在／概念與概念之間／開始失眠……

还有《他》：

心中一經有了／上帝／世界傾刻間／便淪為了／他／……／最後一聲嘆息／像流星／我睜開沉重的／眼……

这些细节与心理，过了半个世纪，就跟昨天一样。《落叶集》这些诗，该是“一問 / 杜鵑花便謝了”时写的。“草兒依舊青青 / 銹了一年的犂 / 有了亢奮”，当是刹那间的震动与唤醒。今天或许觉得，感情过于强烈，其实正好说明，“悲歌可以当泣”。要是拖上几年，大概会写不出来。所以我以为《落叶集》，是先哭出来，再沉淀、再推敲、再结撰的。

夫死生是失得之大者，故乐莫甚焉，哀莫深焉。（陆机）

——何况深爱的人。何况自己的恩师。更何况从小是"弃儿"，他对他亦师亦父。

更何况是，一个人竟然从世上不翼而飞！从十五岁起，就"变得沉默寡言，落落寡合，郁郁寡欢"的陈墨，借用鲁迅的描摹，正所谓"觉醒起来的智识青年的心情，是大抵热烈，然而悲凉的。即使寻到一点光明，'径一周三'，却更分明的看见了周围的无涯际的黑暗。……'沉自己的船'还要在绝处求生，此外的许多作品，就往往'春非我春，秋非我秋'，玄发朱颜，却唱着饱经忧患的不欲明言的断肠之曲。"（鲁迅《且介亭杂文二集·〈中国新文学大系〉小说二集序》）……叶子老师走了？倾刻间世界沦陷。

"相信我长大后，会跟你一模一样"，是当时的心理，也是自知"未长大"的人自然的口吻。诗人1945年底出生，1964年11月刚19岁，一旦发现"在我眼中，你就是我的父親"猛然不见，在不敢相信、悲愤欲绝之际，产生"我长大后"怎么样的联想很自然。"长大"一词自然流露了"刚刚开始、无依无靠"的自我意识。若是过上三、四年，比如在1968、1969年，当诗人二十二、三岁时用此口吻，基本没有可能。

从知识考古的角度，还要提及的是，"长大"一词具有"三年困难时期"的时代烙印。网上看到一篇文章，方知"等我长大了要……"云云，是那年代的洗脑神曲：

三年困难时期，国家物质匮乏，少年宫合唱组即编排了一首歌叫《长大要把农民当》："我有一个理想，一个美好的理想，等我长大了要把农民当，要把农民当……"提起这个话题的是合唱组的老学员周正彪，他一说到这儿，一同受访的伙伴们便哼唱起来。罢了，几位学员无不感慨，"唱完这首歌，等到了1968年，知识青年上山下乡，我们这些人就真的都去当农民了。（于淑娟：

《少年宫里的旧时光：社会主义的儿童殿堂什么样？》）

所以我觉得，“长大”一语有点“这个”。联系前引“感覺如同踏浪而去……將你的花心藕骨”，还有下面《这个》，含混而真切地表达了青春期特有的茫然、无定：

淅淅瀝瀝的這個／像瘋瘋傻傻的少女／走失了／在深夜的長街／她被許多眼睛／窺視着　企圖着／……

天狼星在西北／你握着的只是／黄卷青燈／這個還是耳鬢廝磨／竊竊私語／走不出／淅淅瀝瀝

這個／一旦沸沸騰騰／也許是災難／也許是甦生／像她被許多眼睛／窺視着　企圖着／可能被蹂躪／可能被救贖／……

起初读《这个》，让我费思量。肯定是淅淅沥沥了，成都的冬春会下雨。而且经常是，晚上润物细无声地来。肯定是失眠，一个黄卷伴青燈的少年，“走不出淅淅瀝瀝”。后来我又觉得，或许是“香草美人”的路数？甚至不排除，有《红色娘子军》中孤女吴琼华的影子。

诗歌当然是跳跃的。只是解读，得一步一步来。

就让我说明，如何此处的“她”，与“大腿满台跑”的芭蕾有联系，在此基础上，“吴琼华 / 洪常青”的关系，转换成了现实生活中“我 / 叶子老师”的镜像？

一篇女性主义视角的文章指出，“革命样板戏中的大多数女性都在地主、土匪的欺凌压迫下处于水深火热之中，等待救世主的出现”：

……女性成为苦难、压迫、剥削的承受者，成为“苦大仇深”的原型（如吴清华、喜儿、常宝），她们的个人痛苦只有在遇到代表正义与拯救的男性（洪常青、大春、杨子荣）时才上升为阶级和民族苦难，具有救赎的价值。可见这些样板戏中为数不多的受难女性与男性的关系依然延续着传统男权文化中“支配与被支配”、“主动与被动”的关系，女性的独立意识与价值完全遮蔽在“高、大、全”的男性英雄之下，对她们的受难与伤口的展示，更多地是为了衬托和突出男性英雄的高大和完美，为了突出无产阶级革命的高度、迎合主流意识形态对于男女两性模式的恪守。（盛晓玲：《时代、政治与男权文化的合谋——女性主义批评下的“革命样板戏”》，《四川戏剧》2013 年 05 期）

《落叶集》的确有，“未及”的哀怨：

未及彎曲的仇恨／傷到自己的正直／和頭上三尺的眼睛／漣溦是你的哀怨麼?

哀怨是“未及”（无论心理，还是生理）的表征。但是也有对于养育的感念：

我吃窗臺上的面包／長大　成人／不在西伯利亞／這兒／是你的窗臺

更有辗转反侧后，幸遇“常青指路”的胸有成竹：

於是你把月前／最動人的故事／講給我聽／從此／我的月前／有了人生最美的色彩／最真的祈禱／和最善的梵音

因為我　因為我／終於有了歸屬／像稚嫩的翅膀／追趕着前面／“人”字形的雁陣

此处还有写，“稚嫩的翅膀”。此后就更多，告别哀伤的沉稳

“八卦爐却傳出 / 悟空的鼾聲”；“向秀不在曠野 / 叮叮噹噹 / 他錘打着一塊 / 紅紅的鐵”；“歷史已走 / 魚腸劍在中途折斷 / 黑衣人 / 走過板橋 / 清嘯一聲 / 雪花在葉間紛落……”，可能无须乎解读？

但还是想援引一点，从成长角度解读鲁迅《铸剑》的文字：

十六岁失父之后鲁迅即步入了成人社会。

眉间尺的突变残留了鲁迅对于自己成长过程中那种突然面对全新而且艰难境遇的黑色记忆。

与眉间尺通过母亲的讲述获悉杀父之仇的成人仪式相比，鲁迅是在父亲去世后的亲身体验中感受到了传统这个强大仇敌的存在与威胁。

十六岁这个临界点之前与之后的变化对比无论对于眉间尺还是对于作者来说都成了必不可少的一个环节。所以，《铸剑》增益的开头也就具有了非同小可的意义：眉间尺优柔的性格决定了他无法独自完成复仇使命，黑衣人的出场成为叙事逻辑上的必然；…… （王海燕《鲁迅〈铸剑〉的精神分析》，《湖北民族学院学报(哲学社会科学版)》2015 年 06 期）

这里涉及的心理突变，我以为跟《落叶集》一致。几乎可以说，诗中“黑衣人”后面，有个未出场的眉间尺——其实《未及》，有所暗示。最好还是倾听一下，很多年后的 2000 年 9 月，陈墨故事新编“茶铺派文学理论”时，关于“黑衣人”的放言高论：

人生，倘若不甘于为生存而平庸，就得有一个令生命得以光华的目标。眉间尺生而就是复仇的，而黑衣人则像是荒原上一条伤痕累累的狼。然而他的报仇与其说是所受伤害过深，毋宁说是追求一种解脱。——他必须用这完美的形式来告别生命，告别这令他无限困惑的人世，而仅仅留下一曲复仇的千古绝唱。

……须知黑衣人乃鲁迅极力刻画的“复仇天使”呀！他非侠非盗，非巫非仙；不是职业杀手，更不是变态鹰犬；他只是一个叛逆的“另类”，一个彻头彻尾、愤世嫉俗的唯美主义者。

鲁迅在后来将《眉间尺》更名为《铸剑》，已透露出此篇深刻的立意。因为此篇小说并未叙述眉间尺父亲铸剑的过程。所以我以为鲁迅要告诉我们的是：真正铸剑的其实是黑衣人。……于是，我清楚：作为一个现代愤世嫉俗彻头彻尾的唯美主义者，在这个极权加后现代的社会里，除了无法逃避“人我所加的伤”而外，还得忍受在人群中不期而至的孤独感。而孤独又几乎让我“憎恶了我自己”。（《茶铺派文学“理论”现编之五 铸剑》）

当然是“后话”。现在言归正传：我以为《落叶集》中《老師》：“生命上下求索／找尋着意義／正如語言左衝右突／遍體鱗傷／當她重新上路／這才是詩！”……这些诗句跟收入《灯花集》中，标明写于 1965 年 3 月的《草鞋》形成“姊妹”关系：

草鞋蘇醒在昨天
刀耕火種的希望
與風雨結伴
跌落在歷史的深淵

磨損的筆穿上草鞋
為了重新上路
走進鳥語
重拾春天

——都有“重新上路”，写作时间该近？当然“走進鳥語／重拾春天”的心情，跟《落叶集》基调有所不同。一个是单篇，一个是巨制，后者当然是“交响”。总觉得“重新上路”，暗示《落叶集》主体部分已“竣工”？再看收入《乌夜啼》，标明写于 1966

年2月的《空山》一诗：

落葉滿空山，何處尋行跡?
思想的嫩芽長在歷史的空隙
反思只是想從這顛簸的鹿車上下來
再次品嚐無路可走時隱痛的潮汐

空山無人，水流花開翠碧
杜鵑鳥不累，不如歸去芳心太急
懺悔的木魚能敲出一天雲霞?
超脱的翅膀不會讓你在山頂兀立

湘妃竹也許在每個月夜淅淅瀝瀝
斑斑點點的哀怨，浩浩渺渺的空寂
製箋的碓依舊晨晨昏昏起起落落
不眠的只是她求白時汲水的木屐

看山是山，看水依然還是水滴
空山只是哭窮途翻白眼的阮籍
吾猶昔人，然而並非昔人也
我終於知道《廣陵散》何以又名《何必》

毫无疑问此时，《落叶集》早已完成。大声讲“看山是山，看水依然还是水滴”，以及“吾猶昔人，然而並非昔人也”，毫无疑问是宣告，某些重大事件或转变已发生。分开来说，如果我理解不错，则“叶子之死”是陈墨之成人礼。《落叶集》是献诗，是十九岁青年带着豁出去的心理，以文字铸造的《廣陵散》。而《空山》的“自我叙述”，落脚到“何必”。

就是说，大拒绝。包括“自放江湖，中流何必相憶”。

六、“想當初、枇杷樓下，好詩齊發”

没有理由认为,《落叶集》系文革中写的。其中找不到，文革的时代印记。

不论现在的人，对文革怎么评价，起码就事实来说，迄今所知“三年文革”大起大落的剧情，跟《落叶集》所展示“這是一個完全喑寂的世界”、“這兒本就是一座大墓”……不吻合。《學生》一诗中，“小數點左移 / 黑色淪為負數”，及《未及》一诗中，“在户口簿上的消息 / 如重重疊疊的咒語”，在在表明“森严壁垒”，而非打破秩序的“史无前例”。

收入《灯花集》，标明写于 1965 年 2 月，也就是文革之前的《门》写：

> 階與階之間／有無數森嚴壁壘的／看得見和看不見的門／它既是原始的自然的火與水／也是四大金剛們的法器／以及他們怒睜的警惕的／眼睛

历史地讲，“階與階之間森嚴壁壘”，防範意識深入人心，是文革爆发之前的常态。文革爆发初，也就是“刘邓路线”时更是，似乎变本加厉，但也有所不同。至于 1966 年底“群众发动起来”后，“阶级斗争”为“路线斗争”所取代，就大分裂、大改组、大动荡甚至大内战了……诗集《落叶集》中内容，基本与这些无涉。

当然可以，多说一点。据刘国凯讲，“文革前和文革初，那出身等级歧视和政治等级歧视是何等沉重地压在我们这类青少年的肉体和心灵上。没有在那段岁月里亲身经历过的人是无法想象的。”“红色恐怖运动”中，“黑五类”鸡鸭一样被打死，甚至鸡鸭不如——

……1966年12月是一个群情激奋的日子。人民群众从来没有象这样扬眉吐气过。那情景是以前做梦都不可能梦到的。党的书记们从来都神圣无比。他们总是绝对正确、满脸严肃。群众总是匍伏在他们面前，听从他们的教诲、指挥。现在一切都难以想象地颠倒过来了。他们被党中央宣布做错了事，诚惶诚恐不知所措之至，他们无可奈何地对群众认错，接受群众的批判。看到这些情况，我深为惊讶，也从中体会到原来群众心中隐藏有这么多的不满情绪。（刘国凯：《基层文革泥泞路》）

据武宜三回忆，没有广大群众对各级政府、官员的积怨，文革一定搞不起来：

……中共八届十一中全会通过的《关于无产阶级文化大革命的决定》（《十六条》）在1966年8月8日晚上新闻联播节目中播出。我搬了张靠背椅坐在走廊上聚精会神地听着，《十六条》说：“这次运动的重点，是整党内那些走资本主义道路的当权派”，“警惕有人把革命群众打成‘反革命’”，“大学、专科学校、中学和小学学生中的问题，一律不整。”“即使是真正的右派分子也要放到运动的后期酌情。”这几句话，绝对让我松了一口气。当时如释重负的心情，我至今记忆犹新。（武宜三《我与文化大革命》）

当然“大乱”不到三年。随后“清阶”、“一打三反”、“清查五一六”，甚至大张旗鼓“备战”……那是后话了。关于文革起来后的回忆，邓垦、陈墨的记忆跟上述一致。邓垦《〈空山诗选〉

始末》云：1966年8月，“文革”由初期当权派掌控的“横扫一切牛鬼蛇神”，发展到“红卫兵爷爷”肆无忌惮打、砸、抢、烧“破四旧”……到了 12 月中旬，各地“造反大軍”纷纷出笼，扭转了前期专整群众的局面，大大小小的当权派成了批斗对象，一般平民百姓从人人自危中找到揚眉吐气的机会。陈墨“文革经验”亦是。当我这篇文章初稿写毕，浏览2018年1月13日“陈墨之博”时，邂逅《我的“文革”經驗》一文：

我的經驗是：文革初期，打人、鬥人、整人的都是紅衛兵（高幹子女紅二代即北京“聯動”及各地“土聯動”），待到造反派革命组織纷纷成立，鬥爭方向指向了“資產階級當權派”後，被壓抑十多年的仇恨如火山爆發，易幟以來唯一 一次民打官、民鬥官、民整官“有仇報仇，有冤報冤”的暴力复仇運動就在全國漫延起來。但時間很短，死人也不多。

……一句話，毛指引的“革命形勢”既然己由“階級鬥爭”轉為“路綫鬥爭”後，正是地、富、反、壞、右們在夾縫中天賜了喘息之機。

……所以，我覺得“文革”並非一無是處，至少在“當權派”從上到下全部垮台時，作為一個黑五類狗崽的我，好像每天都活得很幻想，很機會主義，甚至很逍遙很亢奮。

——这是一个“文革余孽”幻想“失去的天堂”么？显然不是。从哪个方面，都说不到那儿去。有意思的是，高尔泰《寻找家园》中有篇《牛棚志异》，也说到类似“有趣的事儿”，“这些事儿也拉开了我同环境的距离……我就变成了局外人得以观戏”：

敦煌县成立革委会那天，城里召开万人大会。把我们也拉去，同全县的阶级敌人一起，戴高帽，挂黑牌，站在司令台两边示众。……打击面如此广大,"万人如海一身藏",我有一种安全感。相信自己的命运,不会比一个此刻正塞满广场、挤坐在黄土地上朝我们挥拳头喊口号的人民群众,更坏到哪里去。

……那天天气很好,红旗飘飘像海涛,千万人的呼声地动山摇。我"众中俯仰不材身",做着美丽的白日梦,居然也感到了一种节日的喜庆。

不管"宏观叙事",怎样翻云覆雨。可个人经验和心理,包含着更真实的信息。仅从这个角度,我想也可以得出,"诗之妙,正在史笔不到处"的结论。再看陈墨在1992年时,所写《關於"工於謀人,拙於衛己"》一文的叙说:

我有一朋友,是孤兒,在民政局下屬之孤兒院長大。初中畢業後,在民政局下屬之"假肢廠"當學工。未及半年,竟被其廠長以"現行反革命罪"送去勞教七年。此事純系冤案。……文革初,他約了我們幾個朋友帮他回假肢廠"造反",闖入廠長家,從床上將其提起,本欲一番"暴打",以解七年牢獄之仇,無奈全家老小七八口跪於我們面前,言說:"前幾天已被本廠造反派將另一好腿打斷,若再打,必死無疑矣"(假肢厂領導全系殘廢軍人)。我們只有作罷。站在朋友角度,此人爛用職權,草菅人命,實屬可恨,該打;但他本是殘廢之軀(少一腿),而今非但手無寸鐵,且卧病在床,可憐得很,下手打他,於心何忍!於是,文革初造反派"滅絕人性"的鬥"走資派"行為,既有它的符合倫理的正當性(有壓迫就有反抗,有仇報仇,有冤報冤),也有它"無法無天""群盲群氓"的反動性(反人性、反文明、反法制、反理性)。只不過這行為是假"保衛毛革命路綫"而生,毛之號召,即為授權。故一夜之間,原有"權力",全數癱瘓,紅衛兵和造反派才可能"說鬥哪個,就鬥哪個;說整死誰,就整死誰"。

九九《魂断台北》一书，也讲述了一则“阶级报复”的花絮：

办事处主任长期对我的歧视，不给我安排工作，我早已不满，于是……在批斗大会上，我和生产组几个小伙子把几个头头揪了出来，趁机在那主任的背上狠狠地挥了几拳，出口恶气，心中默念：给老子欺压百姓，整人害人！不安排老子的工作！

殊不知这幼稚真切的露面和几个拳头，让我失掉了工作：咋“四类分子”的娃娃都造反了，是不是阶级报复？！台下群众七嘴八舌，谣言四起。……

《魂断台北》一书中，更是津津有味地讲述“跟着陈墨偷书”的趣事。不仅偷书，还要贩书，真是“一个千載難逢的找書的好機會”。陈墨《书话——偶然得之》陶然写：

到了“武斗”期间，造反派们只顾“消灭对方”，对文化的革命稍松。春熙路孙中山铜像背后的“黑书市”如同野草般自然滋生出来了。先头还只是三三两两交头接耳、诡诡秘秘，像黑市买卖票证;到后来干脆摆起了地摊，把所有“封资修”禁书都冠冕堂皇地摆将出来，且公然高声讨价还价。全盛时整整一条百多米长的街道被书摊人流塞得水泄不通，人声鼎沸，场面壮观闹热。……当然，也有过几次被强拉回现实的时候：造反兵团猛地开来两车“武装”，街两头一堵，逐个搜身，将缴获之各种书籍在街心堆一座小山，放火一烧，完事。只有个别不甘于损失且“不依礼不依教”，不识时务的家伙，被“武装”们的皮带抽得满街乱滚。

然而，纵然如此，“黑书市”断断续续还是维持了两年之久，直到“清阶”运动，当局大量抓人，风声鹤唳，到处弥漫着恐怖气氛，这明目张胆“不革命”的文化现象，才告销声匿迹。

无疑，成都最热闹的春熙路的“黑书市”成为成都文革史中一道与其时代色彩反差极强的风景。而且据我所知，在全国大城市中，这“风景”绝无而仅有。

——“对文化的革命稍松”，就是陈墨们的“黄金时代”。邓垦《〈空山诗选〉始末》一文，更以“忽如一夜春風来，千树万树梨花开”，描述那时候的逍遥自在：

1967 年 5 月，……我像难民一样背包打伞回到了成都，躲在号称“解放区”的東郊电讯工程学院（简称成电，即現电子科技大学），同父母住在一起。7 月的一天，陈墨匆匆从“国统区”的城南穿过一号桥“封锁线”溜到我家，说想在東郊租一间住房。

……更使我眼前一亮的是，成捆成捆的书籍往几个书架上一放，整个房间顿時大放异彩！我和陈墨梦寐以求的卧榻之旁书相拥竟成現实。陈墨一脸得意，说：“上头抢权，下头抢书，各革各的命！”好一个嗜书如命的陈墨！我无“贼”胆，“傍”上这样的“富家”，何愁无书可读？

……1966 年 5 月我在名山县参加单位技术“培训”，休息時在一家小书铺淘得一本五十年代出版的王瑶著《中国新文学史稿》，竟如发現新大陆一般兴奋。眼下陈墨“暴富”，“忽如一夜春風来，千树万树梨花开”，怎不令人欣喜若狂？红卫兵们忙着“玩命”，各大专院校图书馆成了李金发笔下的“弃妇”，也成了陈墨们翻墙撬窗窃取的目标；而在春熙路“黑书市”上，陈墨独具慧眼，专挑有关中国新诗的史料用其他小说交换。这一大堆被长期封杀的民国時期的诗选、诗集、诗刊等，极大地丰富了我们的视野，开拓了我们的境界，提高了我们的诗艺。于是，每天，在高音喇叭“踏平東郊”的吼声和呼啸而过的枪弹声中，我们躲在松柏村的农舍里读诗、品诗、論诗、抄诗、选诗、写诗，便成了我们的主要工作，甚至到了废寝忘食的地步。

“读诗、品诗、論诗、抄诗、选诗、写诗”……的确“时空大错位”。难怪后来诗人罗鹤，以“野草桃源”概括。据说当时，“梦兄周围诗歌爱好者越聚越多”：

当時，“发配”到会東的徐坯，“发配”到攀枝花（当時称渡口）的何归，“发配”到云南开远的明輝，“发配”到喜德的張基，“发配”到宜宾的罗鹤，“发配”到乐山的九九，“发配”到甘孜的白水，“发配”到资陽的蔡楚、谢庄等，都已先后“逃”回了成都，加之稳坐成都的吴鸿、楊楓、冯里、万一、樵夫、兰成、乐加等人，一张被“诗”牵着的网撒在了成都的各个角落，相互之间抄诗、写诗达到了瘋狂的程度。……当時，为了混淆視听，大家还乱七八糟地取了各种笔名。（邓垦《〈空山诗选〉始末》）

真是好日子，“吃着火锅唱着歌”。有陈墨《滿江紅•詩友》为证：

夜竹秋風，薛濤井、蛙聲互答。
想當初、枇杷樓下，好詩齊發。
隔葉川鳴香草夢，調軫弦待伯牙匣。
理素箋、字字有玄機，情難察。

——看他们兴高采烈，作为读史的人，“好像时空大错位……以为不是在中国，也不是在文革”。不过定神想：有什么不可思议？宏大叙事是一回事，个人生活是另一回事。任何社会、任何时代都会有人与“主旋律”不一致，何况“主旋律”也时常变的。

看着他们“蛙聲互答”、“好詩齊發”，让我想到戈蒂埃《珐琅与玉雕》序诗所写：

不管那狂风暴雨敲打我禁闭的窗户，我制作珐琅与雕玉。

我的看法是，作为“哀苦之辞”的《落叶集》，不会是这时候写的。

当然还要，做更细辨认。当然还要，把陈墨的写作拉通来考察。拉通考察的话，《我早期的六个诗集》中，有标明为文革期间写的。如 1966 年底《草堂独游》，1967 年《山寺》、《自宫》、《简约》，1968 年《零碎的愛》、《薛濤井畔》、《人跡板橋霜》。还有深受邓垦推重的《独白·我要把憂愁忘掉》——“我以为是陈墨迄今为止的登峰之作，短短的八行诗，却有着小说的份量，优美反覆的吟咏中给人无限的联想空间”。如再扩大范围，还有 1969 年初《超聲波》、《無人在聽》，1971 年 3 月《記住而已》、《也許不難》……

上述作品时间跨度大，风格也不尽相同。不过即便如此，也还是跟他写于文革之前，可以叫“前期的前期”的作品，有着可辨的不同——既跟时代有关，也跟自身有关。

如《人跡板橋霜》（1968 年 12 月）结尾：

我只是這白夜的黑煙？／飄蕩就乾脆消亡罷／這世上太多並不認真的死／和死前太多認真的機關

——“並不認真的死”，或与文革武斗有关？当然我的解读，只是一种可能。去掉“武斗”的背景读此诗，我以为也是完全可以的。本来么，“這世上太多並不認真的死 / 和死前太多認真的機關”，人们本来很容易把更重大的事置之脑后。今年元月，王怡发来一首《献给成都，一座失败的欲望之城》，第一段写：

献给成都，一座失败的欲望之城

人们随随便便地去火葬场
不讲究，不化妆。随随便便地
就把亲人的身体倒掉

——讲述的也是，漫不经心的死。所以“诗史互证”，只是一种路径。

再看收入《灯花集》的《超聲波》（1969.1）：

因為你叫蝠／黄色的熱望／便以醜為美／並登堂入室／在皇王的卧榻之側／放心入睡

工具交媾／夕陽宣稱永遠不落／蝠在烈焰中／涅槃為美麗的／向日葵／超音速地繁殖／只有一瞬／山河頓時變色

还有收入《灯花集》的《無人在聽》（1969.2），“诗、史”纠缠形成“复调”：

烈日孵化出／階級的家譜／小紅書燃盡／硝煙成灰／這一頁翻不動／撕不下 只好／就地掩埋／雜亂無章／露胳膊露腿的／埋與被埋者／都不敢呻吟

白天比夜更泥濘／子時 華西壩／老協和大學的鐘樓／仍舊準時敲了／十二下／但無人在聽

外部世界是一回事，个人生命是另一回事。挂一漏万地讲，陈墨写于“文革”中的作品，颇有一些呈现出一个鲜明特点，就是“我爱”的意志强烈。如《草堂獨遊》（1966.11）：“我爱寂寞，寂寞的黄昏／蜻蜓的翅兒帶着透明的水聲”；《山寺》（1967.4）：“我愛山寺的黃昏和清晨／我爱林下是淚樣的苔痕”；《零碎的愛》（1968.10）：“我愛——／順着採珠女圓滑的胸脯／流淌着的那甜的／不，分明是咸的海水／我更愛一

—……"；《獨白》："我愛我寧靜的傷悲／在雨中看菊花悄然地憔悴"。此外，还有《在你家门外》(1968.5)、《她要远去》(1968.10)、《潇湘馆》(1969.10)、《惠的风》(1969.12)，《黛玉》(1970.9)、《无法拒绝》(1970.12)、《难免无奈》(1971.1)……

好不好说这些"情诗"，构成一个"有情世界"：

是天邊有顆小星向着我矇矓的笑／這苦澀的日子才有甜蜜的心跳

用不着细看，跟《落叶集》不同。据刘国凯描述："六、七十年之交的中国社会是多么的阴森可怖。……整个社会是一片红海洋，也是一片黑沉沉。"(《基层文革泥泞路》)考虑到"史"的情况，对照陈墨此时的"诗"，诸如《独白》之二"我愛我寧靜的傷悲"，之四"我終於慘然地微笑"，之六"我喚來的只是個凄然的春天？"之五"我要在我的秋天裏沉默"……会发现跟《落叶集》，还是很不一样。借用臧克家早期的诗句，则《落叶集》完全是"深闺无眠的心，将把这/做成诗意的幽韵？/不，这是生命的叫喊，/一声一口血，喊碎了这夜心。"(1934年《生命的叫喊》)《落叶集》是"生命的叫喊"。

那么六、七十年之交陈墨的诗呢？且看写于1971年3月的《記住而已》：

記得一朵小白花從墻頭探出／記得荒凉的高坡上有間破茅屋／當生命只是而已的時候，請記住／精衛鳥永遠都在中途

記得一片冰心最宜裝在玉壺／記得雪中的芭蕉長得特别綠／當存在的風想穿過而已時，請記住／陰陽鱼永遠都在相互追逐

記得沙漠中不會有飛瀑／記得槐樹下總少不了蚍蜉／當而已的塵埃拂去又來時，請記住／秦時月永遠都填不滿希望的空

谷

記得榮國府的石獅子總是在哭／記得美夢邊的黄粱總也煮不熟／當智慧企圖超越而已時，請記住／飲江鼠永遠都不過僅僅滿腹

再看同一时间的《也許不難》：

月光清淡，似水流年／青銅器把該堅守的守堅／夕陽盲鼓，故事飄散／喚不醒無處賒酒的詩倦

還未賒到的酒在詩中飄散／白雲蒼狗，斧柯已爛／散不開的故事已長滿綠斑／松下殘局，鏖戰正酣

十年一覺，蘆葦折斷／禪房中的臘梅開得空幻／篆香燃盡，輪迴懶轉／海風吹漲等待的雲帆

還在海上的筏原地打轉／萬劫如雨，百夢千幻／金剛經的苦澀懸在眉間／一念死寂，也許不難

这些诗很落寞。如“白雲蒼狗，斧柯已爛”、“十年一覺，蘆葦折斷”、“一念死寂，也許不難”……但再落寞再消沉，跟《落叶集》都还不一样。“當生命只是而已的時候，請記住/精衛鳥永遠都在中途”，你可以说跟《落叶集》中“而海上的精衛/來去無痕”（《骨灰》）形成互文，也就是呼应。或者在重复吧，不过我觉得，《記住而已》更有底气。“記得雪中的芭蕉長得特別綠”一句，已经把来龙去脉都说清了。

——结论是：《落叶集》的写作，不会与之同时，不会在“文革”中。

七、“新月”是父，“現代”是母

但是，犹有分说：

说《落叶集》1964年底创作可以，未必马上完成吧？说1968年“重新統一”誊鈔是真的，说誊鈔过程中没有修改、没有调整，不一定吧？如果允许借用一个“版本”的概念，则我以为，假如确实有个完成了的1964、1965年“版”的话，我们永远见不到了；现在见到的，只是1968、1969年“修订版”。

下面两节，属于我的看见。不一定是事实，不指望“确认”。

据我了解，陈墨是那种“郊寒岛瘦”路线，推崇“三年得两句，撚断数根须”的唯美主义者。因此之故，《落叶集》三十六篇，可能有个反复推敲的过程。试举一例：《火化》中“朋友不由分說 / 把我的文字塞進 / 灶烘　火化”的“今典”，发生在什么时候？

陈墨1997年5月《“天才”话——怀念诗友白水》一文回忆：

> 那时，因我的几个文学好朋友都离开了成都(邓垦去荥经当道班工，徐坯去会东当炊事员，明辉去云南修路)，唯有寡言的张基又住在城北，而叶子老师又离开了人世。所以我同季康常在一起，唱外国歌，读外国小说，“绞得很粘”。

询问了他的老友，可以确定的是：邓垦去荥经为1965年3月，徐坯去会东为1965年5月，则“朋友不由分說”大概率发生在1965年5月后。此事既然入诗，说明那时还在写作中——

当然也有一种可能：诗集主体工程已“竣工”，这一桩“今典”是1968、1969年修订时加进去的。再看另一个，在我看来是更重要的“修订”——《无父母》一诗：

“新月”是父
“現代”是母
父親在雷鋒塔下
母親流放到西伯利亞

超載的雪花
紛落
迷失在這兒
這兒的每條江
都叫
“延河”

此诗出现《落叶集》中，让我眼前一亮。作为教授“中国当代文学史”课程的人，知道从五十年代初起，新月、现代诗派就被视为“革命文学的反对派”。1957年高教部审定《中国文学史教学大纲》，直指“新月派和现代派是革命诗歌发展中的两股逆流”。直到“新时期”开始后好几年的1983年8月，才有唐弢撰写文章，提出从文学角度分析，“新月派”也有些好东西，值得肯定；对“现代”派本身也要有分析（唐弢：《艺术风格与文学流派》，《社会科学战线》1983年4期）。然而我现在看到的是一本60年代的诗集，60年代的地下诗集中有此舍我其谁、当仁不让的“放言无忌”……实在是，不敢相信自己的眼睛。

所以要慢慢读，一步一步确认，“诳语盘空时代暗有蛙声醒堤……吞吐锦江已然半个世纪”。一步一步确认，那“登高何必，埋名江湖，野草蒼蒼”的诗江湖就在这儿。既然是茫茫苍苍的江湖，就未必轻易以哪条江、哪条河自居——据我所知，以“野草派”为“锦江派”，是后来加入的无慧，在 2000 年后提出来的（《草堂三咏及其它》）……可是显然，它知道自己的命运、遭际，也知道自己所为何来。从“史”的眼光看，此一“寻根”非同小可。毕竟过来的人都知道，“延河”意味着什么——早在 1949 年 7 月，全国第一次文代会上，文艺界领导人周扬所作《新的人民的文艺》（发表于《人民文学》1949 年第 1 期创刊号）工作报告中，提出“毛主席的《在延安文艺座谈会议上的讲话》规定了新中国的文艺方向……深信除此之外再没有第二个方向了，如果有，那就是错误的方向。”从此，一条名叫“延河”的地方河上升为全国的“母亲河”。现在研究人员辨认，那是“党的文学”：

人们以往总是依凭《讲话》中的字面含义把后期延安文学和延安文学观念的发展方向称之为文学的“工农兵方向”，并因之把延安文学称之为“工农兵文学”，倘若单从题材着眼，这种命名或许还有几分真实性，但从其意识形态本性看，则此种说法显然是不符合此时延安文学之本真的。我认为，在意识形态话语层面，无论是“工农兵”还是更为抽象的“人民群众”，只是让“党的文艺”或“党的文学”观得以合法性存在的一种修辞策略而已。（袁盛勇：《“党的文学”：后期延安文学观念的核心》，《中国现代文学研究丛刊》2005 年 03 期）

官方也没讲，不让别河流。过来的人知道，究竟咋回事。《残萤集》小诗写：

命中注定既是看客／那就看古代的百花／外國的百花／因為這兒的“齊放”／太假

还有《葉子老師教我象徵主義詩歌》之四，《凡情常理之顛覆（採和）》一诗云：

百花齊放，在你的竹籃而不是人間，
天真爛漫，一切苦難都不能掩埋你的光鮮。
你的笑容就是最美的醇酒啊，
但飲你的人又總在邊沿的邊邊。

你已經百多歲了，却童顏憨憨，
你的鋤頭閃光，却敵不過銹鐮彎彎。
你打着一隻共和的赤脚，
另一隻却穿著朝廷的權閹。

哦，原来你就是政清人和的標桿，
一頂理想主義遊戲的桂冠。
可惜花兒各自依自己的季節開放，
空把那花蝴蝶望眼欲穿。

现在的问题是：远在文革之前的1964年，年轻的“苦力诗人”陈墨就有了“新月是父、现代是母”的认识吗？——不是不相信，只是觉得“兹事甚大”，有必要弄个水落石出。

陈墨写于“鸡年隆冬”，就是1993年的《野草诗选》序云：

1963 年初冬，通过学友徐坯的介绍，认识了七中才子邓垦(时以雪梦为其笔名)。……在他的影响下，我开始接触徐志摩、戴望舒等的作品；也是在他的影响下，我开始学写诗，从此一发而不可收拾。

1968 年冬，我开始着手编《中国新诗大概选》，于 1969 年夏编成《1918 一 1928 第一分册》。在此期间，深感在新诗的历史上,创立"派别"的重要;尤其是当梦兄周围诗歌爱好者越聚越多，而相互影响，使之爱好与创作出现同一趋向时。为了固化这种相互影响，为了使探索成为凝聚力，也为了让我梦寐以求的"派别"得以在形式上成为可能，所以，1971 年，在我的鼓动下，梦兄着手将诗友们的诗作编了一本《空山诗选》。

对照邓垦《〈空山诗选〉始末》回忆，此"同一趋向"几乎呼之欲出：

> 自 1963 年 11 月通过徐坯结识陈墨以来，我俩就成了拴在中国新诗"藤"上的两个"苦瓜"（或傻瓜）……这一大堆被长期封杀的民国時期的诗选、诗集、诗刊等，极大地丰富了我们的视野，开拓了我们的境界，提高了我们的诗艺。于是，每天，在高音喇叭"踏平東郊"的吼声和呼啸而过的枪弹声中，我们躲在松柏村的农舍里读诗、品诗、論诗、抄诗、选诗、写诗，便成了我们的主要工作，甚至到了废寝忘食的地步。
>
> 惊心动魄的一幕发生在一天黄昏。那天，我和陈墨从上午抄写到下午，黄昏時约出去散散步。我俩沿府青路的法国梧桐林荫道漫步到刃具厂，又从刃具厂漫步到 40 信箱。夕陽西下，我俩一路上边走边谈"新月派"在中国新诗坛上的地位，"现代派"的成就等等。

不仅如此，还有《落叶集》等"见天"后，陈墨《關於"黑色寫作"——〈我早期的六個詩集〉後記》一文中之谈论：

> ……在資源主要靠手抄本傳閱的年代，我對象徵主義詩的偏愛並未影響到我身邊的詩友們。我要樹"詩派"的野心，其重心只能偏於早期新月傳統的"新格律詩"。而這方面，我和我的詩友們幾乎不約而同地認為其成就最大。所以我從來不跟我身邊的詩友們探討象徵主義詩歌，這方面跟他們交流不起來；"偏爱"得有點孤獨，也有點缺乏自信。

尝试言之：此一“诗派”之“同一趋向”，乃“新月派＋現代派”。

因此怀疑，《无父母》一诗，非1964年或1965年所写。陈墨那时的写作，是冰心译泰戈尔式（据徐坯讲，曾笔名“佩戈尔”）。《落叶集》的文体、语言，又有陳敬容所譯波德萊爾的神韵。而且现有《落叶集》中，除了《无父母》一诗外，也基本上没有“新月是父、現代是母”的表现……面对此“所指”与“能指”的不一致，又该怎么解释？

一个人的性格和语言，会保守过他不同时期的“观点”。《落叶集》时期的语言，是读了1957年《译文》七月号后，“邯鄲學步式的盲目模仿”。据研究“陈译”的学者讲：

从她的创作和翻译实践来看，她对“形式”的理解与戴望舒迥异。她重视“形式”的目的是反对诗歌“散文化，公式化，标语口号化”，但不意味着对格律诗情有独钟。相反，她敢于突破形式的限制，把《恶之花》译成了自由诗。……陈译不但没有保留原诗的押韵模式，而且没有设置明显的韵脚。但陈敬容自小浸淫于中国传统文化，深受古典诗歌熏陶，对韵律和节奏形成了挥之不去的感觉，这在她的创作中可以看到。宽泛的平仄和有意无意的韵脚，使她的作品始终具有一种似有若无的音乐感。（杨玉平《从“形式”到“质地”——对〈恶之花〉翻译的思考》，《法国研究》2014年03期）

看来《落叶集》的语体，其来有自。

再看陈墨的心性及趣味，有他下乡后，写给邓垦的《解语花•记梦兄小诗》为证：

巖壑未醒，松風又瘦，四野碧無情。色衰香凝。恰如是，月夜環佩歸魂。路通紅塵，聽秋聲，翻作泥濘。拭冷淚，目送飛鴻，一意獨孤行。　　休怪平生耕耘，有歸去來辭，澤畔行吟。樂道安貧。春未老，青山無語向人。竹籬柴門。風雨過，柳暗花明。且前往，窮山深際，寒星似鬼燐。

如拉通来看，从《落叶集》和《灯花集》、《残萤集》中一些"早期更早"的诗作中，看不出多少"新月派"的表现。上一节引了他文革中作品，如未收入《乌夜啼》，而是归入《灯花集》的《超聲波》、《無人在聽》等，也还是有着我们熟悉的"陈译波德莱尔"灵光乍现、浑然天成之妙。或可说，这是其"在流派之外"的"本色"？……我能否因而推断，《无父母》所表达的，表面上是"我"的，其实是"我们"的主张——就是其中有，诗友们在高音喇叭吼叫和呼啸而过的枪弹声中，"读诗、品诗、論诗、抄诗、选诗、写诗"的影子？

从认知角度分析："在資源主要靠手抄本傳閱的"摸索中，一个人说出"××是父，××是母"这种"认宗"的话，几乎不可能——如我们回到 1964 年底"现场"，面对"叶落了 / 你走了"，会更多"吾父何在"的迷茫、或眉间尺式的哀伤，怎会有如此坚定、从容、有主见？——即使有，我想那更多是做人的、而非诗学的，两者不是一回事。要有明确的诗学主张，若脱离"这一大堆被长期封杀的民国時期的诗选、诗集、诗刊等，极大地丰富了我们的视野，开拓了我们的境界，提高了我们的诗艺"……而仅靠对"超載的雪花紛落"的逆反，恐怕做不到吧？综合考虑，我以为《无父母》像是 1968 年、1969 年的。

再一次要说，诗人从根本上讲，是"文明的孩子"。从"互文"的角度讲，我以为"無父母"不可能是事实，而有着民国時期周作人译波德莱尔《外方人》的影子：

外方人

告诉我，你谜样的人，你最爱谁？你的父亲，你的母亲，你的姊妹，你的兄弟么？

"我没有父亲，没有母亲，也没有姊妹，也没有兄弟。"

那么你的朋友呢？

"你用这一个字，直到现在，在我是无意义。"

你的祖国呢？

"我不知道它所在的纬度。"

那么美呢？

"我很愿爱她，那不死的女神——！"

黄金呢？

"我憎恨他如你们憎恨你们的神。"

那么，奇异的游子，你爱什么呢？

"我爱那云，——那过去的云，——那边，那神异的云。"

——摘自《陀螺》(1925 年新潮社)

再看另一"意象"——1964 年的陈墨，是"紧张惊警"的，恶梦看不到尽头：

嫌苦難的滋味／不濃　死心塌地地／懷疑女人的智商／生理和心理／在康橋永别／你拒絶接受／這個充滿慾望的世界（《乾凈》）

那时的叶子和他，拒绝接受整个世界。而非徐志摩一般，仅"作别西天的云彩"。即使用了"康桥"意象，与之搭配的却是"永别"。永别与再别，岂可同日而语？然后进一步讲，长歌当哭的《落叶集》时期，他可能不心仪徐志摩，也送不出"月下雷峰塔影"：

我送你一个雷峰塔影，
满天稠密的黑云与白云；
我送你一个雷峰塔顶，
明月泻影在眠熟的波心。

深深的黑夜，依依的塔影，
团团的月彩，纤纤的波鳞——
假如你我荡一支无遮的小艇，
假如你我创一个完全的梦境！

当然现在是“黄金时代”。在“巴不得人不吃不屙不睡”的恶补中，关于五四以来的新文学，该读的他都读了。他会带着新的眼光、新的认识修改、完善旧作。可是基础性的东西，就不可能动摇。见到徐志摩“雷峰塔影”，他也不会有动于衷——无须多申说吧？

还有一个例子，好像也能表明，现有《落叶集》有 1968、1969 的印记：

鞭痕結痂／燦若桃花／這段歲月到此為止／音符凝固在夜空／卦者的羊角／瞬間落地／生命更為抽象／向秀不在曠野／叮叮噹噹／他錘打着一塊／紅紅的鐵（《逝世》）

——明写向秀，实写嵇康。而且完全属于，“创造性的背离”。如此成熟的“构思”，能让我确信是 1964 年，一个十九岁的青年所写？何况多年以后，其《正话与反话》写：

文革武斗期间，我在春熙路孙中山铜像背后的“黑书市”结识了书友冯里(后来成为诗友之一)。1968 年某天，他突然给我一本1962年第10期的《人民文学》说:“里面有一篇陈翔鹤的中篇小说 《广陵散》，写得相当好，相当感人，你看看!”

这篇写嵇康的小说我是边流泪，边想，边看完的。在我的阅读历史上，这篇历史小说是最“刻骨铭心”心的。可以说它改变我的人生——我从此十分崇拜嵇康，他成为我心灵的“人格偶像”。并且发誓要把嵇康他们“竹林七贤”的故事写一个长篇小说。说来也许无人能信，我1970年之所以毅然下乡，其中就有想在政治干扰相对较小的偏远的农村创作我的《广陵散》这个缘故。(《正话与反话——魏晋风度及文章与药及酒之关系之再正反》)

此话有分量:“从此十分崇拜嵇康”。那么此前呢？该知道嵇康，晓得《广陵散》。因为收入《乌夜啼》，标明写于1966年2月的《空山》一诗意味深长——“终于知道《广陵散》何以又名《何必》”(当然也有可能:此语也有1968年“修订”的痕迹)……尽管如此，读陈翔鹤“刻骨铭心”，是不可忽视的。但凡懂点中国文化的人，其实无须多说。“如果顺着这样的思路再回头看《陶渊明写〈挽歌〉》和《广陵散》，不妨说，六十年代的陈翔鹤不仅在写陶渊明和嵇康而且也在写他自己。”(郭冰茹:《陈翔鹤小说论》，《文学评论》2007年01期)。

但凡了解一些“中国当代文学史”的演进过程，就晓得陈翔鹤《广陵散》等，是六十年代初“坚守个人话语的历史叙述”——“在一个文学体制极其严厉，文学环境高度一体化的年代里，这种独特的个人声音尤为难能可贵，因为它是特立独行的精神和人格的折射，是对体制铁幕的反动。”(朱美禄《坚守个人话语的历史叙述一论陈翔鹤历史小说〈陶渊明写挽歌〉和〈广陵散〉》，《江西科技师范学院学报》2008年01期)喜欢某种情调的人，会对小说中涉及的“商音”产生兴趣，领会

“其特点正在于表达那种肃杀哀怨、悲痛惨切的情调！”（陈翔鹤《广陵散》）；内心有块垒的人，更容易对《陶渊明写〈挽歌〉》中的话产生共鸣：

> 活在这种尔虞我诈、你砍我杀的社会里，眼前的事情实在是无聊之极；一旦死去，归之自然，真是没有什么值得留恋的！……

总觉得，《落叶集》中——比如《乾淨》一诗，有这些议论的影子。

八、“理素箋、字字有玄機，情難察”

《落叶集》的“题 / 序”，该是后来加的，是一次性加的。

我用“题 / 序”一说，是指三十六首诗，没有统一的“序”。那是未“读进去”前，一旦“读进去”，会发现三十六个标题“言之有序”，构成一段盐溶于水的叙事——简直是“暗序”。难怪《残萤集》有则小诗：“杜牧说‘苦心为诗，为求高绝’，高绝而又不露斧痕，那才是真正的高绝。”难怪陈墨下乡后，写诗怀念诗友，提及“理素箋、字字有玄機，情難察”。

何谓“調軫弦待伯牙匣”？就是布下八卦阵，等后人踏勘。

三十六个标题，单独看跳跃、随意，像《诗经》或杜甫“漫与”：

《一九六四年》、《底》、《葉子》、《老師》、《逝世》、《他》、《孑然一身》、《無父母》、《無兄弟》、《無妻兒》、《只有我》、《這個》、《學生》、《數月》、《未及》、《謀面》、《見他》、《住房》、《已》、《易主》、《一問》、《方知》、《月前》、《已走》、《政府》、《將其》、《火化》、《無》、《骨灰》、《無墓》、《與》、《世》、《訣絶》、《得》、《真》、《乾淨》。

联起来就豁然开朗。使得一卷奇诗，变成一部心史。而且使得珠宝，变成一座楼台。像美学家所指出：“细节是从属于整体的。……作品的美，在于各个局部与细节之间的有机联系。就像一棵从根本到枝叶生气灌注的树，割离了根本，枝叶会死。”（高尔泰《文盲的悲哀——〈寻找家园〉译事琐记》）简明言之，《落叶集》的美在于“二重奏”：有诗，有序。是祭文，亦哭诗。似《七哀诗》，亦《广陵散》。完全可以说是，李充《吊嵇中散》、颜延之《祭屈原文》、欧阳修《祭石曼卿文》……的当代版。也是李商隐式具有政治批判性的哭诗：“上帝深宫闭九阍，巫咸不下问衔冤。……只有安仁能作诔，何曾宋玉解招魂。”

这才是一座，“用文字所造的纪念碑”。文体研究家吴承学写：

> 《诗经》虽似有题而实是无题，它们不是创作者自拟的题目，而是编选者为了便于称引或区别而为之另加上的某个识别符号，因此《诗经》的标题有很大的随意性，它与诗歌本身的内容、宗旨之间几乎都无必然联系，顾炎武《日知录》卷二十一“诗题”条说：“三百篇之诗人，大率诗成取其中一字、二字、三四字以名篇。故十五国并无一题。雅颂中间一有之。”
>
> 杜甫诗歌制题，代表了一种新的风气，杜诗制题风格大致有精制与漫与两种。前者是承六朝而来，后者却颇有复古之风……如《老病》、《早起》、《有叹》、《向夕》、《舟中》、《村夜》、《吹笛》、《壮游》、《朝雨》、《晚晴》、《所思》、《又雪》、《九日》、《大雪》、《小至》、《中夜》、《垂白》、《不寐》、《恨别》、《可惜》、《可叹》等，有些诗题简至不可再简了。如《月》、《夜》、《火》、《云》、《闷》、《晴》、《晚》《园》、《愁》、《琪》、《鸡》、《归》。这类短题往往随意性很强，有的甚至随意摘取篇首二字为题……真可谓“老去诗篇浑漫与”。拟题方式明显受到《诗经》的影响，事实上也是无题诗，杜诗这种拟题反映出唐代的一种追求古朴浑沌之气的复古主义审美倾向。（吴承学：《论古诗制题制序史》，《文学遗产》1996 年 05 期）

《落叶集》的“题 / 序”，表面漫与，实则精制。其功能如上文揭示：

中国古代的诗序有其独特的艺术功能，诗序可以弥补了抒情短诗的某种缺陷，它扩大诗歌的背景，增大其艺术涵量，增加了诗歌的历史感。优秀的诗序与诗歌,宛如珠联璧合，不可或缺。而从艺术表现技巧来看，诗序详实的叙事，交代写作背景和意图，有益于诗人在诗中集中笔墨来抒情言志(中国古诗以抒情为主),使诗歌兼叙事与抒情于一身，同时又保持凝炼、含蓄之美。这其实是文体上的一种创造。而更重要的是当时诗人已经十分重视诗歌的价值，既然文章是“经国之大业，不朽之盛事”,诗题与诗序的制作，正表明当时诗人对于自己创作的诗歌有一种自觉的传播与传世的意识，诗题诗序正是诗人进行自我阐释的努力,目的是要使自己的作品得到读者的了解、接受和欣赏。

……中国古诗多以抒情为主，而诗题与诗序可兼叙事之功能，可补诗歌本文的不足。古诗题经过从先有诗后有题向先有题后有诗的重大发展，这在诗歌艺术发展史上是一值得注意的问题，古人甚至认为是古今诗歌演变的一大关键。……庞恺《诗义固说》卷下：“射有的则决拾有准，军有旗则步伐不乱，赋诗命题，即射之的，军之旗也。”这样在艺术上的效果是比较集中和规范，不至于漫无边际。

的确是一种，“追求古朴浑沌之气的复古主义”。但也是“带着锁链跳舞”，或“吞吞吐吐的东西”。还要指出的是，在“時顯時藏”、“若即若離”的苦心经营之外，另有一种恣意追求潦草如書……的落拓不羁、粗服乱头之美。且看《住房》一诗：

命潦落
人潦倒
房潦草

潦草如書

昇華為
一種境界

但你說
潦草是極少數人的文字
昇華就是寂寞

當昇華不足以安慰命運
你寧願在原地上
痛哭

“命潦落、人潦倒、房潦草”，固然是命运遭际，也是随便你了。是“遍泛江湖，尋覓終身自由不缺”的文人率性，根本上是对“歌聲一色／秦風造就了車同軌”的厌恶、反对。

它不是孤立的。且看收入《乌夜啼》，写于 1965 年 4 月的《無妨》：

枯藤無妨
老樹無妨
糾纏得彼此斷斷續續
如鴉噪山林，時顯時藏

小橋無妨
流水無妨
相交得彼此若即若離
如農家炊煙，似存似亡

古道無妨
西風無妨

化合得彼此難解難分
如瘦馬旅途，且徬且徨

西下無妨
斷腸無妨
碰巧得彼此不明不白
如落魄天涯，亦輕亦狂

何妨说起初，有了“漫与”式标题？至于“理素箋”，是后来的事？

多少年以后，陈墨谈“诗”与“文”两种不同的文体：

写诗犹如放屁。诗人的情绪或心理被某种事物所搅动，被控制，不能自己，非借诗来发泄之抒缓之。故抒情是诗的本份。写诗既然是为自己降压，基本跟他人及他人的好恶无关（周泽雄说写诗应“目中无人”，正确），正如放屁，基本跟他人及他人的好恶无关一样。既然是因骚动而降压，所以，发神经、抽筋、梦呓、呼天抢地、装神弄鬼、哎哟妈妈、颠三倒四、胡说八道、呻吟哈欠、鼻涕口水……怎么说都行，都是写诗的题中之义，唯忌“明明白白，老老实实”。祥林嫂若会写诗，大约她不会很快疯掉；她若不把说事当抒情，大约也不会很快失了听众。明代袁宏道《雪涛阁集序》说：“古之为诗者，有泛寄之情，无直书之事；而其为文也，有直书之事，无泛寄之情，故诗虚而文实。” （《我的“抒情散文”观——读周泽雄〈我的抒情散文过敏症〉》）

不管“诗醉文醒”、“诗虚而文实”，还是“序事得之史公，沉痛得之少陵”（陈田），都说明作为“两驾马车”的它们，各有不同的传承、不同的发生。从历史上看，一般“‘序’体产生于整理编辑文献的过程中，从传说中孔子整理而作《序卦传》等到西汉刘向校理群书而作'叙录'，标志'序'的确立。"（吴振华：《"序"体溯源及先唐诗序的流变历程》，《学术月刊》2008年1月号）走着"郊寒岛瘦"路线的人，理应更是如此？

推断这些"题/序"生产过程，应该跟二李一姜的"一姜"一样？有学者指出：

历代都有人特别欣赏他的词小序。实际上，他的小序不像是填词当时所写的，如《摸鱼儿》小序云："他日野处见之，甚为予击节也。"夏承焘笺曰："此序末两句后来所增。"类似情况也见于《满江红》、《暗香》、《凄凉犯》、《翠楼吟》各阕，诸序都说到本词享誉如何如何，明显属于成词若干年后所补加的。我更倾向于认为它们是手定词集时一次性的"后来所增"，所以文风才如此统一。比如，这些小序基本上都精确记载了具体年份。王国维之所以说"白石如王衍口不言阿堵物，而暗中为营三窟之计"，就是看出他表面上"漫写"（《凄凉犯》）或"漫与"（《齐天乐》），其实作品都经过长时间的谋划，并且看得很重，自珍到"旧时曾作梅花赋，研墨于今亦自香"（《除夜自石湖归苕溪》之九）的程度。所以他才会亲手编订词集，增补序文，一一交代作意、作法，特别是在音乐方面的讲究，生怕人家不知道。（江弱水《姜夔的热中与自恋》，《读书》2010年10期）

当然此处，王国维的话显得偏颇。而古诗词鉴赏家叶嘉莹，在谈到词史上周邦彦和"受周邦彦影响的南宋的姜白石、吴文英、王沂孙这一类词人"时，就要公正、中肯一些：

在中国词史上，周邦彦是一个"结北开南"的人物。结北开南的转变，差别在哪里呢？就在于以前的作者大多是以直接的传达、直接的感发来写作的，而周邦彦是以"思力为词"的。

但我说周邦彦用思力来写词，并不是说他有思想性、有哲理性，是说当他写词的时候用了安排勾勒的手段。他不像李后主内心有了感动就脱口而出，而是用思索来安排的。这句话怎么说？怎么写？他不是用直接的感动来写的，这是另外的一种写法。写《人间词话》的王国维就因为他一直不认识这一种的写作方法，所以他一直不能真正欣赏周邦彦的词，也就更不能欣赏受周邦彦影响的南宋的姜白石、吴文英、王沂孙这一类词人的词了。……王国维正是因为没有找到这条路，所以他一直不会欣赏南宋这一类词人的词。（叶嘉莹《唐宋词十七讲》第十二讲 辛弃疾）

话扯远了。我想说的是，《落叶集》中诗与序，好像也属于不同的"写法"。诗大体是以直接的传达、直接的感发来写作的，"题／序"则是用思力安排的。而且"暗序"形式，本身不无"游戏"性质。暗想一个人能够"游戏"，该在痛定思痛、拉开一定距离之后吧？

我甚至猜想，或者《无父母》一诗，竟是出于需要"先有题而后有诗"的……

话已说清了，但我还想说。围绕"题／序"说到姜夔，其实还不够。

《落叶集》中"题／序"，如果要探源的话，起码还有陶潜，起码还有《诗小序》。陶潜对陈墨的影响用不着多说了，《诗经》倒是可以申说一下。

1970 年陈墨在乡下时，曾写长篇论文《諷喻是比興的第一義》云：

……《毛詩》由兩部份組成：一部份是詩本身，另一部份是《詩·小序》和《傳》。《詩·小序》標在每首詩前，其任務是"以史證詩"，用史事點明該詩所諷喻的對象。《傳》注釋字面，在原詩固有譬喻的地方特别標出“興也”或“比也”兩字。所以讀《毛詩》不讀《詩·小序》，只讀詩本身和《傳》，無論如何都不明《詩》的“本義”與“本指”的。

还要特别指出，《落叶集》之“序”，有庾信《哀江南赋》的影子。

2014年10月，陈墨撰文回顾，还在1974年就写了一篇“讀書筆記”：

我記得大約1961年我就讀過庾信的這篇《哀江南賦序》，覺得寫得相當好，雖然很多地方還不是很懂。（從哪裏讀到的，却記不起來了。）1963年至1965年，我買了《古代散文選》（1962年人民教育版），其中有庾信的《哀江南賦》，只可惜只收了全賦的一小段；《歷代文選》（1962年中國青年版），其中就有庾信的這篇《哀江南賦序》；《古代漢語》（王力主編，1963年中華書局版）也收有《哀江南賦序》；《魏晉南北朝文學史參考資料》（1962年中華書局版），也收有《哀江南賦序》。各家注釋雖有不同，但大同小異。於是偏愛《歷代文選》，再苦再累再忙，也盡量做到每年必通讀一遍。所以庾信這篇《哀江南賦序》，熟得不能再熟。（陈墨《讀抄庾信〈哀江南賦序〉》，2014年10月5日“墨按”）

且看“哀江南”：“粤以戊辰之年，建亥之月；大盗移国，金陵瓦解。余乃窜身荒谷，公私涂炭……”，还有“华阳奔命，有去无归，中兴道销，穷于甲戌，三日哭于都亭，三年囚于别馆。天道周星，物极不反。傅燮之但悲身世，无处求生；袁安之每念王室，自然流涕”云云……再看“哀叶子”：

思念／一枚未及日戳的郵票／八分書／前朝容忍後朝／飛白／如桃葉渡江心不動的船／回來撕咬着回去。

（《未及》）

文字／總不純粹／留下代代／易主的痕跡／現在差不多／面目全非／中山裝／代替長衫與對門襟／頂替"禮義廉恥"的／有　"　階　級　鬥　爭　"

（《易主》）

尤其《政府》一诗，“无政府主义”地写：

“背心無領無袖
無政府主義者的
標記
與血汗為伍
我愛
蔣介石背心
洗過臉的水
搓一把
擰乾
就可穿在身上
濕濕的
凉快
一會兒就乾了
有苦力可做
沒有什麼可抱怨的
……”

读到这样的诗，大有时空陡转，“不知今夕何夕”之感。

且看庾信写：“昔桓君山之志事，杜元凱之平生，並有著書，咸能自序”。再看陈墨“讀書筆記”旁批：

無論桓譚也好，杜預也好，“平生未誤”之典型也［尤其杜預，武能平定東吳，文能注解《左傳》，千古一人］。而庾信，自視其才學不在桓 、杜之下，則“命運誤我多矣”！武不能保身全家，文不能暢所欲言，不得不表裏不一，騙人騙己，為此臭皮囊，活得一點尊嚴都没有！怎談得上甚麽成就？**——右派們讀至此不掉淚者，其心基本已被惡魔所換［或“麻而木之”］，你們可有“哀文”？可敢“埋於深山”而“傳之後代”乎？**）

——尤其最后两句，让人目瞪口呆：尖锐的问句，真是 1974 年写的？！

九、“如這錦江，錦已走、江並未走”

葉子被風吹落 / 又被風卷走了 (《残萤集》)

不必擔心／太陽已走／不必擔心／歲月已走／暮鼓已走晨鐘已走／都不要緊　蠶馬／蛻去第一層皮／飛翔的夢並未走／如這錦江／錦已走／江並未走

(《已走》)

钟嵘《诗品·序》云：“使穷贱易安，幽居靡闷，莫尚于诗矣。”

对于弃儿陈墨而言，“诗歌拯救诗人”。现在的他，像极了曼德施塔姆：“词就是纯净的欢乐，就是摆脱忧伤。”《沃罗涅日笔记本第一册》中有这样的诗句：“你们剥夺不了我蠕动的双唇”，“是的，我会躺在地下蠕动双唇”。理解他的布罗茨基解释：“要知道所有的创作实质上就是自己的祈祷。所有的创作都指向全能的耳朵。艺术的实质本身就在这一点上，这是无条件的。诗歌如果不是祈祷，也是用与祷词同样的机制来运行的。”没有谁能阻挡，人向上帝说话。哪怕你绝望：

圖騰／比耶穌早一步／復活／人類在回頭路上／紛紛舉起了屠刀／血流成河 (《一步之遙》，

1965 年 6 月）

米沃什《关于布罗茨基的笔记》（程一身译）进一步写：“身在古拉格集中营的曼德尔施塔姆疯狂地在垃圾堆中寻找食物，这是专制制度造成的事实，他注定要沉沦被消灭。曼德尔施塔姆向狱中的一对难友朗诵他的诗歌，这是一个崇高的时刻，它使生活变得可以忍受。”（切斯拉夫·米沃什：《关于布罗茨基的笔记》，《上海文化》2011 年 05 期）我想说，一辈子都“是这个制度的贱民与弃儿，从来没有上场的资格”的陈墨，似乎也是如此。某种意义上又像 1945 年，从集中营回来的诺曼·马内阿，有人给他一本民间故事集——“我至今还记得这第一份礼物，它那厚厚的绿色封皮，那种文字的魔力：文字真是奇迹。但一直到后来，也许是不可避免地，我才发现文字也是一种对抗或保护人性的武器。”（诺曼·马内阿：《论小丑：独裁者和艺术家》，吉林出版集团有限责任公司，2008 年 3 月，第 3 页）

对于陈墨来说，文字亦是奇迹。现在看他 1966 年 10 月所写《趁着》一诗：

我必須把我從文字中喚醒／趁着因果的微雨洒透了清明節

收入《灯花集》，写于 1965 年 6 月的《奔亂的脚步》：

為了美／傳輸帶不會停下／但人心可能暫停／空谷脚音般地／玩味自己的心跳／——如果山埡那邊／還没有及时吹來／裹挾着雨雪的／寒風

《残萤集》中许多小诗，令人爱不释手：

爱之天性／如輕燕吻波時之敏捷

我該慶幸：／在任何牢籠裏／總會有新鮮空氣吹來

當社會變得愈來愈無趣／有趣的文字可以拯救靈魂

詩句飛翔時固美／但當它跌落最終竟能／死裏逃生一飛衝天時／更美

雨冲擊着荒原上的一棵小樹／我理解／這是上帝對它的愛

芳心之培育／有待春風吹進心坎／一輪月、一枝柳／或一聲洞簫／雖寒而不酸／那是蒼凉／不是苦力／穿着滿是補丁的衣衫

用筆／刳木為舟／用舟／横渡蒼海／遍泛五湖

詩的故鄉的濤聲／在眼花繚亂中／漸漸清晰起來

窩裏稻草暖身／夢中文字暖心

《落叶集》有些诗，本身透露"怀念与诗思"：

懷念毋須孵化／石碓起起落落……像我的詩思／潛入春夜／我與你的盃中不空／惆悵漸濃

(《得》)

于是有了《落叶集》。于是有了《我早期的六个诗集》。于是有了陈墨的半个世纪。

以后发生的故事，很像1940年的阿赫玛托娃："你没了，对这哀痛和崇高的生命，／四周鸦雀无声，／唯有我的声音，像一支短笛，／在你寂静的追思会上响起。"一种"迷了路，该怎么办？"的自问，却又自答："你还没有死，你并不孤单"。以后发生的故事，很像1910年时，才十九岁的曼德尔施塔姆：

从凶险和泥泞的沼泽中
我悄悄长大，像芦苇般沙沙有声，
既迷恋，懒散，又温情地
呼吸着被禁止的生命。

我叶片低垂，谁也不会发现，
暂时栖身在冰冷和泥泞里，
只有短促的秋天
用低声的问候向我致意。

以后发生的故事，用陈墨的自我书写，则——"暮宿蒼梧，朝游蓬島，朗吟飛過洞庭邊／循規蹈矩，戰戰兢兢，泡菜撈出艷陽天……出入無踪，往來不定，半是瘋狂半是癲 / 白天苦力，晚又失眠，荒漠甘泉早已乾”。娜杰日达·曼德施塔姆在其回忆录中，指出“诗歌唤醒人们，塑造他们的意识”。汉娜·阿伦特《黑暗时代的人们》一书同样写：

我们大多数人既非诗人也非史家，但我们仍会从自身生命经验出发，亲近叙述这项活动，因为人有回忆生命中重要事件的需要。在叙述中，这些事件把我们自身同他人关联起来。于是我们经常迸发“诗意”。从最宽泛的词义上讲，“诗意”是人的一种潜在可能；可以说，我们经常期待它喷涌而出。……叙述在世界中有它自己的位置，在那里它将比我们活得更长久。在那里它可以继续讲下去。

此后的半个世纪，陈墨以其《落叶集》和不同时间对“叶子老师”的不断书写，使“叶子老师”在叙述的世界中活得比肉体凡胎更长久：“上帝不会让落叶返枝　正如美才能让　在污浊的急流中的灵魂　上岸”。与此同时，他又以自己的一生践行着“人生艺术化”：“叶子告诉我：/ 把人生凝练成一句诗 / 够我一辈子努力”。

一个唯美主义者，语言的炼金术士。我们时代的“炼石补天”者：

……我差不多是把汉语语言的纯洁当作“天”，而把“封建传统文化”、“极权统治的霸语话权”以及“后现代的文化现象”等视为“天的破洞”。虽然，这“破洞”仍以熵速在迅速扩大着。

我的文学，就是我的“炼石补天”。（《茶铺派文学“理论”现编之一 补天》）

一个窮處陋巷，“想用這塊石頭，砸開混沌的存在之域”的亡命之徒：

……《紅樓夢》結尾，寶玉離家出走，不知其終。後人瞎猜，有說進了佛門，有説隨了道士。我說，他哪也没去，窮處陋巷，簞食瓢飲，寫他的《石頭記》。想用這塊石頭，砸開混沌的存在之域。（《關於“身心”》）

说到底，一个追梦人：“若不幸与我同时，当了黑五类的待业青年 / 跟我一样，一定把那坠落的黄叶梦绕魂牵！”（《叶子老师教我象征主义诗歌》）一个“有文死更香，无文生亦腥”（孟郊）的信守者。说到底是，一个毕生的“美学青年”。像古人说“自然成啸傲，不是学沉潜”（陆龟蒙），也像纪德称：“我倾向于相信自己有一种使命，一种神秘的生命。”

的确有一种，“时日曷丧”的劲头。其《导师－禁书－文学险途》一文写：

……他无情地打碎了我的一个梦（作家梦），却精心构筑起我的另一个梦：这个梦让我义无返顾地爱上文学，爱上诗歌；这个梦让我终身对平庸的泥沼怀着深刻的敌意与戒心；这个梦让我奋斗向上，刻苦学习，却与生存无关，甚而相悖；这个梦让我的人生得以充实，却教我痛苦不已，因为它既无彼岸，又让我看到太多人世间的残酷与肮脏；而且还让我别无选择，不愿从这个梦中醒来。

与《落叶集》同一主题，大概略晚的古体诗词《雨淋鈴•懷葉師》云：

雲遮明月。
望羌笛處，隐隱落葉。
清光染上殘柳，漁舟唱晚，聲聲烏鵲。
也許從來無果，隱士總碧血。
想過去，陶潛辭官，也把躬耕寫高節。

而今我仍籠中鱉。
孤零零、扎扎爭爭轍。
白天苦力揮汗，青燈下、與前賢約。
遍泛江湖，尋覓終身自由不缺。
直到那石爛海枯，誓如恩師潔。

九九《魂断台北》一书中，讲述了一则他“犯上”的故事：

陈墨，是我的师友，他和我一样，都出身“黑五类”。

1965 年，我初中毕业。在一次街道办事处主任对全体社青（待业青年）训话的大会上，陈墨君大胆的表现，令我印象颇深。

“……你们在座的每一个人都要清楚，街道办事处，是管理你们的地方，到办事处不要老是伸手要工作，要知道，你们中间各种人都有，要接受监督，改造思想，只有热爱党、热爱社会主义的人，我们才可能安排、考虑他的工作，有些人调皮捣蛋，不参加政治学习，对现实不满，简直是害群之马……”刘主任说着话眼光死劲地盯向陈墨，几十上百个待业社青中，不少眼光也一齐投向他，只见他哗地一声站起来大声道：“我们不是牛马！”说罢转身而去。敢公开地顶撞办事处主任，等于是提前摔掉自己的饭碗。全体社青，无不惊愕。

这句当时属完全“犯上”的话，使我对他肃然起敬，这句话出口也使得他好多年没有被分配过工作。

罗清和《方脑壳传奇》第十七回“报旧仇痛打水二娃　递情书又成假老练”云：

正在这时，过来一位全身着黑，二十多岁的书生，招呼老九道：“九九，这个水二娃是我邻居的侄娃子，他虽是毛贼，却有点义气，现已改过自新，你就放他一马好了。”接着他又回头对水二娃道：“今天的事情对你算是教训，常言道，一个鸡蛋吃不饱，贼名却要背到老。你今后要走正路，勿再作奸犯科。”水二娃见来人替他讲情，慌忙拱手称谢，拖头鼠窜而去。

来者姓邱名墨砚，也出生在锦江河畔。为人刚直，好文，素有锦江才子之称，十几岁便同毛月梦诗文唱和，的确才高学厚，为人景仰。……水二娃走后，老九指着邱墨砚同大家相互作了介绍。罗汉见他全身着黑，联想毛月梦经常提到的绰号“黑乌鸦”的诗人，听说他便是邱墨砚，连忙点头称道久仰。

《方脑壳传奇》（续集）第一回“孙九路锦江惊旧事 陈罗汉恬淡忆往昔”交代：

孙九路同陈罗汉在锦江河畔背着手走了一段路，突然问陈罗汉知不知道，邱墨砚为什么全身着黑的原因？问完见陈罗汉没有回答，主动解释说：“墨砚兄之所以全身着黑，是在无声抗议，抗议这个社会没有光明。墨砚兄说，旧社会，成都有个叫刘诗亮的才子，大白天提着灯笼在街上走，别人问他这是干啥？刘才子说没光明，看不见，墨砚兄就是在学那人。”接下来，孙九路情不自禁轻声唱道：

“星星月亮那样暗淡，江涛仿佛为我吟叹，我凝望呀凝望着天边，几时才有晨曦的光烂……”孙九路唱完，解释说：“这歌词也是墨砚兄写的，内容表达了他对光明的向往。”

——书中“孙九路”，就是九九。化名的“邱墨砚”，正是陈墨。

王尔德精辟讲：“一个人生活中的真实事情不是他所做的那些事，而是围绕着他形成的传奇。你永远不该摧毁传奇。只有通过它们，我们才可能对一个人的真实相貌略有了解。”毫无疑问，不该摧毁传奇。而叙述在宇宙时空中，也有它自己的位置。

话该说清了，又猛然想到——为什么是陈墨，一个“引车卖浆者”？

一方面是人们抱怨：“五十年代以后的大陆学术与思想，恐怕称不上一部真正的学术史与思想史。时而虚假繁荣，一哄而起，时而万马齐喑，遍野寒蝉，由此造成士人内心之畸型残破，大概只有起龚自珍于地下，重写一篇《病梅馆记》，方能描述。”（朱学勤：《我们连“愧对顾准”都不敢说》）这是确凿无疑的。可在另一方面，“黑衣人走過板橋”……

看来陈墨想过很多次。一次是1998年，读孙静轩长诗《告别二十世纪》后写：

一般意义上的所谓“粗话”，即“粗人”常挂在嘴边的那种“日妈倒娘”的脏话或流活。不过现在时代进步了，“粗人”概念有了质变:过去引车卖浆所谓干“粗活”下体力的最底层人民，近五十年却充塞了不少国民党的知识分子、被历次运动清洗出共产党的“反动学术权威”以及大量的右派和整整一代知识青年。而坐轿子的则多系泥巴脚杆，斗大的字认不到一筐。所以，以社会地位之上下来划分人群文明程度、文化水准的“粗细”，显然不再准确，也行之不通。(《粗话——孙静轩长诗〈告别二十世纪〉读后》)

一次是1987年笔记，2015年初改《關於八僊——道家標榜的理想的八種生存狀态》一文中，专门有“成都散僊”一节：

六十年代初，人民挨餓，國家困難，很多冒進的國營企業紛紛“下馬”（倒閉），大量人員堆積在底層“待業”（找活路）。於是有了一個新名詞，曰“社閑”（“社會閑散勞動力”之簡稱，其實就是“失業者”)。葉子老師就是其中之一。只是其他社閑尚屬“主人翁”，而他是“專政對象”（黑五類)，雖同樣賣苦力，肩挑背磨，政治地位却有天壤之别。然而，向來並不把“主流”當回事的成都苦力們，却不買官方的帳，而將自己這個“渾身解數，用以刨食”的群落，自稱為“散眼子”或“散僊”。散者，散漫無歸之謂也。

“散僊”們的活法與審美，天然地接近道家，而對主流的“冠冕堂皇”，嗤之以鼻。——這種底層文化，也許由來已久（幾千年)，也許天府之國生存不難，依賴君國社稷較少，獨立本能，得以天造地設水到而渠成。

我就是在這種文化氛圍中成長的。

再一次是 2006 年 6 月，回顾自己的“胡适阅读史”时写：自己读胡适，同绝大多数国人不同步。记得文革到了武斗时期，全民已疯狂，有些地区毁村灭城，人成千成万地死。“而我则在枪炮声中直接进入二、三十年代，象当时的读者一样，读着胡适”：

……因我是社会最低层靠卖气力营生的“闲民”(官方叫“社闲”或“社青”，即那种做建筑工地担抬挖气力活临时普工而无正式单位者)，所以可以游离于整个社会风尚、运动、政治之外，充当一个置身事外的观众，可以从从容容地去不读那全民必读的烂书和社论，而去读胡适。

我是这个制度的贱民与弃儿，从来没有上场的资格，命中注定人生苍白、终身庸碌。是胡适他们的五·四新文化改变了我，重铸了我，让我和另外一个我分裂开来。(陈墨《我读胡适——

为冉云飞网上"我读胡适"征文而作》)

此段文字，可圈可点。"这个制度的贱民与弃儿"，"可以游离于整个社会风尚、运动、政治之外，充当一个置身事外的观众"，可以从从容容地去不读那全民必读的烂书和社论，而去读自己想读的……一系列"可以"什么意思？老实说，需要细想一下。就像高尔泰《寻找家园》中有篇《面壁记》，"身份自觉"地写："这些洞窟壁画，以前都曾看过。但是拄着扫帚看到的，同拿着卡片或者画笔看到的，又不相同。……对于卡片来说它们是资料。对于画笔来说它们是范本。对于以待罪之身，手持箕扫，心无所求，依次从容不迫地看下去的我来说，它们成了心灵史，成了一个思维空间的广延量。"

——面对"待罪之身"，需要细想一下。不同的身份，怎么一样呢？就像文革"造反"大潮中，造反派与保守派（保皇派）怎么能一样呢？哪怕同为造反派，代表临时工、合同工、外包工等底层群体利益的"红造总"，与那些国营企业尤其是军工大厂的"工人阶级"又怎么一样呢？……当然这是，社会史的眼光。很高兴地看到，在文革研究领域，有了"社会史视野下'文化大革命'研究"（如董国强）。还有已故的杨小凯先生，早已注意到文革造反中"市民的反政治迫害运动"……网上浏览中，注意到杜钧福《文革造反派的市民背景和知识背景》一文，也发人所未发。他说参加过文革的大知识分子，很难看到深刻的思想；"那时许多异端一先行者，往往属于边缘知识分子，而且都是单枪匹马"：

在文革前的主流话语系统中，视市民阶层为异己力量，用“社会闲散人员”、“社会渣滓”等含糊的贬意词来称呼。实际上他们之中无不含辛茹苦地挣扎求生。……除去反抗歧视，争取现实利益以外，市民的另一特征就是他们基本上游离于历次政治运动和政治生活以外。政治运动都在单位内进行，市民阶层就是没受过或很少受过传统的政治教育的那部分人，他们习惯以常人的立场观察文化大革命。这使他们从旁观者变为参与者时，常常站在被压迫被损害的一方面。

一位原中央文革的记者说：“在干部队伍中，往往是文化程度较高者反而较早地接受了‘左’的思想。”（张云勋：《贵州夺权前后--一个记者三到贵州所了解的片断情况》，搜狐博客，2010）这也是当然的，因为“左”的思想，尽管很“左”，但终归是思想。有思想和无思想是很不一样的。

他把自己的思考，上升到“历史哲学”高度——“这不是偶然的现象。站在无组织、散漫、被人所轻视的市民背后的是多元化的社会；而其面对的则是党和国家，是僵硬的斯大林体制，是国家对社会的吞噬。所以这一对立，实际上是社会 PK 国家。”——看到这样的论断，我又一次“如受电然”。无独有偶的是，娜杰日达·曼德施塔姆有类似发现：“在那段严酷时期，工人家庭里的谈话要比知识分子们的谈话开诚布公得多。”无独有偶的是，讨论“文革时期的地下文学”时，北岛有类似眼光。其答《南方都市报》记者采访时讲：

《今天》的重要成员几乎都是青年工人，有人半开玩笑地说：

“《今天》是工人教育知识分子的运动”；而知识分子作为群体当时在精神上已被彻底打垮，无力载道，致使文化传统的链条断裂。无知者无畏，正是一批没受过多少正规教育的青年人敢领风气之先，在历史的转折时刻闯出条新路。“为有源头活水来”，这是中国文学的可悲之处，又是幸运之处，纵然有种种缺憾，毕竟提供了一种新的可能。

我的确想到：表面上看铁板一块的“大一统”社会，或许在“国家”之外仍有“社会”的空间？由于他们肉身和头脑未被“单位化”、“组织化”，由于“他们基本上游离于历次政治运动和政治生活以外”，而使“礼失求诸野”的古话在今天有了新的意义？虽然从传播角度讲，肯定处于占位的不利……的确想到这个方面，想到“大地和尘世因素”。就研究路径讲，是为“社会史视野下的中国现当代文学”。不争之实是，近年来研究范式发生转换，革命的“合法性”与新文学的“先进性”受到挑战，“对‘多元共生格局’的强调意味着已很难找到一个现成的、整全的历史叙述框架来替代过去革命史衍生出来的现代论述。”（程凯：《“社会史视野下的中国现当代文学研究”的针对性》，《文学评论》2015 年第 6 期）

我要强调的是，“地下文学”的研究中，尤需此种眼光或自觉。若用陈墨的话，即是“成都散僊 PK 单位体制”……细思之，此种社会史的视角，与理论上“深处的美学”是重叠的。王尔德《自深深处》云：悲怆中自有圣洁之境。“不止于此，关于悲怆，还有一个严酷的、非同一般的现实。我说过我曾是我这个时代艺术与文化的象征。而同我一起呆在这不幸的地方的每一个不幸的人，无不象征着生活的真谛。因为生活的真谛即是受苦。藏在万事万物背后的就是这个。”他的话，我们中国人容易听懂。自古以来发愤著述（司马迁）、“文穷益工”（韩愈）、“天以百凶成就一词人”（王国维）等等……原是放之四海而皆准的。只是我想到，对“中国当代地下文学”的开掘来说，它或者具有更特殊的指导意义？

汉娜·阿伦特如是讲：“通常，一个时代在那些最少受它影响，距离它最远，也因此遭受最多不幸的人身上打下它最清晰的烙印。”索尔仁尼琴《古拉格群岛》如是写：

思考吧！从你的苦难中做出结论吧。

……监狱是思考的好地方，劳改营也不坏。主要是因为没有集会。十年之内你摆脱了任何集会！这岂不等于呼吸山间的空气？……头脑的自由——这难道不是群岛生活的优越性吗？

尾声：魂兮可以归来

"誰能看得見你喲／黑暗深處的躬耕者？" （《蚯蚓》）

——目前难说。所以上个世纪九十年代，陈墨表达"独白的无奈和无奈的独白"：

……几十年来，我为了创造"奇特的自由"，吐"思"作茧，自我放逐自我封闭。这无疑是一种变态，——孤独的虫对"自由"的创造性变态。或许，这也正是庄子"蝴蝶梦"的全部内涵。每当我的心中生出对人类"可悯"悲情的时候，我知道，我正用我美丽的翅膀飞向苍穹。——也许，我根本飞不出这"城堡"，也许，我会在一场突如其来的暴风雨夜悄然死去。但我毕竟飞过了。我自信我已超越了屈原，超越了东坡和张岱，超越了余光中和张爱玲，超越了所有失语的人和把艺术用于"功利"目的的人。

然而，我的眼中仍有一滴清泪，因为我仍然孤独，而且我清楚自己并非真正的旁观者。

"郁郁涧底松，离离山上苗"——所表述的，还是一个文化政治或传播学的道理。

2012年11月20日"陈墨之博"，在《桃花扇》、《暗香》、《解語花》题下按语：

所謂"集"，又不能見天，不過抄在活頁記事本上，滿足心理上一種虛無飄渺的虛榮罷了。然而，我們這夥熱愛詩歌的"黑五類狗仔子”，却全靠這點虛榮，才活了出來，最終也才稍微活出了個人樣。

但是怎么说呢？“如何十二金人外，犹有人间铁未销？”——这一问很重要。

2000 年 8 月，陈墨《茶铺派文学“理论”现编之三 理水》一文揭发：一方面，当代政治“以人民的名义”用文字狱、吃掉了一大批文人；另一方面，这政治的紧箍咒如此这般地就异化掉所有不再敢发任何杂音的苟活文人。于是，在“红海洋”、“红歌潮”的背后，是万马齐暗与噤若寒蝉：

……如此，我的文学也许才算得上是纯粹我个人的：蚂蚁告诉大象，你可以踩死我，但我不服！纵然十三亿蚂蚁都服了，我！也！不！服！

因此，我也许在纯“不服”的写作中，才能找到点点自由和小小乐趣；才能证明自己有血有肉的存在。而不是他们十三亿中的那个微不足道的数字：既可忽略不记，又可随便代表。

“犹有野夫肝胆在，空山相对暗吞声”——这一点很重要。用汉娜•阿伦特的话：

即使是在最黑暗的时代中，我们也有权去期待一种启明(illumination)，这种启明或许并不来自理论和概念，而更多地来自一种不确定的、闪烁而又经常很微弱的光亮。这光亮源于某些男人和女人，源于他们的生命和作品，它们在几乎所有情况下都点燃着，并把光散射到他们在尘世所拥有的生命所及的全部范围。像我们这样长期习惯了黑暗的眼睛，几乎无法告知人们，那些光到底是蜡烛的光芒还是炽烈的阳光。但是这样一种客观的评判工作，对我而言似乎是件次要的事情，因而可以安心地留

给后人。(汉娜·阿伦特:《黑暗时代的人们》"作者序",王凌云译,江苏教育出版社,2006 年 7 月)

经过半个世纪的蛰伏,决心从洞中爬出来——没人多少人围观、打量?不要紧!

已经是一项奇迹,一项了不起的胜利。了不起的苏俄女性娜杰日达·曼德施塔姆讲:"文章有很多种丢失的可能,比得到保护的可能性更多。……得到保存的所有东西,都是奇迹显现的结果。""幸运的是,我活了下来,保住了这些诗。如今诗不会再丢了,应该把这视为一种成功。"针对一时的不被认可,她不在意地讲:"谈论一位诗人不被其同代人所承认,这样的话题是天真的。为诗人感到高兴的人和因诗人而发疯的人,都能立马辨认出一位真正的诗人来。诗人能让许多人生气和发疯。"(《曼德施塔姆夫人回忆录》,刘文飞译,广西师范大学出版社,2013 年 9 月,第 264 页)

诗的生命力如此顽强。在我们过去的时代,曾有"但是洛阳城里客,家传一本杏殇诗"的传奇。可更多的,是"前辈有谁同此恨,雪庵和尚读《离骚》"(方文)的默默接受。现在进入二十一世纪,还出现"……这也算现代中国诗歌史上的怪事一桩",说怪也不怪。它本身印证着《河满子·双十节》(在博客上登出时,改题《河满子·國慶》)之真实不虚:

吟斷求索之句,未見啓明之星。……五柳難隔風雨,孤心今夜苔生。

只有尽其在我、安之若素。美学家高尔泰讲:"如果一个人面对古代的东西,比如原始洞窟岩画、埃及法老陵墓或者希腊神庙,只能看到它们的考古价值,看不到那些个里面至今活着的审美精神,那么这个人不足以与谈人文。如果一个人读了释迦牟尼、柏拉图、老子、庄子、李白、杜甫，说是‘至今已觉不新鲜’，那么这个人不足以与谈历史。”（高尔泰《寻找家园，就是寻找意义》）社会学家爱德华·希尔斯写：“对科学和学术来说，时间的流逝是废弃旧物的缘由……艺术和文学作品则不然。如果它们在自己的时代就不算上乘作品，那么它们就会湮没，在大多数情况下，永远不为人知。但也有例外，有些作品一开始被任命错误地评判，任其湮没，后来却被重新发掘，成为被人们大量承袭的积存中的一部分。”（爱德华·希尔斯《论传统》，上海世纪出版集团，2009 年 7 月）生活与写作环境跟我们比较接近的索尔仁尼琴，这位曾经的“深水鱼”在诺奖受奖演说中一再致意：

……那些已经享有文名的落入那个深渊的人起码还被人所知，但又有多少人从未被认出过，从未在公开场合被提及过一次？而且实际上没有人曾设法返回。一整个民族文学留存在那儿，湮没无闻，不仅没有坟墓，而且甚至没有贴身衣裤，赤裸着，脚趾上贴着号码。俄国文学没有一刻停止过，但是在外界看来却似乎是一片荒原！在一片和平的森林能够长成的地方，经过一阵砍伐之后，却仍有两三棵侥幸生存的树。

我和我的同事们，也在通过自己的努力证明：其实中国文学也不曾停止过，哪怕在外界看来似乎是一片荒原……2005 年 6 月，我们的朋友王怡在第 71 届国际笔会年会上，做题为《我们不是作家，是人质》的发言，提出“在我的国家，所谓作家，不过就是有能力通过文字、通过写作而使自己活得不像狗的人”：

我的一位朋友，从 1979 年开始主编一份民间文学刊物《野草》，直到 2004 年因某期杂志被抄家。他在接受国外文学研究者采访时，拒绝透露刊物同仁们的真实姓名。他谈到一个“以笔名行世”的概念。数十年来，他以笔名和朋友和世人相交。他的真名在肉身的世界中反而不显。他的真名，几乎只留在政府颁发的各种证件、各种隐密的档案中，只留在那些被专制权力辖制的领域。换句话说，当他以真名出现的时候，他不是作家，他只是一个人质。他的笔也不是笔，而是一副镣铐。

笔名是什么，笔名就是自我的命名。除了躲避政治危险之外，笔名是卑微者抵抗肉身世界中的屈辱，使自己活在另一个国度的护照。在一个不允许自由写作的制度下，笔名是他唯一与灵魂同在的名字。对我来说，写作使我的真实姓名成为另一个名字，一个符号相同但价值迥异的笔名，一个不被我的政府压迫的、属灵的名字。对我这位朋友来说，他选择以另一个名字行在世上，意味着他至少有一部分是高贵的，是未曾屈服在政治权力的压制下的。是不由这个世界统治的。

他指的是陈墨。请看自订《陈墨小传》：

陈墨，字砚冰，成都人。父姓何，母姓陈，故本名有二，乳名阳生，绰名乌鸦，另有笔名秋小叶、一丁、何必、何苦、野放等，一度曾冒名徐志摩、戴望舒、朱湘、卞之琳等。或问：“一个苦力有这许多笔名，岂非画饼充饥乎？”答曰：“官方文坛多用本名——直接受利，地下文学多用笔名——聊以禳祸耳，时代使然，身不由己。再举例说，写下以上文字，则早被何必、何苦骂得狗血淋头也，则又系时代使然、身不由己也。信否？”

——如此这般，是“隐微写作”上升为“身体写作”，或者说两者合一。用陈墨话讲，当身、心无法统一时，只有“人格分裂”一途。用某高僧的诗，即是“但能触处回光照，莫被尘劳困主公”——“主公者，精神的自我也。因此这禅机等于说——用自强的种种不自由，换来陈墨的点点自由。”（《清言小品》）“白天，我们是猪，是面团，是俗众中的一员；但在夜晚，我们是人，

是自己，是放飞的野鸽子。”（《我的媚俗观——野性的证明》）

陈墨及其诗友的半个世纪，恰如赫尔岑描述十九世纪的俄国文学——“意识一旦觉醒，人就会带着厌恶的心情看到他周围的丑恶现实”：

要从这阴暗的时代中吸取空气，必须具备另一种气质；必须从小就习惯于这种连续不断的、狂吹猛打的寒风；必须对无法解决的疑问，对苦难重重的现实，对本身的软弱，对每日的屈辱，能安然处之；必须从初离襁褓的岁月起，就具备隐藏一切激情的习惯，不仅能把它埋在心底，不使消失，而且相反，能使潜伏心头的一切在无言的愤怒中日趋成熟。必须善于为了爱而恨，为了人道而憎恶；必须拥有无限的自豪感，能够在脚镣手铐的束缚中，把头高高抬起。（《赫尔岑论俄国文学》，项星耀译，《世界文学》1962 年第 3 期）

我花了很多时间，论证《落叶集》写作时间。不是单纯搞考证，不是单为一本诗集，也不是单为陈墨个人。而是想以这种方式，向已逝的叶子老师，向跟他一样的人，“向所有被时代践踏、侮辱、伤害的人致敬”（龙应台《大江大海 1949》）。想以这种方式，为中国的地下文学招魂。想以这种方式，为陈墨和他的诗友，为跟他们一样的写作者，“为了那些和我一样的写作者寻求理解、帮助和见证”（王怡）。我想尽自己的学者本分，为故国招魂。

2014 年 8 月 8 日，前年 10 月去世的民间思想家、文革研究者周伦佐，估计我从德国旅游回来后，发来邮件说：

陈墨当然值得研究和评论。不仅人好，诗作也极其难得。在那个绝对专制主义年代的同龄人中，能够写出这种背离官方意识形态的构思模式和表达方式之作品者，极其罕见。

能够一生与诗相伴是幸运的，无论诗歌是否在名利层面给作者带来成功。

当然而今眼目下，《我早期的六个诗集》就算“见天”了，又能怎么样？包括我花力气写文章，能有什么效果？内心是怀疑的。“野草自緑，不望發現”（《讀钱雜記 二十二、關於“隠士”》），这是陈墨自我打气的话。我能东施效颦吗？写这篇文章本来就是为“解码”，本来就是想“广而告之”……但是的确，无“考古惊天下”的自信。怎么办呢？也只有尽其在我。再说，毕竟研读历史的人，多少有一点历史眼光。尤其是冷静下来，想到阿伦特的提醒——“当我们思考这些黑暗时代，思考在其中生活和活动的人们时，我们必须把这种伪装也纳入到思考范围之内……”时，就忍不住想：还要怎么样？够幸运的了！

你够幸运了：人完好，作品留下来……的确该对照，多少人琴尽亡。像前面提到的曾缄《双雷引》，所“哀”的琴家裴铁侠夫妇……“嵇康毕命尚弹琴，向秀何心听邻笛。询君身后竟何有，绝笔空馀数行墨。”想那了不起的岁月，焚琴煮鹤不稀奇。比如聂绀弩，据说1965年初，有过焚诗的举动。曾经的政法工作者寓真《聂绀弩刑事档案》一文写：

……聂绀弩烧掉了许多诗稿，这无疑是一大憾事。有些作品另有抄件在朋友手中，或是进入了司法机关的档案，有些作品聂后来又回忆重写了，也有一些作品永远找不回来了，这是无可弥补的损失。在我们为聂绀弩焚诗而深憾的时候，也许更应该想想在那些政治运动接二连三的年代里，有多少诗人和著作家都曾经将自己的创作付之一炬，都曾经有过不许写、不敢写、不能写的残酷遭遇啊！（寓真：《聂绀弩刑事档案》，《中国作家》纪实版2009 年第 2 期）

再如高尔泰《天空地白》披露，文革初烧了些“命根子“：

六月初，全所进城，听“横扫一切牛鬼蛇神”的动员报告。那天回来，连夜把所有的文稿笔记呼啦啦翻了一遍，挑出最要紧的，包在衣服里，让她带到娘家存放。要求她在那边住一段时间，到形势明朗了再回来。正好第二天有便车，她走了。……紧接着狼群就扑上来了……她告诉我，城里也很乱。茨恩害怕，趁她不在，把我那些文稿笔记全部烧了。为此她同妹妹大哭大吵了一架，说那是我的命根子。妹说他不要命我们还要，命都没了根子有啥用。妈怕外面听见，发怒把她们赶了出去，说你们有胆，到大街上吵去。说完这事她哭了，一叠连声说对不起。文稿没了，是我最大的失败，但既无可挽回，也只有劝她别想。

那个年头的故事，真如一位学者感慨：“那个年代，想写诗而不把自己写成反革命，恐怕不是容易事。”（赵毅衡：《人生何必为一把葱——〈陈敬容诗文集〉序》，《书城》2008 年 11 期）因此，历史学家周一良的儿子回忆：“文字的东西最要不得”，“四九年以后的中国大陆，领袖和当局垄断一切资源。……这个社会对反对意见不给任何生存空间，要人在如此既诛心又杀身的压力下坚持独立人格，无异逼人去死。所以就连因帮闲而名列第一大无耻的郭沫若，我对他也寄予同情。”（周启博：《百般委曲难求全——一个人文学者的悲哀》）尽管如此，因人而异。如汉娜·阿伦特揭示，“尽管这一时代夺去了他们当中某些人的生命并决定了另一些人的生活和工作，仍然有极少数人几乎不受它的影响和控制。”爱德华·希尔斯则提醒，甚至诗人、作家不同的性情，都在其中发挥着作用：

在自由国家中，传统不是统一不变和强制性的，但是它们确实存在着，并且影响着作家的成功机会，影响着他们选择的模式。在极权社会里，对出版的控制更为集中，“作家协会”或“作家学院"坚持文学的正统性，这就限制了作家在最适宜于他们的传统之中写作的自由。对那些在政治和宗教观点上与协会或学院官员不相一致的作家，这类限制显得最为明显。这些限制在性格强硬的作家身上则失去了效力。协会或学会虽然可以阻止在本国出版这些作家的作品，并且阻止他们以写作为生，但它们却不能完全阻止作家按照自己的意愿进行写作。文学创作的传统如此之强大，他们在世界范围内的传播如此之广泛，以至伟大作品永远会保持其魅力，并引导具有坚强个性的人去从事文学创作。（爱德华·希尔斯：《论传统》，第 168 页，上海人民出版社，2009 年 7 月）

陈墨值得庆幸。正如其为老友邓垦保存下自己的《琴声》所写按语：

这篇散文写于 47 年前，那时我 19 岁。诗友雪梦很喜欢，留住了它。我的早期习作，写作年代皆标为 20 年代，想以此避祸禳灾耳。然而，纵如此小心，班房虽未坐成，诗稿文稿却因而焚毁遗失了不少！这篇《琴声》，不是雪梦偏爱，早就尸骨无存灰飞烟灭了。既然天不灭它，就让它飘向远方吧！

"言语没有死亡的地方，未来才能得救。"（《牛犊顶橡树》）——这是莉吉娅·楚科夫斯卡娅写给索尔仁尼琴的信中的话。"想到布罗茨基，我想提出他的教育意义。我们还有人像他喜欢俄语那样喜欢我们的语言吗？"这是米沃什《关于布罗茨基的笔记》中的话。在艰难的岁月中，陈墨一再告诉自己："我大漢民族的語言是《詩經》、《楚辭》、唐詩宋詞元曲明清小說、以及五四新文學的語言"，這語言如水，好像流逝了，不再回來了，但過了一段時期，依舊活活潑潑地流着。那次第，像其古体诗词《沁園春·夢中家》所展示：

杏雨剛定，又起槐煙，陋巷籬笆。得頑雲怪虹，蒸風穀雨，月肥星瘦，野草閑花。九折羊腸，千盤鳥跡，老樹旁邊是我家。溪聲改，有漢唐鼓點，兩晉鳴蛙。

——也或许只是，个人的幸运？但我觉得，像这锦江，“锦已走，江并未走”。

用高尔泰先生《寻找家园》序中的话：

……血腥污泥深处，浸润着蔷薇色的天空。碑碣沉沉，花影朦胧，蓝火在荒沙里流动……不知道是无序中的梦境？还是看不见的命运之手？毕竟，我之所以四十多年来没有窒息而死，之所以烧焦了一半的树上能留下这若干细果，都无非因为，能如此这般做梦。

应该如是想，文章甘沦落。无论作为蚁民，还是爱诗的人，想要心灵的呼吸，不算什么“奢求”吧？抱定“文章我自甘沦落，不觅封侯但觅诗”（陈寅恪）宗旨，也不算什么“高标”吧？更不用说，“对于大多数人来说，生活在地下秘密进行着。小丑嘲笑着，用密码和隐喻躲避着，保护着人性。”（马内阿）——本来就是心照不宣、何必拆穿的事。更不用说，任何社会、任何时候都有“荆天棘地犹青史，誓死鲁连不帝秦”（邵燕祥）的故事，鼓舞着“匹夫不可夺志”的后人负重前行。

拈出“弱德之美”的古诗词鉴赏家叶嘉莹，细读《伯夷列传》时写：

可是有人就说了：一个人死也死了，苦难也受了，不管是《春秋》赞扬他还是《史记》赞扬他，又有什么用处呢？不错，“千秋万岁名，寂寞身后事”，不朽之名对本人来说是没有实际意义的。可是我们中国的历史和中国的文化，或者世界的历史和整个人类的文化，它们之所以有光明，就是因为有这些为了正义的持守而受苦难和杀身成仁、舍生取义的人物。他们的价值就在于为后人留下了黑暗之中的一线光明。所以，用文字把这些人记录下来，使他们的名字不朽，不仅仅是为了还他们本人一个公平，更重要的是给后人以激励和希望。(叶嘉莹:《神龙见首不见尾——谈〈史记•伯夷列传〉的章法与词之若隐若现的美感特质》，《天津大学学报(社会科学版)》1999 年 01 期)

在我看来，《落叶集》、《我早期的六个诗集》的意义就在这里。我想提高声音，说它们像四百年前顾炎武《井中心史歌》：“著书一卷称心史，万古此心心此理。千寻幽井置铁函，百拜丹心今未死。”像一百年前梁启超《重印郑所南心史序》：“此书一日在天壤，则先生之精神与中国永无尽也”。像五、六十年前陈寅恪《柳如是别传》：“珍重承天井中水，人间惟此是安流。”又像邵燕祥题词《牟宜之诗》：“百年沧海故迟迟，剩有焚馀一卷诗。”

最后，抄一段陈墨谈论“陶潜现象”的话，来结束本文：

现在，时代不同了，陶潜的“志”和“情”已失去现实意义，他的人格力量很难在现代找到共鸣。我们的时代，腐蚀性更强，生活充满着危机，在传统文化的泥石流里、在人格大裂变的运动中，当我们的生活不再“淡泊与宁静”时，我们的人品就再也“清高”不起来了。但我们的挣扎是真实的，我们的求索是真实的，我们反污染的搏击也是真实的。因为我们在“文字狱”的阴影下坚持创作，既不为名为利，也不想赢得唾沫或掌声。这只是我们找回一个真我的形式。只要“真”，我想后人一定会欣赏我们带有疤痕的人品，并享玩我们略带苦涩的文字。

----但愿那时的人们，不再有我们的命运。

（陈墨：《"陶"话——小议"陶潜现象"》）

2018 年 2 月 9 日星期五

初稿

2018 年 3 月 3 日星期六　　二稿于凤栖山中

2018 年 3 月 26 日星期一　　三稿于凤栖山中

2018 年 3 月 30 日星期五　　四稿于凤栖山中

2018 年 4 月 12 日星期四　　定稿于家中

长沟流月去无声

——五十年后的发现与确认

此前听说过，《中国新诗大概选》故事。一直未多想。

2014 年，为调查《落叶集》，我去作者家。陈墨翻出当年笔记，也曾展示“大概选”手稿。我翻了翻，没心思细看。想要做的太多，注意力不在这儿。现在看，或许造成了研究中的某些疏失或薄弱？——就比如讲，“早期诗集”与“早期诗选”对照研究，多么好的题目！可我一直，懵懵懂懂、想都没想。

直到二十天前，12 月 2 日下午，跟刘福春老师一起登门。陈墨很高兴，那些保存至今的“断烂朝报”、原始资料，要献给“刘福春新诗文献馆”。唯一的要求，是移交前“请亚东老师看看，写一两百字”——起初我以为，他需要证人。

看了才发现，这些五十年前的字纸与“断简残编”，会开口说话。

闻道有先后，世上无天才。哪怕早慧的人，除了老师指引，一定需要阅读。因为诗人本质上，是“文明的孩子”。这个“深水鱼”，陈墨的成长，除了西伯利亚窗台上的面包外，还跟大口吞吃“新文学”有关。他是得到指点后，大口吞吃“新文学”长大的，是“五四新文学”的孩子……若不走近现场，真正身临其境，这一点很难得到确认。评价起来也会突兀。

看到一则，陈墨简介：“文革武斗期间（1968 年）我就编篡了中国第一部能代表中国新诗本来面目的《中国新诗大概选》，就是对臧克家的《中国新诗选》的全面否定，就是对独裁专制下的社会主义现实主义文学史观的全面否定（《中国新诗大概选·前言》可证）。我虽自认为这部诗选是划时代的，可至今没法出版……”。怎么个“划时代”？只听见他自己讲。

又见 2005 年，回答燕子提问时，陈墨讲“我编撰的‘中国新诗大概选’后来被朋友们广泛手抄传递开来，成为他们的精神资源之一。”这点看来不假。因为 12 月 3 日，陈墨家出来后，我发了小视频，给美国的白水。白水兄回复：“大概选的手抄本我曾经借来读过，并抄了几首，应该是 1969 到 1970 年的时候。他也的确在我面前抱怨过臧克家的新诗选。我从他的抄本获益匪浅，从此远离了宏大叙事。”

我回复“这就是见证！”或许引起记忆，白水赋诗一首：《当时明月在》。我点赞：“当时午桥桥上饮，座中都是豪英。”显然用当年，陈与义“夜登小阁忆洛中旧游”故事。这里是锦江，也是临江路，亦是“临江仙”。

就抄一段，十八年前，邓垦兄关于《空山诗选》的回忆：

文革武斗时，“每天，在高音喇叭‘踏平東郊’的吼声和呼啸而过的枪弹声中，我们躲在松柏村的农舍里读诗、品诗、論诗、抄诗、选诗、写诗，便成了我们的主要工作，甚至到了废寝忘食的地步。……这期间，陈墨搞了一本《中国新诗大概选》；徐坯在冯里的大力支持下搞了一本一千多首的《外国诗选》；我搞了三本《中国新诗选》，另外还请张基帮我代抄了两本诗选；……这些当年的手抄本能幸存至今，实在是苍天有眼为了证明我辈在险恶的环境下是怎样‘偷食’人类文明供果的！”

一条方外的河，静悄悄流淌。一直流到今天。

只说“大概选”。首先要确认，1969 年陈墨编诗，那是雄心勃勃，不是止步于 1918—1927“第一分册”。当年“断简残编”中，有篇《中国新诗大概选（纲要）》，皇皇四大分册：

第一册 1918—1927 年（第一次国内战争）

第二册 1928 年—1937 年（第二次国内战争）

第三册 1938—1949 年（抗日战争与第三次国内战争）

第四册 1950 年—1965 年（和平时期）

由于种种原因，只完成“第一分册”，成了“烂尾工程”。编者多年后叙说：“由于时间的关系，只编成了《第一分册（1917—1927）》。而重点《第二分册（1928—1937）》还未动手，因局势所逼，我很快就下乡了（1970 年 3 月）。也由于生活实在太艰辛，以后再也没有精力去完成它了。甚至，从七十年代中、后期始，差不多与诗绝了缘，不再写诗，也很少读诗了。”（《关于“黑色写作”》）

这次不意目睹，他的雄心勃勃。我知道遗憾，不是个人的。

还有一页纸：《五十年代诗人及名作目录（部份）》，能够佐证这个。一纸目录中，除了石方禹、贺敬之、郭小川、蔡其矫、闻捷……外，还有已经灭顶的公刘、流沙河、石天河等。诗作可以不论，作为选家，很任性了。

这个诗选，就体量说，庞大得很，不用多说了。

这个诗选，一意孤行，舍我其谁……还需要多说。

看到一册白线扎好的，三十二开“诗人及作品”名录。开头是胡适、沈尹默、刘半农，中间有徐志摩、朱湘们，翻到最后，是雪梦、砚冰、敏铁、白水、杨枫、虹阳、秋小叶、痴人……。“雪梦”是谁？野草诗人邓垦。“敏铁”是谁？野草诗人徐坯。“白水”是谁？野草诗人白水。“杨枫”是谁？野草诗人杨枫。“砚冰”、“秋小叶”、“痴人”是谁？请看一则，自订《陈墨小传》：

陈墨，字砚冰，成都人。父姓何，母姓陈，故本名有二，乳名阳生，绰名乌鸦，另有笔名秋小叶、一丁、何必、何苦、野放等，一度曾冒名徐志摩、戴望舒、朱湘、卞之琳等。或问：“一个苦力有这许多笔名，岂非画饼充饥乎？”答曰：“官方文坛多用本名——直接受利，地下文学多用笔名——聊以禳祸耳，时代使然，身不由己。再举例说，写下以上文字，则早被何必、何苦骂得狗血淋头也，则又系时代使然、身不由己也。信否？”

对照 1968《我早期的六个诗集》手稿，《落叶集》署名“秋小叶”，《乌夜啼》署名“何苦”，《灯花集》署名“何必”，《砚冰集》没有署名，《残萤集》署名“一丁”，《二十四桥明月夜》署名雪梦、砚冰……则《大概选》编者在想些什么，岂不昭然若揭？想到陈与义，想到临江路。《满江红 • 诗友》云：

夜竹秋风，薛涛井、蛙声互答。想当初，枇杷楼下，好诗齐发。

隔叶川鸣香草梦，调轸弦待伯牙匣。理素笺，字字有玄机，情难察。

其次，“大概选”本身，需要细细踏勘。陈墨口气大，夸口《大概选》——“我当时认为是中国第一本全面反映新诗本来面目的”……如果计划完成，或许能那么讲；只完成第一分册，跟 1935 年朱自清承担的“中国新文学大系”诗歌分册比，有什么不一样？需要专门考察。毫无疑问，后人是站在前人肩头的。站在肩头，还不一样。毫无疑问，朱自清“大系”，截至 1935 年。

朱自清“大系”，选五十九位诗人总计四百首诗。陈墨“第一分册”，选八十一位诗人总计六百零六首诗。粗粗比较一下，按照入选数目，朱自清“大系”收闻一多 29 首，徐志摩 26 首，郭沫若 25 首，李金发 19 首，冰心女士 18 首，俞平伯 17 首，朱自清 12 首，朱湘 10 首……；而陈墨第一分册，郭沫若 30 首，闻一多 22 首，徐志摩 22 首，朱自清、郑振铎、李金发、汪静之各 20 首，冰心、朱湘各 18 首，宗白华、殷夫各 17 首……能引出什么结论？

肯定编选时代不同，这是毋庸置疑的。昔日朱自清编诗，他有他的便利。如今陈墨编诗，他有他的心情。感到呼吸困难，促使飞蛾扑火。扑火盗火，非秦博士，“黑五类狗崽子”。种种艰难，非前人能想象。进一步讲，朱自清编诗，可以四平八稳（并非否定，他的创见）；而陈墨编诗，即使“萧规曹随”，由于“语境”不同，意义与前辈也就不同——需要多说吗？看到那些，所选诗人，想想 1969 年陈墨编诗时，那些诗人的命运和受到的对待……岂不触目惊心？！

如此不管不顾，对于他的时代，陈墨岂非不折不扣的罪人？！

除此之外，“大概选”第一分册，似乎有一些时代的或个人的追求？

比如郭沫若，收入 30 首，俨然“第一诗人”。这是时过境迁，几十年后的我们，难以想象的——大概很难接受？该怎么看？我以为还是要，“回到历史现场”。一是编诗的现场。《大概选》想还原的，是五四新文学真相。当“导言”如是写：“第一个尝试作白话诗的是胡适……最早作新诗理论文字的，也是胡适”时，意味是很不一样的。关于郭沫若，“导言”如是写：

首先从“人道主义”、“自然主义”中杀出来而别具一格的，是留学日本的郭沫若。……在新诗的初创时期，诗人就能冲破迷雾与烟霭，首次用崇高的美丽的理想唤醒人们沉睡的灵魂，唤醒人们沉睡的创造的更生的力。这种尝试的确是惊人的、天才的。

——还是着眼于，彼时之“尝试”。与之相关的，还有写诗的现场。我那篇“深水鱼”，“诗史互证”地讨论《落叶集》，却没有把他 1960 年代的写诗、编诗（别集）与阅读、编诗（总集）

联系起来。现在看，除了“新格律诗”、“象征主义”外，他受“自由体诗”影响，是毋庸置疑的。《落叶集》中对“黑暗”的控诉，何尝没有后来左转，成为“宫廷弄臣”者早期诗歌的影子：

我们飞向西方，
西方同是一座屠场！
我们飞向东方，
东方同是一座囚牢！
我们飞向南方，
南方同是一座坟墓！
我们飞向北方，
北方同是一座地狱！

最后一点，想再申说。我发现就陈墨而言，他的早期诗歌写作，跟整个中国新诗第一个十年的演变过程，有着惊人亦复有趣的结构上的相似。

中国新诗，从“尝试”开始。先是诗体解放，即是自由体诗，包括“小诗运动”，以及郭沫若等。引起反动，象征主义、新格律诗。但就时间言，李金发在徐志摩前，不是偶然的。1969 年《大概选》，无论诗作还是导言，呈现这些都很充分。

后来谈论，就微妙了——比如围绕“象征主义”。1988 年，陈墨如是写：“……曾编《中国新诗大概选》，自然也收集了不少现代派诗。其中偏爱戴望舒而不喜李金发，因李诗读不懂。读过一些介绍法国象征主义的理论、评论文章后，亦似懂非懂，过后终于不知所云。”（《对话——旅湘笔记》）

到 2015 年，在一篇重要文章中，“心有千千结”地诉说：

在資源主要靠手抄本傳閱的年代，我對象徵主義詩的偏愛並未影響到我身邊的詩友們。我要樹“詩派”的野心，其重心只能偏於早期新月傳統的“新格律詩”。而這方面，我和我的詩友們幾乎不約而同地認為其成就最大。所以我從來不跟我身邊的詩友們探討象徵主義詩歌，這方面跟他們交流不起來；“偏爱”得有點孤獨，也有點缺乏自信。(《關於“黑色寫作”》)

个人感觉，一言难尽。牵扯到诗歌理论问题，也关乎个人写作历程。

我的看见是：就陈墨而言，“新格律诗”不说（那是他与一帮子诗友，近乎共同的追求）、“象征主义”不表（怎样自视甚高，毕竟缺乏自信），必须面对的一个事实，就是从发生学的角度讲，古体诗之外（直到今天，他都认定，他“古体诗水平最高”），他的新诗写作是从“自由体”开始的。《落叶集》固然是，《残萤集》更加是，完全是“小诗”。随后才是《乌夜啼》、《灯花集》，所谓“新月派＋現代派”。后两个集子中，也还有自由体诗。

应该确认这些，弄清来龙去脉。我见《大概选》第一分册《导言》写：

“第一个尝试写散文诗，从诗的形式中完全解放出来的，是周作人，但以鲁迅的成就最高。中国新诗的第一本散文诗集便是鲁迅的《野草》。

……第一个尝试写小诗的是冰心。……写小诗较有成就的还有梁宗岱的《晚祷》（诗集）和宗白华的《流云》（诗集）。周作人说：“中国的新诗在各方面都受欧洲的影响，独有小诗仿佛是例外。……（《论小诗》）

——看见他引用周作人《论小诗》，我会产生“恍然大悟”感。

是的。虽然《导言》也说：“……当然，诗是很难硬性派分类归的，尤其是这十年的新诗：一人之诗可能前后有多种风格，一诗之中，又可能有各流派的影响。要想泾渭分明，派系清楚，毕竟很难做到。”——对照陈墨个人，似乎也是那样？《我早期的六个诗集》,“一人之诗前后有多种风格”,或让今天阅读的人凌乱,也让想要评价的人费解……真有那么看不清吗?一旦真正擦亮了眼。

还是古人,看得清楚:“杀士焚书政已苛,祖龙终奈伏生何”。

2023 年 12 月 23 日

星期六

查勘地下文学现场

——从一九六〇年代蔡楚的“反动诗”说起

独立的“当代文学”研究,面临着诸多困难。其中之一,就是资料的不足。以至北大洪子诚先生一再感叹:“史实、材料的封闭和垄断,导致当代文学研究在许多问题上仍是暧昧不明”;“当代文学的许多材料被垄断,当代文学还怎么研究?……当代文学研究的难度,和这个情况有关。”主流的研究如此,建构异端文学史更是。

所以,有些研究者停步不前了。如洪先生坦白:对二十世纪50到70年代的文学,就算有寻找“异端”的冲动,可“你不能不信，但又放心不下”，事情大概如此。他写了篇《文学作品的年代》，一股脑提了三个与此相关的问题：一是，我们可否按照公开发表时篇末注明的写作时间，确定作品的年代？二是，在标示的写作时间到发表的时间之间，作品是否有改写、变动？如作过重要修改，能不能把写作时间完全确定在所标示的时间上？三是，假如写出作品未被阅读，如果作品只是手稿之类的，那我们在多大程度上可以把它视为那一时期的“文学构成”？它还是“文学事实”吗？

对于这样三项质疑，我想任何研究者都该回应。我当然相信地下文学的历史真实性和美学有效性。毕竟文学作为人类的梦想，任何时候都不会绝灭。我们知道，连奥斯维辛都有诗歌、绘画留下来，古今中外的秦始皇如何不可一世，难免“人间犹有铁未销”。话是这样讲，不能把推理当成事实，研究不仅要有理论前提，历史讨论更要“拿证据来”。什么是真的、什么是可疑的，不能不先“辨”个清楚。正像上海地下地下文学的参加者陈建华所兴叹：……诗是一回事，写诗的历史是另一回事，得遵守历史学的游戏规则。“其实我自己在这一行里讨生活，论及作家求诸史料考证，却没想到自己的诗也要办‘历史’手续。”的确那么回事。不论到任何时候，都有个“辨伪”问题。就像“七月派”老诗人冀汸心直口快讲的：“……在什么都有假，什么假都有人敢于制造都今天，也免不了会有假‘潜在写作’。”

因此很长时间，我都对“地下文学”的材料，哪怕喜欢看也还保持着矜持。你不能消除头脑里的问号。直到几年前，为了参加一部《中国现代汉语文学史》的写作，为了我所承担的“文化大革命中的地下文学”章节的写作和修订，专程深入成都市档案馆，翻阅那些发黄的卷宗，见到了1970年成都诗人蔡楚被“反革命集团”时的“交代”及“审讯记录”，大量涉及“歌颂爱情及发泄个人主义的反动诗”。这次“田野调查”消除了我的许多问题，从此对“地下文学”的历史真实性再不怀疑。写这篇文章，就是想跟人分享。

蔡楚（本名蔡天一）的有关档案编号：145—1468—1272。以今天眼光看，1970年的“反动诗”档案，不仅是蔡楚个人一九六〇年代从事独立写作的一份有力而真实的证词，对于后人走近二十世纪六、七十年代中国地下文学现场，也是不可多得的珍贵史料。

文本

从1970年1月12日到6月13日，25岁的蔡楚仅个人“交代”，就写了将近四十篇。他能落实的罪状，也就“写反动诗”及“偷听敌台”两项，最多是前者。由于档案不能复印，我做了许多笔记。其中2月3日的交代，是此前写过的反动诗。3月12日继续交代。下面是2月3日“交代”全文。为保持文献材料的真实性，尽量原文照录。个别不好认的字词和标点符号，也照猫画虎。办案人员所加的符号、横线，一并保留并说明。它能帮我们做些判断。

最高指示
坦白从宽，抗拒从严。

66年，文化革命初期我向工作组，把我所写歌颂爱情及发泄个人主义的反动诗作了交代，现交代如下：

《赠某君》

（指我初中时的一个同学，62年时在成都16中读书）

看到你青春的欢乐，
便感到我年少的忧郁，
却似激荡的廻水，
记忆从我心中流过。

可曾记得那油光的书桌
明亮的教室里坐着你我，

两年的携手并进、
给我们结下了一棵友谊的硕果。

而今你在灯下攻书，
我却只能站在凄清的河边，
眼望着滚滚东逝的流水，
叹息人生青春的蹉跎。

看到你青春的欢乐，
便感到我年少的忧郁。
你可知道在我心中升起了多少憧憬？
升起了多少寂寞！

《给你》

锦水流不尽的诗意，
使我难以离去。
绵长晶莹的柔波，
把我的心儿紧系。

那明星伴著媚月，
究竟是天经还是地义。
为什么在这寂寞的时儿，
我就想起了您？

想起了你，
更加沉寂。
沉寂中不见你天真的面容，
不见你我感到窒息的哽噎

锦水流不尽的诗意，
使我难以离去。
不，不是柔波把我心儿紧系，
明月下久忆你深情的黑眸。

《别上一朵憔悴的花》 △

别上一朵憔悴的花
毅然地走出这可怜的家
小妹垂手睁闪着眼睛，
弟弟悄声问我：“你还回来吗？”

走出这可怜的家，
我默念着：“别了，亲爱的妈妈”，
你的儿子到社会去了，
我会为人民辛勤劳动——对你作最大的报答。

脚踏在兰天的祥云下，
浮想又象云片似飘达
多么想看落叶的飘飘，听西风的飒飒，
求知的眼儿睁得老大、老大。

别上一朵憔悴的花，
毅然地走出这可怜的家，
只因为旭日挥手向我示意，
我迈步奔往那希望的朝霞。

《乞丐》 △

为什么他喉咙里伸出了手来?
是这样一个可怜的乞丐,
彻夜裸露着在街沿边,
蜷伏着、他在等待?

褴褛的衣襟遮不住小小的过失,
人们骂他、揍他却不知道他的悲哀,
自从田园荒芜后……
这双手原可以创造世界!

从此后他便乞讨在市街
褴褛的衣襟、颤抖的手、人们瞥见就躲开,
没奈何,抢!……几个小小的饼子,
到结果还是骨瘦如柴。

冬夜里朔风怒吼,
可怜的乞丐下身挂着几片遮羞布,
这双手原可以创造世界,
他等待着呵,蜷伏着,他在等待。

《无题》

梦里常萦系一张笑脸,
萦系着美丽的过往,纯洁的初恋。
友人们常说是应当珍惜,
在这寂寞的夜晚和白天。

那时我从未想到有一个花环，
会题上我痛绝的追忆，忘情的冷淡——
心温柔地腾跳，
当我们十七岁那年。

交代人
土建中队
蔡天一
70年 3／2

大概2月3日不能算完，3月12日又添加了一首：

……到大邑后，我还为孙从轩歌功颂德，写了一首诗来美化他，这首诗如下：

《悼》

——写在一个骨灰盒上
两旁雕满了呆板的荷花，
过往的一切都全部装下，
正中嵌着你昔年的小照，
这就是你静寂的永远的家。
可是我忘不了我们共同的语言
那是一只高亢的亲切的歌——
用斗争去迎接生活，
生活就是一匹驯服的骏马！

自述

除了“反动诗”文本外，蔡楚还写了大量交代，“说清”写作过程、背景及立意，乃至自己的诗歌写作路数。当然，未必就那么毫无保留，在那种情况下，肯定要自污、狡狯或言不由衷。但是可以想像，想侥幸过关是不可能的。所以今天来看，算是一个写作者在特殊时空、特别条件下写的另类“写作谈”。

相关内容，主要集中在3月8日、3月12日、5月6日、5月12日、6月13日的“交代”。应该说这些交代，尚算全面、也有重点地说清了他与“反动诗”各方面。应该说明，有时相当不厌其烦。

一、3月8日交代，围绕2月3日的几首诗。从交代的顺序看，似以《乞丐》、《别上一朵憔悴的花》两首为重点，《乞丐》更是重中之重。涉及到这首诗处，专案人员在下面划了横线：

62年至64年，我写的反动诗，其中尤以《乞丐》一首最反动。我当时受反动的修正主义文艺路线的影响，要写所谓的“生活真实”。加上自己的反动本质，就认为街上的《乞丐》是社会造成的，我在这首反动诗中反复强调“这双手原可以创造世界”，说明《乞丐》本身可以靠双手劳动，而却落得田园荒芜、流落街头。我这首诗大约是63年初写的，这首反动诗、恶毒地攻击了新社会，起到了为帝修反摇旗呐喊的作用，这是我的罪恶。

《别上一朵憔悴的花》是我63年8月调成都砖瓦厂前写的，当时我一心想读大学不成，我反动父亲又给我灌输华罗庚、何其芳都没有正式进大学，靠自己苦攻、自修、成了数学家、文学家的，我反动父亲还谈到他也是每天吃锅魁进图书馆自修后来考取学校才有了前途的。在那段期间我天天到图书馆自修，想个人奋斗，将来成个诗人、文学家，但家中的经济条件不允许我不工作，我母亲每天都同我吵闹，要我去工作，不然就要我离开家，不供养我了。我没有办法，到办事处要求做临工，63年8月调我到砖瓦一厂做临工。我由于日夜攻书，身体很弱，并感到天天在家吃受气饭，现在能离开家，踏入社会工作了，于是写了《别上一朵憔悴的花》这首反动诗。我把自己比作憔悴的花，把家说成可怜的，这都是反动的。

《赠某君》则是写给初中的一个同学的，后来听说考取了四川外语学院。"我这首诗也是反动的，认为自己青春蹉跎了，光阴虚度了，（初中时学过《明日歌》）抒发了腐朽的资产阶级个人主义苦闷、寂寞的感情。这首反动诗是62年写的。"《无题》是64年写的，《给你》是62年写的，都是写给当时女朋友詹秀芳的，因家中不同意断了来往，"事后我病了两个星期，好了之后很后悔，就写了《无题》这首反动诗，在诗中我自感寂寞，把白天和夜晚都说成是寂寞的，这是很反动的。"

二、3月12日这天，蔡楚提交了两篇，一篇围绕《悼——写在一个骨灰盒上》，一篇反省写作道路和所受影响。现摘要如下：

我写这首诗，是说孙从轩死了，装在骨灰盒里，骨灰盒的两旁雕满了呆板的荷花，孙从轩生前的一切都随着他的死而过去了。但是孙从轩的精神是不死的，马克思说过"生活就是斗争"。孙从轩生前在文化大革命的斗争中，曾经积极地为捍卫毛主席的革命路线而斗争，这是我们共同的语言，而在我们的生活中积极参加了为捍卫毛主席的革命路线的斗争，就会战胜困难，赢得胜利。生活就会象一匹被驯服的骏马一样，载着我们奔向共产主义。我写这首诗美化了孙从轩，也美化了我自己，……由于我参加革命的动机不纯，是为了自己个人的前途，所以就搞不好革命，对谢朝崧等人的反革命罪行不敢揭发（虽然我说过他们那样作不对），怕揭发出来触及自己过去的罪恶，影响到自己的前途，而对自己过去没有牵连的人我就揭发了、上纲了，对自己的错误和罪恶却不交代，我这样的革命是假的、反革命的，一遇风浪，我也就可能为了个人的前途而投入反革命的怀抱。……我诚恳地向广大人民群众低头认罪，并在今后的工作中老老实实接受广大群众的监督改造，重新做人。

关于写作道路、所受影响，应是追问的重点。3月12号、5月6号、5月12号、6月13号几天交代，都围绕着它。3月12日写：

通过同志们的批判，我认识到自己爱好的文学是资产阶级反动的文学，自己所写的诗是为帝修反服务的反动诗。在我62年进图书馆自修那段时间，谢朝崧给我介绍了五四运动时的诗人及作品，特别是反动诗人戴望舒的作品《戴望舒诗选》，谢朝崧介绍说写诗首先要懂得音韵的美，其次要懂得意境的深远。由于我资产阶级个人主义的反动世界观的共鸣，我看了这个反动诗选，就认为戴望舒的诗确实写得好，念起来音韵铿锵，体会起来感情深厚（实际上是资产阶级的反动感情），我于是就模仿戴望舒的诗写出了自己的反动诗，如“看见你青春的欢乐，便感到我年少的忧郁”，是模仿戴的“看到你朝霞的颜色，便感到我落月的沉衰”写成的，逐步使自己堕入了反革命的泥坑，写出了反动诗篇。除了自己到图书馆去自修外，谢朝崧还借了许多修正主义的书籍给我看，我自己受毒很深，一心要想成为中国新诗坛上的一颗巨星。在解放后的诗选中我又喜爱看郭小川、贺敬之的诗选。虽然我也写过歌颂党和社会主义的诗，但这种感情不是真实的，总认为我写的反动诗才是艺术价值最高的诗，……我所写的歌颂孙从轩的诗，一方面美化孙从轩、美化自己，另一方面我所采取的文学形式也是资产阶级的音韵和谐，我自己认为我这首诗，政治性同艺术性都很好，而用无产阶级的文学艺术来检验我这首诗也是一钱不值的，当何蜀看到我这首诗批评我沿用了五四时期反动的资产阶级的晦涩的艺术形式时，我还不服气，认为自己是旧瓶装新酒，没有错。现在认识起来，我写这首诗头一段词汇消极，整个诗为无产阶级政治服务的态度不鲜明，歌颂的对象并不是完美的无产阶级的形象，而是站在私人的感情上来加以美化，也是非常错误的。

三、5月6日，集中反省《乞丐》，自污中委婉自辩：

62年，我写的反动诗《乞丐》，当时我思想上受反革命修正主义文艺路线的影响，要写生活的真实，要敢于揭露现实生活中的阴暗面。当时国家遭受到暂时困难。我在街上（东大街）买包子吃被抢走了。我的思想上想，为什么街上会出现抢东西的乞丐呢？我想在学校里时政治老师教我们说："人定胜天"。政治老师还说："到1962年，我国的生活水平，将随着第一个五年计划的完成而达到每人每天有半斤肉、半斤糖，和饭后水果等。"我想现在已经是1962年了，为什么反出现了这种情况呢？当时国家遭受到三年自然灾害、遭到暂时困难，我想说是自然灾害造成的，这个理由不通，因为人是能够战胜困难、改造自然的，不应当把困难的原因归于自然灾害，而应当检查一下，我们在农业问题上是否犯有错误，是否真正用我们的双手去战胜困难。我从思想上就怀疑党在农业问题是否犯了政策上的错误，而走了弯路。1961年，我在工农师范学校读书时，曾和全校同学一道到龙泉驿的八一生产队去支援劳动过半年多，看到了农业战线上这个生产队的欠收情况和当时社员的生活困难情况，而我从报上看到的农业战线的消息，却说亩产几万斤的水稻，我想亩产几万斤每亩才60平方丈：怎么可能？因此我就认为，这是浮夸的，因此就产生了街上出现乞丐，不是自然灾害造成，而是人为的。而是我们在农业问题上走了弯路而造成的这个反动结论，这样下去就不得了。我在反动诗《乞丐》中用文学的手法，把乞丐描写得十分可怜，因为田园荒芜、而流落街头，出于为了生活被迫去抢几个饼子，到“结果还是骨瘦如柴”表示了自己对乞丐的同情，并指出“这双手原可以创造世界”、企图说明人本身可以用劳动去创造世界的，乞丐是无罪的，他在饥饿与寒冷中等待着党和政府迅速改变农业上的状况，使乞丐能用自己的双手，使自己自食其力，这样我就反动地把乞丐出现的原因归到了社会，归到了党在农业问题上犯了政策错误。恶毒地攻击了新社会和伟大的党。当时对出现这些现象的原因还是弄不清楚的。……

四、5月12日，全面检讨“为什么我会写出反动诗、收听敌台呢？”，按照那时的“检讨”八股，无非两个方面：一是反动阶级根源，一是接触的人、读的书、接受的影响等。现摘要如下：

为什么我会写出反动诗、收听敌台呢？从自己的反动阶级根源来检查，我父亲在旧社会、是反动的军校教官，是骑在广大劳动人民头上的老爷，虽然他与当时的反动统治有狗咬狗的矛盾，也对我们谈过蒋匪邦的反动腐败，但解放后，他对党和人民政府，仍然是不满的，认为没有重用他这类资产阶级知识分子。在反动家庭，从小就给我们灌输，知识是万能的，要苦读书，将来成名成家、光宗耀祖，他的反动思想又是很矛盾的，是同刘少奇的读书做官，和读书无用同出一辙的。60年以后他探亲回家，又教我们将来不要去爱好文学艺术，凡是与政治有关的工作都很危险，象我们这样的家庭出身，最好是学一门技术，当工人、农民一辈子安安稳稳、毫无忧郁。……那段时间，我对我的反动父亲，划不清界限，站在同一反动立场上，对他十分同情和崇拜。他自我吹嘘、满腹经纶、一肚子诗书，年轻时能背诵一千多首唐诗、宋词等，现在也能背几百首，每次写信回家不是语云，就是子曰。他既十分自负、猖妄，又非常自悲，以为他大材小用了。而我则继承了他的反动劣根性，对他同情，对自己也感到成绩好、有天才，就是出身不好，就考不起学校，在自修的个人奋斗中十分苦闷寂寞，对自己的前途悲观失望，站在我反动家庭与个人前途的反动立场上必然地就产生了对党的政策的不满和怀疑，对社会上的一些现象也就产生了反动的结论。所以我会写出反动诗。

另一方面，从我当时、接触的人、读的书、接受的影响来看。我所接触的人是谢朝崧这一类反动的资产阶级知识分子，他们吹捧我年轻、有天才，16岁便能写出好诗来，……当时我到省图书馆看了不少五四时代资产阶级作家的诗文选。如：闻一多诗文选、蒋光慈诗文选、冯至诗文选、王统照诗文选、汪静之的诗集，“惠的风”，郭沫若的诗选“女神”，何其芳的诗歌选“预言”等，还看了许多外国资产阶级作家的作品，如：普希金诗集，莱蒙托夫诗集，托尔斯泰的“战争与和平”，“复活”，泰戈尔诗选。等等（也看过一些较好的书，如鲁迅先生的文选）但由于我的世界观是反动的资产阶级的，所以接受了许多修正主义的毒素，成为资产阶级的继承者、接班人。……通过伟大的无产阶级文化大革命，特别是通过同志们对我的批判，我充分认识到，我收听敌台，就是里通外国的反革命罪行，我写出的反动诗，就是恶毒攻击党和社会主义制度的反动诗。

场景

增加这一节，我有点犹豫。没有征求蔡楚本人的意见，把他“交代”（注意不是“揭发”，文体大有区别）与文学领路人谢朝崧“接触”、来往的内容公开披露，会不会对他造成某种伤害？却又不想割爱。毕竟这个文本太珍贵了！近些年来，关于“文革中的地下文学”、“文化大革命中的地下读书运动”、“一九六〇年代的文学追忆”之类，人们写了许多、我们也读了许多。可那都是时过境迁，才写出来发表的。

而6月13日交代，是原生态、现场报道。如能超脱一点的话，它不止属于哪些人。也属于庄严时代，属于历史文献。

——写好了让蔡楚审阅，如他不同意再删？

最高指示

坦白从宽，抗拒从严。

交待

我与谢朝崧接触得较多的时间是62年至65年那段时间，65年8月我参加石油会战后，只是我因事回家才同谢接触。因为在那段时间内我接受他的资产阶级文艺观同人生观的影响较深，文化革命中又不能主动划清界限，所以他叫我去吃茶、吃饭我也就去了。谢朝崧借过一本《代望舒诗选》给我看，代望舒是五·四时代后期的所谓“现代派”的作家，这书是解放后出版的。书的前面还有吹捧代望舒是爱国的坐过日本人的监狱的序言。而从现在来看，代望舒的作品都是资产阶级的无病呻吟、悲观丧气、怨天尤人的反动作品，并不能在当时的青年中起进步作用。我自己在国家困难时期看了这本诗，在自己个人主义的心灵中引起共鸣。当时的我，也是悲观丧气、无病呻吟的。因此模仿戴望舒的诗，写出了自己的反动诗作。谢朝崧崇拜“唯美派”的诗人，他对我也介绍这一类的诗，我当时年轻，喝求知识，听他对我讲这些诗，觉得很新奇、很美。慢慢也就成了这些反动诗人的崇拜者。谢朝崧说过：“写诗要音韵铿锵、和谐的美。意境要深远，要余味深长，做到余音绕梁三日不绝”。

谢朝崧对我介绍五四时期的诗人及作品。其中他吹捧徐志摩、闻一多、郭沫若是三大诗人，徐志摩的“再别康桥”、郭沫若的“黄浦江上”、闻一多的“死水”、代望舒的“雨巷”、何其芳的“花环”是五·四以来写得最好最美的诗。因为这些诗百看不厌，能够流传百世。他在艺术上追求的是“唯美”、在政治思想上是追求超阶级的爱同美，吹嘘超阶级的“人性”及爱情是永恒的主题这一套资产阶级文艺观。谢曾说过：“胡适的作品在五·四以来的青年中影响是很大的”他根本不看为那个阶级服务、追求超阶级的“真、善、美”，我中他的思想的毒害，也是较深的。

谢经常评论中国作家、及外国作家的作品。说什么，托尔斯泰是世界的良心，泰戈尔的诗作表现了最深沉的母亲的爱。而“五·四”时期的谢冰心，就是中国的泰戈尔。同谢接触的尹金奇等更比他高出一筹，看过的这类书更多。在谈论起这类作家及作品时更是口若悬河。

用伟大领袖毛主席的光辉著作《在延安文艺座谈会上的讲话》来对照，谢朝崧等人对我宣扬的正是资产阶级的、修正主义的文艺观。我自己接受了这些毒害、写反动诗，成了资产阶级的继承者、接班人。

在人生观上，谢对我宣扬“只要能写出一本成功的书、或诗选，就能成名，成名后就吃得开了。有些作家出名是因为一本书写得好，其它的作品并不怎样，因为成名了，打个屁都是香的”。

还宣扬:“写出一本好的作品可以得到很多稿费、甚至上万元,这样既有名誉、地位,又能进一步深造学习了。”我即努力自修,希望自己能在新诗坛上成名成家。

通过伟大的无产阶级文化大革命,我认识到自己所走的道路是危险的,堕落下去,一定成为一个道地的反革命,我决心用伟大领袖毛主席的光辉《讲话》来改造自己的世界观文艺观,使自己能重新做人。能在今后的日子里,不犯罪、不作恶,少犯错误。为党和人民的事业、为社会主义建设贡献自己的力量。

交代人

土建中

队

蔡 天

一

70年,13

/6.

辨正

看到四十年前的“反动诗”档案，不能没有感叹、不能没有思考。所有这些今天看，有何“反动”可言。但能否得出结论，今天看它们没有意义、没有价值呢？肯定不能。做这番“知识考古”，意义在哪里？此外它对我们这些历史的爱好者，有哪些启迪？

还是先扣紧题目，讨论蔡楚先生的诗。

一、蔡楚先生60年代的诗歌写作，在真实性上没有问题。当然就具体作品而言，不能没有辨证。比如写于60年代初的《乞丐》，究竟哪一年写的？目前有三个版本：“我这首诗大约是63年初写的”（3月8日）；“62年，我写的反动诗《乞丐》……我想现在已经是1962年了，为什么反出现了这种情况呢？”（5月6日）；“公开出版”的纸质本（我看到的只是1993年电子科技大学出版社所出，蔡楚与陈墨诗歌合集《鸡鸣集》，与2008年中国文联出版社所出《别梦成灰》，留心看了下，两书诗歌文本在系年上是一致的），该诗标注时间“1961年12月”。当然出入不大，究竟哪个准确？我想该是“后起”纸质本。关键是5月12日交代，“他们吹捧我年轻、有天才，16岁便能写出好诗来”这句。蔡楚1945年出生，16岁正是1961年。肯定是冬天。当然62年初，也不妨模棱成61年冬。可对作者而言，16岁写出一首好诗与17岁时写出，意义当然不同。那为什么两次交代，写作时间渐渐提前了？我猜想是一开始，避免给人“年纪那么小就如此反动”的印象。人的记忆反复锤炼，作者也在反复考订。

《别上一朵憔悴的花》较复杂。3月8日交代，“是63年8月调成都砖瓦厂前写的”，而且过程很具体，“把自己比作憔悴的花”。问题在于，标题里“别上”怎么能说通？2008年12月8日，蔡楚先生跟笔者发邮件讲，“《别上一朵憔悴的花》是64年，街道上逼我下乡的感慨”；2009年4月9日邮件更讲：当年“交代”不一定都真实，那时避重就轻是能理解的。他专门写道：

……《别上一朵憔悴的花》是1964年时，小天竺街道办事处的周主任和派出所的董所长逼我上山下乡时的矛盾心情的写真，他们威胁我若不去就送我去劳教。当时我身体有病，到川医附属医院诊断，医生出具了“风湿性心脏病”的证明才避免了下乡。“交代”中把“你的儿子到农村去了”，改成到社会去了，年代也改早了一年，就是害怕被上纲为攻击上山下乡运动。想想看，只有上山下乡才可能戴花，就会明白我的指向是上山下乡运动。

总之，我六十年代初开始写作是事实，具体的写作日期不一定完全准确。

——该怎么看呢？一般情况下，伪“地下文学”、假“潜在写作”，倾向于把自己写作说得越早越好，可蔡楚先生执意比档案“交代”晚一年。《别梦成灰》网络版在诗后标注“1964年10月”。看来此事他很在乎。经过多种材料、综合判定，我现在倒向了作者的意见。理由么有几点：一是1964年，全国大张旗鼓推动上山下乡。像蔡楚那么出身不好的人，不受威迫是不可设想的。而从专案组在此诗后标注的小三角符号看，《别上一朵憔悴的花》在“反动”的程度上，似乎仅次于《乞丐》。二是作者那时，确实有那种危险或嫌疑。据档案中小天竺派出所《蔡天一的单行材料》（整理时间：1964年12月24日）：18岁时蔡已有“主要犯罪事实”：一是收听敌台广播，散布广播内容；二是大肆造谣破坏，攻击污蔑知青上山下乡运动等。尤其有一条：“今年上半年，蔡污蔑青年上山下乡运动说：‘好多学生都跑回来了，下农村是受罪，农村是杀广阔天敌。’”假如真的“上纲为攻击上山下乡”，在那个时代会“吃不了兜着走”。三是不要忘了，就在蔡楚被关押、审查同时，南京知青任毅因为一首《南京知识青年之歌》，以“创作反动歌曲、破坏知青上山下乡、干扰破坏毛主席的无产阶级革命路线和战略部署”罪名被捕，成就了“一曲知青歌、九年牢狱罪”的千古奇冤。人们说在那草菅人命的年代，简直可以算是一个轻刑了。如果考虑到诸如此类“上下文”，蔡楚交代避重就轻，对他是刻骨铭心的。

二、从馆藏“交代本”到后起纸质本，我发现蔡楚的诗歌文本，基本上无大改动。当然确实有不同，很难说是“重要修改”。

仔细对照的话：《无题》只有一处标点位置挪动。《乞丐》、《给你》两首略有改动。《乞丐》的标点符号，有几处不同：“彻夜裸露着、在街沿边”，在句中加了顿号；“自从田园荒芜后……”、“这双手原可以创造世界……”，后面加了省略号；“没奈何，抢！……几个小小的饼子”，标点调整成“没奈何，抢几个小小的饼子……”。句子方面有两处变化：交代中“褴褛的衣襟，颤抖的手，人们瞥见就躲开”，变成了“不住颤抖的手，人们瞥见便躲开”；“他等待着呵，蜷伏着，他在等待。”变成了“长夜漫漫，他在等待！”应该说，更凝练了。

《给你》有六处改动，五处是细微的：题目改为“给zhan”，“媚月”改为“眉月”，“您！”变成“你？”，“天真的面容”变成“纯真的笑容”，“不，”变成“不！”，都属于推敲的性质。只有末一句“明月下久忆你深情的黑眸”，变成“波光里你的倩影光灿熠熠！”概括不同的话，则过去式变成了正在进行式。好像也属于推敲？

相对来讲，《悼——写在一个骨灰盒上》变动较大：纸质本题目成了《题S君骨灰盒》，“雕满了呆板的荷花”去掉“了”，“一切都全部装下”变成“一切都轻易地装下”，“静寂”改成“死寂”，“高亢的亲切的歌”变成“亲切而高亢的歌”，都属于推敲的性质。只是结尾两句完全不同：“用斗争去迎接生活，生活就是一匹驯服的骏马！”变成“再见吧，妈妈……祝福我们一路平安吧……”，基调上从高亢变为亲切，为什么会有这个“重要修改”？我不解的是，既然此诗是题在骨灰盒上寄托哀思的，应该说无修订的必要与可能。存疑。

《别上一朵憔悴的花》，两个纸张质本都未收，《别梦成灰》网络版倒是有。基本改动不大：“小妹垂手睁闪着眼睛”，成“小妹垂手睁圆着眼睛”，一词之改；“弟弟悄声问我：‘你还回来吗？’”，成“弟弟悄声问我：哥还回来吗？”，一词之改，直接引用没了；“我默念着：‘别了，亲爱的妈妈’”，成“我默念着：别了，亲爱的妈妈”，也是直接引用去掉。要说最大不同，则“你的儿子到社会去了，/ 我会为人民辛勤劳动——对你作最大的报答”，恢复成“你的儿子到农村去了，/ 我将勤奋地为祖国添砖砌瓦”。关于这点，孰是孰非，跟前面讨论有关。我倒觉得，蔡楚的“后设阐释”能够成立。“增砖添瓦”是那个时代的流行词。而“到社会去”（严格来讲，很长时间所谓“社会上”是个负面的词）跟“报答母亲”之间，有什么关系？

总地讲，蔡楚先生60年代的作品比较成型，说不上有什么影响整个立意、风格的“重大修改”。顶多有个别语句、标点方面的变动，只能被认为只是苦吟、推敲的体现。属于中国古人“吟安一个字，捻断数根须”的性质。我以为，有无那些更改，其实无关宏旨。

三、他的诗歌没在官方刊物发是事实，在60年代他也没有参与“地下刊物”。但不能说他的写作是“潜在写作”。起码他的《乞丐》在圈子里得到了阅读，起码他的《悼》得到了何蜀的“批评”，起码他的前述六首诗歌在风雨如磐的1970年惊动了“组织”，起码他的这些反动货色“通过同志们的批判”。显然不是潜在，而是产生影响的。

关于这点，不想多说。

五、补充

不，想继续说。

第一、关于蔡楚其人其诗，我想说几句。

前面披露了他六十年代的诗歌文本，介绍了他在专政斧钺下的自我陈述和自我批判。可是对于他长达半个世纪的写作，我并没有下功夫研究。老实说有时候，受制于一些审美时尚或偏见，觉得他们（到1980年后，蔡楚有了更多诗友）的诗更多青春写作的特点，更多受戴望舒啊何其芳、陈梦家甚至饶孟侃的影响，好像缺少自己鲜明的特色和美学建树。对他的作品缺少全面研读（不能全怪我，当然也不怪他），导致了这一点。

就是现在，我也只能蜻蜓点水式地，谈谈对其人其诗的印象。他的朋友陈墨说他是“诗痴”，我倒觉得他是半个世纪以来中国地下诗坛的尾生。就是中国古代抱柱而死的那位大爱者。从他的《乞丐》开始，他就开始一心等待戈多。可直到现在，都不能说等待到了。这位新中国成立时才几岁的天才少年，只因为出生在“反动家庭”，而……怎么说呢？用他朋友九九的话讲：“命运像一把黑色的大伞”。文革爆发不久，父母亲相继冤死。据联合专案组《蔡天一的单行材料》(1970.11.26)披露：他跟人“狂妄叫嚣”：“我是没有欢乐的。领偿人间的痛苦，吃尽了人间的苦头，我只有痛苦，没有笑，如果说有笑，那也只是苦的另外一种表现形式罢了。”……我相信这是真的。

中国古诗人说“不平则鸣”，外国人则说文学是“苦闷的象征”。蔡楚这位一心等待的畸零儿则说：“我的文学起于寻求自我安慰，归于追寻心灵自由。”看他“交代”出的诗，《赠某君》的失落感，《给你》的窒息感，都真切而生动。《别上一朵憔悴的花》中，那对蓝天、旭日、朝霞的向往，“求知的眼儿睁得老大、老大”，相当真切动人。《无题》更是李商隐一样的叫绝。“心温柔地腾跳，/当我们十七岁那年”！何须去考证，这是所有17岁人的故事。

文学有个常识，就是诗无达诂。因此说《乞丐》固是写实，深底里是诗人自况。而后者，是他向专案组不能说清的，——假如真能说清，我想事情只会更坏。我看蔡楚的写作历程，“长夜漫漫、他在等待”是突出的线索。比如：从“看到你青春的欢乐，便感到我年少的忧郁”（《赠某君》，1961年），到“常常我梦着忆着爱着，/忍受着胸中的痛苦”（《爱与愿》，1973年），再到“多年来总做着同样的梦，/在梦里我们重又相逢”（《梦》，1973），直到慨叹“我已经看了多少次，/多少次我的幻觉和沉思？”（《题像》，1976年），可以说“吾道一以贯之”。论者喜欢引用他1976年写的《等待》：

从鲜红的血泊中拾取，
从不死的灵魂里采来。
在一间暗黑的屋内，
住着我的——等待。

它沉沉的，不说一句话，
不掉一滴泪，如同我的悲哀。
它缓缓地，不迈一个急步，
不烦每次弯曲，如同我的徘徊。

有时，它闯入我的梦境，
带我飞越关山，飞越云海，
到一个陌生又熟悉的地方，
那里是光明的世界。

但它却从不肯走到屋外
去眺望那飘忽的云彩。
它是缄默而又固执的啊，
懂得自己的一生应当怎样安排。

在那间暗黑的屋内，
它凝住我的恨、凝住我的爱，
凝住我力的爆发，
凝住我血的澎湃。

从鲜红的血泊中拾取，
从不死的灵魂里采来。
在一间暗黑的屋内，
住着我的——等待。

此诗让人想到冯至的名篇《蛇》，都是让人惊心动魄的。有论者精辟地指出：跟那些“相信未来”的幸福者不同，“蔡楚的‘等待’则是死等，是硬碰硬地等，是没有希望地等，是存在本身唯一能够延续下去的等待。……没有希求获奖的起跑姿势，有的只是草根小民在架子车辕下吭哧吭哧爬坡时所能做的选择。”（康正果《奥斯威辛的诗意栖居》）我以为说得很深挚。也就是里尔克所讲，“有何胜利可言，挺住就是一切”。除了《等待》外，1976年写的《祭日》同样沉痛：

岁月把日子打个结，
系住人们心中的悲哀；
我把岁月打个结，
系住我长久的期待。

另一方面，则是“不平则鸣”。像他自己所说的，“我吃惯了新鲜饭，多了一点野性”。他和他的“野草”诗友在一起，对一切自称的“路”不信任。《我的忧伤》说，“既然没有一个新鲜的太阳，/就让我到太空中去寻访”（1983年）；《选择树》揭露，“那些自称森林的形像，其实只是一株红罂粟”，而“只有拒绝森林的诱惑，才不必听兽王的喝呼。”（1994）《再答明辉兄》则砥砺：“此生既定作一棵野草，/岂能不高歌被桎梏的自由！”（1999年）他的网络版《别梦成灰》，有一首《枪杆子下面》（《野草》总第32期，1988年4月）：

枪杆子下面阴风惨——
八百万！一千万？两万万？
民族的儿女从地府齐声嘶喊：
枪杆子下面出皇权！

我敢说，这样的诗在大陆任何出版社和官方刊物（虽然他们回避“官方”一词），都不敢登出来。哪怕从写作的1988年到现在而今，又是二十多年过去了。哪怕现在貌似，文学啊、出版很繁荣。像“潜在写作”、“地下文学”一类题目，堂而皇之在官方、半官方的书刊上亮相。乃至像《我军将士的百年一哭》那样的东西，堂而皇之进入《食指诗选》，得到了近乎“经典化”的待遇。——可类似《枪杆子下面》这样的诗歌作，其实难以找到自己的归宿。它是“潜在写作”吗？无论如何都不是。“潜在写作”的定义，按照陈思和先生说，指“由于种种历史原因，一些作家的作品在写作其时得不到公开发表，‘文革’结束后才公开出版发行。”（《试论当代文学史（１９４９—１９７６）的“潜在写作”》）思来想去，它只能归到“地下文学”名下。

第二、“地下文学”是一条长流的河。

有论者说，挖掘“异端文学史”，其实是“文学化石的挖掘”。仅就蔡楚先生而言，这样讲完全不成立。原因在于，蔡楚及其写作不是完成了的过去式，而是延续到今天的正在进行式。他和他的朋友们，并没有放下自己的笔杆。哪怕由于种种原因，受到了发表上的限制。你可以说一个人很丑，可不能宣布人家不存在。我想任何人在思考这个问题时，都要保持慎重甚至敬畏。我们的时空，破碎得太惨。廖亦武为《沉沦的圣殿》一书写的“楔子”有：“朦胧诗”概念的出现意味着整个六、七十年代的地下文学的“集体自杀”。……我想未必如此。怎么会“集体自杀”，有什么证据证明“集体自杀”？既然许多人还在、还活得很起劲？顶多是重新遮蔽，不能“浮出水面”。

那只是“文学史”而言。难怪它被不断“重写”。

但是，重新遮蔽、或者训诫在一度松弛后重新加强确是事实。而且用一句老话，叫“铁一般的事实”。即以对蔡楚的考查而言，馆藏的“反动诗”总共六首。是否他60年代总共写了那么多？很难想像，一个酷爱诗歌的青年，在一个人热情旺盛的16到25岁间会写那么少。据馆藏档案中谢××《揭发蔡天一》材料称：“（蔡）60年到62年写了很多攻击新社会的诗，如‘我不要饥饿，我渴望自由，奔出了这破碎的家，妈妈瞪着我，把眼睛鼓得老大、老大’，共写了几十首。”当然，不妨说是孤证。可对照他“后出”的纸质本（《鸡鸣集》与《别梦成灰》），则起码有《致燕子》（1964年9月）、《依据》（1968年8）两首，几个月的交代并没有吐出来。《致燕子》当然问题不大，我能想像《依据》为什么“打死不说”：“……纵然是死无轮回/我也要直问到——/那绞刑架上的/久已失去的/——依据”。今天，你可以说表达了独立意识和艰难中的持守。可在当时，只能叫“花岗岩脑袋”。

问题还在于，对照纸质本，则1970年“交代”中的《赠某君》、《别上一朵憔悴的花》未收进去。后来出《别梦成灰》网络版，这两首是收进去了，不意发现2008年中国文联版《别梦成灰》中，有十五首诗歌未收进去，诸如：《广场夜》、《枪杆子下面》、《唢呐》、《如果风起》、《黄色的悲哀》、《孔形拱桥》、《最初的啼叫——献给〈野草〉二十周年》……等。我想对于作者来讲，是“非不愿也、乃不能也”。五十年的写作，那么薄的诗册，简直惨不忍睹。为什么计较这个？我是怕呀，有“文革时期的地下文学”，有文革前的地下文学，还有文革后的地下文学。无论它叫什么名称，都是那么回事。静水流深啊水流深，我的怕大概是事实。当我看到一封书信，著名诗人牛汉2002年跟研究者交心：“从我的写作状况来看，这‘潜在写作’的状态并未真正结束，而且沉潜得更深，难言的苦楚与无奈，时时在困扰着我。……我相信仍有不少作家（其中一定有许多从来不是作家的人）仍默默地写着另一种心灵的面对历史的自白。”（《春泥里的白色花》，武汉出版社2006年）

这才是让人揪心的地方。换一个角度，你可以为民族元气不丧而高兴，所谓“岩浆在地下运行”之类。但是，我担心时间久了，所谓深水鱼会窒息成化石。我担心时间久了，地下河会变成内陆河。就像成都诗人陈墨1964年写过的《蚯蚓》一诗：“谁能看得见你哟 / 黑暗深处的躬耕者？ / 谁你听得见你哟， / 沉默在愁苦之中的光棍？ / 出来吧！ / 小小的灵魂。/ 四周的压力使你不能奋进，/ 阴暗会腐烂掉你的青春。……”可“出来”见阳光谈何容易。再举个例子。人们说，“林昭在狱中写过不少的诗。那是用倒流的泪顺流的血写成的，至今还大约封闭在提篮桥监狱的档案里。”（林斤澜）可其实披露出来又如何？就拿林昭的血诗《献给检察官的玫瑰花》——“向你们，我的检察官阁下，恭敬地献上一朵玫瑰花。这是最有礼貌的抗议，无声无息，温和而又文雅。人血不是水，滔滔流成河……”来说，应该说大白于天下了，可我没见到，有哪部《中国当代文学史》把它写进去了。只能感叹陈伟斯先生《林昭之死》文中发的感叹：“……林昭的诗，每一首几乎都是这样交织血泪。尽管她有礼貌地呈现给这时代，但谁敢接受这些开在血泊里的玫瑰花？”

——屈指一算，距陈伟斯发感慨，又三十年过去了。

第三、那寒气逼人的地方，有地下文学的藏经洞。

从蔡楚的“反动诗”档案，想到还有大量地下文学材料，在各地庭院深深的档案馆里。尤其是公元1970年的档案。当然此前的也有（如1968年林昭），此后的也有（如1974年），可地球人都知道，1970年有雷厉风行的“一打三反”。说到“一打三反”，我竟有些微微颤抖。虽然那时候我还很小。看到一则报道，说刚去世的历史学家高华，那么勇敢、那么卓绝的人，提起“一打三反运动”红色恐怖，尤其是大规模枪毙人，“现在想来，他都心有余悸”。是啊，说起来谁不害怕，“该管的管！该关的关!该杀的杀！”我们知道，很多著名的人是那年被杀的：遇罗克、王佩英、蔡铁根、杜映华、陈卓然、冯元春、毛应星，张志新也是那年被判无期，后来被杀。我们不知道的就更多了。说起来，要感谢遗忘的力量，让我们能休养生息。

对我们研究“异端文学”的人来说，1970这一年意味着什么？据宋永毅先生的研究，所谓打击“现行反革命活动”，其中包括地下读书活动，上千个地下读书会被打成“反革命小集团”，许多参与者被捕入狱或受到政治迫害。（《从毛泽东的拥护者到他的反对派》）谢谢他的提醒，事实上蔡楚被“反革命集团”就是那次，他们所从事的正是后人所说的“地下读书活动”。此外还有例子吗？正是1970这一年，南京知青任毅因《知青之歌》判刑，手抄本《第二次握手》的作者张扬被捕，异端诗人黄翔被打成“现行反革命分子”，送“管训班”重点严管。一九六五年底走出秦城监狱的反革命分子胡风，“一九七〇年一月胡风因在报纸的空白处写诗，但报纸上有毛主席的画像，胡风又成了‘现反’。四川省革委会以‘在毛主席像上写反动诗词’

的罪名将他判了个无期徒刑”。我从网上看到一个帖子：《寒气逼人的岁月：1970年十三个犯人的死刑判决书》，披露了一份题为“中国人民解放军大同市公安机关军事管制委员会刑事判决书（70）军刑字第29号”的文件，一次性枪毙十三个人。主犯汤福玺罪行中，有“大量书写反动诗词”；同案犯鲁少山罪行中，有“书写反动文章两篇，反动诗词多首”；同案犯孟源罪行中，有“书写反动文章和诗词九十多首”。从这个判决书，不能不产生联想。

容我正面提出自己的猜想：如果说六、七十年代的中国地下文学好比敦煌，是一条方外的长河寂静无声、气象万千，那寒气逼人的岁月，1970年全国各地档案就是藏经洞。我当然不能说，国家不幸诗人幸之类话。但是对于想要勘查地下文学现场的人来说，这不失为一个契机。去年去世的现代文学专家、深得人们敬重的樊骏先生二十多年前就提醒：“如果说过去主要说档案馆向我们关上大门，那么如今倒是更多在于我们没有迈向它的大门了。”（《关于中国现代文学史料工作的总体考察》）当然从事这项工作，难度是显而易见的。

可我们不能放弃这样想。蔡楚先生在2000年之后，写了首题为《秋意》的诗，最后几句是：

我到哪里去？又从哪里来？
人生已秋却弄不明白
问天地，问鬼神，问自己
一池乡思爬满青苔
心是秋衣，用苍茫去剪裁

讲述是我们的首要责任

——为蔡楚诗文写序

曾经“查勘地下文学现场”，算是一段过往的知情人。所以去年 6 月，当蔡楚先生写就《红色逍遥兵七零八落部队》一文后，《自由写作》的编辑怀昭命我“帮忙审处这篇稿……有任何细节上需要沟通之处请直接联系他”。可能我这审查者的存在，使写作者凭空添加了压力？实在抱歉得很。直到《裸体人》、《我的小弟蔡庆一》等出来，才感到他放轻松了，写得越来越顺手。用怀昭姐话说：“看到一本笔调轻盈、内容厚重的回忆散文集的雏形”。

就从《裸体人》讲起，一个闻所未闻的故事：

闲来无事，我们或去摸鱼捉蟹改善生活，或到后山的破庙宇中去寻找一些斑驳的字迹。一天中午，在去后山的山路上，我突然发现生产队的小煤窑前面，站着一个一丝不挂的男童。我有些吃惊，但借机上去问路。男童大约 10 岁多，头发凌乱，面孔漆黑，枯瘦的身子，只有一双眼睛告诉你他还活着。问完路，我又看见左侧不远的石头上，出现了另一个一丝不挂的男子。男子大约 30 多岁，他可能是听到了声音，站在石头上张望。在正午的阳光下，他全身呈古铜色，但皮肤有部分晒伤后脱皮，头发也是凌乱，但又粘结在一起，同样漆黑的面孔和枯瘦的身子，只是比男童高出一头。

我不便多问，就沿着山路往上攀登。待到后山的破庙宇后，我已把对庙宇中文字的关心，转变成对两个裸体人的好奇。因此，我提前往回赶，想再找到他们，问问他们怎么来到这里，为什么一丝不挂等。待再回到生产队的小煤窑前时，他俩已不见踪影。我四周搜看，发现刚才站男子的石头后面，有一小块平地。上面有一座三角形的窝棚，窝棚用竹竿和油毛毡搭建，大约不到 2 平方米。窝棚内只有一些稻草和破絮，窝棚前有一个用石块和黄泥砌成的马蹄形泥灶，上面有一个裂口的破铁锅。我注意看过，铁锅内锈迹斑斑，显然其主人已常年不见油荤。

讲述者坦白："多年来，我总想写写这曾生存在山区的父子俩。写他俩裸露的身体，漆黑的面孔和枯瘦的身子；写那件破烂而厚重的百衲衣，为什么成为贱民的标志；写他俩虽身体裸露，却从不吭声的原因。1976 年，我也试过把'裸体人'写成短篇小说，但文友们看了都感到枯燥无味，也许是我力所不逮的缘故。今天，我再度提笔写'裸体人'，是我不愿意无声地埋葬'裸体人'和我自己。……"为什么把自己跟父子俩相提并论？那是因为当年的蔡楚兄，就是同为贱民的"黑五类"子女。

"Can the subaltern speak?"——好不好说直到今天都很尖锐？

只是，让蔡兄念念不忘的，显然不限一些特殊人群。且看《抢粮》：

一次，傍晚休息时，我用捉来的青虫在小山沟里钓鲶鱼，听到沟对面的坟场传来一阵哭泣声，我抬头看到几个人披麻戴孝在埋饿死的亲人。由于见惯了当时“新坟叠旧坟”的惨状，我没有在意。突然，一声“打倒□□□！”的呼声把我惊呆了。我长大到16岁，从来都是接受的所谓的正面教育，而这样的呼声我是第一次听到。我马上停止了钓鱼，站在沟边观看。结果，再没有听到呼喊，估计这些人由于饥饿，连呼喊的力气都没有了。虽然，他们于惨痛中发出的一声呼喊，埋没山中没有其他人听到，但对我却犹如石破天惊，终生难忘。

读到这样的文字，在我也“如石破天惊”。还有下面一声声“凄厲的呼叫”：

一個星期天的早上，我被母親的驚叫聲驚醒。衝出門一看，吳爺爺正用右手伸進我家熬稀飯的沙鍋裡面，抓滾燙的稀飯吃。我家沒有廚房，蜂窩煤爐就擺在門口的屋檐下。驚惶中，我用手推了吳爺爺一把，吳爺爺向側摔倒在我家的大口水缸上。雖然缸破水瀉滿地，吳爺爺幸而沒有摔傷，只是右手掌和手腕上滿是血泡。我趕緊扶他起來，吳爺爺卻突然驚恐地呼叫：“蔡天一萬歲！蔡天一萬萬歲！”，惹得全院老小都圍過來觀看。我即扶他回到小屋，吳爺爺仍不停地呼叫：“蔡天一萬歲！蔡天一萬萬歲！”。淒厲的呼叫聲迴宕在他那黑暗的小屋內。(《一生的愧疚——獻給吳爺爺的亡靈》)

理解回忆者的愧疚——“我那驚惶中的一推推倒了吳爺爺對我的關愛，使我愧疚一生”。但是换成别人，谁又能做得周全？在那万家墨面的年头，的的确确“如是我闻”：

六一年八月，學校從鄉間撤回。走時，我所在的生產小隊只剩下三戶沒有餓死人的完整人家。一戶是小隊長家，一戶是單身的會計家，另一戶則是“跳神”的觀仙婆母子倆。我親眼目睹農

民們喝大鍋清水湯度日，親眼目睹每日新墳疊舊墳的悲慘景象，使我逐漸明白了社會與書本和報刊的距離。（《油油飯》）

8 月初，学校从乡间撤回。走时，小队公共食堂已取消。我所在的生产小队只剩下三户没有饿死人的完整人家：一户是小队长家，一户是单身的会计家，另一户则是“跳神”的观仙婆母子俩。……10 年后，听当地到城里做泥工的乡亲说：“四清”中那位会计被检举揭发有多吃多占的行为，被作为“民愤很大”的“四不清”干部逮捕入狱，判刑劳改；那位观仙婆的儿子，因出身成分好已参军。（《抢粮》）

1961 年 8 月，我随学校从乡间撤回。走时，看到我所在的生产小队只剩下三户没有饿死人的完整人家：一户是小队长家，一户是单身的会计家，另一户则是“跳神”的观仙婆母子俩。那时候，城里的粮食、蔬菜、副食品，甚至盐都是限量凭票证供应的。人们饿得发慌，而又不敢言饿，因为说吃不饱的人，就是污蔑总路线、大跃进和人民公社“三面红旗”，就是反革命。而院子里的吴爷爷刚刚被饿死，使我很困惑，因此，我偷偷地问华婆婆：旧社会农村是否饿死人？华婆婆因为是贫农出身，不怕犯错误，她高声说：四川是天府之国，旧社会乡间抬滑杆的人都有熬锅肉吃，咋会饿死人！（《谢妈妈》）

同一故事，一讲再讲。从文章组织的角度，你可说是应该避免的重复。可站在讲述者角度，说明何等铭心刻骨。至于文章中出现的“使我很困惑”、“逐渐明白了”等字眼，好不好说替作者考虑的话，其实有点涉险？而且看来作者，一直都在“钻牛角尖”：

59 年下半年，见到成都大学路的商店里，卖一种不收粮票的点心，其外表和普通点心差不多。问售货员多少钱一个，售货员说，这是高级点心，五元一个。我又问她，怎么外表看上去与普通点心差不多？她答，芯子不一样，是用猪油和蜂蜜做的。记得在放学的路上，我边走边想，国家规定粮票是无价证券，怎么能变相涨价？第二天，在政治课上，我站起来提问，表明不理解。张椿年老师答，要相信党的粮食政策。后来知道，张老师给我学期品行打3分，评语是，对党的粮食政策不满。又把班上的女团员詹xx调来与我同桌，帮助我。此时尝过高级点心，我问尹一之，五元一个的高级点心是否合理？尹一之答，不合理你又挝子（做啥子）？使我瞠目结舌。

——好一个“高级点心三问”！难道真是“相信党的粮食政策”？真不是“对党的粮食政策不满”？或者更透彻讲，难道真是“相信要到迷信的程度，服从要到盲从的程度”？干脆用今天的话讲，难道真不是以下犯上“妄议”？所以说，作者有点涉险。

我虽愚钝，从小都知道“花岗岩脑袋”，是一切“中外敌人”的标配。

但是人总该，活着心不死。时代再疯狂，要把持自己。

于是读到《思念》——“我常思念，在中国的都市和乡镇存留下大大小小不计其数的庙坟，庙坟内常常灯火长明香烟缭绕供人们跪拜或瞻仰悼念。然而，更多的却是散落于村野的无名荒冢和裸露的白骨。”

于是想到《祖坟》——“有过迷失的年代，那是六十年代后期。五十年代我们太小，父亲未来得及带我们走这山路。六十年代走得太快，匆匆地把父辈丢进死亡，却没有丢进祖坟。我们因此迷失过……也许，明年我该再去祖坟。至少该在祖父墓碑的下款上，添上姑姑和妹妹们的名字。因为，作为家族的历史，应该更为健全。”

都是多年前的文章了。还有一篇《油油飯》。还有今年《祭母文》。

《油油飯》读了，只有沉默。有个“名词解释”，知道怎么回事，总是有点隔膜。所以要抱歉讲，我们的少年梦不同——虽然还没达到一位台湾作家所讲，“因为我们没有共同的历史记忆”……的地步。但《祭母文》能读进去：

母亲当年已是职业女性，无论经济或精神都取得了独立。从照片看，母亲当年容貌端庄。一头油亮的卷发，皓齿蛾眉，身穿半高开叉的窄窄旗袍，脚蹬一双高跟鞋，使她显得优雅淑静。

母亲的婚姻也是自由恋爱，她在同学蔡启琳家中认识了我父亲蔡启渊。由于我祖父是一位织丝绸的小手工业者，家有四个子女，家境贫寒，而当时社会环境，婚姻讲究门当户对。我父亲担心外祖父不同意，遂用毛笔给外祖父写去求婚信。哪知外祖父惜才，看信后十分赞赏父亲的一手好字和国学功底，慨然允婚，并送楷隶篆草四幅屏以贺，成就了这段姻缘。

只是看着美好，就要担心结局。尤其那些年间。当我滚动着一条条、一款款的叙述：“母亲出身于书香门第”、“母亲品学兼优”、“母亲是新文化运动后的职业女性”、“母亲为人善良、正直，认真”……就要为滚滚“历史车轮”开进现代丛林而扼腕。甚至头脑里，按捺不住地响起“时耶命耶？从古如斯”之叹：

母亲生前常说：“人生识字忧患始”和“龙游浅底遭虾戏”。我们当时不甚了了，现在才明白，母亲是不愿意苟活于乱世。我大妹回忆说：“当年被学校红五类红卫兵批斗，迫于压力回家问母亲是否留恋旧社会？母亲不吭声。”其实，母亲早就说过：“我家最好的日子，就是抗战胜利后两年。”母亲常唱《夜半歌声》，也是无奈中的婉转表达。

记得陈寅恪《王观堂先生挽词序》写："凡一种文化值衰落之时，为此文化所化之人，必感苦痛，其表现此文化之程量愈宏，则其所受之苦痛亦愈甚……"人们谈论"王国维之死"时常引用它。其实"凡……为此文化所化之人"，就是注意到一普遍现象。即是"必感苦痛"者，不限于名满天下的宏儒硕学。我想说蔡楚先生母亲，就是这样一位不幸人生识字，更不幸"翻身翻到床底下"，加之又"峣峣者易缺"的刚直女性。

看到蔡坤一写："母亲认真而又极度厌恶说假话，这个品质也传给了我们。……她那时就没有什么指望，只盼望孩子们有点吃的，间隔两岁一个的五个孩子能顺利长大。"看到《祭母文》写："母亲是我热爱音乐的启蒙老师，她不仅教我唱儿歌，还教我唱英文歌和古诗词歌。如《Let Us Together》（让我们在一起）和柳永词《雨霖铃·寒蝉凄切》。稍长，我常听母亲唱《夜半歌声》和她改词的《松花江上》，那哀婉的歌声，始终萦绕在我四周……"，一种精神的失落和深深的疲惫就弥漫开来。且看《夜半歌声》两段歌词：

风凄凄雨淋淋
花乱落叶飘零
在这漫漫的黑夜里
谁同我等待着天明

我形儿似鬼似的狰狞
心儿似铁似的坚贞
我只要一息尚存
誓与那封建的魔王抗争

如果档案中有关"揭发"靠谱，则她 1962 年在院子里骂"这些干部白吃人民大米，十足的官僚”；还有1964年到办事处、派出所去骂所长、主任：“眼睛瞎了，这么官僚，你们白吃人民大米，看看我们娘娘母母的生活嘛，了解了解下情况嘛！”……的确有点无视人家“历史潮流不可抗拒、不可抗拒”。至于最后的奋身一跃，固然是走投无路，却也是隐忍了多年的“誓与那魔王抗争”——也就是“经此世变，义无再忍”。

《祭母文》写：“母亲为维护自身的尊严而投井自杀”，这是深思熟虑后的不刊之论。而自身的尊严这东西，该怎么说呢？“解放后”不讲究这些。我们的情形，正像流沙河先生回答《南都周刊》记者采访时所指认，老舍那一代很看重尊严，自杀者很多——“他们那一代自杀的多，我们这一代自杀的少。为什么？因为他们接受的是旧社会的传统文化，还要做gentleman，把尊严看得很重。而我们这一代呢，建国初期我们还年轻，都积极地参加批评自我批评，习惯了骂自己，侮辱自己，因此更容易逆来顺受，更容易苟活。”

的确悲哀。难怪蔡楚集中，诸多野有遗贤的故事。如《五姨嫣》、《纪念贾题韬老师》、《纪念华西协和大学刘之介教授》、《一张老照片——纪念老友张友岚》、《成都“志古堂”传人的遭遇——纪念五姨妈和大表哥》等，使人兴“黄钟毁弃、瓦釜雷鸣”之叹：

1972年至1979年期间，我在张友岚之上半节巷6号故居，多次见过三位老先生。周抡园前辈在文革中，因“破四旧”，他被迫以画骨灰盒为生。当年他讲起此经历时，还唏嘘不已，感到人格受辱。书法家陈无垢，时在成都量具刃具厂做工。直到他的书法“墙内开花墙外香”引起日本书法界的赞誉，找到成都，这才引起舆论和圈内的注意。贾题韬老师曾在他四道街8号家中，与我对局一盘中国象棋，使我受益匪浅。三位老先生彼时都很凄凉，不仅门前冷落，生活困难，贾题韬老师还被扣上“反革命份子帽子”，出门要给派出所请假。（《一张老照片——纪念老友张友岚》）

一般而言，这些人现在“升值”厉害。比如看网上，“周抡园作品是有待挖掘的金矿”、“周抡园作品不出十年必将突破千万”……之类标题。可“曾几何时”呢？“革命年代的大师们”，包含多少辛酸、多少难堪。何况恶梦还在恶。就像“志古堂”一文讲述的：晚清以来，志古堂即为四川首屈一指的書坊。大陸易帜后，五姨媽因为是志古堂业主，家中又有几畝薄田，被划為“地主份子”。“志古堂”只能关门大吉，书版捐献人民政府，文革中作为“四旧”焚毁。而志古堂的匾牌，這塊文化見證物，被五姨媽送到鄉間親戚家。

不無辛酸的是，在那個知識越多越反動的年代，這塊文化的見證物在鄉間親戚家也是穢物，親戚只好把它反轉扣在豬圈前面，作為糞坑的踏足板，反而在几十年的風風雨雨中幸存下來。

作者记下匾牌因何偷生，也记下几十年后翻云覆雨：

1979 年时，成都市某些人要自诩为中华文化的传人，异想天开地要为一己之利，修成都市的出版志。他们千方百计出重金要收购志古堂的匾牌，这时五姨妈和大表哥从罗家碾的粪坑上找回了这块文化见证物，其勇气和文化秉性却突然闪现出来。五姨妈同大表哥俨然拒绝了，他们的形象在我心中陡然高大起来。

更记下经历了这么多，当晚年儿孫满堂，可享天倫之樂時，五姨媽“不想活了”——“這話中難道就沒有難言的隱痛？”“1、2、3、4、5、6、7……這數字透著中華文化的宁靜和書香，將永存于成都的文化史中，讓后代更加警醒，給當代諸公數落著他們的斑斑劣跡。”

注意到五姨妈，“是我母亲唯一的胞姐”。的确应该，完整记载。

当然蔡楚集中，还有“地下文学藏经洞”的故事。《勇敢是信念和智慧的果实》、《亡秦必楚——记陈墨二三事》、《追寻的灿烂——记邓垦二三事》、《红色逍遥兵七零八落部队》等篇，讲述着“仍然有野草，只是她们默默地，在圣殿的下面”。如“七零八落”云：

一九六一年初秋的一天，院邻谢朝崧老师对我说，欲介绍一位传奇性的诗人与我认识。谢老师毕业于昆明工学院，在成都东郊107保密工厂当教师。当时，我刚随母校成都工农师范学校的师生，到龙泉驿八一公社支农半年后返城不久。由于在乡村见到饿死不少人，胸中有太多的表达冲动，而且，我正处于学写诗的高峰期，于是便答应下来。谢老师说，传奇性的诗人叫尹金芳，笔名尹一之。之所以传奇，是他能独善其身，没有大的波折。

这位尹一之，射洪县人，是唐代大诗人陈子昂的同乡。五十年代初期毕业于西南政法大学，因其叔父参加过蓝衣社，遂被当局取消毕业分配。一九五八年初，他在自谋的小学教师岗位上，已做到校长职位，但为避“反右”（工农中不划右派），他以近三十岁的年龄，毅然到西郊成都阀门厂当学工。显示出无奈中的智慧。

认识到“方今之时，仅免刑焉”，这位尹一之无论如何都是高人。“他说他大多数作品都不能发表，因为不能示人”……同样是基于清醒。至于对诗的爱，是另一回事。“当时，我刚随母校成都工农师范学校的师生，到龙泉驿八一公社支农半年后返城不久。由于在乡村见到饿死不少人，胸中有太多的表达冲动……”，难以理解吗？身陷古拉格的曼德尔施塔姆坦白：“词就是纯净的欢乐，就是摆脱忧伤”，难以理解吗？1980 年获诺贝尔文学奖的米沃什评注：“曼德尔施塔姆向狱中的一对难友朗诵他的诗歌，这是一个崇高的时刻，它使生活变得可以忍受。”我想其中道理，大概并不深。

“地下文学藏经洞”，不过是春鸟秋虫自发声。就像野草诗人邓垦所讲：“这土地、这人世，不平事太多。我们的最大不平，就是不惯于喉咙被锁着链子；我们的喉头在痛苦得发痒。”也像另一位诗人陈墨，这位一生的“底层穷苦力，黑五类狗崽子”在半个世纪前喃喃自语：“窩裏稻草暖身 / 夢中文字暖心”，“孤独的吟哦者，/ 自己是自己的知音”，“我該慶幸：/ 在任何牢籠裏 / 總會有新鮮空氣吹來”……若干年后的 2007 年，他当妻子入狱、自己受忧郁症折磨时一再确认：

“……黑暗中，有些东西的确在发着光，并且温暖着接近她的人。洞中又冷又黑。”

蔡楚集中还有，一位母亲奋不顾身、“鸡蛋碰石头”的传奇。《一位抗战时期儿童保育者的悲惨遭遇——纪念贺婆婆》写：1963 年认识贺婆婆，时值她与孙儿住成都转轮街。那时她已患老年性白内障，不能书写派出所责令“四类份子”每周必须上交的“思想汇报”或“坦白交代”。故而，有时她口述，帮她代写交代材料，“我才知道了她在 1952 年 3 月 25 日在自贡市大逮捕中锒铛入狱的经历”：

她说，当年国共两党合作，保育会和自贡市慈幼院及自贡教育界都录用了国共两党的人员。在国民党当政时期，她多次为保护有共产党党籍的员工向当局陈情，或组织人员上街示威游行要求释放她的员工，一般都得到尊重，该员工会被教育释放。而且，她还因此受到自贡市教育界的普遍赞赏。……易帜后，贺婆婆以为共产党会更民主和自由。因此，习惯性地为被当局逮捕的，并被称为国民党特务的华树之向当局陈情，但没有效果。继而，她又组织人员上街示威游行，这次，却鸡蛋碰到了石头。

揪心的故事。历史的补丁。让今天的读者及后世人领教了——曾几何时，有这样一位不寻常的母亲，由于“不懂政治”、“不识时务”、“不知进退”地替人鸣冤，而被铁血政权终身报复……此前的我，当真以为，不会有这样的事。各人自扫门前雪，哪管他人瓦上霜——这是我们的宝贵传统喽。记得鲁迅先生当年，指斥我们历史上少有“抚哭叛徒的吊客”，多是“见胜兆则纷纷聚集，见败兆则纷纷逃亡”的聪明人……好像现在看，不全是那样？也有这种，舍己为人的“母亲—反动派”？记得鼎革时，举手投足间，有位贺婆婆。

继续讲述吧，蔡楚先生。理解当年朋友，面对过去“说是伤心事、不愿意去碰”的心情。也理解你说，“惜墨如金是我的习惯，怕影响国内帮助过我的朋友是真”，以及涉及到朋友时的剖析：“……人固然不完美，但既然相交几十年，我怎样写自己喜欢的人的双重性（包括自己），我还没有把握。”我们曾经，发生争执。你说“你是写史的，我是写诗的，风格不同，各自保留吧。”我说“文笔简洁是优点，我也很羡慕；可是作为一言难尽的见证写作，对于‘简洁’（包括某种诗意）的迷恋或偏于简单化的持守，在一定程度上会成为作茧自缚。”现在看来，是僭越了。写作是个人的事，文学是心灵的事。涉及情感，不烦“踏勘”。

看到了我所喜爱的龙应台先生指明：记忆，是情感的水库。记忆是一门非常、非常困难的功课。“一个人的记忆就是他的尊严，我们欠他一个真诚的倾听吧？”的确应该，讲述啊、倾听啊先行。也就是节制考证、批评的冲动。还想到埃利·威塞尔，这位纳粹大屠杀幸存者、诺贝尔和平奖得主在一次演讲中说："我的责任不仅仅在于生者，对于死者我有同样的责任。……我相信，我们相信，记忆才是答案，或许是惟一的答案。"想到他在更早些时候，在另一场影响深远的演讲中说：让我们来讲故事，别的一切都可以等，必须等——

"让我们来讲故事。那是我们的首要责任。评注将不得不迟到，否则它们就会取代或遮蔽它们意在揭示的事物。"

2017 年 11 月 13 日初稿，19 日改定

思到无邪合打油
——谈九九的谐诗及其意义

野草有谐诗，搞笑方言诗，很乡土很成都的那种。

之所以一开头就这样讲，是因为前不久，我的几位学生致力于“成都野草诗人心理分析”，在不乏精辟之见的行文中搀杂着这样的结论：“纵观野草群体诗歌作品，我们从这些本应该打上成都地域特色的诗歌中找不到太多的成都因素，基本找不到李劼人、沙汀作品中的成都方言和成都特色习俗和意象。”

——这不是事实。我跟她们讲，九九有“谐诗”，成都那一套。学生则坚持：“我们觉得诗歌中的成都地域特色有点少”。我想，所以觉得少，是着眼于数量与比重的缘故吧？也有一种可能，就是她们所见《野草诗选》中，编者九九把自己放在了最后，而多少被埋没了？又觉得不那么简单。或许在本就不多的解读中，九九的写作面临更尴尬的处境？

因而我想到，在《野草诗三百首》、《野草散文选》问世后，专门编一本《野草谐文歪詩选》或许不是多余？这些东西写得“好不好”，是另外一回事，存在本身不容忽视。还有就是解读，也该弥补上。以前谈论，无论“空山”还是“野草”，都是名门正派，都是庄重自强。可野草的确有很接地气，“滑稽多智”的东西。

这次阅读，发现九九、罗鹤、兰成“谐诗三剑客”且不说，邓垦有“野鸣体”，陈墨有《￥先生怪话》，大泽有《泽炮夜话》……就连白水这样印象中高标绝伦，“偶然走进‘茶铺派’的诗歌天才”，竟然也“粗服乱头”起来。就像《杜甫疑案考》的结尾：

现代学者考证，他的确心中惶惶
不然为何从繁华的都市躲到僻壤
每当猿啼他仿佛听见枷铐
每见北斗他疑心是有司的链条
“花径不曾缘客扫，蓬门今始为君开”
哈哈，有诗为证
竟敢妄议婊子的裆中央

野草实在是，地上乱长的。土地污染了，长得就难看。其实一开始如此，从一开始野草就是别人想要根除的“毒草”。追溯到半个多世纪前，陈墨与邓垦 1964 年 10 月的小诗合集《二十四桥明月夜》的《序》中，陳墨就开宗明义写：“低级趣味之爱好者虽不甚多，然而……”下面的话打住了。然后在二十多年之后，1988 年又旧话重提——社会压抑了我们，“这种由压抑感派生出的普遍的病态的情绪，无疑是我们的通病，是所有忧伤中主要的。但我个人还有性压抑的忧伤（表现在诗中就是所谓爱的寂寞、爱的忧伤）。我从来就不讳言本人是‘低级趣味之爱好者’。”显然，忘了这个东西，怎么认知野草？

野草方言诗，当以九九兄为首。用四川话讲，他是“费头子”。

杨健《中国知青文学史》（中国工人出版社，2002 年 1 月版）第六章，讲述“成都文学沙龙”时郑重写：在这个圈子里，杜九森的诗作别具特色。“这些歌谣体的谐诗继承了民歌传统，浓缩了知青一代人的历史命运，它们将会载入典籍传之久远。”

而据野草主编陈墨 1996 年回忆：

九九初写歪诗时在文革中。那时正是天下人活得最昏天黑地的年月，也正是我与他活得最闭声闭气、最七撬八拱又黄又瘦一身滂臭即青春综合症最厉害的年月。我们都属于无资格“干革命”，只配“革命”干了又干的贱种“黑五类”，逍遥于“火与热”的斗争之外。但生活的麻辣烫享受得太多，免不了干火湿热攻心。于是也想追求点什么来安顿躁乱的精神。九九天生选择了谐话歪诗，我天生选择了他的另一头。(《庄话与谐话——〈九九谐诗〉读后》)

野草诗人群体当之无愧的“大哥”邓垦则写：

六十年代，九九即以首创的各种谐诗广布市井间。七十年代初，九九与陈墨结伴上山下乡到四川盐源县插队落户，又创作了不少知青诗和知青歌曲，传唱一时。(《“扯拐”的九九》)

还有同九九自小一起做坏事，后成野草“谐诗三剑客”之一的罗鹤，在其方言小说《方脑壳传奇》（新疆人民出版社，2000 年 5 月）第十七回，有模有样地讲了一则趣事：

老九弄巧成拙劣，受了奚落，苦笑不得，随口念出一首谐诗：“恋爱，恋爱，你就象块锅盖，灶里头猛起烧火，锅头码不实在。”随即他边去见邱墨砚，汇报了前后经过，又念出这首谐诗。邱墨砚笑道：“看来你老弟在谐诗方面很有天赋。”只因这话一锤定音，致使老九后来写出了《玖玖谐诗一百首》，名震巴蜀。正是：

墨君有爱不敢爱，暗中写出“家门外”；
老九奋勇帮倒忙，方悟恋爱像锅盖。

“传奇”涉及的陈墨《在你家门外》，是 1968 年 5 月写的。有意思的是过了二十来年，1991 年 3 月九九为《在你家门外》一诗，歪和一首《黑色的悲哀》（亦即《九九谐诗》中的《悲哀大拍卖》），可见对当年的事，他一直不能释怀。歪诗云“我象一個背時的乞丐，／徘徊在你家門外”，然后声声叹息、步步呻吟地抒发：

只有在這賊才敢來的深巷裡
我餓枯了的感情才會排山倒海；
只有在這偏偏倒倒的徘徊裡喲，
我愛的步伐才不至於隨便倒拐。

不过这些，属于“后期”的诗了。总地来讲，我以为九九在文革期间写“歪诗”行为，在真实性方面是没有问题的。一种类似“江上一笼统，井上黑窟窿”的“书写”，别说当时算不算“文学”没把握，我想就是到后来，以及后来的后来……它究竟算什么？又没有价值？如果有价值的话，究竟有多大的价值？……我想凡此等等，作者是没有把握的。所以他一直，谦卑地或者下矮桩地，把自己的行为书写或书写行为，称之为“搞起耍”。

想说这种事情，其实蛮象元曲。

应该指认清这一点，就是九九一直以来所做的事，类似王国维探究“元曲为中国最自然之文学”的原因时，所揭示的：“盖元剧之作者，其人均非有名位学问也；其作剧也，非有藏之名山，传之其人之意也。彼以意兴之所至为之，以自娱娱人。”

据九九回忆，他最早的一首“歪诗”该是《赠某操哥》，是讽刺好友罗鹤的车间同事周某某的。目前所见的文本，登于 1989

年 2 月 26 日《诗友》总第 47 期，诗后落款“1967 年于蓉”。（收于《九九谐诗》的《某操哥 Y 传》，做了些修改）随后是登于《诗友》1990 年 11 月 28 日总第 58 期的《初恋》，落款为“1968 年秋作”。（收于《九九谐诗》的《燥辣的初恋》，做了较多增删）据说 1969 年中秋节，在邓垦的婚礼上，九九跟陈墨、罗鹤一道祝贺，曾当着一百多人用方言朗读此“歪诗”，引起哄堂大笑。再就是《冰糕纸》一诗，很长时间野草同仁都笑说他是“冰糕儿起家的”。目前所见最早的此诗文本，见于 1988 年 7 月 30 日《诗友》总第 33 期，落款“69 年作”。（《九九谐诗》中的《冷得打抖的约会》，做了若干修改）

就是说九九的“文革谐诗”写作，应该是能够认定的。存在的问题只是，现有的“歪诗文本”，就作品论作品讲，有的能落实，有的尚不能落实——根据现有材料。还有就是，能够确定为文革当中吟咏一写就的作品，从“当时”到后来《诗友》登出，期间有太长的时间，哪些是当时写定的，哪些是做了修改的，需要具体分析。这方面有大量工作可做。比如前引罗鹤书中提到的“段子”，目前能够看到的该诗文本，登于 1979 年 11 月 23 日《诗友》创刊号，题目为《谜》：“恋爱，恋爱，你就象块锅盖。灶里我莽起势烧火，锅头硬是马不实在。”跟罗鹤版本只有几处小的出入。但是诗后未落时间。

再就是“一脉相承”的意象，又出现在 1988 年 8 月 30 日《诗友》总第 34 期所登《你的爱 我的爱》一诗当中，跟上次出现隔了九年。全诗六节，头两节是：

你的爱，象锅盖
我就是把把柴
对你无限崇拜。
稳得邦老的姑娘哟，
灶烘头我莽起烧火，

锅里头硬码不实在。

我的爱，象泡菜，
你就是海椒面，
让我作火飘火辣的等待。
令人开胃的姑娘哟，
全靠你来凉拌我，
寒酸的我才有上席的气派。

一如既往地有趣，只是诗更加丰满。末段有句“我的爱，象乞丐，/你就是Y经理，/正创造着一个倒拐的世界……”，“Y经理”无疑是改革开放后八十年代的字眼。随后此诗出现在《九九谐诗》一书中，题目为《霉不醒的爱情三部曲》，分“爱”、“恨”、“怨”三节，《爱》基本照搬1988年《你的爱 我的爱》的内容。不过也有若干小的修改，如前引“灶烘头我莽起烧火，锅里头硬码不实在”，成了“灶烘头我拼命地燃烧，锅里头还是码不实在”；“全靠你来凉拌我，寒酸的我才有上席的气派”，成了“全靠你来凉拌我，咸酸的我才勉强有上宴席的气派”。

看来话语在旅行中，又在发生延展……当然这些，不是作者所关心的。

与之相关的，是诗歌文体的命名。

《方脑壳传奇》直接指认“谐诗”，无疑是把后来诞生的“官名”当懵懂时期的“小名”用了。据九九本人回忆，“谐诗”是1994年重阳日题写书名时，流沙河先生为他敲定的名字。当然是此前，起码从三、四十年代民国时期就有了“谐剧”，九九又是“谐剧”创始人王永梭的弟子——当《九九谐诗》1996年3月出版后，王永梭先生撰写《书生本色 文如其人》一文回忆：

“我和杜九九交往，差不多十五个年头了。在那些困难的日子里，我经常去城北茶馆整理旧作。他已不当知青回了城，做临时工掺开水。几次接触，因而有机会他把从前写成的稿子给我看看，我发现他是一个很有才华、有思想的年轻人。……”(《华西都市报》，1996 年 7 月 2 日)

尽管如此，我发现九九本人对此“官名”一直是踌躇的。表现在早在流沙河先生题写书签前，就在 1993 年 3 月 15 日《诗友》总第 78 期上议论：

一言以蔽之，“麻辣烫”不仅已进入了我们口中，并且已进入了我们的精神生活中，无形中支配和影响着我们。

及时地准确地反映生活中的“麻辣烫”，使我选择了文学——“麻辣烫”谐诗的表达形式，我希望这一新的艺术品种，能给人带来欢乐，同时也带来一点笑后的思考。(《关于“麻辣烫”及爱情和其它》)

他把它叫“麻辣烫谐诗”。而在 1997 年写作《魂断台北》时，又提到“我的辣味诗”。一直在推敲用什么名字。不过更多时候，还是用“歪诗”。比如野草诗人阿宁在 1991 年 10 月，发表评论《独步石炭的知青形象——评贝石的“歪诗”》，开宗明义说：

“歪诗”，是他自己这么说的。既已约定俗成，就这么称呼吧。其实可以叫诙谐诗。

还有就是此次编书，陈墨兄题写的书签是《野草幽默诗文选》，而他提供给我的是书稿是《野草谐文歪诗选》。说到底还是偏爱“歪诗”。为什么这么踌躇？他说在 70 年代末，跟王永梭先生请教时，面对“四川方言诗”的名头，他扭扭捏捏说：“我那叫什么方言诗？我是弄起耍的……”

为什么谈这个？只是想说他的写作心态很特别。他的写作心态跟很多人（包括跟他自己以“孙路”笔名写现代诗时）不一样。是想强调指出他的“玩耍—游戏”心理。做这些事情不过是“以意兴之所至为之，以自娱娱人”。认清这点非常要紧。越是“经国之大业”，就越容易像文坛大家邵燕祥先生，1988 年“咏第八次文代会”所刻画的：

都是作家艺术家，出恭入定静无哗。
不愁百万成虚掷，安得金人似傻瓜。
已验几回诗作谶，可知何日笔生花。
掌声拍报平安夜，大会开得很好嘛。

反过来越是壮夫不为的“小道”，投入进去就越没有精神负担。就越能写得昏天黑地，玩得疯疯魔魔——所谓“自由”是也，“狂欢化”是也，“酒神精神”是也。诚若四川谐剧公认的特点，是“既不要脸，又不要命”。也像吟出“高低深浅两双手，香臭稀稠一把瓢”的聂绀弩吐露，“如完全不打油，作诗就是自讨苦吃。”黄苗子说得更妙：“思到无邪合打油”。

其实不光九九。整个野草诗人群体，在我看来都是审美无功利。像元小令表达：

“弃微名去来心快哉，一笑白云外。知音三五人，痛饮何妨碍，醉袍袖舞嫌天地窄”？

现在要谈论，“歪诗”的意义。

为了走捷径，只说早期作品。

就说杨健《中国知青文学史》大段引用的《抢水谣》吧。此诗该书标注为 1972 年，《中国知青诗抄》为“一九七二年三月”。

经查 1991 年 10 月 28 日《诗友》总第 69 期，落款“初稿于 70 年，79 年改”。故事已经过去了半个多世纪，可是那场面、那情景、那姿态、那口吻被定格了。曾经如此，“天下人活得最昏天黑地”。“要抢水 莫后悔 / 知哥你爷本是鬼”及“要吃饭 就弄烂 / 反正只剩屙尿罐”的亡命劲儿让人触目惊心。

队长说，当干活
丢翻一个得五角

书记骂，不要怕
天大地大馍馍大

当知青，献红心
这回等于捡相因

为集体，要扎起
年终结算搭碗米

要回城，当正神
老子二天开后门

话一完，象过年
大家在喊先发钱

队上穷，是饿农
穷得象个烂斗蓬

钱没有，莫要吼
先发半碗红苕酒

酒下肚，人上路
偏偏倒倒迈大步

想到那个年月，“活着干，死了算，完蛋就完蛋”。想到那个年月，高音喇叭里的“说打就打，说干就干”，还有号令全国的“下定决心，不怕牺牲，排除万难，去争取胜利”……想到那个时代过去了，但有些诗像《三吏》、《三别》一样留下来了。比如黄翔《我看见一场战争》：

我看见一场战争 一场无形的战争
它在每一个人的脸部表情上进行着
在无数的高音喇叭里进行着
在每一双眼睛的惊惧不定的
眼神里进行着……

想到全民皆兵，万里江山万里营。整个国家铤而走险。想到九九这首诗，想到山高皇帝远。当全国都在一遍遍“天大地大不如党的恩情大”的时候，一个偏僻落后地方的基层党的书记以“天大地大馍馍大”来动员革命知青……你会忍俊不禁，还是会揪心？

还有杨健书中所引的《醉酒歌》（该书标注此诗为 1972.1。可查 1988 年 8 月 30 日《诗友》总第 34 期，落款是“七一年乡下”。还要说明的是，我用《诗友》文本，跟杨健有些不同），活脱脱写出了那年月普遍的走投无路和“困兽犹斗”：

走走走／喝闷酒／胡豆豌豆都没有／只有嘴啃手

来来来／敞开怀／一醉方休胜活埋／天地是棺材

唱唱唱／自晃荡／知哥知妹浪打浪／句句扎心上

哭哭哭／大扫除／不见爹娘不见屋／泪水染地图

嚎嚎嚎／孤灯摇／风大雨狂魂断桥／相思已长毛

叫叫叫／鬼火冒／前程似井只有跳／谁在阴倒笑

喊喊喊／千里远／乌云滚滚扯火闪／球大爷来管

梦梦梦／虚火中／铺盖枕头尽是洞／只有眼不动

死死死／如薄纸／又是脓血又是屎／到底为啥子

抢抢抢／自给养／运气不好绳子绑／抢够跑香港

对对对／开个会／醉眼醒来茅坑睡／狗在舔脚背

要说明的是，1993 年 4 月初，贺星寒先生在为《九九谐诗》写序时，提出他的发现——“我觉得，本集作者甚至把自己放得更低，摆在普通人自我感觉位置的下面。”又说“平庸不可逃避，这种近代的文学醒悟，在中国是由反叛的知青歌谣发端的。”当然，贺先生没有忘记，本集作者“把自己放得更低”，“放得这样卑徽低下”，跟他生不逢时地，“一场晃事遭三代”有关。贺先生没有提到的是，“天地是棺材”时，还有个“跑香港”。

野草诗人陈墨在一则读书杂记中写：

文革時，私下裏有“苛政猛於鯊魚”一說。即為尋出路，赴海人不惜葬身鯊魚之腹，拼死一博。非“自由”之誘人，實乃生物求生之本能。因為人處“絕境”，不甘就戮，哪怕一綫生機，救命稻草，都决不放過！吾友九九，文革時才十六歲，練爬行、練冬泳，欲赴海去港，為我所止。我借二十世紀初匈牙利作家米克沙特·卡尔曼的話說："當你尋找出路的時候，千萬不要忽略了黑夜。"吾友李芳，從小雙目失明，文革時才十二歲，竟攜其妹，混火車，賣唱乞討，直到去港海關，才被攔下，送回成都。如此者三。無人能知，小瞎子的真正目的地是"自由港"，皆以為年小貪玩而已。連她講給我聽，我亦懷疑："你們又非身處絕境，何必犯險呢？"誰知她說："這兒空氣都充滿毒素，令人窒息。正因為我知絕無人懷疑我們，所以才敢混關。正因為想自由歌唱，才想逃出去。"（《讀書雜記》三十七、關於"絕境與出路"）

毫无疑问，今天谈这些，还是"不对"的。诗中"嘴啃手"，也是"不雅"的。所以这样的诗，在今天都不好在大的官方刊物上发出来，发了也得不到评论家的青睐。人们会在私下里说，写文章总是"不宜"的。重重叠叠的遮蔽啊。江上一笼统，井上黑窟窿。

再如他的《送行曲》：

没没没／划不搓／读书读成空壳壳／鸡儿吆下河

爬爬爬／好燥辣／颈项有如鬼在掐／前途一堆麻

拖拖拖／吊锑锅／一家大小呕呵呵／都喊吃不梭

躲躲躲／命颠簸／四面八方遇老左／哪个敢剩火

下下下／无二话／天大地大肚更大／免得打群架

送送送／鬼火冲／六腑五脏气乱拱／进退皆是洞

别别别／情凄切／鼓声锣声如打铁／心头凉半截

离离离／排整齐／点名报数如卷席／有如网中魚

挤挤挤／泪似雨／哭爹哭妈哭自己／宝书是行李

找找找／偏偏倒／人群嘈嘈嘴皮咬／肝肠似火熛

看看看／团团转／家园校园垮一半／背上冒虚汗

望望望／目光烫／标语口号在打仗／太阳吊天上

握握握／象吞药／是苦是甜不能说／只有乱跺足

上上上／都一样／推拉揪扯死不放／谨防挨一棒

挥挥挥／肏他龟／反正都是肉一堆／迟早化成灰

横横横／搞不成／半神半鬼半是人／惹毛挖祖坟

需要说明的是，此文本登于 1991 年 1 月 28 日《诗友》总第 60 期，诗后落款为“七一年初稿·九一年一月修改。后来收入《九九谐时》时，改题为“送行鬼火冒”，又做了写修改。诸如第一句“没没没”成“磨磨磨”，从叙事来讲更自然，可从抒情来讲，就失却了类似陆游《钗头凤》“莫莫莫”那样的绝望。同时也就掩藏了自己文体与古典诗词的联系。再是第四段后两句，变成了“天天查夜遇老左 / 丢进派出所”，好像更戏剧性了（作者 1971 年底回成都，1972 年春回西昌，因无“公社证明”被送收容所三个月），我以为不如“四面八方遇老左”更说明那时代。然后就是到处第二段的“肏他龟”，出版时文雅化了。最后一段干脆整体删除……是好是坏不管，情况总要说清。

依我看这首“不正经”、很“扯拐”的“低级趣味”诗，其实是流淌着老杜“车辚辚，马萧萧，行人弓箭各在腰。耶娘妻子走相送……”的血液，而为我们那个官方曰“广阔天地大有作为”，私下里“是苦是甜不能说”的时代造像。如果接触到了这首，还会说那首《这是四点零八分的北京》写得怎么怎么好，我就不想说什么了。

乌托邦里的哀歌啊。黄狗身上白，白狗身上肿。

本来想说一下语言。话到嘴边又不想说了。

写方言是，“危险动作”。虽说古已有之，什么“屈宋诸骚，皆书楚语，作楚声，纪楚地，名楚物，故可谓之楚辞”（黄伯思）之类。众所周知，“俱往矣”了。在强大的普通话跟前，“外省”或“南方”算什么。因为这个所以，我说野草诗人已经是时代的边缘了，而野草里的九九一脉，好像是边缘的边缘？我想这个，也是命也。既然是命，只有认了。

可另一方面，重复前面的话：“好不好”另说，存在不容抹杀。为什么说这个？因为看到杰出的诗歌活动家、第三代诗歌理论家周伦佑，在回答一位年轻诗人关于四川方言与普通话的区别，及“这种区别之于诗歌写作的意义何在”提问时，说了如下的话：

“就我所知，80 年代的四川诗人（包括我自己），没有一位是用四川方言（或诗人家乡的方言）写作的，依据的基本上是以《现代汉语词典》为规范的普通话系统。在私下或正式场合朗读诗歌也大多是用普通话，在我的记忆中，在公开场合只有个别人是用成都话朗读诗的。”

只说 80 年代，或者可以讨论。若是涉及更多，九九可以反驳。

2017 年 7 月 22 日，于暑热之中

悠悠苍天，此何人哉

——汪建辉《中国地图》及其症候分析

他突然想到，他是在为谁写日记呀？为将来，为后代。他的思想在本子上的那个可疑日期上犹豫了一会儿，突然想起了新话中的一个词儿“双重思想”。他头一次领悟到了他要做的事情的艰巨性。

——乔治·奥威尔《1984》

没有根的生活，是需要勇气的。

——雷马克《流亡曲》

早想为建辉写篇文章，一直动不了笔。作为交往多年的朋友，我深知这个人以及他的小说，不是那么好谈论的。

这是一个看起来寻常，其实不寻常的人。他的小说呢，显然与众不同。怎么个与众不同法，几句话不好概括。可以说有一种复杂性和异常的奇崛，如纳博科夫主张的："艺术达到最了不起的境界是要具有异常的复杂性和迷惑性。"又像某位拉美名家断言，"一切艺术到了最后阶段，用尽全部手段时，都回流于巴罗克。"可巴罗克指什么？

"你这家伙有点怪，可是从外表又看不出哪点儿怪。"这是若干年前，《床下作家汪建辉》中的一句话。我觉得满中肯。这究竟是一个怎样的家伙，有着怎样的生活和创作轨迹？二十年来不懈的精神耕作及其收获，对于我们这些与他同代的人有什么用，又存在哪些显而易见的局促和匮乏？怎样地谈论才算得上恰如其分，既不是出于单纯私谊的吹捧与拔高，更不是罔顾事实、人情炎凉的偏见或扭曲？什么样的言说对于他、对于共同的朋友们以及我自己，是有益处的？以及，朋友的存在如果是一面镜子，我能从中看出些什么？

一系列的思虑，都使人提笔时，不免沉甸甸的。我是底气不足啊。有智慧的古人遽然讲："朝菌不知晦朔，蟪蛄不知春秋"，以及"夏虫不可以语冰"。那么我足以谈论建辉吗？假如是朋友，就更该慎重。朋友是朋友，你应该公道。直截了当讲，如果说小说家朋友是一个时代的精神间谍，那么愚钝如我，能否充任一个"文学侦探"的职责呢？

不知道。老实说，没把握。是以长时间沉默。

一、一个怎样的写作者？

可以肯定讲，写作者汪建辉被严重低估了，如果不说被埋没的话。别说得不到表扬，连应有的批评也没有。不，老实说缺少读者。

情况正像我们共同的朋友讲述的：

一个无声无臭的民运失败者的“指尖淌血”的现状和道义只能如此曲折地表达出来，但是老汪算什么呢？一个同样无响无臭“潜伏多年的文学特务”的表达算什么呢？他的公开饭碗是媒体，是为统治者营造太平盛世神话的奴性的媒体，可他的私下身份却是谎言的敌人，就像奥匈帝国的银行职员卡夫卡在私下所干的。

为什么会被严重低估？我尝试提几条解释。主要原因在于，他的写作属于独立写作、自费印刷，那些想读的人难读到。一种个人化的“萨米兹达特”（Samizdat），只能是“断在浓墨处”。再就是他的写法像中世纪的炼金术士，有点不讲章法、形迹可疑。主流文坛的人觉得他异端、危险，文学江湖的人觉得他晦涩、前卫，两面都不讨好。他本人对此是否有察觉？有的，可也一意孤行：“我在写字的时候总会想，自己要在文字里藏很多很多东西，让批评家来发现。我有时候也会想，我是不是在为批评家写？”——Oh，My God！

实在是自绝于党和人民了。所以我觉得，他的被低估得不到阅读，有他自身的一份原因。一个写作者哪能那样任性！哪怕同样任性的我，有时都不免在心里嘀咕。以至哪怕忝为朋友，我都未必能走近或走进他。何况何为朋友？现代社会的朋友么，据作家昆德拉的定义：

“假如你成为别人仇恨的发泄目标，假如你被定罪，成为众矢之的，认识你的人可能会有两种反应：有一些人也参乎其中；还有另一些人，悄悄地，好像什么也不知道，什么也没有听到，这样你可以继续跟他们交往，跟他们说话。这第二类人，小心谨慎，很巧妙，很细腻，他们就是你的朋友。这是现代意义上的朋友。” （《身份》）

他说的相当精彩啊。其实我们置身的环境，跟他描绘的也差不多。所以我概括讲，小说家汪建辉的被低估，一方面是“求仁得仁”，那不是全部原因。应该说同时代搞批评的人，有其“主体”责任。

老汪是很难谈论的。

他这人，怎么说呢？不是锋芒毕露那种，有点羚羊挂角、无迹可求的味儿。是的，太浑朴了。属于那种人多处不多言，而又夜半三更、吃吃暗笑的主儿。（鲁迅：“我忽而听到夜半的笑声，吃吃地，似乎不愿意惊动睡着的人，然而四围的空气都应和着笑”）他为人很和气，说出一些话却雷人，让你情急之下想撞墙。比如，“清醒者永远不可能醒来”，又比如“在故事中，人人都在努力争取成为故事的叙述者”。可他不想雷倒一大片。以为要开坛讲经，却又偃旗息鼓。以为冷水泡茶泡不开了，却又咕咚咚云蒸霞蔚一把。待你定睛看时，却又倏忽不见了。这厮究竟怎样的人？我经常问自己。

唔，对了，属于庄子说的那种，“独与天地精神往来，而不敖倪于万物，不谴是非、以与世俗处”，一个公认的好人，和和气气、与世无争。那是肉身意义上。在非肉身的意义上，他独往独来、行必由径、奇思怪想，让人费猜疑。汪建辉是谁，一个单纯的文学特务，还是有政治野心的人？作为文学特务，一个磨刀不止的文学畸人，他究竟是上个世纪 80 年代先锋运动派遣到我们时代来的卧底，还是“先锋”旗帜始乱终弃后，搁浅在时代沙滩上、奄奄一息的遗老遗少？汪建辉是谁，一个分明光天化日之下梦游，像电影《v 字仇杀队》中的怪客该出手时就出手，却又奇而怪之、荒而唐之宣称“激情不能操纵我”的后现代文本操作者，还是一位夜半无人时哼哧哼哧操练，在门口打印店打印上若干本，单线联系一样送给“同志，我可找到你了”的不法出版分子？汪建辉是谁，一个据说不读书只读碟，收藏了几千张盗版碟片却据说“看不动了”的读图时代烈士兼脑残，还是一位走路不出声，报社不求名，满足于划版技术养家糊口，却又阴错阳差在“业内”暴得大名的划版高手？抑或一位住上按揭房，认为房价要涨上去，十年来收入不菲、吃得不多、步行上班，看上去精神焕发的现代都市“白领”？……都有，都有那么一点。是为“丰富与丰富的痛苦”。

人是复杂的。据说他年轻时写诗，对《圣经》有好感，现在也还“对神没戒备”，可由于深感“上帝为我们创造的这个世界太不美好”，而越来越接近“毁灭、嘲讽，以‘彼世’的目光投向一切价值标准，尤其是投向政治与诗为基础的某种哲学意义上的撒旦主义形式”（弗朗索瓦•里卡尔《大写的牧歌与小写的牧歌——重读米兰•昆德拉》），同时文风越来越趋于纪实。一个 89 民运的稀里糊涂卷入者，那年的故事改变了他的人生，并给他的写作打上戳记。可他不以此“定位”自己。小半的原因，据他自己说，“我再也不要进去了，那里比地狱还要可怕”；我想大半的原因在于，毕竟属于“独与天地精神往来”的那号主。由于国家无道，他有些刻骨蚀心的经历，究竟是逍遥的人、腾云驾雾的人。说“中国梦”是不知他，他做的是文学梦。他的梦里，基本上没有色情。早些时候，写了本《人间的思路》，有朋友读了说，是

“孤独的人在说话”。确实是天荒地老的孤独。可在孤独的自语中，有种支取不尽的力量。“有谁可以阻止一个人在心底的微笑？”当他说这样的话时，语气像卡夫卡一样坚定。后者明白讲：“正如人们不会也不能把死人从坟墓中拉出来一样，也不可能在夜里把我从写字台边拉开。”对了，他们各方面都像。

当然卡夫卡，是无与伦比的。阿伦特岂不明白讲：“有无数的人尝试着像卡夫卡那样去写作，而他们所有令人沮丧的失败，反而只是突出了卡夫卡的独一无二，一种空前绝后的、绝对的原创性。”卡夫卡本人也说清楚了：“不相信世上有什么人的内心状况与我相似”。所以，就不以“后极权时代的卡夫卡”来包装。不过，还是像，不能不说他是他的不忠实粉丝。早就有人分析出，卡夫卡的全部作品是对《约伯记》的注解（朱维之《圣经文学十二讲》）。老汪也越来“呼天抢地”了。他抱怨“上帝在人最需要他的时候总是不在场”。一个人的自歌自唱，几同“风中的火柴”。唯一能指望的，据说“时间的重量”。可那劳什子说起来，也几同“等待戈多”。所以就无计可施了。

这就是汪建辉。用前人的现成诗句，则——

“徘徊于两个世界之间，一个死了，／另一个尚无力诞生。”

说两件老汪的事，印象最深的。

一是2000年时，传来高行健获奖消息。记得我们几个人正晒太阳喝茶，一向不动声色的老汪“偶尔露峥嵘”了：“我的写作路子跟他相近”。那句话和说话时的表情，给我留下太深印象。好像突然发现了他，有那么大的文学野心。以前咋没注意到？

理解那种，“君子疾没世而名不彰”的心思。也就是理解而已。只能就事论事想，他怎么跟高“路子接近”啊？是有接近，看《情结人》、《人间的思路》等，跟《灵山》一样是长篇独白。再看《灵山》写长江流域的游历，《中国地图》（那时还没写出来）

扩大到了“中国”范围，所谓主题也差不多，有结局或没有结局的寻找。说到“冷的美学”，就更像了。可我还是犹疑，说不上犹疑什么？

可能是我，不大认可？不大认可高行健，不大认可“冷的美学”。我想老汪没读过多少高的书，觉得“接近”不过是跟他与“双 K”（卡夫卡、昆德拉）靠得近。卡夫卡不用说了，昆德拉的书老汪读了的。早已有德国学者研究了，高行健的写作，是昆德拉的路数。什么“政治化的性爱小说”，“融文史哲为一体的当代思辨型新小说”，对一切抒情形式的讽刺、质疑和对天真的彻底批判，……当真那么回事。

我感觉自己的喜欢，跟老汪并不一致。个人口味就算了，既然要写文章，就得力求说清楚。我明白写这篇文章，为什么一拖再拖了。要涉及很多人、很多作品、很多思想。老汪所接受的昆德拉，以“小说的精神”相标榜，以此来反对生命的“简化”。当然应该反对，不过偶或迷失。而且他小说精神与诗歌精神的划分，也太截然两分了。正像布罗茨基所批评的，昆德拉用简化主义方式来理解人类：

“……这种把世界以东—西来区分的概念固然可悲，而其本身还是一种思想上的偷懒。它提供方便的两分法：情感—理性、陀思妥耶夫斯基—狄德罗、他们—我们，如此等等。它强迫一个人做出选择。这一过程永远是戏剧性的、危险的；一旦做出了选择，人们就有了无数个理由以自己为英雄。这里面唯一一个圈套是：选项本身是有限的。它是非此即彼的，这是它的真实本质。”（布罗茨基《昆德拉为何厌恶陀思妥耶夫斯基》）

昆德拉小说的译者、景凯旋兄的反思该引起注意：

“昆德拉反对极权美学，但他没有很好地分清崇高与刻奇的界限，以致造成我们今天理解上的困惑。”“……捷克人并不只是怀疑精神，反对一切崇高。譬如，哈维尔就给我们揭示了另一个面目。……布拉格之春后，捷克大多数人也是玩世不恭二十年，政治上非常冷漠，但天鹅绒革命表明，他们什么都没有忘记。我后来译克里马，就因为克里马不但写了活着，而且还写了记住。”

这些意思如何跟老汪讲？谁又不是固执己见的？

救了我的是 2004 年，《十四年——那些我认识的人》写出。

我对老汪的真正认同，应该是从那时开始的。《十四年》依旧是实验道路，框架上还是随笔式、跨文体，却不再以个人主义冥想为主，大刀阔斧地把“非虚构”注入进去。属于我们时代的同声传播，张扬着、见证着天下正气如何被摧挫的。借用林昭《秋声辞》的诗句形容，是“狐鼠纵横山岳老，脂膏滴沥稻粱贫……决死精卫战浩荡，伤心子规哭沉沦”。《十四年》的阅读过程，正所谓“同呼吸、共命运”。

通过《十四年》的阅读，我还记住了“李必丰”。

打引号是说，此前的“李必丰”对于我，更多是符号意义，更多是段传奇。不，说起来不公正，记得第一次是 1998 年，跟着光头诗人去“蹭”过人家开的冷水鱼。后来读《偷越国境者黎忆丰》，特别为其中“黑奴畅想”的情景动容。可——怎么说好呢？没把“黎忆丰”与“李必丰”完全等同，也没进到李必丰的心里去。

《十四年》不一样了，分明能感受到李必丰的呼吸：

“……其实我是一个心中装着诸种痛苦的人，但是这世界却似乎永远也不会给我一个喊痛的机会，我似乎来到这人世便是来承负诸般苦难的。生活的确伤我伤得太深太深。……”

建辉讲，正是这封信使他决定写《十四年》。我认同这样的文艺观，文艺是让人心灵靠近的。“如果艺术不能够激发我们的同情心，那么它在道德方面将毫无作用。”（乔治•爱略特）所以应当承认，《十四年》的阅读，也让我跟它的作者心灵上靠近。据书中透露，在李必丰系狱的日子里，每隔一段时间，建辉都要给他寄钱、写信。叙述者不回避也不粉饰，那种不温不火、不急不徐的调子。可作为读者的我很是诧异。在那之前经常一起喝茶，怎么从不听建辉提起？

从那时，我就以结交老汪为荣了，想为他认真写篇文章。

二、一部怎样的书

——在小说史的背景上打量

我们面对的《中国地图》，是一部怎样的书？

当然首先要把它，放到一定的坐标系上。老汪认可的昆德拉知根知底地讲："能够把握一部作品价值的唯一背景就是小说史的背景。小说家无须向任何人汇报，除了向塞万提斯。""……每部作品都是对它之前作品的回应，每部作品都包含着小说以往的一切经验。"

他的看法，跟那位法国女学者的"互文"见解，大体一致。

那么长篇小说《中国地图》，跟它之前哪些作品"互文"？

第一眼看，是间谍小说。即我们大陆语境中的特务叙事，或者说"反特"故事的新历史主义变形。所谓"变形"是说，:其一、一个反特的故事变成了以特务为主体的故事；其二，这个特务不像样子，可谓有特务之名、无特务之实。只能说是，戏讽的间谍小说。既然是戏讽是变形，别说"〇〇七"，连康拉德小说中的爆炸都没有。

对《中国地图》来说，间谍小说只是外皮。不过也得留心，也还属于冷战叙事。我们这些"红旗下的蛋"，一眼就能认出，它是新历史主义语境中的"敌营十八年"，是"打到敌人后方去"歌曲的后现代小说版。可能作者未必意识到，他的构思、立意跟一个强大的话语传统有关。就是从 1949 年起，还别说 1962 年后，大陆的影视、戏剧、小说炮制了太多"潜伏特务"的故事，一而再、再而三渲染阶级敌人"人还在，心不死"，以此推动"千万不要忘记阶级斗争"。《中国地图》当然是那种冷战叙事、话语繁殖的产物，——或许我该说是“宫外受孕”？主流说法么，是“神话重述”、“故事新编”。

当然有两面：一是“反弹琵琶”，一是一脉相承。

先说前者。胡平先生为《中国地图》写的序说：“……它让读者从一个特务的角度看世界，看五十年的中国。作者通过特务老头五十年的遭遇写到共产中国五十年的历史，这也是一部相当独特的当代中国史。”《中国地图》最早的论者裴志海先生指出，视角不一样，所见就不同。一个特务眼中的 1949 年以来的历史与现实，和我们“人民”的视角完全是两码事：

“这部小说可能是史诗记叙的一种变形，是处于通俗水平或者说是世俗化的史诗，它把个人经历（虚构的）和人民群众中的历史（真实的）结合起来的方式是成功的。汪建辉的写作带有诸多的后现代的拼贴、反讽、荒诞等写作技法，同时它还运用了意识流等现代主义写作手法，把想象与现实、历史纪实与虚构文本结合起来。但它同时又是非常容易阅读的。汪建辉在承继批判现实主义传统的同时，又使这部作品具备了现代性。”

我注意到他的语气，有种迟疑和不确定。什么是“史诗记叙的一种变形”，什么是“世俗化的史诗”，以及什么是“想象与现实、历史纪实与虚构文本结合”？我们究竟拿什么标准，确认“它把个人经历（虚构的）和人民群众中的历史（真实的）结合起来的方式是成功的”？在后现代哲学甚嚣尘上的背景下，我能够理解一种言说的困难。毕竟学理地讲，“批判现实主义”与“后现代拼贴”很难摆在一起。主张以文学见证民族的苦难，像野夫兄《时代的另类档案》一文所言，“当现世的奇绝荒诞和残酷，远超乎人类的任何虚构之时，所谓文学，很多时候是在替代史学的缺位”，我以为笼统讲没问题。可具体怎么做、又怎么评价，不能没有争议。某些极端的理论且不表，作家们也各说各的。比如昆德拉明明白白宣称，“我对描述历史本身不感兴趣”。老汪对此怎么看？在回答一位朋友“从这篇小说出发，你是怎样看待历史的？”的提问时，他稍显模棱两可地讲：

“我认为反映在意识之中的历史是不真实的。人们都是根据自己的立场有选择的记忆、有选择的记录。但是，在众多的自由选择之下，汇集起来的记忆和记录会形成一个相对的宽泛的真实。当然，这个问题再深究下去，就要涉及到可怕的‘自由’二字了。……如果用特务这个形象来关照历史，就会得出历史是无法创造的。如果你非要去创造，那很有可能就走到反面去了。”（陈家坪：历史与文学创作——再读汪建辉长篇小说《中国地图》）

所以，我愿意更审慎地，把它视为一部特务的变形记。

不管历史是否是叙事，我喜欢超验中透出经验的文字：

“……尘土在脚下扬起，在身边、周围，阻止阳光及视线的进入。一幅残酷得近乎要脱离现实的场景。望着这些叫人不敢相信。但确实，这是真的。“我知道，因为那就是我。”尘埃中，烈日下，新国将舌头伸出来，以散发体内聚集着的热量。像一只狗。缓缓移动。周围没有别的生命，只有阳光、埃尘、空气及一大片枯萎了自己同时也枯萎了人类的黄土地。”

《中国地图》就是这样的叙事，残酷得近乎脱离现实。像一只狗缓缓移动，一大片枯萎了自己的黄土地。它是历史吗？是“宽泛的真实”、“意识中的历史”。其实是心史：“我知道，因为那就是我。”……

——另一方面，可能作者难以否认，有跟大陆反特文学一脉相承的地方？就是某种冷战意识、冷战思维？正如专门研究间谍影视的学者所指出的："某种摩尼教式的、泾渭分明的、二项对立的意识形态与价值表述，非此不足以支撑这一类型叙事所必须的善恶是非判然有别的敌我阵营"（戴锦华《风声谍起：间谍片流行的初衷》）。一种迄今仍有市场的大众心理，对于作家写作具有怎样的潜影响？以及后极权主义存在的大背景下，我们作为它的敌人该怎样善待自己？假如一种影响是注定的难以更正，那其间的成败得失又怎么衡量？

鉴于这些问题要紧，想在后面专门讨论。

第二眼看，是词典体小说。

全书有个"地图册"的框架，可以说"地图册"是变了形的词典体。本书作者熟读《生命中难以承受之轻》，书中又有"马桥人民公社"，某种写作的渊源是不言而喻的。

为"捡拾历史的破烂"，书中特务编纂了如下词条：土改，大跃进，人民公社，大饥荒，畏罪自杀，靠边站，走资派，造反派，批斗，揪斗，武斗，文化大革命，阴谋，阳谋，右派，反革命，破四旧，工伤，公社、大队、生产队，社员，扎根，下放，再教育，三大差别，上山下乡，四人帮，平反，分配工作，从重从快，严打，游街，下海，邓小平南巡，三个代表……。围绕上述词条，解释上用尽手段：有新闻报道、标语口号、档案资料、学生教材（有语文也有算术，有大陆也有台湾）……所以有论者说，"它体现出了某种非凡的创造力"（陈家坪）。裴志海先生热情洋溢写：

……事实上，作者正是用"特务"这个人物，让他记录下了共产党中国所发生的真实的一切，土改、人民公社、反右、大跃进、文革、恢复高考、包产到户、严打、六四、邓小平南巡、三个代表等等，极其真实准确地还原了历史与现实。汪建辉写过很多小说，但我一直固执地认为，其最优秀的小说还是这个，在

我看来，这是作者的一个创造。（裴志海：风中的火柴——读长篇小说《中国地图》）

与此同时，我注意到作者承认，“读完这部小说，也就基本了解了中国从 1949 年以来到现在的历史——我是这样说服自己的。因为拼贴，小说行文中有一些生硬的痕迹，但以我现在的能力，还没有办法抚平它。”对此，我不知该怎么说。仅就词典体运用来讲，如以昆德拉所悬挂的“难以把握”、“长久探寻”等高标准，则本书的词条用力不均、参差不齐。究竟怎么评价，需要专门的细读。不过总体而论，我不认为是“还原历史”的。拼贴不是历史，互文不是历史，对历史的戏仿也不是历史。《中国地图》的文本属性是文学的、审美的。也就要从文学和审美的角度衡量。——当然你或许说，有“第三世界民族寓言”的嫌疑？那我说，寓言也还不是历史。强调一本书的文献和见证价值，究竟是退而求其次，还是如假包换的“创造性”？

我觉得难以断言。《中国地图》确实走得比较远。

第三眼看，《中国地图》是一部流浪汉小说。

我倾向认为，是一部对众多名著的致敬之作。

所谓“作者未必然，读者何必不然”？所以下面列举的作品，未必都是作者读到、想到的，却是我梳理出来、作为参照的。一一列举展示，确有炫耀的嫌疑。不过为了准确定位一部难以捉摸的作品，我想把它的亲朋故友聚拢来，寻根溯源、相互辨认是有必要的，对于我们做的事有帮助、也有一定说服力？我不是形式主义者，不过认可“每类作品都有固定的套路，这并非完全取决于作者的性格、情感或信仰”（理查德·A·波斯纳）的道理。确实不一定取决于作者的想法。

记得在与朋友对话中，汪建辉曾现身说法：

……其实，一直跟着特务旅行的这张“中国地图”也有着两重的环境。一是外在的：它跟着特务的足迹走遍了中国；另一是内在的：就是特务一直都走不出它的掌心。……无论是地图外面（具体）、还是地图里面（抽象），怎么样走，也走不出中国。就像是孙悟空怎么也跳不出如来佛的掌心一样。……可以走，但是不能走出这张中国地图。（陈家坪：历史与文学创作——再读汪建辉长篇小说《中国地图》）

他是就事论事，难免当局者迷。其实只要把视野放宽，类似的构思、类似的作品其实多，辨认起来并不难。如写“走”多为流浪汉小说，写“走不出”为现代主义母题，至于“特务”无非是英雄或“反英雄”。关键词们加起来，《中国地图》是中国式现代主义流浪汉小说。

容我凭借“内查、外调”，出示该书的家族谱系：

诸如《弃儿汤姆•琼斯的历史》，《一个孤独的散步者的遐想》，《漫游者》，《在路上》，《等待戈多》，《茫茫黑夜漫游》，《没有个性的人》，《无命运的人生》。《第二十二条军规》，人永远不是世界的对手。《我弥留之际》，“有如深夜听一个怨魂在喁喁泣诉”。《犀牛》：“谁坚持保存自己的特征谁就要大祸临头”。《迷惘》：“自我怀疑的灵魂被践踏时发出的一声喘息”。“法国的陀思妥耶夫斯基”塞利纳讲：“我们走进茫茫黑暗，起先惊慌失措，但仍想弄个明白，于是在黑暗中越陷越深。”乔治•奥威尔评说，塞利纳是真正的绝望：“《茫茫黑夜漫游》是本有目的的书，其目的是抗议现代生活——实际上是人类生活——的恐怖与无意义。那是因难以忍受的厌恶而发出的呐喊，是从化粪池里发出的声音。”

还有呢？还有哪些“社会联系”？仔细看下，有昆德拉《玩笑》、《身份》、《告别圆舞曲》的影子：你为之奋斗了一辈子的伟大事业，到头来发现是一场迷瞪一场空。更有卡夫卡《审判》的影子，一个自我窒息而死的故事；《城堡》的影子，一个人无法得到被允诺的职位。如果博尔赫斯所说不差，则卡夫卡的主题“是在宇宙秩序中没有立锥之地的人难忍受的孤寂悲惨”。像《猎人格拉胡斯》写：“整个世界就像个深夜的大旅店”，“谁也不会来帮助我”；“因为运我的尸体迷了航……使我死后……在世界各地漂泊流浪。”“我现在在这儿，除此一无所知，除此一无所能。我的小船没有舵，只能随着吹向死亡最深层的风行驶。”显然，《中国地图》受它们影响不小。

可否说是，本书是一部中国版的，后极权、后现代背景下的《堂吉诃德》？当年塞万提斯《堂吉诃德》前言讲，“这部书是攻击骑士小说的”。汪建辉则说，《中国地图》写“理想怎么一步步将人害死”。就像他以前写过短文《英雄没路》，是的，英雄没有路走。一个一辈子生活在别处的人，在想象中沉湎得太久，欲回头已百年身。可否说是小说版的《地下》和《谍影重重》，揭发“家园”不过是一场迷思，不过是挣脱不掉的铁屋子？可否说，依旧是鲁迅《药》的故事，表达“太阳有毒，看客是猪，你无家无国无底气”。人人活在自我的打算中，谁会顾得上打量他人？依旧“娜拉走后”的故事：“……代价也太大了，为了这希望，要使人练敏了感觉来更深切地感到自己的苦痛，叫起灵魂来目睹他自己的腐烂的尸骸。……”

与《中国地图》沾亲带故的，我想主要就上述作品。

三、“误入藕花深处，惊起一滩鸥鹭”

——《中国地图》主题分析

既然弄清了，作品的家族谱系，明白《中国地图》属于《堂吉诃德》之类反英雄故事，借用拜伦的评价，那是“一切故事里最伤心的故事”。本书作者在书中说，这是一个人失败的故事。在与人对话时，又说《中国地图》“是通过反特务的理想，来反这么多年来强加在中国人身上的共同的理想。”可见是当代版的《尤利西斯》，或者《生命中难以承受之轻》。那么作品的主题，应该不言而喻了？

尽管如此，需要做更细致、深入的梳理。

几个关键词：虚妄，隔绝，焦虑，惨淡。

虚妄就是，“我对寻欢作乐不感兴趣，我正在寻找的是圣杯”。

邱良君《一幅中国人的文学“精神”画卷》云：

> 昂首阔步走在路上让人依稀联想起那幅著名的油画《毛主席去安源》的“特务”，他的悲剧在于他一生的行径被一种“自发”的莫名空虚理念所设计和操纵，他的“理想”甚至没有独自一人大战风车的中世纪西班牙骑士堂•吉诃德的悲壮，只让人油然想起那个因为几只辣椒而枉送两条性命、让人不可思议的“少年英雄”刘文学的虚妄。

此处前面涉及两个典故，一是毛主席去安源（小说多次提到），一是堂•吉诃德大战风车，看得出作者有褒有贬。看昂首阔步走在路上的人，他的大步流星，他的真理在握，他的意气风发，他的稳操胜券。憧憬着“广阔的生活，冒险的生涯，敢作敢为，还有死的危险……”，就这样盲目、自得地过了一生。像他幻灭后跟“政府”交代的：

“我的心是一颗特务的心，我的身体是特务的身体，我这一生——50年来都在准备着为我的事业献身。开始的潜伏是痛苦的，难熬的，我每天想的都是立功、授奖。后来随着时间的推移，我越觉得自己潜伏的越深，觉得自己的作用会越大，份量越重。大的特务总是在最关键的时候才会跳出来，干一件惊天动地的事情，这才是潜伏的价值，十年磨一剑，一剑断咽喉……我等待着……我时常一个人偷偷地笑着：一个大特务随时都有可能跳出来在你们的面前出现。……”

生活在他处的人，必然与真实隔绝。

隔绝就是，活得太沉浸，与人不沟通，关注太自我，对美不敏感。时间长了，存在感渐渐丧失，更得不到外部承认。毕竟人是政治的动物，或“社会关系的总和”。用汪建辉的话讲，“人通过别人而成为人”。既然如此，汉语字面意义上的“特务”（“天降大任”云云）实不可能。据俄国学者巴赫金研究，人与人是共同存在、互相需要的，人没有自己内部的主权领土：“人的存在本身（外部的和内部的存在）就是最深刻的交际。存在就意味着交际。绝对的死（不存在）意味着再听不到声音，得不到承认，被完全遗忘。存在意味着为他人而存在，再通过他人为自己而存在。”而在小说《中国地图》中，那位潜伏的“特务”，由于他确是个特务，由于他自绝于人民，或者由于他潜伏的彻底，一步步排除他者的目光和感受，阻断了“为他人”、“通过他人”之类交际，终于失去了与他人交流的可能。小说中特务有段回顾：

“一直以来，自己没有一个知已，没有一个亲人，那怕是一个朋友，一句能够温暖自己的话语，这些都没有。甚至可以这样说，他这一生什么也没有留下来。银行里的存款、社区中的商品房、一张奖状、一段历史、一个人的深深的怀念，最后甚至连一个墓志铭也没有。”

老实说，无人能长期忍受这种状态而不发疯。难怪他的人性早就沦丧了。早先仅为报“杀父之仇”而当“特务”，本身就可追究。不过“复仇是否合乎正义”的问题，在此不想讨论。我关注的是长期的自我隔绝，神经过敏的自我保护，给自身人性带来的困扰。

比如，书中提到一个细节：

“她笑得真美”，E 后来回想起那个笑容，心中对美充满了恐惧。

这种对美和生命温暖的戒惧，作为“生活在他处”的人难免。同样是小说中的人物，让人想到《1984》中的温斯顿，头一眼看到裘莉亚就不喜欢。“几乎所有的女人他都不喜欢，特别是年轻漂亮的。总是女人，尤其是年轻的女人，是党的最盲目的拥护者，生吞活剥口号的人，义务的密探，非正统思想的检查员。但是这个女人使他感到比别的更加危险。”“这种感觉中掺杂着敌意，也掺杂着恐惧。”还有《告别圆舞曲》里的政治犯雅库布，经历了那么多的斗争，从没有抒情的田园牧歌。直到要出国，才在卡米拉身上发现前所未有的美：“我曾经盲目地生活着。盲目地。今天，我第一次明白，美是存在着的。我跟它失之交臂。”他猛然意识到似乎一开始，在他所有的算计中，就有一个错误。《玩笑》中的考茨卡也是：“忽然，一个念头油然而生：我大谈所谓上天的召唤，不过是借口，把做人的职责抛在了脑后。女人使我害怕。

我怕她们的温暖气息，我怕她们久久地在我身边。……”还有路德维克终于清醒：“……露茜和我，都生活在一个被蹂躏的世界里，我们不懂得同情这个世界，却是疏远这个世界，既加剧这个世界的不幸也加剧我们的痛苦。”“我是为了替我的过去报仇才来这里的，可我的过去却不知不觉地从我的身边溜走了，像陌生人一样对待我。”

总感到在构思上，《中国地图》跟它们相似。当然每部书、每个人的具体情况、以及程度还不相同。要看这个人能不能放下架子，触摸自身之外的真实世界。比如同为戒惧生命美好的人，《1984》中的温斯顿，邂逅那个让他感到危险的姑娘时，流露出正常人的感情：

温斯顿心中的感情很是奇特。在他前面的是一个要想杀害他的敌人，然而也是一个受伤的，也许骨折的人。他出于本能已经走上前去要援助她。他一看到她跌着的地方就在那条扎着绷带的手臂上，就感到好象痛在自己身上一样。

“你摔痛了没有？”他问着。……

与之形成照的是，《中国地图》中的特务。这厮怎么说呢，太稳得起了。百分之百“干大事业”的，心都修炼成了石头：

从他发现自己流下了眼泪的那一刻起，C就断定，这里不是久留之地。那泪水一定会被人看到，他们会想：他怎么哭了？在新的社会他还会有什么不满？在这个人人都露出欢乐笑脸的时代，而只有一个人在流泪，这个人是很容易被发现的，只要有决心，顺藤摸瓜，人们就会发现他惊人的秘密。

以及，书中提到他有两条命债，几乎看不出他有什么不安或负罪感之类。看第一次杀人，只有如下文字：

……人真的不能完全成为石头，E心头一惊，差一点就暴露了自己的身份，为了掩饰，E走过去对着扫地的人的屁股就是一脚："老实点，这是人民对你的惩罚。"

扫地的人向地上一扑就不动了，E看也不看他一眼就向自己的办公室走去，临走时为了装得更加仇恨资产阶级，他还丢下了一句："装死。"

不幸的是那个资本家竟然真的死了。更不幸的是，这在当时还是一件极为普遍的事，而他竟然被关了起来。

为了强调社会的时代的罪恶，叙述者加了句"这在当时还是一件极为普遍的事"，可没有当事人的心理描写，而且据交代，是"在监狱中有足够的时间来总结这件事情的前因与后果"的条件下！

一个人扮演无辜者那么成功，着实让人不可思议。

同样不可思议的是，在书的后面，当唯一的情人兰花花找到他时，"J正为自己不能成为特务而绝望着，听到她这么一喊，一气之下随手抓起一把刀子就朝她刺了过去。"后来的事情，据书中介绍：

J听了宣判后猛然地像是从梦中醒来，他叫喊到："什么？我杀死的人是兰花花？为什么？为什么？为什么命运会这样对待我……"

"兰花花，我对不起你呀，我真的是有罪呀……"

——让他失声叫喊的仅仅是，"为什么杀死的是兰花花"，好像杀了别人就问题不大。如此细节让人狐疑。为什么如此？我想作者笔下人物太"扁平"了，我又想作者没有从"坏人"中关照出"人"来。

同为失手杀人者，《告别圆舞曲》中的雅库布就不同：

“雅库布知道，假如任何人都有可能偷偷地、远距离地杀人，那么人类在几分钟内就将灭绝。……他为什么把毒药给了女护士了呢？这难道只是一种偶然吗？拉斯科尔尼科夫确实作了长时间谋划，精心准备了他的谋杀，而雅库布的行为只是被一时的冲动所驱使。但是，雅库布知道，在漫长的岁月中，他也在无意识地准备他的谋杀，而他把毒药给露辛娜的那一秒钟，就如脚下开了一条裂缝，他全部的往昔，他对人的全部厌恶，都像一根撬杠一样陷了进去。”

值得注意的，还有他的反思、对自己的诘问：

“拉斯科尔尼科夫像经历一场悲剧似的经历了他的罪孽，他最终被自己行为的重负压垮。而雅库布惊讶自己的行为竟然那样轻，几乎没有什么分量，根本不能压倒他。他不禁诘问自己，在这种轻之中，是不是有跟那个俄国主人公的歇斯底里情感同样可怖的东西。”

我惊讶《中国地图》中的特务，行为上为什么那样轻？以及在这种轻中，是不是也有一种“可怖”的东西？记得布罗茨基曾经批评昆德拉笔下的人物形象浅薄，作为参照对照的是陀思妥耶夫斯基：

陀思妥耶夫斯基多数小说的主旨都是一种为个人灵魂所作的搏斗，因为他认为每个人都有灵魂，每个人都是一个精神实体。他所写的是关于信仰与世俗功利之间的争斗或者说拉锯，是关于个人灵魂在善恶两个深渊之间的摇摆。这两个深渊被昆德拉戏称为“阴暗的深刻性”，而这种摇摆则被他认为是“过分的举动”。……最起码，陀思妥耶夫斯基所描绘的人的形象并非昆德

拉所认为的那样浅薄。（布罗茨基《昆德拉为何厌恶陀思妥耶夫斯基》）

现在的问题是，跟昆德拉相比，汪建辉塑造的人物还要浅薄。若以布罗茨基或陀思妥耶夫斯基的标准衡量，简直“浅薄中的浅薄”。——这算怎么回事？究竟哪里出了错？

知道面对的是中国作家。可中国作家也该做得好点！

以我有限的阅读，突出一个特务的自以为义、麻木不仁方面，《中国地图》与康拉德长篇小说《特务》庶几接近。《特务》中的特务弗洛克，在妻弟被炸成“不知名的碎片”后，没有产生任何内疚心理。“不能对事件和遇害者本身进行反思。最可悲之处就是弗洛克始终认为自己是完全正确的，是唯一的受害者，他陷入在自己用谎言编织的虚幻世界中难以自拔。”（陈广兴：康拉德《特务》中被语言阻隔的荒诞人生）F. R. 利维斯《伟大的传统》一书据此指出，“精神隔绝”是康拉德《特务》的主题：“隔膜的紧张是致命的，且以谋杀而告终，但魏洛克的道德情操与其自私自利之间是有关系的，而作者展现这层简单关联的种种方式，也产生出了难以抗拒的滑稽效果。……”

还有就是焦虑，关于身份的焦虑。

关于身份的焦虑，是全人类的故事。每个人生下来，都是被随手抛掷，“误入藕花深处，惊起一滩鸥鹭”。或者像康拉德所说，像一个在深海中游泳的人。哲学家约翰·洛克提出，“身份之所以必要，因为它是道德责任的基础”。精神分析学家罗洛·梅指出，“焦虑打击到我们自己的内在核心：它是我们自身的存在受到威胁时所感受到的那种东西。”小说家卡夫卡坦承：“人若没有对自己身上的某种不可摧毁的东西的持久的信赖便活不下去。”可现在不管什么原因，造成了“后现代主体没有固定或永久的身份”（霍尔）。完全可以说，主体失落了。无间道无处不在，“空心人”遍地皆是，包括文学作品中。

人们说卡夫卡的一系列小说，都是关于“身份”的寓言。《城堡》、《饥饿艺术家》且不说，《审判》意识到“我知道，这是不可能的，从那儿是得不到救援的。”《往事一页》热锅上的蚂蚁一般：“这样下去怎么收场啊？”“我们要承受这样的负担和磨难到什么时候呢？……事情纯属误会；而我们呢，却将毁于这个误会。”《乡村医生》则进一步，对自己当初的选择发生动摇：“在这最不幸时代的严冬里，我一个老人赤身裸体，坐在人间的车子上，而驾着非人间的马，四处奔波，饱受严寒的折磨。我的皮大衣挂在马车后面，而我却够不着它，那伙手脚灵活的病人呢，也不肯动一动指头帮我一把。受骗了！受骗了！只要被夜间的铃声捉弄一次——就永远不可挽回。”要之，卡夫卡阴郁地发现：“我们摧毁不了这个世界，因为我们不是把它作为某种独立的东西建造起来，而是我们误入其中，说得更明确些，这世界是我们的迷误。”

正如阿兰·德波顿所指出的：“艺术史充满了对身份体系的不满，这种不满可以是讥讽的、愤怒的、抒情的、沮丧的或幽默的。”包括这些年上演的片子里，许多直接、间接地涉及身份焦虑。有学者研究“间谍片流行的初衷”时悟出：如同冷战年代，间谍片以越界于敌我的人物与情节模糊而划定疆界；在今天，间谍片在全球化时代“逐鹿环球”的新一轮霸权争夺战中，再度想象性勾勒一份新的“自我”、“内部”与社会认同：“……凭借一份后见之明，我们似乎恍然悟出，间谍片之为冷战类型的意味，固然在于在揭秘的大结局时刻分敌我，明善恶、辨真假；但其叙事过程与观影魅力，却正是在一份敌我 / 善恶两立、区隔、辨识的表达中，传达着一份敌我莫辨、真假难识的张力。间谍片之所以在发端之初便成为悬疑 / 惊悚 / 动作类型的一个子类型，在于它事实上成功地触摸并尝试消解一份深刻的身份焦虑。”（戴锦华《风声谍起：间谍片流行的初衷》）直接演绎身份危机的更多，譬如《无间道》、譬如《忠奸人》。从网上看到一则《无间道》的影评，说“其实所有人装着装着连自己的身份都快要忽悠掉了”。还有一则评论《忠奸人》的帖子，起了个不错的标题：

> “谁是那个特工，我很高兴会是他”(作者：蓝色在线)。

当然落脚点在幻灭，或者一败涂地、光景惨淡。

就像《中国地图》中，如此震慑人心的场景：

> ……行刑队就是军队，用的是普通的步枪，一切全是在一刹那间发生的。参观行刑的积极份子，还在不断叫口号，枪声就响了。刹那之间，人人都止住了声，张大了口的人，也发不出声来。像是所有的声音也被这一颗子弹枪毙了。这声清脆的枪声，震人心弦，然后，围在前面的人看到了眼前的一切，令人不由自主发抖。站在前面的人看到枪口中吐出了一串火舌之后，老市长的头上开出了一朵“血红”的花，从中间向四处开放。只一瞬间开了、又一瞬间灭了，一秒？二秒？三秒？不，只有 0.1、0.2、0.3 秒。这可能是这个世界上开放时间最短的花了。站在前面的有些人感到脸上一湿，觉得有什么东西溅在了脸上。被溅着的人只是嘟嘟了一声，伸手就将脸上的沾乎乎的血及碎肉或脑浆的渣渣擦去。紧接着老市长的脑袋就出现了一个窟窿。血，流了出来，淌在地上，很快就裹住了地上的尸体。白的脑浆、红的血(浓稠得令人震惊)在不断涌出来，流在地上。白的脑浆和红的浓血，流了一脸，上半边的脑袋已经不见了，死者的嘴巴以一种十分可怖的样子张大着口。接着，人们看到一个小小的圆球像是有了生命一般在上跳动。在地上滚出了一道血色的印迹。那是一只眼睛，还睁着。这只眼睛像是长了眼睛一样滚到了一个美丽的女人脚下，她惊叫了一声，跳了起来，也许是在她跳起来时就意识到了自己有一些失态，没有体现出大无畏的革命气概，于是她在落地时准确地将脚踩在了那只眼睛上，一下子就将这只眼睛踩得像

是一张薄薄的煎蛋饼一样——只不过这个蛋黄是黑色的。而后，她又接着连续地踩了几脚。才算是出了心中的一股恶气。

在被枪毙的人倒下之后，围观的人迅速散去，因为一个故事结束了。大地像是被洗过了一样。

不需要分析了，任何分析都很多余。《中国地图》所表达的，不光是流离失所的“失根”之痛，更有犁庭扫穴的“黍离”之悲。

四、“他不只是孤独，他还空虚”

——特务“臣服”的症候分析

当然，最让人意外的是结尾，特务“一头扎进党的怀”：

“……可是到了后来——现在，我已经老了，就快要走不动了，有一天有一个念头忽然出现在我的脑海：我是否是被遗忘了？这世界每天都有东西被遗忘，每一个小时，每一分钟，每一秒钟都会有东西被忘却，而我的特务身份是否也在这其中的某一个时间里被遗忘了。我很害怕，我就要死了，如果我真的被忘却了，那么我这一辈子就彻底地白活了，做了那么久的准备，受了那么多的委曲、惊吓……这一切都成了虚无……白白地……所以，我请求政府把我抓起来吧。我老实交待，我是特务……”

为什么会如此结局？何故人生惨淡如此！

两个论者提出了质疑。一个是邱良君先生，他说汪建辉的书是“并非专门为纪念这一人类文明的大溃退而写的”，话的分量很重。同时对小说的结尾表示“并非完美无缺”：

当然，要用更高和更严酷的艺术标准来衡量，《中国地图》这部小说也并非完美无缺的，我认为其中最值得思考和关注的是，在一种宏大的历史场景中，特务究竟是怎样被自己的对立面所“同化”，“走”到自己的对立面去的，……

另一个是李文倩先生，他以“奇迹”一词形容结尾：

……我们知道，卡夫卡的小说具有极为荒诞的精神气质，他小说中的主人公莫名其妙地被某个"机构"带走，接受遥遥无期的漫长"审判"。但即使在他那里，"机构"抓人也得派人来动手。而在《中国地图》中，"政府"具备一种特殊的魅力，它有能力吸引一个罪犯来投入它的怀抱，这不能不说是一个奇迹。（李文倩：心怀敌人的写作——读《中国地图》，兼及《有没有》）

——该怎么看待呢？我当然想像得到，那是作者的得意之笔，也或许并非突发奇想，而是他的深思熟虑。或许正因这个特务被不共戴天之敌"转化"的结尾，才使一场"人类文明的大溃退"显得触目惊心、不可收拾。也就凸显了危机的严重、失败的彻底。

但是我想，事情还有待分说。

首先要讲，类似的结尾不新鲜。

比如昆德拉《告别圆舞曲》中的伯特莱夫，不能按照他的意愿走上骷髅地。他自告奋勇跟探长讲："……无辜者要为有罪者负债，这正是生命中奇怪的奥秘之一。我就有劳您了，把我逮捕吧。""别太高兴，"探长说，"监狱不会为您打开它光荣的大门，让您像耶稣基督走上各各他那样穿越它。……"不过更相似的，是《1984》结尾：

……一切都已原谅，他的灵魂洁白如雪。他站在被告席上，什么都招认，什么人都咬。……等待已久的子弹穿进了他的脑袋。他抬头看着那张庞大的脸。他花了四十年的功夫才知道那黑色的大胡子后面的笑容是什么样的笑容。哦，残酷的、没有必要的误会！哦，背离慈爱胸怀的顽固不化的流亡者！他鼻梁两侧流下了带着酒气的泪。但是没有事，一切都很好，斗争已经结束了。他战胜了自己。他热爱老大哥。

看到网上一位作者写："这是小说的神来之笔，绝望的快感袭击了我心头，绝望中掺杂了沉重、惋惜和思考。"（戴永福：我热爱老大哥——重读《一九八四》）温斯顿为什么被改造成功？他的"阿基里斯之踵"在哪里？人们尽可做自己的解读。但小说中确实提供了线索。如思想警察奥勃良居高临下宣告："我们打垮了你，温斯顿。我们打垮了你。……你能想出一件自己没有干过的堕落事情吗？"是的，有些事情，再也无法挽回。"你的心胸里有什么东西已经给掐死了，烧死了，腐蚀掉了。"在小说之外，作者仍有讨论。奥威尔《阿瑟•凯斯特勒》一文，专门讨论《正午的黑暗》一书中，被告因绝望、精神崩溃和对党忠诚而违心认罪的公案。他说鲁巴舍夫最终认罪，因为他找不到不认罪的理由，正义和客观公正对他早就失去意义了：

跟布哈林一样，鲁巴舍夫也是"面对着漆黑的黑暗"。黑暗之中，存在着什么样的准则、什么样的忠诚、什么样的是非观，能够使他蔑视党、忍受更多的折磨？他不只是孤独，他还空虚。他干过比现在指控的那些更恶劣的罪行。……让人不可思议的是，如果说他还有什么可以汲取的内在力量的话，那竟然是他这个地主儿子小时候的回忆。

显然，小说《中国地图》中的特务，情况不一样而心理差不多："他不只是孤独，他还空虚"。表面上看他作为特务干得挺好，只是由于岁月侵蚀摧折了自信。其实人的一生不是概念的演绎，要经历太多太多的事情，时常一个小的细节就是一个关隘。从小说提供的材料看，为了潜伏他不择手段。许多内在的东西，早已化为乌有。哪怕以读者掌握的证据，以刑事罪判他也是名至实归；——无论如何，他不是执行"特殊任务"翻船的。问题仅在于，对于一个人上人的特务，刑事罪不大体面。什么是体面？希特勒的助手戈培尔博士露骨地讲，"人民除想受到体面的统治外，什么也不想。”什么是体面？无非是“拉大旗当虎皮”而已。所谓体面就是自欺欺人。现在的情况，正像C.S.路易斯所指出，“我们当中的大多数人是用社会犯罪感当作借口，以此来逃避真相。”（《痛苦的奥秘》）布罗茨基直言不讳讲：“一个人可以完全深信国家是错误的，但一个人很少对自身的美德怀有信心。”

作为一部叙事作品，《中国地图》有其局促和匮乏。我说的局促和匮乏，是把它跟《特务》、《1984》、《告别圆舞曲》等相比。它们确有可比之处，很难不让我张望。不过写出一个终身的对手向他的对手“投诚”，无论如何都是一项，了不起的洞察、了不起的手笔。

我想展开来说，“认贼作父”的故事，其实比浮出海面的更尖锐、更普遍、更严重。在一定意义上讲，是我们人类难以治愈的痼疾。或许人这个物种，不像许多人文主义者自以为的了不起？也不像许多自由主义者所标榜的爱自由？就像哲学家康德讲过，“人是一块扭曲的材料，从中不能长出直的东西来”。他看世界是否太阴郁？他起码没领教二十世纪的故事。“斯德哥尔摩综合症”的启示是什么，就不说了。著名的米格纳姆试验告诉我们，在一定情境下，人会认不出自己。难怪埃里希·弗罗姆写了《逃避自由》一书，指出“受虐现象向我们表明，人能够被弄得甘受折磨或臣服他人。”难怪卡夫卡耸人听闻说：“人们害怕自由和承担责任。因此人们宁肯在自己搭造起来的栅栏后面窒息而死。”他还坦承“我离不开恶”。难怪《卡拉玛佐夫兄弟》一书写，在这种情况下，“最迫切的需要是找到一个可以投降的人，尽快地把他这个不幸的受造物与生俱来的自由交给那个人。”

极权主义情境下，问题就更严重。雅斯贝尔斯揭示了，公共生活的政治不自由会造成人的“内心不自由”：“一方面是驯服顺从，另一方面则是对自己的行为缺乏罪过感。”“在道德罪过和政治罪过之间没有绝对的阻隔。这就是为什么政治意识越开明，人们越能感受良心的责任。”哈耶克《通向奴役之路》“真理的终结”章，对计划经济导致“思想国有化”做了分析。他说由此产生的一般思想氛围，对于真理的玩世不恭，甚至对理性信念力量的信心的丧失，一切都必须身历其境才能体会。我们明白那是怎么回事？就像王小波《东宫西宫》中的台词：“死囚爱刽子手，女贼爱衙役，我们爱你们。除了这个还有什么选择?”

乔治•奥威尔《在巨鲸肚子里》一文，分析了“悲观主义与反革命观点之间的心理关联”，为什么“我们突然之间摆脱了世界末日的情绪，转而进入了光着膝盖、高唱集体歌曲的童子军状态”。捷克人昆德拉则关注“灵魂的虚肿症”，那是“一个人在具有美化功能的哈哈镜面前，带着激动的满足看待自己”，他用了一个词叫 Kitsch（刻奇）。通俗地说就是自媚，一个人借它摆脱自我评价不高。崔卫平女士有篇讨论电影《集结号》Kitsch 美学的文章，说这个时代可以用很多东西来形容，其中有一点就是人们“丧失了意义感”：

……这样的人生可以用“惨淡”来形容，尽管这个人外表看起来并非如此，“惨淡”仅仅是一种主观的感觉，感觉他自己就是那个最悲惨的人。昆德拉还用过一个词利多斯特（Litost)，他扬言道这是一个纯捷克词，在其他语言中很少能够找到对应物。但至少中国人对这个意思心领神会：“Litost 是一个人突然洞察自己的悲惨而产生的一种极端痛苦”……。(崔卫平：《集结号》Kitsch 的美学)

上面说到的症候，《中国地图》的特务都有。难怪他“有一个念头忽然出现”。此前他器宇轩昂而空虚难当，一种“集中营的乡愁”是他仅有的。他的结局，不过是再次应验了《1984》的预言：

“……你已经开始明白这个世界将是什么样子。但是到最后，你会不止明白而已。你还会接受它，欢迎它，成为它的一部分。”

五、“人人都是伪君子”

——从特务“夹着屁眼做人”说起

读《中国地图》的特务故事，一再想到“失败”一词。用康拉德的话说，那个特务是“被上帝完全抛弃的人”。不折不扣的失败啊。“蓦地黑风吹海去，世间原未有斯人”，真的太残酷了。

也还想到自身的处境，也还想到“我们的失败”。

就像流亡作家北明《上帝的弃地》一文所写：

“近代中国，无论内战、外战，战事频频：鸦片战争、甲午战争、军阀混战、北伐战争、抗日战争、国共战争、朝鲜战争、中印边境战争、中苏边境战争、中越边境战争。从抵御外侮的鸦片战争一败涂地之后，一个接一个的战争，越打越荒谬，越打越国破民穷、自弃自馁。唯有抗日战争，柄以自卫的正义，赖以国际大背景，因侵略者宣告投降而获胜……战而无胜，这是中国的不幸。”(《上帝的弃地》)

野夫更是悲愤莫名：

“我们活得真他妈失败啊，……沧浪之水，清浊有别，而河清海晏的日子，我们却至今未曾见着。前人诗谓——无量头颅无量血，可怜购得假共和。一百年前我的乡贤在武昌打响的首义，没有换得真共和；之后几辈人的血漫大地，还是没有换得。难道这真是对吾族的一个毒咒吗？”(《民国屐痕》)

已逝的前辈刘宾雁先生，在2005年八十寿宴上，以“我这八十年”为题开讲：

“我是觉得我们八十年以来的教训就是我们，太狭窄了。我们的眼睛就是看着政治。……回想一下二十世纪这一百年，有哪一页历史上写的不是‘失败’两个字？……中国人为什么这么不争气？……让我们好好想一想，把眼光放得宽一点，看得远一点，看得深一点。不要一天到晚老是看着中南海。中南海越来越不重要了。现在也许我们真正是在黎明前那个最黑暗的时候。”

还有欧阳小戎《老汪和他的〈有没有〉》一文捶胸顿足：

这四千年来，这个民族一直缺乏一个最本质、足以奉为神圣的力量作为精神支撑。……这个民族的心灵还未开化，他们将一己私利奉为生命的真谛，他们感受不到自由和理想的召唤。可怕的不是机枪和坦克，可怕的是麻木不仁的心灵，机枪和坦克，以及后来的无数牢狱只不过是这麻木心灵的表现形式。当有人站出来的时候，他们不闻不问，甚至视那些苦难的命运为理所当然。

狱中的林昭曾在一首名为《大地》的诗中哭泣：

难道说一个真实美好的黎明，
竟永远不能在你上面升起？

的确是黍离之悲，中国人的百年孤独。亚细亚的千年绝望，“白茫茫一片大地真干净”。“人性崩塌”后什么样子没有？

想到当下的我们，“夹着屁眼做人”的实景。

真是那样子，跟《中国地图》中的特务一样，“在这个森林里夹着屁眼做人”。那么难听的词，那么亲切的意象。如果嫌难听，就换成“低调做人”或“忍辱负重”、“韬光养晦”等，意思差不多。

胡平先生的“序”，从这个角度入手。他说《中国地图》揭示出极权社会中生存的虚假性、欺骗性和荒诞性；“在某种意义上，这个特务老头的悲剧也是当代我们每个中国人的悲剧。在中共暴政下，我们都戴着假面具生活，用假面具掩盖真面目”，不过问题在于：

我们的真实的自我由于埋藏得太深太深，以至于被遗忘，等同于消失，等同于不存在；而那个伪装的自我，虚假的自我，由于它占据了我们整整的一生，到头来就变成了我们自己，变成了真实的自我。……读《中国地图》是一种强刺激，它使读者猛然醒悟到自己生活的虚假与荒诞。读者不能不反省自己的一生是否真实。

由他的“借题发挥”，想到相关的议论。如刘晓波先生不无愤激地讲，那些自称“体制内改革派”的人，个个像“打入敌人内部的地下工作者”。每次跟那些官员聊天，似乎个个有戈尔巴乔夫的远大抱负、忍辱负重的韧性和足够的政治智慧。“也许是我小时候看革命电影太多，中毒太深，以至于我常常把他们想象成打入敌人内部的足智多谋的地下工作者。这类现象远远不至于官员，在新闻界、教育界、文化界、官商界比比皆是。”他称其为“后极权时代的精神景观”：

后极权大陆的精神景观既分裂又同一：体制内行为与体制外行为、官方语言和民间语言、公开表态和私下聊天、悲剧现实和喜剧表演之间的分裂，达到了触目惊心的程度。但这分裂又奇妙地统一于犬儒化的生存方式之中，苦难现实被转换成小品化的民间娱乐，发泄不满转化为自我麻醉，嘲讽权贵退化为自娱表演。除了享乐和消费之外，似乎仅存的硕果只剩下“经纪人理性”的畸形发达：不择手段地谋求个人利益的最大化。（刘晓波《打入敌人内部的地下工作者》）

类似的议论，越来越多了。譬如徐贲提出“扮傻游戏”；资中筠先生讲，多数人并非良知全泯，但感到无力和无奈，于是“人人都做两面派，丝毫没有歉疚感。古之欺君是大罪，今之君似乎有意需要被欺。”（《知识分子对道统的承载与失落》）。作家严歌苓说，现在“底层的人装忍，上层的人装蒜”。作家尤凤伟讲，“由于众所周知的原因”，中国人将话分为能讲和不能讲的，久而久之形成了自动控制，“哑巴吃饺子心中有数”，作家很难依照自己的心灵写作。（《我心目中的小说》）某个周刊组织了“假面时代——为什么我们都要装”专题，说在一个“假面社会”或“假面舞会”，上演着“台上是人、台下是鬼”的“双面人”大戏。有意思的是美国驻华大使骆家辉“跟进”说，“我有时也看 CCTV 的节目，很多持有美国绿卡的嘉宾，在里边侃侃而谈，有时甚至在骂美国，这些人潜伏的真好。……”（《骆家辉致中国媒体的一封信》）——我想他其实，知道更多的。

发现类似情况早就有，也不限于我们中国。

譬如鲁迅提出“二丑艺术”：“他没有义仆的愚笨，也没有恶仆的简单，他是智识阶级。他明知道自己所靠的是冰山，一定不能长久，他将来还要到别家帮闲，所以当受着豢养，分着余炎的时候，也得装着和这贵公子并非一伙。”譬如《日瓦戈医生》中，指出“这是世纪病，时代的革命癫狂。心里想的是一回事儿，说的和表现出来的又是另一回事儿。谁的良心都不干净。……”只不过书中人物毕竟是医生，由此观察到了“心脏细微溢血现象”：

“我们这个时代经常出现心脏细微溢血现象。它们并不都是致命的。在有的情况下人们能活过来。这是一种现代病。我想它发生的原因在于道德秩序。要求把我们大多数人纳入官方所提倡的违背良心的体系。日复一日使自己表现得同自己感受的相反，不能不影响健康。……”

据我有限的阅读，中国作家、学者看不那么深。

还有“双重思想”(Doublethink)，《1984》中提出来的：

党有句口号，道是：“控制了过去，就控制了未来；控制了现在，就控制了过去。”从性质上论，过去自然是可以改变，然而还没有人改变得了它。凡是现在正确的事情，自会永远正确。这些全都是易如反掌。需要你做的，惟有不断战胜你的记忆而已。他们把这叫做“现实控制”；拿新话来讲，就叫做“双重思想”。

……知道一切，又一无所知；通晓真情，又把谎撒得圆；混淆是非，无视矛盾；运用逻辑来对抗逻辑，吹嘘道德又弃绝道德；视民主为妄想，又相信党捍卫民主；该忘的抛到脑后，该想的召之即来，而后再迅疾忘它个干净——而特别是，把这样的过程就用在过程上面去。真叫妙不可言：有意进到无意识当中，却不去意识到刚刚进行了催眠。即便要弄懂“双重思想”这个词，也得用上点双重思想才行。

可能聪明的读者理解了。抄书的我只是想到，“第二十二条军规”和“认知失调”等概念。感到已经中了“双重思想”的招，脑子被活生生整瓜了。不知道该怎么辨分、不知该怎么划界。就像两千年前庄生梦蝶，或万里之外昆德拉描述的：“于是我问自己：是谁做梦了？谁梦见了这个故事？谁想象出来的？是她吗？他吗？他们两人？各自为对方想出的故事？从哪一刻起他们的真实生活变成了凶险恶毒的奇思异想？……”(《身份》）难怪奥威尔《西班牙内战的回顾》一文写：极权制度真正可怕的地方，“不在于它会犯下‘罪行’，而在于它会毁掉有关客观真实的观念：它既想控制未来，也想控制过去。”

“人人都是伪君子”，《1984》中的裘莉亚下结论。

中了“双重思想”的我们，精神上强奸和被强奸。

小说中有个细节，“特务”一次次将卷成圆棍状的“中国地图”塞进自己肛门，他从中得到了极大的快感：

“每当这时他都要将藏在屁股里面的“中国地图”拿出来，只要看到它，他就会像是信徒看到圣物般兴奋起来。他的身体也会因之而抽搐。”

如此有趣的细节，当然逃不过论者的法眼：

“……一个被权力强奸了的人，他对这个权力产生了一种深深的依赖感，几乎就要爱上它了。这样一个人，他永远都不可能再像处女一样矜持、等待和旁观了，他已经卷进了事件的漩涡。”（李文倩）

在与朋友对话中，建辉自鸣得意讲：

汪建辉：不知道大家看出来没有，特务每次都是将“中国地图”藏在屁股里面，由先前的不适应，到后来的有了快感。在这里，我想表达的是“国家”与“人民”的强奸与被强奸的关系。

陈家坪：我肯定注意到了特务屁股里的这张“中国地图”，它令人惊讶！它也有着完整的，传奇的命运——最后被拍卖了。（陈家坪：历史与文学创作——再读汪建辉长篇小说《中国地图》）

其实读到那里，谁会不惊讶？甚至感到不适，也很正常。我想作者有他得意的理由，一个“逃避自由”或虐恋的故事，没有比如此画面更能诠释的。也是斯德哥尔摩综合症，恨某某、骂某某、不见某某想某某。说起来好像不寻常，生活中常见得不得了。

我们堂堂正正的中国人究竟怎了？就像鲁迅说在万恶的旧社会，人们“从奴隶生活中寻出‘美’来，赞叹，抚摩，陶醉”。不过跟社会新、旧有什么关系？甚至也不一定齐茬茬处于“正午的黑暗”。如姚监复《文革中自愿的行刑者和自愿的受刑者》一文所披露的：

“新中国一号烈士”段德昌，据说被自己人“错杀”时要求：“如今红 3 军子弹极缺，杀我时不要用子弹，子弹留给敌人，对我，刀砍、火烧都可以。”再如 1959 年庐山会议上被打成“右倾机会主义”的彭德怀，一再检讨“我给主席的信，不仅事与愿违，而且起了相反的作用，自我检讨这将是我的罪恶”；并说“我只能毁灭自己，决不能损害党领导的人民军队”。

面对斯情斯景，我不觉得安全。肯定没有那份傲慢，把自己放往安全地带。有什么理由啊？不愿念什么“天灵灵，地灵灵，再来一个冰激凌”，但也对“风可进，雨可进，国王不能进！”不是太有信心。就比较认可卡夫卡的话：“我并非骑手，而是躺在地上。”以及米沃什的：“……我就像那些沉溺在自己生活的人，几乎无法令自己的下巴高于水面。”是的，当真我怕孤独。就像J.格林写的：“我知道，与偌大的宇宙相比，我们太微不足道了，我知道我们什么也不是；在如此浩大的宇宙中似乎没有任何东西在某种程度上既能淹没人又能使人重新获得信心。……我们跌入了一个巨大的黑暗迷宫，我们怕极了。”

因为孤独，逃避自由。一旦怕极了，早晚来臣服。跟内心无关，跟时机有关。假如有一天，强大无比的历史代言人宣布“你处在历史之外，你不存在”，向我们这种既非义仆、也非恶仆的外黄内白、首鼠两端、“潜伏的真好”的伪君子发出通牒：

你首先要明白，在这个地方，不存在烈士殉难问题。……在这里招供的都是真的。我们想办法做到这些供词是真的。而且，尤其是，我们不让死者起来反对我们，你可别以为后代会给你昭雪沉冤。后代根本不会知道有你这样一个人。你在历史的长河中消失得一干二净。我们要把你化为气体，消失在太空之中。你什么东西也没有留下：登记簿上没有你的名字，活人的头脑里没有你的记忆。不论过去和将来，你都给消灭掉了。你从来没有存在过。（《1984》）

——当然势不可挡地，你会爱上老大哥。

我们爱老大哥！除了这个还有什么选择！

六、“没有敌人”还是“有敌人的写作”？

——与小说家商榷

从前面引的文字，能看出写作者心理。尤其书的后面，有段“旧版中国地图卖出了天价”的描写：

在叫卖到 80 万元时，场面上出现了一个小小的插曲——有一个参加拍卖者静静地走上前去，用鼻子凑近地图闻了一下，梦游一般地说：“怎么……怎么……怎么会有一股大便的味道呢？”

“历史！历史！”拍卖师举着拍卖锤叫道：“这就是历史的味道！历史不但会留下痕迹，而且还会留下味道！”……

看到这样的“恶搞”，我不禁产生一点怀疑。进而想结合作者的写作主张，说一些商榷性质的话。汪建辉明确主张一种，“充满着恶意”的写作、或叫“有敌人的写作”。他在好几个地方，阐述了自己的看法：在《十四年》里写：“一个写作者内心没有敌人如何写作——尤其是在一个独裁国家？”在《时间的重量——独立中文笔会 2009 年度自由写作奖受奖词》中写：“自己的敌人越强大，自己也会越强大。比如说拳击选手，轻量级对重量级的，即使失败了，那也是在情理之中。如果有一天，我胜利了，那么就证明我已经超越了自己的能量——虽然我清醒地知道我不可能会胜利。”在与朋友的对话中反思：

我觉得我的写作是一种“有敌人的写作”。有时我也在反思在这种写作里是不是充满了恶意。是的，我的所有作品里没有一个人是成功的，是我的“恶意”伤害了他们。我也在想我是不是要改变一下，让我笔下的人物能够过的好一些，但是我不能做到。因为我心里头的敌人太强大了。不过，我还是在心里给自己找到了解脱。我对自己说：那些成功的主角，有那么多“主流作家”写就已经足够了。我不能加入进去，让虚构的幸福和成功更加泛滥。

我想这个问题，有进一步谈论的必要。一方面来说，“充满恶意”的写作有美学正当性。古人所谓“不平则鸣”、“发愤抒情”等，《好兵帅克历险记》第一部跋云：“生活绝不是培养上流社会风度的学校。”托洛茨基讲，“刺杀暴君的历史就如同暴君本身存在的历史一般久远，而每个世纪对于那把象征解放的匕首也谱出了无数纪念的圣歌。”高尔泰先生自述：我们这代人，像被仇恨喂大。“仇恨是我们的哲学，仇恨是我们的宗教，仇恨是我们扎在祖国大地上的深根。它从灾难吸取能源，提供我们激情灵感，使我们燃烧如火。这火在超高压下凝固，在超低温下冻结，干硬如铁，支撑着我们的脊梁和膝盖，使我们得以，在非人的处境中活得像个人样。”（《寻找家园》繁体版自序）野夫则明确表示：“我和这个时代永远无法握手言和”，——“……你想象一下，当你是一个三、四岁的孩子，每天看到你的爸爸被捆绑着游街，你的家里随时有人来抄家，甚至深更半夜突然来，机关枪就架在你家门口，你的母亲被侮辱，你对这个社会怎么可能喜欢？你怎么会爱这么一个时代？”（《六零后和八零后的对话》）

其实眼光放远点，我们大陆好几代文学人的共同导师鲁迅先生，简直就是“有敌人写作”的掌门人。“在现在这‘可怜’的时代，能杀才能生，能憎才能爱，能生与爱，才能文”是他的名言。他在为杂文集《坟》所写的题记供认：“……我的可恶有时自己也觉得，即如我的戒酒，吃鱼肝油，以望延长我的生命，倒不尽是为了我的爱人，大大半乃是为了我的敌人，——给他们说得体面一点，就是敌人罢——要在他的好世界上多留一些缺陷。”与鲁迅不同的在于，如果说他有理由愤怒，那么我们的愤怒比他有理由多百倍。像野夫所表露的，一个社会的正义得不到伸张，精神的疾病就会成为我们的隐伤：

“这个隐伤未好，只是藏在我们心里，在平时我们可能是很快乐的人，但是一旦因为某件事情、在某种情境中，潜意识被唤醒，内心的隐伤发作，就会很绝望，想要结束生命。”

但我想另一方面，问题处理不当就不好。就会走向反面，我们的隐伤如果失控的话，就会夺走我们精神健康、要了我们的写作生命。前年我写关于“独立写作”的专论，曾有针对性地加了两段：

一切独立写作都是自我赋权的，……既然是自我赋权，是春鸟秋虫自做声，独立写作就不可避免带有反抗压迫或争取独立的性质。这里说的压迫，不光是政治压迫、极权主义；也不是写作者需要敌人，而是外部物质世界不鼓励一种“非功利性”，物质世界要对心灵施压。如果顺从压力或不反抗，心灵就没有自己，写作者就没有尊严感。所以很多时候，独立写作是一种“充满敌意”的写作。那是它的外部特征，不是所有作品都那样，更不是它的出发点。在本质上或初衷上，独立写作是争取自我尊严、却没有敌人的。它的眼界开阔得多，并不停留在政治、社会层面。

……它是自由的、非功利的，也是反抗的、争取尊严的。仅此两点，已足以把形形色色的独立写作，与形形色色的不独立写作分开来。由于头一条，它是审美的而非狭义政治的。由于后一点，又带有广义政治性，甚至带有“维权”的特性。——是否显得矛盾呢？其实不。没有敌人是原则，心怀恶意是处境，并不纠结。本就是自我赋权，遇到压力才反抗。……独立写作的出发点，肯定是审美性的。归宿呢，有时候是审美的，有时候走上了歧路或中途迷失。这也不奇怪。毕竟中间有很长一段路。在这条取经路上，审美与非审美、艺术的与政治要相遇、纠缠、周旋、较量，有时候审美与艺术会败下阵来。我们不希望那样，那是我们的失败。可从根本上讲，任何人不能期待自己会避开这种纠缠、较量和生命的耗费。自由与审美也无从避开不自由、反审美的围堵。（李亚东《正声何微茫，哀怨起骚人》）

这段话是写给"敌人"的，也是写给自己和同路人的，作为对问题想清、想透以后的自我提醒。今天想重申自己的看法。其实大道理老汪不是不懂。他以前写过一篇随笔，提醒自己"不要愤怒"：

我一直告诫自己：你不要愤怒，面对一切你都要有一颗冷静的头脑。你看见了马路上穿行的汽车了吗？你看见了周围的人用探寻的目光看着你吗？你含着愤怒穿越马路，汽车就会从你身上碾过将它碾碎。你含着愤怒与人争斗，别人就会从你的身上看见一种威胁，他们将含恐惧离去，心里的湖水总也不能平静。愤怒使理智消失不见。尤其一再写，"我们最好都不要让自己愤怒，我们要让自己行自己的善，自己灭自己的恶心。人才能完全上升至自觉。""我愤怒了，那是因为我还不能完全驾驭自己。"（汪建辉《记忆：快乐或绝望》）

——道理他真的懂。我想说的是，由于越来越愤怒，他有点控制不住。不光写作时失去分寸，甚至思考上"走火入魔"。

就举几个问题，它们之间存在联系：

一是《中国地图》立意上，有点含糊其词、似是而非。

作者说"不相信任何乌托邦"，就是说跟《1984》等相通。又说"是通过反特务的理想，来反这么多年来强加在中国人身上的共同的理想。”当然也对，“共同理想”是被加在我们身上的。可是他在表达时，有时未免“笼而统之”，给人印象一切理想是毒药。比如书中一个地方，讲了经不住推敲的话：“……他们在床上干的事情，在我的这本书上是应该略去的，因为这本书与那些用下半身写作的不同，这本书是一次挑战理想的意义的写作。”

——我当然有困惑。既然按照通常理解，“下半身写作”正是“挑战理想意义”，——借用《1984》中的话，所谓“满意的性交，本身就是造反”，——那《中国地图》该引为同调才对？看来不是。可假如是一概而论“挑战理想意义”，就跟乔治•奥威尔式的“反乌托邦”，不是一回事了。前面已经说了，本书走的路子基本是《堂・吉诃德》、《茫茫黑夜漫游》式的。

作者思想的犹疑，体现在作品文字上，就是品质上参差不齐。比如有一段生意盎然的文字，对“共产主义幻觉”的讽刺入木三分：

正午时分，开始吃饭了。一盆饭，一桶汤。饭黄中发黑，黑中泛黄，远远的就有一股子发酸的馊味。汤呢？则干干净净的，如果说你看到了汤里面有什么内容的话，那一定是从天上飘过的一朵云彩，将它的影子投到了这碗汤里面。可怜可怜这些女人吧！给她们一点儿精神支柱，让她们觉得生活还有一些趣味、色彩，否则这生活就真正是一点想头都没有了。兰花花就是紧紧地抓住了这一朵飘过头顶的云，让它从天上落入自己的碗里，将其想像成一朵嫩嫩的蛋花，而后再将之一口喝净，于是，在意识里肚子中便装着了一朵蛋花。这种游戏以后在兰花花的生活里头不断地重复着，并使她一直保持着良好的心态，在那种艰难的环境中活了下来。

说实话，兰花花从小到大一直都没有受过什么苦。即使是在解放以前，在爷爷的照顾下，她也从来没有要靠这种虚无的想像来维持生活中的养分（看来这个时代真的是要靠生活在幻觉中了？大的幻觉是：幽灵般包围着这个国家的“共产主义”，小的幻觉是：虚无地漂浮在碗里的“蛋花汤”)。……

可另外一个地方，对“理想”的调侃让人啼笑皆非：

J就这样被放了出来，才出了公安局的大门，他就看到了一个老太婆（兰花花）一边向他扑过来，一边嘴里还在对旁观的人说着：“我就知道他不会是特务，我观察了他很久，我发现他是本世纪最后一个有理想、有追求的人。”

一个老太婆当着众人，会讲出这样文绉绉的话？只能说她成了作者的传声筒。我把它理解为，“有理想、有追求”受尽奚落的中国当下语境，给作品打下的烙印。其实哪跟哪呀，只要跳出气氛恶劣的“小圈落”，“有理想”未必贬称。正如C.S.路易斯指出的：一旦我们走出小圈落，会立刻发现一个惊人的事实：“在外面的大环境中，我们所谓的‘正常’是一个体面人想也不敢去想的，而我们所谓的‘堂吉诃德式行为’是一个大家公认的起码道德操守。”（《痛苦的奥秘》）

明白这一层，其实并不难。但是一种语境，让我们不辨方向。甚至把落井下石的行径，当成了挑战风车的勇敢。所以我的朋友，还是省省吧，不要把否定一切理想和价值当勇敢，也不要从根本上否定唐·吉诃德式的精神。从网上看到一个帖子，题为“骑士精神：我们所笑谈的，也许从未存在过”（作者：张佳玮），想到抄在下面：

……重述一遍过程：

最初，有一些美好的精神，叫做骑士精神。

后来，堂吉诃德被骑士小说欺骗了，以为那些虚伪、愚蠢和僵化是骑士精神。

后来，世界因为堂吉诃德而群起嘲弄骑士精神。

世界在变轻飞上天空，而骑士精神变成了沉重的过期石头。

二是漫画式的笔触，有点过于冷嘲。

已经有人指出："在小说最后的写作部分，作家似乎失去了叙述上的耐心：……小说人物在作家观念驱使下的怪诞行为，对作品本身是一种伤害。"（李文倩）我想举例说明，那样做的得失。

先看一段文字，兰花花如何"零落成泥"：

……村长放下帘子，绕过窗户，轻轻地推门进去，幸运地，门没有响。他来到她的身后，慢慢地将手放在她的肩上，她颤抖了一下，而后开始挣扎，水花四溅。把村长的衣服全都打湿了，村长可不顾这些，他只在她的耳边说了一句话，兰花花就不动了。

村长在兰花花的耳边说的是什么呢？这一定是读者最关心的。在谜底还没有揭开时多数人会以为是一句咒语。如果掌握了这么一句咒语，那么，哈哈、哈哈、哈哈……天底下的女人……不是尽在掌握了么？

村长在兰花花的耳边轻轻地说了一句：看到地主的下场了吗？

话音还没有落，兰花花就不动了，而后一股泪水从眼角里涌了出来。亮亮地滴落在身下的盆子里……

再看另外一段，随笔《记忆：初恋情人》中的文字：

当人老的时候，无所事事，便开始整理秘密；那是财富，就像埋在地下的树木年代久远了，变成了煤炭。煤炭在炉火中旺旺地燃烧，然后那些故事便消失了。老人翻弄着自己的秘密，如火焰照耀了最后的日子，后来火焰熄灭了他便死了。火光中我仿佛看见了卖火柴的小女孩划燃了七根火柴，火柴燃了又熄了，熄了又燃了，火光中我看见了中学时代的那栋教学楼，工字形的建筑结构，二层楼。楼梯处在两栋楼的中间，然后分开向左右延伸去。我站在楼梯上面，双手抚着栏杆，向正面对着的学校大门望去。她出现了；我的心不禁颤栗了一下；还是那样娇小、尖尖的下巴，长长的头发随意地一扎披在肩后。那副文静的样子，与我童年的孤僻多么相似啊!她远远地走来了，书包长长地吊在腰的下面一晃一晃地，像一支风中的芦苇。就这样，一晃一晃地她向我走来了，从年少一直走到了年老。

……那是我最后一次看见她，她弯曲的背影如一只犁划入了我的心。从此我的心里便留下了一个弯弯的印记，如一轮残月挂在天空之中；有时它不见了，我便去寻找她，摸着黑，数着星星，在闪烁着灯火的大地上行走。……有时候它成了半圆，又成了圆，于是我知道她怀孕了。后来它又不见了，我听说她生了一个女孩。

显然两篇文字，不可同日而语。随笔写得相当动人，一个梦中的女孩让人颤栗，那样可爱、那样年轻、永远不老。哪怕作者老了、读者老了，“她”也不会老。而《中国地图》中的文字，写的是美好的毁灭，一个女子的奥斯维辛。居然夹叙夹议、插科打诨的风格，让我怎么接受？再说此时的兰花花像是一位真实的女子吗？怎么给人的印象是，旧戏里的脸谱角色，始终自觉地做戏，没有自然地过活。或许你反驳，说奥斯维辛之后，写诗是野蛮的，以及帕斯捷尔纳克说的，“抒情诗已经不能表现我们经验的广博”。对此我将不置一辞。

还要说到理念化，对于小说的伤害。

正如李文倩冷静指出：

……它取消了这一看似芜杂的文本的多义性，使其呈现出一种单一的面相。《被禁锢的头脑》一书的作者，波兰诗人米沃什在《米沃什词典》一书中说：“最重要的一点是，我没有让自己政治化。”“如果我变成了一个政治作家，我就会使自己的可能性变窄，变枯竭。”对《有没有》一书的阅读，让我对作者这种观念上日益明晰的写作多了一层忧虑。（李文倩：心怀敌人的写作——读《中国地图》，兼及《有没有》）

认同他的批评。包括前面提到的“强奸与被强奸”，我觉得除了过于漫画式图解外，大概还包含着一种泄恨心理？书中的特务其人，固然是一位怀璧其罪者，大概也能指认为一个怀恨在心者？

分明看到，敌人的存在使作者伊于胡底。

与之相关的，是作者再三表达的一个观点：

我一直喜欢说：“语言是历史的必然对称”。我写过一个长篇小说名字就叫《语言是历史的必然对称》，就是想探讨与我们这个时代对称的文学是什么样的形式，……。一个历史就会有一个文学形式，我们常说的唐诗、宋词、元曲、明清小说，就是最好的例证。我总会想，与我们这个时代对称的文学形式会是什么呢？我现在初步的感觉是“言论”和“政论”。原因是：我们正处在一个需要“表达”与“言说”的时候。当每一个人都有自己的想法，那么，将它们言说出来，让更多的人知道就显得尤其的重要与迫切。·（陈家坪：历史与文学创作——再读汪建辉长篇小说《中国地图》）

他并扼要说，我们“这个时代对应的文学文本一定不会是诗”。他提问题的方式宏阔，属于“一代有一代之文学”那种。过于宏阔的命题，讨论起来就太吃力。我只能缩小范围，对于他提出的与我们时代相对称的文学样式是“言论”和“政论”，表示审慎的怀疑。怎么会那么简单，更不会那么肯定。或许语言与历史是镜像的关系，可艺术与时代绝非“毛与皮”。这是一个基本美学原则。康拉德说过一句话，“语言，众所周知，是现实最大的敌人。”我深以为然。谁说自由无羁的人类心灵，一定要绑在历史的战车上？

布罗茨基更是对某种论点，做了异常尖锐的抨击：

……一论及历史，人们就站在了更坚实的基础上，即便还不是坚不可摧。它足够用来支撑这样一个论点：历史成为艺术家命运中的邪恶根源。或许它也可以让我们想象它能决定一个艺术家的道德姿态。但谁要是认为它还能够决定一个艺术家的美学，那么他脚下的基础就将坍塌。因为这就让艺术屈从于某种信条、某种哲学系统的约束了，屈从于某个群体的利益约束，说到底是屈从于某种意识形态的约束。而艺术要比这些东西都更原始、更不可回避。

……个人的美学是从对这些东西的本能中产生的，而不是从赞助人那里产生的。并且是一个人的美学决定了他的道德标准和历史感，而不是相反。……但如果赞助人（比如说，一个国家）可以被原谅，因为他可能就知道这么多，艺术家（比如说，一个作家）不能被原谅。跟国家不一样，作家不能以历史必然性来为他的行为辩护。（《昆德拉为何厌恶陀思妥耶夫斯基？》

是的，国家就懂那么多，艺术家不能被原谅。——显然思考与谈论这些问题，我们的立场只能是美学的，而不是基于“政治正确”的。似乎该从头脑里排除，历史必然性或政治正确性的考虑，而忠实站在审美或伦理的立场上。政治与美学，当然有关联，可也有个天然界限。是的，阿诺德说艺术“是对现实的批判”，可这种批判是美学方面的，而非狭义政治的。像托洛茨基评价《茫茫黑夜漫游》一书：“塞利纳表达了现存的东西。因此他看起来像个革命者。但他不是革命者，也不想成为革命者……”是的，我理解黑暗时代作为作家的愤怒，可作家是否是社会的公诉人？可以记录、可以见证。可文学式写作与文献式写作，毕竟有所不同。不同在哪里？需要考虑、也需要遵守。

记得杜甫说，“文章千古事，得失寸心知”。也记得韦伯说：

“你来之前数千年悠悠岁月已逝，未来数千年在静默中等待”。

对于可能有的政治化偏向，应该及早察觉。就像《1984》那样的书，是反乌托邦的、却不能以“政治化”来限定。美国第七巡回法院法官、芝加哥大学法学院高级讲师理查德•A•波斯纳就此写，“将《一九八四》看成一部文学作品（并认识到它作为文学作品的不足），就应当反对将所有东西政治化。奥威尔本人也是这种看法。”他说读奥威尔的小说像读卡夫卡，或者《荒原》。“以今天的眼光审视《一九八四》，它是一部描写生动、扣人心弦、善于营造氛围、惊悚恐怖（这里不带任何轻蔑之意，好比亨利•詹姆斯的哥特式恐怖）而又充满浪漫色彩的冒险小说。”（见《〈一九八四〉与我们的未来》一书，法律出版社 2013 年 2 月）还有《日瓦戈医生》一书 1958 年出版后，以赛亚•伯林指出“铁幕两边出于政治宣传目的对该书粗俗而又可耻的滥用”，使人忽略了这部杰作的文学品质，其实它的主题“与大多数人的生活（人的出生、衰老和死亡）密切相关”。美国学者罗伯特•佩恩同样正确地说：“有些西方评论家把日瓦戈医生看成是对抗苏维埃政权的人物。这种看法并不正确，因为他们没能够发现，这部作品其实是对一切存在着的政权的反抗”。

说艺术家是永远的反对派，那就是说，不执著于一时一地的政治。对于我们这个时代、这个民族而言，我更赞同前面说到欧阳小戎所讲：“这四千年来，这个民族一直缺乏一个最本质、足以奉为神圣的力量作为精神支撑”；并对宾雁先生“我这八十年”的反思发生共鸣：“我是觉得我们八十年以来的教训就是我们，太狭窄了。我们的眼睛就是看着政治。……让我们好好想一想，把眼光放得宽一点，看得远一点，看得深一点。”且不管他们的话，是否对所有中国人有效。我想对于一个民族的写作者，对于以精神耕作为己任的人，是至关紧要。

七、“没有人能过一种未经辩护的生活”

——兼答“我的悲观失望由谁造成？”

作者在台湾版《时间的重量》后记“只说时间”中写：

在小说里，作者是一个最大的独裁者。他要谁死，谁必定得死。他让天上掉下一砣金子砸中谁，就会砸中谁。一切全凭作者对这个世界的理解。爱与恨，镜像着这个世界另一端的真相。

——对这些话，我有保留。毕竟知道，不是所有的小说家都像他那样论述、那样“独裁”的。不过我承认这儿，有很大的诱惑：

“……这本书是我写的，从某种意义上来说，我就是这本书的上帝。”

我想泼冷水说，作者也该反省，在发问前问自己。

刚才说了，一方面我们的恶意有正当性；另一方面不该成为恶意的俘虏。再怎么怒火满腔、义愤填膺，都不该使我们迷失。正如卡夫卡提醒，“没有人能过一种未经辩护的生活。”奥威尔说过差不多的话：“所有的圣人，在被证明清白之前，都应当被判定为有罪”。假如认识不到这一层，压根不承认或者认识到了做不好，哪怕我们再怎么标榜自己“独立写作者”，我都想说“独立”起来很难。

已经有人在反省。比如许多独立写作者，表现出“拒绝的姿态”，像周伦佑先生倡导的：“……拒绝他们的刊物和稿酬，拒绝他们的评价和承认，拒绝他们的出版社和审稿制度，拒绝他们的讲坛和各种不学术会议，拒绝他们的‘作家协会’、‘画家协会’、‘诗人协会’等等些腐败艺术、压制创造的伪艺术衙门"（周伦佑《拒绝的姿态》）等，可对极权主义后果的消极承纳仍会伤害我们，我们很难做到拒绝这种伤害。正如唐晓渡具体而微发现的，“伤害不仅可以成为某种集体无意识，而且可以像文化一样遗传”。因而精神自治不会一蹴而就：

……尤其是考虑到，一个积极的反抗者，同时也可能是其后果的消极承纳者。这种后果有些已经为我们所充分意识，有些则还没有，尤其是它对我们思想、语言和行为方式的暗中支配。……内化的制度具有较之外在制度远为长久的生命力。它使自身即便在被迫改变其外在形态、甚至其外在形态濒临崩溃的情况下也仍然保持着有效性，而这种有效性的更有力的证据往往不是来自那些驯顺的臣民，而是来自其对立面，来自那些确实是、或自以为是的反抗者。（唐晓渡《精神自治与公共空间》）

所以，不能太过自信。对此《告别圆舞曲》中的雅库布有所觉察：“在我们的大地上，并不存在任何人，不会怀着一颗相对轻松的心，打发他的邻人去死。……从这一观点出发，假如人们有一天会改变，他们就将丢弃人类的基本品质。”他跟养女讲：“我要对你说一说我一生中最悲愁的发现：受迫害者并不比迫害者更高贵。我完全能够想象角色的置换。”布罗茨基更快人快语：“受害者的纯洁是强做出来的、人造的纯洁，它不值得我们哪怕以最小的自由去换取；我们对于受害者的文化准则的吸引本质上是哀悼性的，因为它是属于过去文明的，只是被意识形态的暴政放入了冰箱里。活鱼永远是带腥味的，冻鱼只有在煮的时候才会出腥味。”（《昆德拉为何厌恶陀思妥耶夫斯基》）

做起来确实难。更普遍的情况是，人们不愿承认这些，到处可见真理在握、自信满满的人。“在现代社会，虚幻仍在滋生，并且茁壮成长”，C.S.路易斯指出，人们在缺乏充分依据的情况下，轻而易举地把“仁慈”纳入自己的品德列表。因而“尽管人具有种种邪恶的本性，却极容易自我安慰，……我们认为自己很善良，其实我们不过是在自得其乐。”比如，比较常见的一种逃避真相的方式是：

我们觉得自己身陷邪恶的社会之中，因而萌生了社会犯罪感（corporate guilt）。这是事实；不过，仇敌恰恰利用某些事实来欺骗我们。我们应当警醒，恐怕自己因过于注重社会犯罪感而忽略了单调、老套的个人犯罪感，个人犯罪感跟‘社会’扯不上任何关系，对付个人犯罪感根本不必等到千禧年。……其实，我们当中的大多数人是用社会犯罪感当作借口，以此来逃避真相。”（《痛苦的奥秘》）

建辉在2009年度自由写作奖受奖词中讲，这个体制让人心生愤怒：

……不知道为什么，因为以上原因，我的生存态度始终都保持着悲观，也正是因为这，我笔下的人物大都很悲惨。我常说，我是“充满着恶意”写作。我承认，我笔下人物的悲惨命运是我一手造成的——在这里我应该对他们道歉：“对不起，是我的悲观造成了你们悲剧性的命运”。但是我要反问一下：我的悲观失望又是由谁造成的呢？

我想难免会扫朋友兴的，回答一下他的提问。

一个人悲观，有很多原因。体制原因可能是一条，但不是全部。我想除了“一小撮人”，目前国人基本认识到，一系列问题的根源说来说去在体制。正是这个体制，造成了很多人为的问题和麻烦。但是我们是否要“毕其功于一役”地考虑，有朝一日转型成功了，就“解放区的人民好喜欢”？我们是否要设想，如果一夜间“转型”成功了，我们作为作家的使命就完成了，甚至我们的作品就活该“速朽”？可能不是那样。怎么会那样呢？文学有它永久存在的道理。或者用亨利·菲尔丁的话，“文学只是一个便饭馆，不卖山珍海味，只卖一道菜，就是‘人性’。”（《弃儿汤姆•琼斯的历史》）关注人性才能永恒。何况一时的政治正确，不能代替心灵体验的真实。人心是活泼的、也是难测的。就像陀斯妥耶夫斯基宣称：“没有任何一种社会制度能避免恶，人的心灵不会改变，不合理和罪恶源自人的心灵本身。”（《穷人的美德》）埃里希•弗罗姆说，“人类自由的敌人打什么旗号并没多大关系：反法西斯或直言不讳的法西斯旗号同样会威胁自由。”（《逃避自由》）切斯特顿发现：“时下的虚构小说和新闻报道惯于披露人类在过去的专制政治下受苦的光景。然而，事实上，人类差不多无时无刻不活在新的专制政治下；今天的专制政治管辖着二十年前还属公众自由的领域。可不是吗？”（《回到正统》，三联书店2011 年 5 月）

我们还清楚地记得，在过去的一百年，人类心灵多次迷失在制度更迭的泥泞中。比如巡洋舰阿芙乐尔号炮轰冬宫，曾被人们认为是超出现实的终极关怀。在帕斯捷尔纳克《日瓦戈医生》中，作者借书中人物之口评说，“这儿把某种肮脏的、无关紧要的次要东西抬到它所不应有的、并不属于它的高度。”“当这件事成为现实的时候，它会使我们在很长时期内怅然若失，一旦清醒之后，也就永远不能追回已经丧失的那一半的记忆。”于是人们又反过来企盼：“这世界什么时候才能清醒过来，什么时候才能过上安定而有秩序的生活？”另外一个作家 C.S.路易斯七十年前，针对那种憧憬人间天国的热情，在《痛苦的奥秘》一书中写：“我不是在讨论社会制度的巨大变革是好是坏；我只是想提醒读者，不能把某一种药当作长生不老的金丹。”

“我的悲观失望又是由谁造成的呢？”

——或许你觉得这个世界太黑暗、所谓拯救又是那般无望？你说的当然有依据，但也要实事求是讲。普遍存在的倾向是，一方面过甚其辞，一方面失却公正。尤其有一种虚张声势的悲观主义，把很多问题简化或者扭曲了。为了说更清楚些，还是引用 C.S. 路易斯。

他的《痛苦的奥秘》一书，提出“没有疼痛总和这回事”：

我们绝不应该把痛苦描上更为阴惨的色调，就像有些人信口所言——‘人类的痛苦加起来是不可想象的’。假设，我闹牙痛，疼痛强度为 x，而你恰好坐在我身边，并且也受着牙痛的折磨，疼痛强度同样为 x。你可能会说，这个房间里的疼痛总数是 2x。不过，你必须记住，没有人在承受 2x 的疼痛：无论何时何地，你都找不到一个人经受几个人的疼痛。压根没有疼痛总和这回事，因为没有人经受过它。如果我们的疼痛已经达到了人类所能承受的极限，无疑，这疼痛非常可怕，不过，这也已经是天下最大的疼痛了，另外一百万人的疼痛并不会使这疼痛增加。”

他批评那种虚张声势的悲观主义：“为别人的痛苦义愤填膺，固然是一种慷慨的情感，不过，我们必须好好把握这种情感，否则，它便会偷走受苦者的忍耐和人性，同时在受苦者心中种下暴怒和愤世嫉俗的根苗。”他提醒人们，“我们不可能高枕无忧，但是，我们拥有许多乐趣，有时候甚至是狂喜。要发现这其中的原因并不困难。”他并提醒人们，“苦难存在的必要性固然可怕，却是不容否认的。”“如果试图排除痛苦发生的可能性，你会发现你不得不排除生活本身。”

“我的悲观失望又是由谁造成的呢？”

——或许天性？或许遗传？或许遭遇打击？

有没有想过，也许是时尚？像奥威尔《在巨鲸肚子里》所感慨：

不太清楚的是，为什么二十世纪二十年代的著名作家都那么悲观。为什么总是有颓废感、头骨和仙人掌，为什么要追求失去的信仰和不可能的文明呢？难道不是因为这些人都身处在一个极端舒服的时期吗？正是在这样的时期，“宇宙的绝望”才有可能蔓延。饿着肚子的人，从来不会对宇宙绝望，甚至对宇宙连想都不去想。1910 年至 1930 年间，是个史无前例的繁荣期，即便在战争年代，假如你没有参军，在物质上也很过得去。……“幻灭”成了时尚。每个年收入稳定在五百英镑的人，都把自己训练成了“厌世”派。……对生命的绝望发展成为无以复加的自恋。……我们突然之间摆脱了世界末日的情绪，转而进入了光着膝盖、高唱集体歌曲的童子军状态。

他的话说起来不够哲学，可能事实还真是他说的那样？我当然不会“一言以蔽之”讲，你我是受了“宇宙的绝望”影响，被一种精神气候裹挟而难以自拔。前面已经说了，会有多种原因。但是多种原因里，我们是否“不能排除”地说：你的悲观主义害了你？

甚至我不妨，讲得更“痞”些：就是前面提到那么多文学名著，你的《中国地图》是向它们致敬的书。那是往好的方面讲。往另外一个方面讲，则我们浸淫其中，已经足以沦丧。（此处咽下若干字）

我能够理解却不赞成，“心里的敌人太强大”。

那是丑化了、固化了对手，同时美化了自己。其实我们自己，也是这个世界的产物。我们的行动，说好说歹都映照着世界的全体。怎么可能不警醒？怎么可能不努力诚实？果真那样，许多苦真就白受了。请记住我们身上，那么多“精神奴役的创伤”。请记住我们不可避免地，深受这个世界的戕害。甚至世界找到了代理人，驻在我们心灵里残害我们。就像年轻写作者刘荻（不锈钢老鼠）所写的：“我们都生活在一个敌意的世界中不能自拔，而没有注意到其实最大的敌人就在我们的内心中；我们恐惧别人‘亡我之心不死’，而真正值得恐惧的，就是这种恐惧本身。”（《中国人的权力主义人格》）

所谓“心里的敌人太强大”，未免是我们自己反对自己。应该剥离、应该辨析，应该做艰苦卓绝的努力。比如从“自我”身上，看出一个“他我”；又从“敌人”身上，看出一个“鄙人”。这就是“洗涤”的工作，正如雅斯贝尔斯诊断的：“有罪过感才能接受责任，罪过感是人为实现政治自由而在心里奋起反抗。”“洗涤是一个内在的过程，它永不停止。”这就是“清洗”的工作，正如卢跃刚所意识到的：“我们这一代人的精神史，简要说，就是一部不断清洗血管里狼奶特征的历史。……我们必须认这个帐。我们如果不认这个帐，我们就永远不会长进。”他在 2013 年度“自由写作奖”受奖词中指出，我们有太多毛主义、党文化的基因，至今常在“集体无意识”的陷阱里：

进入九十年代以来，我就常用“同构”一词。是说我们一样参与了历史，身心正深陷一种不自觉：用专制反专制，用虚假反虚假。虚妄的目标，虚假的历史，像是一个“黑洞”，让一个伟大民族的心灵跌入虚无。我们生活在一个价值被解构的虚无感当中，“自我”被自己解构了却不自知，在虚无感上叠加了更大的虚无感。在我看，这才是真正致命的。（卢跃刚《虚构国度里的非虚构写作》）

对此不可掉以轻心。否则表面上激烈“反抗”，甚至“时日盍丧、予及汝偕亡”的样，却在“你死我活”的思维定势中，无意中从反面“巩固了这个制度，实现了这个制度，创造了这个制度，是这个制度”（哈维尔）。假如你足够留意，经常发现类似故事。正如崔卫平女士《思想即处理自身黑暗》一文所提到的：经常看到一些激烈的批判者，在思维方式上只是重复他们批判对象的错误。他们与其批判对象之间，存在拉康所说的那样一种“镜像关系”。那么熟悉的一种东西，也许太容易上手了。在文章里，她甚至“矫枉过正”地反躬自问：

我时常提醒自己，我们没有第二个出身。对于这样一种传统，不是简单丢弃的问题。很有可能在你想要把它们丢弃的时候，已经在重复它的错误。……我们所需要的是时时记起自己的出身，承担起其中的错误和黑暗，乃至运用其错误来培育新的开端。

我甚至不认为在目标上我的追求与我父母亲的追求有很大的区别，我们都接受平等、自由、公正，都在促使那样一个前景的出现，但是很可能他们采取的路径错了，他们抵达目标的方法有问题。我认识一位十几岁在太行山参加革命的老先生、老共产党员，他在去世不久之前对我说：“我到现在也还说不清楚我们这个时代人是怎样变异的。为什么人追求的东西最后转而反对他自己。人的智慧不足以应付他们造成的问题。”他叫何家栋。我希望他奋斗一生的终点以及他所思考的终点，是我的起点。（崔卫平《思想即处理自身黑暗》）

记得《v字仇杀队》的对白，但愿我们经常以之为提醒：

V：再没有诡计，再没有谎言，只有事实。事实是，你让我明白了，我是错的，明白了扳下这个开关的决定，不该由我来做。

女：为什么？

V：因为这个世界，我是其中一部分的世界，我帮助塑造的世界，将在今晚消亡，而明天，将是不同的世界，该由不同的人来塑造，这个决定应他们来做。

八、因为要歌唱，所以他歌唱

——关于“为谁而写”

当然我的朋友，对于上面提到的，他早有觉察。

在2009年度自由写作奖受奖词中，他注意到了：

每一个人选择的对象不同。每一个人也都有选择的“自由”。为什么要在自由这两个字上加上引号？这是因为我认为在专制的篱笆之下，每一个人的选择都被注入了“功利”的激素。(《时间的重量——独立中文笔会2009年度自由写作奖受奖词》)

看到了“自由”中可能注入的“功利”，就是一种觉察。而且在动笔的时候，他注意到自己的“心”与“思想”分裂，“我的笔不听我心”。因而对于笔下人物，表达了自己的愧疚：

“我一直想让兰花花生活的好一些，但是我的笔不听我心。思想告诉我：这是一个好人没有好报的世界；心告诉我：好人必将有好报。最后，我的笔服从了我的思想。不论是在小说里，还是在小说外，我一直对兰花花有着无比的愧疚。” (陈家坪：历史与文学创作——再读汪建辉长篇小说《中国地图》)

可见普鲁斯特是对的。他说“作品是作家另一个自我的产物，这个自我和我们在日常生活中、在社会上以及在恶行中显现的那个自我并非一回事。”可见昆德拉是有道理的，他说“小说家绝非任何人的代言人，并且我要将这个话说透：他甚至不是他自己想法的代言人。”如果对小说理论、叙事学有点基本了解，就会承认，写作者跟他笔下人物不等同。我们不会把塞万提斯跟堂吉诃德等同，不会把纳博科夫跟那个中年男人等同，也不会把潜伏特务与文学特务等同。对于《中国地图》及其作者来说，作品中的人物“他们都死了，我却活着”（廖亦武《床下作家汪建辉》）说明不了什么。所有的人都会死，人的肉体不堪一击，问题是写作何为？问题是精神出路在哪里？看到邱良君先生敏锐指出：

难能可贵的是，与毫无内心价值选择与坚守的大多数当代中国写作者不同，老汪并没有与他笔下的人物一起沉沦为“自我写作”的对象。（邱良君《一幅中国人的文学“精神”画卷》）

存在的问题是，许多作品发不出去，许多声音因为失去媒介而传达不到倾听者那里。“再回过头来说一说那些在时间中躺着的文字。它们因为种种原因躺在那里一动不动，表面看上去，它们就像是死了一样。使它们像死了一样躺在那里的根本原因是因为这些文字躺的不是地方，它们躺的这个位置是有史以来最严格、最专制，同时也是最有‘技术含量’的审查制度之中。面对这样的处境，它们也只有像死了一样躺着。我一直记得有一句话，是这样说的：‘我生下来的时候，就已经死了’。”（《时间的重量——独立中文笔会 2009 年度自由写作奖受奖词》）显然我的朋友是忧虑的，他说在文学中没有位置：

我在文学中没有什么位置。对于写字，我是越来越没有自信。一开始写字时，是想通过写字救人、救国——是写给所有的人看的；后来觉得有朋友喜欢就行了——是写给朋友或即将成为朋友的人看的；再后来写字就成了自己打发时间的一种方式了——是写给自己看的。所以现在我总是在看自己写的东西。我夫人常说我：“你怎么只看你自己写的东西？”我回答说：“我的文字就是写给我自己看的呀。”（陈家坪：历史与文学创作——再读汪

建辉长篇小说《中国地图》)

不管情不情愿，都沦为帕斯捷尔纳克诗歌所倾诉的：

“整个一生我都想和大家一样。/但是世界，披着优美的衣裳，/却不来倾听我的痛苦，/于是我只想，像我自己那样。”

不能不郁闷。没办法不郁闷。你知道写作，是为了自己。正像当年鲁迅指出的，易卜生做诗不是为社会提出问题而且代为解答，“就如黄莺一样，因为他自己要歌唱，所以他歌唱，不是要唱给人们听得有趣，有益。”(《娜拉走后怎样》)在目前情势下，你也认同布罗茨基在诺贝尔奖受奖演说中表示的，与其在暴政下做牺牲品或做达官显贵，毋宁在自由的状态下一无所成。可我们还是，没法不郁闷。

那是《诗经》里发出的千古之问，千载之下历历如新：

彼黍离离，彼稷之苗。行迈靡靡，中心摇摇。知我者，谓我心忧；不知我者，谓我何求。悠悠苍天，此何人哉?

人对成功成名的期盼，写作者对阅读的希冀，或者说人对自我价值感、自我意义感的渴求，那是无可非议的。尤其对一位付出很多的人，“终生役役而不见成功，苶然疲役而不知所向”，怎么会无空虚、落寞感？包括我自己都有，强烈的倦怠和无力感。哪怕写这些文字，都有点力不从心。巴山楚水凄凉地，二十三年弃置身，岂是那么容易说的。就此而言，我们一样。要说有不同，就是你做得好。你说“对于我，写作是一种必需付出的劳动，而又不一定会有收获的消磨时间与经验的过程”，一切都是事实，可你没有放弃。虽然带着羞辱，虽然带着焦虑，你依然从容不迫写，像每天按时上下班，像农夫“晨兴理荒秽，带月荷锄归”，带着犹疑也带着坚定，带着恼怒也带着微笑，以西西弗斯推石头的精神，一如既往地，写下那么多触及生命私处、痛处的文字，一个人战风车般挑战着空虚、荒谬的中国城堡。让人想到《1984》中主人公讲的：“如果你感到做人应该像做人，即使这样想不会有什么结果，但你已把他们给打败了。”

不，还是郁闷。根本的问题是，我们怎么坚持下去？既然有很多倦怠，既然有很多能看见的原因，会使我们的独白有一天枯竭。就像文章前面，作为题辞而抄下的《1984》中的温斯顿的犹豫：

他突然想到，他是在为谁写日记呀？为将来，为后代。他的思想在本子上的那个可疑日期上犹豫了一会儿，突然想起了新话中的一个词儿“双重思想”。他头一次领悟到了他要做的事情的艰巨性。你怎么能够同未来联系呢？从其性质来说，这样做就是不可能的。只有两种情况，要是未来同现在一样，在这样的情况下未来就不会听他的，要是未来同现在不一样，他的处境也就没有任何意义了。

那是“万古到今同此恨，闻琴泪尽欲如何”，不独我们当代人面临。尽管如此，每一代人遇上都会“闻琴泪尽”。你会鼓励自己，朋友们也相互打气，说“失败者的胜利是充满风景的，路在四面八方……要学会被人忘记，也学会忘记这个世界：铭心刻骨的敌人和朋友。”（周伦佑）或者一遍遍温习书上的话语，从中汲取支持的力量：

“你记得吗，”他问道，“那第一天在树林边上向我们歌唱的画眉？”

“它没有向我们歌唱，”裘莉亚说，“它是在为自己歌唱。其实那也不是，它就是在歌唱罢了。”

鸟儿歌唱，无产者歌唱，但党却不歌唱。在全世界各地，在伦敦和纽约，在非洲和巴西，在边界以外神秘的禁地，在巴黎和柏林的街道，在广袤无垠的俄罗斯平原的村庄，在中国和日本的市场——到处都站立着那个结实的不可打垮的身影，因辛劳工作和生儿育女而发了胖，从生下来到死亡都一直劳碌不停，但是仍在歌唱。……你是死者；未来是他们的。但是如果你能像他们保持身体的生命一样保持头脑的生命，把二加二等于四的秘密学说代代相传，你也可以分享他们的未来。(《1984》)

是啊，我们唱、我们唱。在一无人处轻轻唱。

尽管这样，还是郁闷。“忧来无方，人莫知之。”

人都是软弱的，哪怕战士也有扛不住的时候。

你在自由写作奖受奖词中说，“我生下来的时候，就已经死了”。这是《1984》中，温斯顿常说的话，不知不觉就到了你的嘴边。你愤怒“在审查者的眼里开不出玫瑰，而只有棘刺。他们的工作就是将棘刺清除，而使玫瑰的生命转向苍白、凋零……”面对这样的重压，我们的文字像死了一样。我当然有体会。不光你我，肯定有太多的人被压着。我想太多的人会认同野夫兄的判断，他说中国的文学是被压着，太多的高人在民间没路，一方面因为写作有可能犯法、犯罪，另一方面是觉得写了也出不了，在这个时代老子不跟你玩了。——

但要有个远景，或许是你我都能看到的：

……但是一旦中国进入真正的自由出版的时代，自由办报的时代，自由办杂志的时代，中国的文学必将绝对是人类文学的一道奇葩。为什么这样说呢？因为中国太多可写的东西了，被压了太多年的那种，一个巨大的油田在下面，这个油田一旦喷发的时候绝对是非常壮观的。　　(野夫《伟大的作家无法不书写黑

暗》)

仅就写作而言，我想你会同意，“这是一个最能锻炼作家的时代”（裴志海）。威伯福斯曾讲：“因为在黎明之前，黑暗本来就最深。”

今天未必是最黑暗的时期，最黑暗的时候是文革中。那时的人们被普遍割断了喉管，即使有些静悄悄的歌吟，还不能说是写作最好的时期。我想对写作而言，今天是时候了。“在这个浮躁的、物质的、沉闷的、僵硬的年代，我们完全可以把审查当成是留给我们的时间，来仔细磨砺、完整手中的作品。”（《时间的重量》）

我们且怀着一种，偏执与清醒交织的心情，自己跟自己打气：

我看见了开放在山间的花我便笑了，周围没有其它的人，只有我在望着山花笑，犹如一个白痴眼里望着他所能够看见的东西，思想却空无一物。没有人看见我，没有人看见我的笑。世界竟还是如此地可笑、可爱。在这没有人的地方，只有一枝山花在我的眼皮前摇摆。山在我的脚下，在我的周围，忠实地不肯离去。它们站在这里，几个世纪来，就像知道了我会在今天来到这里。（汪建辉《记忆：快乐或绝望》）

不，还是焦虑。“忧从中来，不可断绝”。

我想跟你说，人是软弱的。

什么时候，人都只是芦苇。哪怕会唱歌的芦苇。而且反抗者也会寻求权力。像《逃避自由》一书揭示的，渴求权力并不植根于力量而是软弱。“它是个人自我无法独自一人生活下去的体现，是缺乏真正的力量时欲得到额外力量的垂死挣扎。”有时你再热爱自由，也难免想“加入”什么。我们同样看到，许多人降生到了人世，永远也找不到自己的史诗。他们得到的或许，只是充满谬误的生活。这是乔治•爱略特《米德尔马契》开篇所讨论的。可另一方面，假如我们不以成败论人，则不求闻达的多萝西娅，同圣女德雷莎一样圣洁：

“她那高尚纯洁的精神不虞后继无人，只是不一定到处都能见到罢了。她的完整性格，正如那条给居鲁士堵决的大河，化成了许多渠道，从此不再在世上享有盛誉了。但是她对她周围人的影响，依然不绝于缕，未可等闲视之，因为世上善的增长，一部分也有赖于那些微不足道的行为，而你我的遭遇之所以不致如此悲惨，一半也得力于那些不求闻达，忠诚地度过一生，然后安息在无人凭吊的坟墓中的人们。”

当然我知道，跟朋友说这些，几近“阿Q精神”。什么是阿Q精神，既然你挺胸做人、既然你诚实不欺？真是词汇太贫乏、视野太偏狭。骨子里还是，精神没底气。或许是我们错了，或许是中国语境。问题还在于，中国不是世界，现在并非一切。所以我愿跟我的朋友，以及凑巧读到这篇文章的人，分享阿兰•德波顿的一段议论：

“在一个理想的基督教社会里，人们对自己不是获胜者的恐惧将会因为尊严和资源的最根本的平等而减弱，进而易于控制。成功意味着兴旺发达，而失败意味着衰退消亡的二分法，也会随之丧失其令人痛苦的清晰度。”“……要想克服认为自己微不足道的自卑感，我们无须努力使自己变得更加重要，而是要认识到所有的人相对而言都是微不足道的。一旦面对那些比我们要大上千亿倍的东西时，我们对他人比我们高几毫米的关注就会随之消失，取而代之的是对这些巨大的东西的敬畏之情，我们往往称这种力量为无限、永恒——或很简单地，同时也最顶用地，称之为上帝。”（《身份的焦虑》）

若用一句话来概括，正是《约伯记》提出的：

“你要向天观看，瞻望那高于你的穹苍。”

还是回到开头：后极权时代的卡夫卡。

后极权时代，卡夫卡何为？记得克里玛如是评价：

“当这个世界陷入战争狂热或者革命狂热的时候，当那些自称是作家的人受惑于这样的幻觉，认为历史比人更伟大、革命理想比人类更重要的时候，卡夫卡描绘和捍卫了人类空间中最个人和内部的东西；而当另外一些人认为建立地上的人间天堂是理所当然的时候，卡夫卡表达了这样的担忧：人可能失去他个人的最后凭借，失去和平和他自己一张安静的床。”

这些话，接近《日瓦戈医生》中，主人公对普希金和契诃夫的议论。他说在俄罗斯全部气质中，最喜爱普希金、契诃夫的稚气，他们那种腼腆的天真，不为人类最终目的和心灵得救这类高调忧心忡忡。他们“终生把自己美好的才赋用于现实的细事上，在现实细事的交替中不知不觉度完了一生。他们的一生也是与任何人无关的个人的一生。而今，这人生变成为公众的大事，它好像从树上摘下的八成熟的苹果，逐渐充实美味和价值，在继承中独自达到成熟。”

说得真好啊！又何必哀叹，“悠悠苍天，此何人哉？”

摆脱受控经验，寻求精神自治，是我们一生的事业。

何况，我们有自己的生活。正如米尼奇克讲，我们活着而且努力，“不是为了美好的明天，而是为了美好的今天”。奥威尔传记的作者迈克尔·谢尔登不求艰深却不失剀切地写：“如今，我们需要一些东西，它无涉权力，无关事业，不带铜臭味，更不会强求他人的意志。我们需要一些空间，来安放一个镇纸、一根鱼竿、一盒糖果，抑或儿时玩耍的锤子。我们需要一些时间，在旧式庭院里闲庭信步，煮一壶地道的咖啡，瞅着毛毛虫在细杆上爬行，抑或坠入爱河。……”

想起了切斯特顿，这位“欢笑的先知”。他说“与虚无相比，任何事物都显得壮丽动人。”他说面对信仰和变革巨大的目标，我们要的，不是冷漠地接受一个妥协了的世界，而是一种使我们能全心全意地憎恨和热爱世界的方式。我们不乐见欢欣与愤恨互相抵消而成为一种乖戾的满足感，而要一种强烈的欢愉，以及一种强烈的不满：

“我们必须同时感受到宇宙万物的一体两面：一方面是吃人妖魔的城堡，有待猛攻；另一方面是自己的小别墅，静候主人晚归。”

2011 年 10 月下旬草稿
2013 年 7 月下旬修订

“在这个冬天，我们靠一些词语取暖”

——我读王怡的诗

想正本清源讲，王怡原本是诗人。

只是被忽略了。只是被淹没了。借用余世存说鲍勃·迪伦的话——“他的音乐成就使一般人忽略了他的诗歌和思想成就”，我想对王怡可以同样说。

说他是诗人，不仅指多种文类中，他其实写诗最早最看重，一个很明显但未必引起人思考的事实是，包括他的公共写作都包含着诗的气息流淌着诗的精神。老实说他“美得惊动了党中央”，固然由于其跌宕起伏的思想，也由于其摇曳生姿的行文。正像晓波先生为他作序时所言：“我喜欢王怡，……不仅因为‘无权者的独立思想’，更在于这样的思想洋溢着美的魅力”，“面对羞辱个人美感的粗俗政权，王怡写下了基于个人美感的文字，读这样的文字，我能感觉到他那种蔑视强权的发自内心的骄傲。”——或许晓波没有读到他的诗？

就狭义的诗歌写作而言，王怡的“诗龄”算起来有二十四年了。据他自己说，“在我 20 岁到 28 岁之间，我与世俗生活的距离，几乎是依靠诗歌去调整的。……诗歌是我在卑微的私生活中赢取尊严的唯一方式。”从 2001 到 2005 年，他的确放下了诗笔。可是我们看到，大概从 2006 年 8 月妻子怀孕三个月的时候开始吧，他就重新提起诗笔，一发而不可收。数了数集中，仅 2015 年的诗就有一百几十首，其“创作热情”让人匝舌。想到他是个牧师，想到他花大量时间要牧会，像他一首诗披露的：“在礼拜一，就想念手擀面了 / 礼拜二和加尔文在一起 / 礼拜三查经，礼拜四剪头发 / 礼拜五上午有婚前辅导，晚上祷告 / 礼拜六一直在忙 / 到了礼拜天，世界就结束了”（《小史诗：礼拜天》）……这种情况下他竟然会写诗，而且写那么多，的确让人“友邦惊诧”。可是既然酱紫，肯定有其原委。

肯定有心理机制。就像他《在这个冬天，我们靠一些词语取暖》一诗表白：

在这个冬天，我们靠一些词语取暖
花时间安息，也花时间死亡
将一瓶贵重的油，缓缓浇在心上
然后扇动双臂，摹仿飞翔

目前他的诗集，大家能看到的也就两个：《秋天的乌托邦（1994—2008）》、《大教堂：二十年诗选》（1994—2014）。我则由于近水楼台的关系，在 6 月 1 号“王怡诗歌朗诵会”之前，有幸先睹他已结集、未付印的 2014、2015 年诗选《神秘的哀悼者》，和未结集、未定名的《变老的时代》若干首诗为快。觉得以前自己，真的像古人说，“睫毛就在眼前，你却视而不见”了。细想从 2002 年那个下午，在百花潭公园门口“幸会”起，交往和阅读他都十几年了，怎么从没把他视为“诗人”？思来想去，或许跟在座的老廖光头太亮有关？可是老廖出去，也已五年了……思来想去，让人疏离的不是时空，而是语言。就像诗人王怡洞察：

"夏天落雪。秋收下雨／每个句子都格格不入"（《11 月 17 日：箴言》）。

一、"主人，现在我只剩下语言"

王怡有自己的诗观。

他从一开始，就知道自己做什么。1995 年他还在大三时，就跟自己说："很多语言都可以入殓了 / 我们脱帽致礼吧 / / 我沉默不言 / 不是喜欢孤僻 / 是他们以我不习惯的方式说话"（《四个梦及其解析》）。对语言的沉沦不抱幻想。为了救拔自己，他在房间反复锤炼，"让语言颠倒众生 / 呈现出高于世俗的光辉 / / 让一首诗浪子回头在语言炼金术的治下 / 我们这样赞美鹿：多么美好。一匹形而上的马"（《八月四日：菊花》）。能够看出他的反讽，也能够看出他的虔敬。1996 年大四时坦承："我之所以还能写诗 / 是因为勇敢的文字 / 出于怯弱的想像"（《献祭》）。过了几年又说："从一个词转至另一个词 / 之间光线幽暗 / 我缺乏必要的勇敢"（《三月四日：隐喻》）但那时，他已经于无声处揭竿而起：

"现代诗之所以首先是一种命名，在于它已经和古典诗歌相去甚远。……如果我们不能从集体公社式的写作之中把作为个体的自己选拔出来，我们今天的写作就是无力为继的。我们的每一句诗就像风尘女子，我们的每一个词语都人尽可夫。就不过是构成一个语言的公有制帝国的螺丝钉。"（《命名、个人写作及现代诗》）

毫无疑问，他像爱命一样爱诗。因此绝不苟且："没有诗歌的语言 / 是叫花子的语言 / 如果一个词语 / 有一年没有被写进

一首诗里 / 就像一年没有洗过的碗 / 或没有擦拭过的镜片”（《词语（三首）》之二）可是越来越发现，为了生命和爱，必须成为“煽颠分子”。2013 年他还在向语言致意：“一切变幻不居的事物中 / 唯有语言的确美好 / 所有关于人的真理都已死去 / 唯有语言的确美好”（《唯有语言的确美好》）。2014 年又不忍：“汉语。在中国 / 是对生活的折磨”（《汉语（另一则）》）。跟卡夫卡笔下的饥饿艺术家一样，“他发现词语和生活一样辽阔 / 也和生活一样卑污……现在，他怀疑每一个词语 / 它们比这些年来经过他身边的女人 / 更加折磨他的心”（《饥饿的诗人》）。经受着捶打，他“缘溪行，忘路之远近”。

正所谓“一条黑道越到底”。他已经不像过去，像“一朵菊花在沉默中 / 坚持了不同的政见 / 和对于色彩的偏好”，受洗归主之后的他哀叹：“哦，我们这些人，一辈子反复捶打岩石。/ 而语言捶打我们，直到这承受语言的族类，失去说话的勇气。”（《小史诗，或三一主日》），还有“语言是一种静默的文化，流泪的哑剧 / 我在其中，口贴尘埃，独坐无言”（《小先知》）……于无言时有圣言。就是《约翰福音》里的“太初有道，道与神同在，道就是神”，及《马太福音》中主耶稣所宣告的：

“人活着不是单靠食物，乃是靠神口里所出的一切话。”

他感叹：“多么难啊，保持对语言的忠诚 / 在忍不住呻吟和叹息的时候”（《小哀歌》）又问自己：为什么要追寻虚空中绽放的花呢？《每样东西都是一个比喻》写：“谁说一块土地不会说话 / 一片山林不知道任何事 / 世上有穿堂风，和能言马 / 每样东西都是一个比喻 / 它们为此而造，为此而存在 / / 但诗人是蹩脚的翻译家 / 在这方面，不如婴孩和吃奶的”。《主人，现在我只剩下语言》则交代，现实是一回事，坚守是另一回事。现实在左：

有人绝望地说，／"弹弓都禁止了，／砖头凭身份证购买，还会远吗"？

坚守在右：

主人，现在我只剩下语言／用来伤害和被伤害／用来祝福、咒诅和争战／现在，无人能夺走我的尊严／除非他夺走我的语言

其实现实与坚守是很难分开的。就像在语言的石缝中，爱更经常地发生。为了"沉默而高尚地生活 / 在语言的石缝，坚持爱"（《忏悔诗（之七）》，我们看到了下面这首，你尽管可以诬陷以"美学恐怖主义或极端主义"的诗，在我看来不啻迎风猎猎的宣言：

在这个时代，你必须写一首涉嫌犯罪的诗

在这个时代，你必须写一首涉嫌犯罪的诗。
一个汉语，可以颠覆一个政权。
十四行呢，可以颠覆一千年。

在秘密的化装舞会上，让认出你的人
认出你来。认不出你的，更加认不出你。

在这个时代，你必须让领袖害怕一首诗。
一个比喻，是一枚核弹。
商女不知，满纸荒唐言，一把亡国泪。

在最糟糕的日子，也有巨大的涌浪袭来。
死亡，成了囚犯，被水羁押着。

有谁不是家属呢，谁不是未亡人？
在这个时代，你朗诵一首诗，涉嫌三、五个罪名。
你不朗诵，你就被他们朗诵。

在这个时代，瞎子呐呐自语。
神圣，神圣，神圣。他问聋子，你看见了吗？

在这个时代，你必须写一首涉嫌犯罪的诗。
向那些涉嫌犯罪的人致敬。

——我想这首诗，解读是多余的。作为《上帝之城》迄今未读的读书人，我即使有心解读恐也力不从心。"神圣，神圣，神圣"究竟怎么回事，以及又是怎么涉嫌颠覆我们的世界的……我的确说不好。就只能避难就易地，从诗歌评论的角度，指出此诗道出的其实是常识。哪怕常识经常不被认可："在秘密的化装舞会上，让认出你的人 / 认出你来。认不出你的，更加认不出你"——一位诗人连起码的 Logo 都没有，怎好说自己是诗人？与此相关的是，我想英国大诗人弥尔顿红口白牙的话，或者也适合王怡：

"谁要希望自己能成功地写出值得称赞的东西，就得他自己成为一首真正的诗。"

二、“我的诗比尘埃更低”

想从他的早期诗歌说起。

觉得他的诗学，有点像布罗茨基。1987 年他在诺奖典礼上讲：“语言，我想还有文学，较之于任何一种社会组织形式是一些更古老、更必要、更恒久的东西。文学在对国家的态度上时常表现出的愤怒、嘲讽或冷漠，实质上是永恒，更确切地说是无限对暂时、对有限的反动。……”没有跟王怡谈论，只是根据 Logo，想到理应如此。只不过王怡自己，比较看重信主前后的不同。看他编《大教堂：二十年诗选》的目录，是以 2001 到 2005 为“中场：沉默”期，此前为“死亡”，此后为“重生”。其实还在他“重生”之后的诗尚未写出来的时候，还在 2005 年 6 月，就在诗论《作为救赎的诗歌史》中，“浪子回头”地决心：

“对我而言，诗歌的路是救赎的路。从哀歌开始，到赞美诗结束。”

“……我在哀歌之中，中断了我的诗歌史。我的诗比尘埃更低，但作为救赎的诗歌史，有没有机会从赞美诗重新开始？……”

此说是否得当？概括是否成立？我只能说一下后者。

应该说他起初的诗，走的是北岛（或许还有崔健等）路线：“那时我们诵读北岛的诗句 / 像一把刀子。那时我们多么骄傲”（《时代的初夜》）；“所谓路是无从落脚的循环 / 语言是最没有贞操的”（《双城记》）；“天国的门永远虚掩着 / 我们的眼横亘在半空 / ‘于天上望见深渊’ / 一只青鸟迎面飞来 / 在最接近的刹那骤然消失”（《结局》）；“有多少灵魂在夤夜呼告 / 不甘心像树木。默默死亡”（《油菜地》）；“红罂粟铺满我的足下 / 一切边缘之上 / 我梦见自己惊慌的面孔”（《一切边缘之上》）……一句话，拒绝虚假盼望。

只是那时北岛，还有英雄主义。问题在“一个时代倾注了我们的精血……对于物是人非的变迁 / 我们的一生，已经过于漫长”（《时代的初夜》），于是“我看见太阳菊花般升腾。绽放 / 并坠地 / 我看见血红的花瓣在远方摇晃”，虽然一直在想，“能使阳光生长的阳光是什么模样”（《刹那》），在想明白之前，的确“向着虚空 / 只伸出一根中指”（《玫瑰的火焰》）。迷途知返之前，的确自认“一个没有福分的人 / 像花粉。在时代的边涯 / 像花粉一样散播……像偶然的花粉 / 偶然的蝴蝶 / 偶然的上帝，将我们遗弃”（《上帝的花粉》）。

于是有自挽：“我相信远方有一个家 / 才来到路上 / 天堂消失了。所有路也消失 / 家在风中”（《挽歌》），于是有《遗言》：“我的脸庞如此生动 / 睡在冰凉的墓床”。于是有想像的长眠：“玫瑰花开的声音让我痛恨 / 恨自己不是那长眠地下的人”（《沉睡者》）。的确比尘埃更低，哪怕跟恋人在一起。看他为“蓉儿 21 岁生日”所写《纪念日》：“我们本来陌路。活在彼此的欲望之外 / 如野草生于大地。天空有飞鸟离去……”。再看给恋人 22 岁生日的献诗《故乡》：“那面床是唯一的故乡 / 我们反复躺下。又反复起来 / 如果。如果坟茔也能 / 反复的躺下 / 又反复的起来 / / 用你的唇 / 爱抚我荒凉的脊背吧”……再誊录一首：

哀歌

很久不相信神话了
今晚。一个神话在我们耳畔悄悄发芽

今晚。梦见一个清瘦如柴的梦

美丽如夭亡的少女
如春日被人摘去的花

你不必说
你已化蝶
神指给我看了
凝固的海浪。安睡的鱼
和我指端
腾起的每一缕烟

很久不相信神话了
今晚。今晚的爱情像神话一样奇妙
今晚的耳朵听不见哀歌

今晚的爱情像神话一样奇妙
今晚的耳朵听不见哀歌

相信吗，写这诗时他刚念完大三。相信吗，应该是雅歌，写成了哀歌。相信吗，只因为"今晚的耳朵听不见哀歌"，就惬意"今晚的爱情像神话一样奇妙"。相信吗，诗中说"今晚的耳朵听不见哀歌"，标题成"哀歌"——你太会起题目了。你太享受"哀"了。真个是汉乐府所说"出亦愁，入亦愁，座中何人，誰不怀忧？"，还是为赋新诗强说愁？

不知道。反正我想纠正说，这不是早期诗的全部。

三、“多奇特，哀歌的语言竟然是信心的影子”

若细心听，若公正说，就会承认“哀”的后面不尽哀。

承认是尘埃，未必当下是尘埃。既然一口神气还在。于是我看到，诗中有暗流：“灵魂的谷地。有一股暗流 / 在我体内自生自灭”（《真理》）；有谛听：“发自内心的一次次坍塌 / 我们是唯一的谛听者”（《背叛（之二）》）；有白日梦：“当在春熙路的人流中低首 / 我怀念妻子、诗歌和自由的生活 / ——只是和字可以省略”（《三月二十六日：糖酒交易会》）；有内心生活：“面向一个纪念日 / 我举起双手 / 我就有权保持沉默”（《庆典》）；有积蓄力量：“你们爱恋时。我要独身 / 面对欲望不动声色的积蓄 / 在你们阳萎的时代囤积居奇……”（《背叛》）；有毅然决然：“我悄悄走离合唱的队列 / 到南门外的河边 / 起意为死难的人保持沉默”（《老南门的事》）……

显然这些，是初识王怡时，他给我留下的印象。后来办《宪政论衡》，题词“千年暗室，一灯即明”，何止非“比尘埃更低”，简直迹近骄狂。当他写《琥珀》：“在都市。我衣着褴褛的走过 / 是衣褐怀玉的异人 / 揣着一枚极温润的琥珀”。当他写《始祖鸟》：“每一块岩石梦想开口歌唱 / 每一只鸟都为相思而死 / 我们贴近月亮飞翔 / 倾听另一维的流水声。”这些诗何止无关尘埃，简直让人痴想：古云“哀兵必胜”，是否今天的真理？

若细心听，若公正说，就会发现“哀”的后面有信心。比如《无言的吻》：“最后的时刻临到了 / 没有生命的。永不要出世 / 还没有爱的 / 承受末日的惩诫吧 / 那扇门为我无畏的敞开”，最后两句有名堂。前面提到的《一切边缘之上》，一开始就宣告：“路是无谓的重复 / 大地上纵然阡陌交错 / 我们却往哪里逃逸……”已经山穷水尽，却又暗含希冀：

十字架上的血。流在大理石的殿堂
每一回月圆之夜
你们可曾细细倾听
天外传来渺不可闻的福音

当然时间还没到。或者可以说，上帝埋伏笔。用王怡的诗句："在坚持中一个顺手写下的单词 / 凸出全部的隐喻"（《三月四日：隐喻》），和"我告诉自己：如果有一枝枪 / 挂在第一幕戏的墙上 / 最后就一定会响"（《三月五日：回忆录》），则时间一到果真是。所以我觉得，受洗归主是人，诗有诗的价值。何况再耐心看，有对天家的憧憬："神曾应许。将每一颗泪揩去"（《故乡》）；有对自我的驱策："终其一生。我到底要将什么 / 高高地举过头顶"（《刀光剑影》）。有一语成谶："被遗弃的金色种子 / 被遗弃的自由落体 / 在某天下班的途中 / 我像一株成熟的小麦，被神收割"（《像一粒小米》）。有斩钉截铁："我们像一截树桩 / 像落入尘世的情种 / 一切神不在乎的，我们也不在乎"（《情种》）。甚至我要说，有未必明言的"分别为圣"："我接过神的衣钵 / 之后再没有路了 / 我以血划界 / 之后是你们的时间"（《远去的河》）……当然时间没到，一切还未彰显。

时间还没到，可在预备中。我想特别指出，诗中仿的"圣言"：

有童贞女受孕："我的裸体少女 / 在雨中受孕 / 你将母亲的乳汁 / 哺育伟大的幼婴"（《裸体少女》）。有耶稣传道镜头："走在众生的前头 / 上帝的鞋子灌满了沙……避开城市 / 我们去郊外的湖泊洗礼"（《传道》）。有《创世记》："你指点满园的牡丹告诉我 / 这一朵是善。那一朵是恶…… / 我们满含羞怯 / 分沾创世的荣耀"。有《恩宠》："从上帝跟前 / 领走各自的那份恩宠 / 金星在我们头顶闪耀 / 另一种日子。充满蓝色的光。"有《梦想：第二个亚当》："不设财产权的唯一疆土 / 去吧。那一片大好国度”。有《最后的晚餐》，有《牺牲》，有《复活》……毫无疑问，“我的诗比尘埃更低”是事实，却不是全部的事实。

与此相关的是，还有个如何评价的问题——哀歌就一定不好？

2005年，王怡在《作为救赎的诗歌史》一文中，“痛改前非”地讲“哀歌在本质上是渎神的”，虽然也补充“但伟大的哀歌也流露了对无限之物的景仰，铺叙了寻找属灵之家的艰辛。诗人在这一历程中的全部骄傲，和内心的脆弱之间的张力就是哀歌最迷人的气质”，可给人的印象：一个是结论、是定性，另一个是变风、是变雅。两者何能同日而语。我的印象对吗？

注意到他的某种迟疑，注意到他的立场鲜明。总之“今是而昨非”。不能不让我等还沉溺“昨非”当中的人困窘。为了减轻一点困窘，我想到翻腾、点赞一些相反的论述。如基督教作家杨腓力在《上帝的情书》一书中，在解析“竟被纳入正典”的《传道书》时如是写：“60年代受欢迎的存在主义哲学家，有一种先见之明：他们检验人活在其中的幻象，并且披露其真相。就此而言，那些感觉到世界不协调而彷徨的人，比那些满足于世界的人更接近神。……”该书还引用基督徒辅导学家艾德伦（Dan Allender）的一段话：

> 你会向谁发出最激烈、没有理性——意即懵懂不清、难以名状的怒气？你会向一个能解雇你、把你从宝贝职位上拉下来的人这么做吗？大概不会。你信不过他们；你不认为他们忍受得了你这么深的失望、困惑……吊诡的是，听得进你哀叹，甚或忍受得住你哀叹的人，却是你可以深信不疑的人……多奇特，哀歌的语言竟然是信心的影子。

《传道书》如此，《耶利米哀歌》更是。学者埃里克·沃格林，在《希特勒与德国人》一书附录《德国大学与德国社会秩序：重新思考纳粹时代》一文中如是写：

哀叹本身不是回归，它只是看到了缺陷，因而是回归的开端。而且它也是一个行动，在这个行动中，语言洞见到自己作为现实表达的特性，因而恢复了语言的本质。

……因此，语言作为苦难和欢乐的表达具有双重意义。哪怕是在狂喜之中，也可以听到人的叹息，因为他离神很远，因此有可能与神疏远。哪怕是在叹息之中，也可以仍然存在尊严，存在从疏离中得到拯救的盼望。

——为什么要谈这个？因他有些言论，一直让我纳闷——后面还会讲。

四、世界向左 灵修向右（之一）

我读王怡的诗，时常感到疑惑：

如何“最公共的，成为最私人的 / 最私人的，成为最公共的”？

想不清原因，诗却在那里：早期许多诗，有“记念”意识。后来许多诗，有“诗史”趣味。两样东西当然不同，“记念”重私人，“诗史”重公共。可是又相通：“诗史”非集体主义，“记念”却像写编年。我只能认为，后者是前者的继续，也是前者的的扩充，可以认为是它的更新换代版本。

且看表现。前期的诗，多个人主义的“飞鸿踏雪泥”。如前引“写给蓉儿 21 岁生日”的诗，题目就是《纪念日》，虽然自嘲口吻：“一些刹那的碎屑罢了 / 若没有轮回。就无所谓回忆 / 思念终不能穿越躯壳 / 去唤醒不由自主的一粒沙”，毕竟敝帚自珍地写了。还不只这一首。细翻他的诗，诗后都有郑重日期。尤值《秋天的乌托邦》中，直接以日期为题的作品，有四、五十篇之多，的确很有意思。需要申说的是，虽然写为“纪念”，其实更像“记念”，《圣经》中一再出现的“记念”，鲁迅《为了忘却的记念》和《记念刘和珍君》中的“记念”。显而易见，它们或不正式，却是“才下眉头、却上心头”的经常性唤起。

再看受洗后，一系列“小诗史”：《小史诗：9 月 19 日》，《小史诗：坐牢》，《小史诗：9 月 20 日》，《小史诗：9 月 22 日》，《小史诗：在中国》，《小史诗：在成都》，《小史诗：在香港》，《小史诗：死城》，《小史诗：死亡》，《小史诗：9 月 28 日》，《小史诗：在佛山》，《小史诗：早餐》，《小史诗：预备日》，《小史诗：在台北》，《小史诗：辜鸿铭》，《小史诗：史蒂文斯》，《小史诗：

在泰国》,《小史诗：礼拜天》,《小史诗，或三一主日》,《小史诗：在纽约》,《小史诗：在美国》,《小史诗：在普度》……其实还有很多，并没叫"小诗史"，若细看的话，跟叫作"小诗史"的并没两样。有时候取标题，多少带有随机性。

它们写什么？就随便引一点。看《小史诗：在中国》之九："让老僧隐遁山林吧 / 让儒者滔滔不绝 / 至于我和我家 / 我们一头撞向生活"。史诗题目下，却是"诗言志"。《小史诗：9 月 22 日》之二："文革末期。政治犯李九莲 / 在狱中题诗： / '我向冰冷的铁墙咳一声，/ 还能得到一声回响，/ 而向活人呼喊千万遍，/ 恰似呼唤一个死人'。"的确是史笔，言人所未言。事实上的"小诗史"，如《读 R. S. 托马斯》："人们会说起，那个时代 / 教堂的钟声 / 由那个党 / 一手操纵……人们会这样赞美上帝 / 看哪，即使 / 那个时代 / 爱还在。也有 / 不屈膝的人 / 和一些被法警 / 殴打的天使 / 上去下来"。诗后落款是："20150622，给信耶稣的律师。"

——这是公共的，还是私人的？若说公共的，莫非是历史？或者为一种实在说不清的"历史"做补白？未必未来读史的人，会在意"人们会这样赞美上帝 / 看哪，即使 / 那个时代……"云云，老实说我是迟疑的。所以小诗史，还是心灵史。哪怕作者有"为历史做见证"的故意，说到底跟历史上老杜们一样，说到底是"感时花溅泪，恨别鸟惊心"。不留情地讲，如同布罗茨基认定的："世界，大约是不堪拯救了，但单个的人总是能被拯救的。"也像诗人王怡所呼应的："只有非集体主义的诗歌，甚至非集体主义的语言，才可能从中诞生真正自由的批判性。但诗歌中的批判是为了拯救我们自己，不是为了拯救社会。"

可是若说个人主义的，又怎么认可这首，"为上帝做见证"的诗：

在这个冬天，我们靠一些词语取暖

在这个冬天，我们靠一些词语取暖
花时间安息，也花时间死亡
将一瓶贵重的油，缓缓浇在心上
然后扇动双臂，摹仿飞翔

请注意，是扇动，不是煽动
因为在这个冬天，火苗已经熄了
你必须把上帝比作不义的法官
或令人心寒的父亲

才能带来我们亟需的刺激
因为在这个冬天，必须有一些词语
给我们持续的电击

我承认，这是残忍的
但这不是实验，而是抢救
并且是和春天约会的唯一方式

涉及到上帝，涉及到“上帝在历史中掌权”，也是个人化的“诗言志”？

五、世界向左 灵修向右（之二）

我读王怡时，常感到吃力。

下面继续吃力。

上海学者和批评家张闳说，王怡的诗赓续了《诗篇》和智慧文学的伟大传统，我以为看得很准。《诗篇》题目太大，后面会有涉及。这里仅就后者投影，勉力申说一下。

外部沦陷的世界，内心成了营盘。正如他早期诗所表露的："语言是古典的教堂。思想是另一座 / 我们在透明的方格里 / 像长一对翅膀的雏鸡 / 四下扑打着 / 乐不思蜀的自由"（《真理》）；"天下的鱼都能安然入睡 / 我非鱼。你们也不是我"（《说谎的夜》）；"上帝继续着抛硬币的游戏 / 阳光或月色。生或死 / 请为我鼓盆而歌吧 / 我要从这个世界回去。回到另一个"（《黄昏》）……受洗归主后，他依然如此。或许更有力更犀利了。

我能走进去吗？让我坦率表白：有的喜欢，有的排斥，更多的茫然。喜欢的如："罪是公开的秘密，在我身上 / 有茁壮的身体 / 在厨房哼着小调 / 哼着，哼着 / 想起了一生中难堪的事"（《信心》）；"我给了乞丐两块钱 / 是为了避免 / 去看他的两只眼睛 / 我去了灾区一天 / 是为了避免 / 在那里住一辈子"（《敬畏（短诗八首）》之《施舍》）；"上个世纪 50 年代 / 人人都在冒充天使 / 除了邮递员 / 护士，警察，厨师，和服务员 / 各行业的制服都是白色"。（《读书笔记：契科夫》之三）"成长意味着 / 把一些愿望留到以后去满足 / 去远方要带上鞋，钱包，和眼镜 / 去更远的远方，必须带上灵魂 / 和悔改的泪水"。（《神秘的哀悼者》之三）

排斥的有："今天是原告。昨天是被告。 / 一个智慧的人，应当假定昨天是正确的。/ 今天。今天必须负起举证责任。"（《带着忧伤的思考》之四）——岂不是训人么？《对话练习（二）》之五："智者说，/以恰当的方式背负行囊/你将变得轻松/你若信，胯下会出现一匹骏马。"——岂不是激将么？"专家没有灵魂，纵欲者没有心肝/哲学家呢，他们的生活方式是毒药……世界进入了无聊状态/凡有气息的，都爱自拍"(《默想十四首》之十)——岂不是站得太高么？哪怕口含天宪，本来就是读诗，谁会俯首帖耳？

更有灵修文学，让我如堕烟雾。

灵修文学与智慧文学，应该一个大类。或者一般所谓智慧文学，也包括了灵修文学在内吧。只是相对而言，"智慧文学"人们更好接受，"灵修文学"更加专门。若顾名思义，前者是跟人讲，后者是跟自己……当然这样讲太想当然。要是略严格地说，我所理解的灵修，就是《诗篇》头一首中"惟喜爱耶和华的律法，昼夜思想"。灵修文学即是以诗歌形式，纪录自己的灵修过程。灵修文学是一种灵程札记。根据王怡的阐述：

> "灵修意味着将一切复杂混乱的人性经验，包括创伤、痛苦、怀疑、否定，乃至一切病态，都完整地和个别地献给基督的一种生活方式"，"灵修是一个使知识受伤的过程。……大胆地，冒险地，和不顾情面的。因此，灵修总是笨拙的，和艰难的" (《关于灵修的默想》)

这样一种写作，当然让我懵头。有的东西，也能领会一点。像《小要理（组诗）第90问》所呈现："默想。是一件喧哗的事/活在细节里/进入子弹时间/默想的人可以躲开子弹//默想的人/靠一句话生活/花落的声音，如打雷的声音/漫长的死亡/漫长的爱，和漫长的自由"……不能说完全不能领会。可是更多的，就无从置喙。当我面对这些标题：

《晨祷》、《谢饭》、《思念》、《晚祭》、《默祷》、《默想(三则)》、

《受难周》、《罗马书》、《夏日默想》、《天父世界（短歌集）》、《默想十四首》、《变老的时代》、《神秘的哀悼者》、《站在基督所站之地》、《听道：浪子的比喻》、《读书笔记：看透》、《9 月 11 日：查经》、《11 月 17 日：箴言》、《12 月 8 日：圣灵》、《8 月 8 日：晨更》、《我不知道什么，除非我先存在》……说真的，面对这些标题人就矮了几分。知道珠穆朗玛峰景色奇绝。

就转贴两节，让我抓瞎的灵程札记：

真正的胜利，酷似一场失败／真正的荣耀，显露在卑微和人的藐视中／真正的生命，在必死无疑的地方……真正的个人，是无限的群体／真正的群体，是无限的个人／真正的，那令人生畏的，神圣的关系 （《我不知道什么，除非我先存在》）

在那里，灵修即政治／因为最公共的，成为最私人的／最私人的，成为最公共的……站在基督所站之地／有一种被称为殉道的权力／和被称为顺服的统治／在那里，对现存政权最大的批判／就是死于那个政权…… （《站在基督所站之地》）

六、“六月是最残忍的月份”

为了轻松点，进入“中国人的宗教——历史”领域。

只是一旦真正进入，发现历史跟灵修一样，不轻松。

谨罗列 1995 年至今，王怡写“六·四”的诗歌清单：

1995 年 5 月，听崔健《最后一枪》写《结局》；

1996 年“六四”七周年，写《6 月 4 日：新长征的路上》、《6 月 4 日：最柔荏的时分》、《6 月 4 日：牺牲》；

1997 年，写《六月四日：致受难者》、《六月四日：致流亡者》、《六月四日：致幸存者》；

2009 年，写《6 月 4 日：出埃及》、《6 月 4 日：加低斯的旷野》、写《6 月 4 日：复活》；

2012 年“六四”23 周年，“写给柴玲姊妹和王丹先生”《圣弗兰西斯和狼》；

2013 年 5 月，写《这一代的怕和爱》；

2014 年二十五周年，写《日历：第二十五年》、《流水：第二十五年》、《屠杀》、《广场》。6 月 5 日被传唤回家后，写《罗马书》；

2015 年 6 月 4 日，在派出所讯问室写《那日子》。次日写《他们会毁了更年轻的一代》、《在这个时代，你必须写一首涉嫌犯罪的诗》。随后写《致青春》，以及读了六月诗集后，写《哦，你不要往东方去》。6 月 18 日傍晚，写《我想你，却不能说出你的名字》。7 月 13 日想念朋友，写《哎呀，我的朋友真多》；

刚过去的 2017 年这一天，写《小史诗：廿八年》……

我想以上系年，本身表明太多。联系 2007 年 6 月初，这位当年的中学生在《六月是最残忍的月份：纪念“六四”屠杀 18 周年》一文中所申说的：“…… ‘六四’ 更多地是被作为一个政治事件或历史事件被言说，却很少被作为一个精神事件被探讨。‘六四’ 对整整几代人心灵的影响和精神的宰制，六四之后，多少人的灵魂就从此活在一个布满骸骨的荒原上。叫我 18 年来，常常想到自己的灵魂就哭泣，想到这个世界的虚假就痛恨。我读过许多关于‘六四’的宏伟叙事，但我的确很少读到那些细微的、私人的精神创伤。”则这些诗“纠缠如毒蛇，执着如怨鬼”地守在那里，让原本认为“历史是中国人的宗教”的人，如果不是足够硬心足够无耻，会感到这个殿堂其实很难呆下去。

略微摘引一点。《六月四日：致流亡者》：“为什么令我心痛的总是记忆 / 一个在叙事诗中人淡如菊的自我 / 生命承天而降。空遁而去 / 我们书写或被书写 / 爱与被爱。屠杀或被屠杀 / 剥削或被剥削 / 人子是金字塔顶端的祭物”。《流水：第二十五年》之七：“二十五年来 / 生活充满了关键词 / 汉语都疲倦了 / 载不动 / 天安门的母亲”。《诗人不可能不想到政治》：“看哪，语言的乱伦者 / 他们不可能不想到政治 / 而名声，名声从来都是政治的 / / 出版，评论，朗诵，都发生在 / 一座巨大的，无人的广场 / 在那里，足够出生，足够死去 / / 足够写，足够阅读，足够遗忘 / 看哪，有人用一小时穿过广场 / 有人用了漫长的一生”。

2015 年 9 月《小哀歌》不是直接写“六·四”，我以为也能说明他不断书写的心理动机：“有限的事物，在一瞬间被记忆改变 / 但我需要反复诵念，避免遗忘……”。是的，这是一个人的《申命记》。就像杨腓力《上帝的情书》第三章所叙述：《申命记》内容可以用一个词总括：“要记住！”

摩西在《申命记》的讲词，树立了历史记忆的伟大传承，成为他的同胞——后来以犹太人为人知——珍惜至今的传承：“绝对不可忘记。”

……但是摩西知道，“记住”这般简单的动作，其实需要每天集中心思意念。

从文学研究的角度，如果王怡的“六·四”诗歌跟海内外同题诗进行比较（比如《哦，你不要往东方去》对廖亦武《大屠杀》，以及《诗人不可能不想到政治》对欧阳江河《傍晚穿过广场》等的互文），那是没有问题的。只是我个人，更关注一位基督徒诗人的写作具有什么特点，包括同一位诗人在“重生”前后呈现出什么不同？特点和差异应该是有的。比如“重生”前倾心：“当队伍在街头被驱散 / 一个纪念日如期来临”（《六月四日：致幸存者》），则“重生”后瞩目“枪响之后 / 福音就进城了”（《6 月 4 日：复活》）。

最能集中鲜明展现出这一点的，我以为是下面的《屠杀》：

屠 杀

你在血泊中遇见我
野有蔓草
淹没了足踝
风马牛不相及
你却动了爱情

我搭在你的肩上
田园将芜
追兵如水
从破裂的金罐涌出
三轮车，平板车，自行车
人民的脚惊慌失措

有人将诗歌挂在腰上
有人在汉语中大病一场

有人一边哭泣，一边艰难地说
哈利路亚

当然关于后两句，可能会有异议。只是观点是观点，诗歌是诗歌。《屠杀》用并列的方式，分岔了几种不同情况，很克制地“一个六四，不同故事”。我赞赏这样的戏剧化处理。当然个人之见，不是每首诗做的同样好。当然我叫好，别人会批评。

七、《小史诗：二十八年》批评现场

或许这节多余，只是不愿舍弃。

今年 6 月 5 日，王怡在朋友圈发了《小史诗：二十八年》。随后我转。也是没想到，一位平时不怎么留言，我也不知他信耶稣的学长表示质疑。于是，我俩就在微信下方“评论”平台上，你来我往“小战”若干回合。至今想起来，还是有价值。就存真如下：

小史诗：二十八年

二十八年前
她是他的小龙女
他是她的靖哥哥

二十八年后
他是她的流川枫
她是他的苍井空

二十八年来
有人在冬天，和奶奶晒太阳
有人在人民广场吃炸鸡
有人从妈妈抽屉，拿走二十块钱
有人去贝加尔湖，有人去了乌兰巴托

整整二十八年啊，主人
我们瘦了又胖，胖了又瘦
难过时哭，头发长了就剪

整整二十八年啊，主人
没有某个领袖，一直统治我们
也没有一块钱，始终揣在裤兜

每年我碰见一群人
他们说，还有多久，还有多久？
每年我碰见另一群人
他们问，你在哪里，你在哪里？

二十八年了
我不知道还有多久
但我知道你在哪里
我不知能否赶上最后的晚餐
但我相信没有一天是被浪费的

整整二十八年了，主人
世界是我的集中营
我是世界的集中营
但到底谁会先消失呢
他们，还是我们？

整整二十八年了，主人
活着，活着
活着就是等你宣布答案

20170604，主日。

上面是王怡全诗。在我朋友圈，点赞者寥寥。

看到王怡微信后，留言的多基督徒——"我读出了感伤，更有喜乐。我们不知道我们明天会在哪儿，但是我们知道我们的主人在那儿”，等等。也看到网友徐静写：“我是基督徒。个人认为，没有必要总去纠结那件事。”作者回复：“你真好，有主赐的平安。可以怜悯那些不平安的人。”

下面就是我的主场，学长（下称正方）、学弟（下称反方）间斗嘴场景：

正方：一个心里揣着仇恨的牧羊人，能给他的羊群带来福音么？

反方：那么大的忧伤，你咋看成“仇恨”？

正方：我认为徐静说的好

反方：那就该同情约伯，而不是唱些高调

正方：从不唱高调，但不赞同念念不忘，在这个苦难的世界上，值得忧伤的太多了

反方：不觉得徐静唱高调？

正方：约伯受难乃是神要向人彰显他的荣耀，所以，对约伯不存在同情与否的问题，而是借此坚定我们对神的信心

反方：我是说约伯的朋友，做得实在“不够朋友”

正方：看咋理解……没说要像约伯朋友那样，只是认为既已坚定对神的信念，则一切的善恶自有被审判的日子，我等只须紧随神的指引，潜心向善

反方：也要“与哀哭的同哀哭”

正方：作为牧羊人，固然要“与哀哭的同哀哭”，但恐怕更该做的是引领，

反方：哪怕当“流泪的先知”也没有问题啊

正方：呵呵，先知

反方：我是说耶利米还值得效法吧？

正方：当然值得效仿，但是，借着神的话语言说政见，怕就不是先知了。东西方教会的分裂，英国清教徒的出走，是为前车之鉴

反方：朋友你不觉得，也是巨大的精神创伤？

正方：咀嚼创伤与传讲福音，孰轻孰重

反方：那诗人就只能“赞美”“颂赞”，而不能“哀歌”、忧伤（别说控诉了），《诗篇》也不是这样啊。

《诗篇》中还有诅咒呢

正方：哀歌，忧伤，诅咒，乃是为了证言受造的软弱，需要神的大爱的抚慰，进而坚固对神的信念

反方：总之能表现吧？

正方：没说不能表现。回到最初的论题：牧羊人的责任，我认为应该是传讲福音、引领受造蒙受神恩，弃恶向善，进而传扬神之大爱，而非对创伤念兹在兹的咀嚼

反方：牧师也可以写诗啊

正方：呵呵，言为心声，诗言志耶。师兄，停止辩论

反方：牧师身份能否写诗？你得表态！

反方：你还是认为会角色冲突？

正方：咋是个敬虔主义者？

反方：“拒绝向上帝提出问题是一种虚假的敬虔，因为那样等于拒绝在试炼中操练我们的心思去解决这类问题。”

看了徐静的留言，让我想到种种

上面你攻我防，在6月4号次日。那时谁能知道，二十天后，有晓波肝癌晚期的噩耗发生。到了噩耗发生，此前“正、反”双方谁还能说出话来。悲哀磐石一般，使人艰于呼吸。最窒息的时候，看到彭强牧师发的微信圈：“荣耀中的失败，失败中的荣耀，若没有基督的十字架，我们将何等绝望。为刘先生和刘夫人代祷，愿十字架的救恩临到他们。”

他的寥寥数语，说出了我想说却说不出来的话。

八、“且容我的爱和不爱一同生长”

现在开始，说你短板。记得北村说你，“饮苦水唱雅歌”，我们都不首肯。

一直在想，为何酱紫？为什么推崇赞美诗的人，唱不好雅歌？当然人各有禀赋，哪有那么多“为什么”？可能我有点，在钻牛角尖。看到你作为批评家，高度评价苏小和《小雅歌》，也激赏“台湾民歌时代的音乐大师梁弘志……将福音与爱情完美结合，堪称当代汉语中的‘雅歌’”。作为教会牧师，布道时曾讲“华人教会，一般特别强调《雅歌》预表着基督和教会的关系，而轻易地跳过《雅歌》在字面上刻骨铭心的男女情爱……我们需要福音，我们也特别需要《雅歌》这卷书。”可是作为诗人，看到你写的雅歌不怎么像……怎么回事呢？

前面录了重生前，“比尘埃更低”的《哀歌》。明明是雅歌，被唱成哀歌。这还不是唯一的表现。另有一些“雅歌”作品，展现了爱的美丽也表达了爱的无力。像《初吻》：“吻你时我发现人类的无力 / 梦想上帝把你还原为我的肋骨”；《乞求》：“一枚圆月浮上夜空 / 犹如清水煮蛋 / 我们在宇宙的一个瞬间生活 / 手拉手。让血液流到指端…… / 等到清晨醒来 / 我们发现自己紧握自己的手 / 仿佛在梦里祈祷过什么”；《情种》：“我们像一截树桩 / 像落入尘世的情种 / 一切神不在乎的，我们也不在乎”……一首首看很感人，拉通了看很特别。感到你的特色，就是写作“不像雅歌的雅歌”——的确想不出，阅读过的谁跟你像？

看你受洗之后，也有“婚恋题材”：《感怀》、《婚姻》、《8 月 24 日：婚姻场景》、《9 月 23 日：月亮忘记了》、《婚礼：送给郄弟兄和邹姊妹》等。读这些诗，统统有“在世而不属世”的品质，易言之“爱者之意不在爱，而在上帝之道也”的拔高。像你以前写文章，吃牛肉面都是“保守主义”（记得刘晓波批评：“王怡自称吃牛肉面从不换地，但我也知道他看光碟的紧跟潮流，而且基本上是西方影片，总不能说前者是保守、后者是激进”）……就是既然信主了，就一切都可抛。读这些诗吧，初读觉得在“说教”，再读觉得“倒是特别，有美学价值”，三读的时候就“融会贯通”了，觉得有“道道”，或值得一说。

总结出来的几个特点：

一是可能跟诗人的牧师身份有关，赋诗时有“劝勉”或“提振”心理。看清也看穿婚恋的美好，想限制它的影响范围，引导人目光远大、做更有益的事：“任何东西，不能令人满意的 / 不值得我们屈尊”（《感怀》）；“最浪漫的事 / 是和你读经、祷告 / 同领圣餐 / / 因为一旦爱上你 / 世界就成了仇敌”（《婚礼：送给郄弟兄和邹姊妹》）；“那时，我不属于世界 / 我的爱也不属于自己 / 然而，主人啊 / 那激荡人心的飞翔何时起航 / / 那比婚姻更纯粹的婚姻 / 比天地更辽远的天地……”。要问雅歌为何不像？答曰它是智慧文学。

二是与此相关，也是我特别想要说的，在在表现出对“世俗爱情”之不信任，随时要筑起一道防火墙：“若没有清洁的言语 / 公义的判决 / 和正午的阳光 / / 亲爱的女子啊 / 我们只是露水夫妻 / 我们所生的 / 还是私生子”（《6 月 12 日：先知西番雅》）；“爱情。是淫乱者的辩护词 / 婚姻。是死刑犯的上诉状 / / 诗人说，我们热爱生活 / 其实我们热爱的是魔鬼”（《小要理（组诗）第 19 问》）；“尤其是每年的十一月十一日 / 看见单身的男女得着许多补偿 / 连婚姻的价值都在我心里下降了 / / 逢人减寿，遇货添钱 / 这是肉体对肉体的体贴 / 这是贪婪者对贪婪者的礼数”（《小要理（组诗）第 81 问》）……整个一“批判现实主义”。

于是，《他在婚礼的颂赞中睡着了》：“他在别人的欢乐中睡着了 / 在自己的欢乐中惊醒 / 他终于发现有一种欢乐 / 比死亡更坚强 / 比新娘说出誓言还要紧张”。于是《失乐园（组诗）》发生了："比死更可怕的 / 是走向死亡的时候 / 失去你。我的爱人 / 你决定了吗 / 执我之手，与我偕亡 / 谁能说这不是最浪漫的事……我不要无花果树的叶子 / 我的亚当，我要你 / 我剩下的只有你了"。要问为什么发生？因为夏娃的"爱情主义"。至于被逐之后的哀歌，似乎更是执迷不悟的表现……说真的，琢磨这些"剧情"，越琢磨越糊涂。

我在神学方面没有根基，就不反驳吧。表达的，是疑惑。

第三是若干首"准雅歌"，表现出"说爱就说死"的修辞。当然没有问题，《雅歌》上也有"爱情如死之坚强，嫉恨如阴间之残忍"的话。"爱得要死"也是我们语言中的化石。爱到深时人无力，为什么不能这样写？所以有几首，我很喜欢的。比如《小要理（组诗）第 82 问》，开头惬意展示："云怎样被风爱着 / 风怎么吹，云就怎么动 / / 鱼怎样被水爱着 / 鱼在水里面，水也在鱼里面"，结尾却是"但你却为我落成雨 / 但你却为我走进坟墓"——不不，这首写的不似爱人之间，而是人对上帝的背叛——"你说往西，我就往东"。因而不是雅歌范畴。那就另举一首吧，是王怡诗中我最喜欢的之一：

小史诗：早餐

那个每天早上喂养我的女人
用鸡蛋哄我，用打折的外国牛奶饮我
和我牵手祷告，在那一瞬间
令我感到，唯一的缺憾就是
没有立刻在这样的早上死去
那个每天用粮食和语言喂养我的女人啊

只是今天早晨，吃着茄子饼，和药丸
主人啊，我忽然明白

你把这个女人给我，不是为今生
是为来世。不是全部
是一个开始

喜欢的原因，还用说么。柴米油盐，质朴有华。于子偕老，开启来世……那一瞬间的感动，“唯一的缺憾就是 / 没有立刻在这样的早上死去”，凡是深爱过的人我想都会共鸣？此诗有血有肉有骨，不说教也不苛刻。相比较而言吧，另外一首《用你所剩的一切去爱》就盛气凌人了，就语不惊人死不休了：“用你所剩的一切去爱 / 是的，一切。但你无法 / 将麦子和稗子分开 / 所以爱里总杂着三分虚假 / 又夹着七分惧怕……哦，亲爱的，请谅解我 / 且容我的爱和不爱一同生长” ……该怎么说呢？这样的诗句，正确得可怕。

是现代主义与智慧文学的结合体。它是哀歌吗？天知道。

我为什么苛刻，鸡蛋里挑骨头？理由好像，无足挂齿。我是读诗的，也是天路客。无论作为哪样，都有很多苦。现代主义不用说，中国二十世纪文学，懂得的人概括“冷硬荒寒”……至于原因，我们都想了许多。期待生命更新，包括审美更新，意义不用说了。说是“若有人在基督里，他就是新造的人，旧事已过，都变成新的了”(林后 5：17)，“都变成新的”新的是什么意思？你都在基督里了，你都在劝勉，可是唱到“雅歌”就心苦？哦哦，不说了，太个人了。毕竟是牧师。可是这些诗，我该没看见。但是有些话，也还是想说。就绕着说，拿现成的事，前不久牺牲的晓波，他给刘霞的诗，那些诗的确狠……记得若干年前，老廖为刘晓波、刘霞的诗集写序时，说了些“煞风景”的话，我倒心有戚戚：

晓波处于两难之中，他习惯用一种殉道者的情感，一种极端的理想震撼自己的妻子，他写道：“把我也作为/你活下去的悲惨理由。"

……太沉重了，压得人喘不过气，刘霞说她只能选择这种爱，这种力不从心的活法。但愿晓波仅仅在诗中如此。（廖亦武：《为刘晓波和刘霞而作》）

九、“哀歌在本质上是渎神的”吗？

最后一个问题，质疑你的理论。

不是针对你的诗。事实上人的主张跟诗，往往两张皮的。

作为批评家的你，在《信仰与审美》、《作为救赎的诗歌史》等重量级文章中，在自我检点的时候，对“哀歌”多有定性和批评。《作为救赎的诗歌史》写：

“……只有两种诗歌，一种是哀歌，一种是赞美诗。后者是我不曾了解的。也是大多数汉语诗人不曾了解的。哀歌是无神论者的救赎，是挣扎在审美与信仰之间的救赎。哀歌在本质上是渎神的。”“哀歌是我作为罪人的史记，作为忏悔者的口供。……因为生命在哀歌中没有前途。”

此说在后起的书简《信仰与审美》中得到完善：

“人类的诗歌史有两个极致，一个是哀歌，几乎最好的诗人写得最好的诗，都是哀歌。……另一个是赞美诗，在我看来，圣经中的《诗篇》和《雅歌》是神人合作的永不可逾越的人类诗歌的极点。而弥尔顿的《失乐园》和《复乐园》则是圣经以后人间诗歌所能达到的最高的次点。”

也看到齐宏伟兄，支持了你的说法：“因听不到上帝的声音，诗人会哀伤，于是就有了哀歌；因听到了上帝的声音，诗人会赞美，于是就有了颂歌。只有两种诗歌：哀歌与颂歌。我所有的诗歌写作都围绕这两极而旋转。”（齐宏伟《信与诗》）这次细读，又发现一首《小要理（组诗）第 47 问》：“我有一首哀歌 / 但不

急于发表 / / 我想等到生命中的所有人 / 都聚齐了 / / 我渴望用泪水打动他们 / 我想利用我的悲伤……直到有一天 / 人们举起我的尸首，说 / 这是诗人的血，为我们流的 / 这是诗人的肉，为我们舍的 / / 之后 / 人们创作了大量哀歌 / 为了是记念我"——如果理解不错，则此论诗的诗，也是深刻否定哀歌的。毕竟《小要理》第 47 问，乃围绕"第一条诫禁止我们作什么？"答曰"第一条诫禁止我们弃绝真神，不敬拜他，不荣耀神，不以他为神，也不以他为我们的神，也禁止我们将那只当归给神的敬拜和荣耀给任何受造之物。"显然你进一步认为，哀歌是自我偶像化。

我能说太简化吗？我能说此说不惟简化，其实容易引起误导吗？

首先要说，个人决心"从哀歌开始，到赞美诗结束"，别人是无从置喙的。但你的话，的确不是个人"从牯岭到东京"的变迁，你想让它有理论价值。我干嘛不置疑？

第一条，"哀歌在本质上是渎神的"吗？当你下此断语的时候，想到《耶利米哀歌》了吗？或者将解释，《耶利米哀歌》不算典型的哀歌？那你怎么认知它？怎么认知《圣经》中类似的作品？前文已经提到，沃格林的一篇重要文章。该文谈论托玛斯·曼《浮士德博士》时说，那是一篇关于德国人精神状况的哀歌，"一篇《耶利米哀歌》意义上的挽歌。《耶利米哀歌》不只是对某个时期的暴行或者某种较轻的罪行的任意抱怨，而是对人及其远离神的哀叹。精神的缺陷是哀叹的对象，也是其唯一合法的对象，如果哀歌不流于平庸和反精神的话。"

这里描绘性的话，好像跟你差不多？所不同在，他因循、你出新？

第二条，你极其推崇《诗篇》，只是也"单一化"了。推崇《诗篇》没有问题，据说归正神学"惟独诗篇"，我也不敢乱说什么。问题是你推崇的理由，以及对《诗篇》的认知。你说"赞美诗的极致是《旧约 •诗篇》”，怎么觉得这话即使正确，也太“一言以蔽之”。真的不是以偏概全吗？当然你的“定性”，似乎也没问题。只是面对一百五十首诗，怎么都觉得丰富。如果只是“赞美”，何必需要一百五十篇。它的确如加尔文所说：

我已惯于称它为“对灵魂每一细处的剖析”，我想没有不妥，因人所感知的情愫没有一个不在此呈现。圣灵在此已尽然参透生命中所有悲伤，忧愁，惧怕，疑惑，盼望，担心，混乱，简言之，所有搅动人心的纷繁情绪。圣经别的经卷包含了神吩咐其仆人向我们宣告的诫命。但诗篇叫我们看来，是先知自己向神说话，展现其最深处的念头和情感，呼唤，或更多是叫我们看他查验自己的细处，叫我们不被任何一个软弱所屈服，且众多缠绕我们的恶行，依旧被遏制。

值得一提的是，加尔文还特别不避“软弱”地说：

这卷书叫我们知其长处，胜于其他——不仅为我们开通到神那里的通畅道路，也赐我们自由畅说我们的软弱，乃是我们羞于在人前承认的。（加尔文《诗篇注释》序言）

如此看《诗篇》，不光加尔文。手头正好有杨腓力，他的《上帝的情书》（新世界出版社，2012 年 5 月）一书。该书有专章，是以“心灵点滴皆音符”为题谈论《诗篇》的。许多话润物细无声啊。他说《诗篇》有不同的形式：咒诅诗、哀悼诗、上行诗、感谢诗。罗列的是属灵札记的采样，犹如个人写给神的信。很多诗流露着“主啊，我信，但我的信不足，求主帮助”的情怀。有些《诗篇》可以称作“对神愤怒”、“被神出卖”、“被神遗弃”，或是“对神失望”。尤其是咒诅诗等“问题诗篇”：

咒诅诗、赞美诗、悔罪诗特异地混在一起，不再像以前令我觉得那么刺眼。如今我反而为此称奇不已。希伯来诗人将日常生活的种种情绪，都带到神的面前，如此将神囊括于生活的每一个领域。人不需要“穿得体面”或“装笑脸”去见神。我们可以将真相托付给神，而没有隐瞒。(p102)

在另一个地方，他意犹未尽写：

如今我认为，咒诅式诗篇是如何面对邪恶与不公的重要典范。我不应该压抑面对邪恶所生的惊恐与震怒。我也不应该自己来主持公道，而是应该把这些感受赤裸裸地呈现给神。一如《约伯记》、《耶利米书》、《哈巴谷书》清楚所示，神对我们的祷告内容到底合不合宜，极有包容力。他“受得了”我好不压抑的愤怒。我会发现，那些复仇的念头需要神来纠正——然而只有把这些感受带给神，才有纠正与医治的机会。(p119)

该书实在精彩。比如第一章，“旧约值得费心读吗？”题目下，有感触地写：

……我在《诗篇》中看到混乱、困惑、怒火、绝望与哀痛这些情绪，是在我自己教会里从未见讨论的题目。我们飞快地就进入“更高”的属灵得胜境地。(p24)

我的确对你——或包括教会，有同样疑惑。你问自己也问人：“语言已经生疏了 / 同一张嘴，既说了咒诅的话 / 怎能再说赞美”(《11 月 17 日：箴言》)，我要反问“为什么不能呢？”上面引用了杨腓力，其实《诗篇》的存在本身，大于一切权威解读。

第三条，相对不那么重要，就是你在论述过程中，作为你所认定的“渎神哀歌”的对照，你大声武气说“赞美诗……是大多数汉语诗人不曾了解的”。关于这点，我只能少说。就世界范围讲，正如很权威的艾布拉姆斯《文学术语词典(第 10 版)》一书所阐明：赞美诗通常用来指赞美上帝或表达宗教情感的歌曲，也有有关世俗乃至异教主题的“文学赞美诗”。如 19 世纪出现的詹姆斯·汤姆逊《四季颂歌》、济慈《阿波罗颂》、雪莱《阿波罗颂》《潘神颂》等，“值得注意的是，这些赞美诗中的后三首，像原先许多希腊赞美诗一样，都是献给异教神明的。”就我们中国来说，我们起码从《诗经》时代起，一种“颂”的文体或传统就赫赫炎炎、甚嚣尘上了。我们感到难以摆脱的“天大地大不如党的恩情大”,“呼儿嗨哟他是人民大救星”之类……正是它的表现。它的确是，“伪父临朝”。

可我们说的是文体、风格。涉及到生态和氛围，靠个正名岂能“搞定”。

尾声：请给我几分钟难过的时间

其实能够理解，你的义无返顾：

“那时我们喜爱黑暗，对忧伤／有一种难以割舍的贪恋”（《哦，那令人喜闻乐见的，死亡》），可现在，不想回去了。我也能理解，你的某种冷峻。面对“伤心过后／有人把爱另存一种格式……只是哭的人多／悔改的人少”（《低潮》）现实，我还不是恨自己不成钢。更何况昆德拉“第二滴泪”。你在文章中念兹在兹：有泪可流也许是良善的，“所以我们若哭泣，我们似乎就对人性保全了信心。然而，麻木是一个深渊，眼泪却是更深的深渊……于是我做了一个祷告，祈求我的神拿走我的眼泪，也拿走我内心的恨意。”（《不说出来的同情就是不同情》）

“祈求我的神拿走我的眼泪”，我要表示尊重。虽然事实上，你也有忧伤，而且换一个时间，承认“我不能解除忧伤／我之所以祈祷，不是为此／但忧伤，哦，忧伤／具有惊人的价值”（《主人，现在我只剩下语言》）。虽然事实上，你也有哀歌。比如说了那些话之后，署名“小哀歌”的有两篇。更多的没有起名，其实有哀歌成分。即如前录“六·四”二十五周年时的《屠杀》一诗，头三段凄惶的场景，不是《耶利米哀歌》开头又是什么？前录被质疑为“咀嚼创伤与传讲福音，孰轻孰重”的《小史诗：二十八年》，不是怀着巨大的忧伤又是什么？还有一首《小史诗：死城》，先两节写 1624 年大明将亡，苏州城十室九空，和 1948 年长春围城，市内饿殍载道，俨似人间地狱……这样的描绘，若不算哀歌就没有哀歌了。最后一节：“天使举起一块石头，好像大磨石／奋力扔在海里／说，巴比伦大城，也要这样倾覆／／哀哉。哀哉。一时之间／她的灾殃一起到来……”，固然大城应该倾覆，所唱的难道不是“哀哉”？还有《小史诗（两则）》之《观音土》，以史家之笔记叙："史载，1959 年春 / 四川许多地方的老百姓 / 开始进食观音土 / 食毕，有饱足 / 终究饿死无数……"，全诗的确没有一处"哀哉"，真的不是哀歌吗？按照你的分类，它难道是赞美？

当然不是每首，都写得成功。看到有的故事，明明是哀歌，结尾非要扭成赞美（如《11 月 13 日：献给自焚的唐阿姨》），或许神学上能论证，作为一首诗，无论如何不好消化。你倒是飞快进入"更高"的属灵得胜境地了，可怜读者就要被凉拌了。相比较而言，我能接受 6 月 26 日，得知"博士病重，国祚将亡"，你向独一全能救主所做的哭祷："主啊，今天你又给了我十斤黄连，使我口中苦，好叫我知道你十字架的苦。使我心中痛，好叫我知道你在客西马尼园的痛楚。人已不人，国将不国……"相比较而言，我能接受，而且喜欢 2015 年 7 月 11 日"预备日"那天，你"示弱"的《请给我几分钟难过的时间》：

请给我几分钟难过的时间
最近太多事情，令人窒息
请让我软弱片时
在黑暗的房间禁闭片时
像那些被带走的朋友，在夜里
哦，和耶稣一样，在夜里
穿过变得野性的城市
请给我几分钟难过的时间
等待欢乐，欢乐的袭击

但不要用咳嗽打断我
不要转换话题，只要几分钟
手机静音，快递也不要来敲门

我必须独自面对，灵的窒息
如果世界刚好在此时坍塌
如果有重要的人物离世
哦，愿这一切，仿佛无事发生
因为我难过得就像
一个蓬头垢面的女子
请给我几分钟难过的时间
容我不洗脸，不梳头
不肯出来见你

为了积蓄泪水的决堤
为了一个难以置信的消息
请给我几分钟难过的时间吧
为了让光明更加刺眼
为了让我千百次地排练
你推门进来的那个瞬间

2017 年 6 月 4 日
初稿
2017 年 6 月 12 日
二稿
2017 年 8 月 6 日三稿

为无权势者立命

我们丧失了自由的标尺。我们无法衡量，哪里是它的起点，哪里是它的终点。我们是亚细亚人……我们已经搞不清楚：我们是否有讲述自己亲身经历的权利。

——索尔仁尼琴《古拉格群岛》

这是一部底层生存的选集。

一座为小人物修造的碑林。

“孔子作春秋，因乱世而立治法。余述本纪，以治法而正乱君。”欧阳修这样概括他《新五代史》的“义法”。我想顺着他的话，指出《中国底层访谈录》是为无功、无德、无言的底层人物立命。

近些年，世上流行人类劫难的预言。本书提出，“即将”云云不过掩盖真相。事实真相是，我们早已沦入无底的深渊。

本书展示深渊、揭露真相、发现历史、洞察人性。见得真、写得深，揭示了生活的水深火热，透露出生命的荒诞凄凉。而有一种残酷的美，让人震惊颤栗。即以那种“冷的美学”为标准，自有显见的美学价值。

当然它是“热”的。当然它更有伦理价值、历史价值。真相和美，哪一种更永恒？高明者见智，沉潜者见仁。底层的生命贱若蚂蚁，但也冬去春又来、野火烧不尽。天地间有种刚正之气，即使被压车轮仍要旋转、升腾。确认这一点，跟指出他们赴告无门、力不从心一样真实。哲人说：所谓乱世，先乱在我们的心上。

所以哀告，所以呻吟，所以疼痛，所以倾听。微观心理学与宏观历史学相互交织，精神治病与人性复归相互推动。两眼向下，立定自身，我命由我，拨乱反正。

主耶稣说：“凡你们为这些卑微者所做的，就是对我做的。”

是为立命。

一

一叶而知秋。

一口海水包孕着大海的滋味。

小人物身边淌走的每一秒钟，都是历史。本书的历史从旧社会写起。“在旧社会，人们身上的血只够跑百把米；在旧社会，女人身上长不出乳房。”所谓穷则思变，历史掀开新纪元：抗战爆发，少年投笔从戎。谈判破裂，内战爆发。地主下地，学生游行。瞎子卖艺，解放军进城。梦游者梦游。巡官挨枪子，地主被分家。雄赳赳，气昂昂，跨过鸭绿江。不爱组织爱女人，自投罗网当右派。小高炉，殡仪馆，饿死鬼，麻疯院。新疆出境好几万，人吃人的故事讲不完。红卫兵满山红遍，走资派满脸淌血。抄家，串联，武斗，游街。为有牺牲多壮志，敢叫日月换新天。校长投井，教授掏粪。广阔天地偷鸡摸狗，罗湖下水奋不顾身。《沙家浜》“斗智”，梁山上批林批孔。……这是一部“底层人物口述历史”。

口述历史只有纪传，没有大事编年。我想只要愿意，读者可以在自己脑海里整理出编年来。作者自称整理访谈时，那个时代的马车轰隆隆地从脑海中碾过，这也是我在阅读过程中的感受。值得注意的是，有的历史事件多次出现，如 1958、1959、1960 那场被称为“大跃进灾难性后果”的“二十世纪最大的饥荒”，不但集中出现于《食客迟福》、《遗体整容师张道陵》、《民间艺人任唤琴》、《老军人廖恩泽侄儿廖觉》诸篇，在《风水先生黄天元》、《拆迁户罗月霞》、《多余的人高歌》、《梦游者之妻黎英》、《藏书家冉云飞》等篇也有它的阴影。多少世纪以来人们就知道世界的主宰者是饥饿。古人说，“一身之遭逢，其小者也，盖亦视国家之运焉”。是的，你可以说无辜的小人物同祖国一起受难。可几十年过去了，国家依然屹立在世界的东方，三千万生灵却一去不返。

这令人心里不好受。为什么回忆这些？列夫·托尔斯泰如是说：“如果我害过一场重病，治好了，根除了，我将永远会高兴地回忆这件事。只有当我的病情依然如故或日渐沉重，当我想欺骗自己的时候，我才不去回忆。如果我们回忆旧的暴行，敢于正视它，我们今日的新的暴行也将暴露无余。”

今日？——跨世纪的门槛上，横卧着流浪儿、打工仔、乞丐王、吸毒者、人贩子、色情狂、碎尸犯、三陪小姐、民间神医、厕所门卫、算命先生、下岗职工、街头艺人、农民皇帝、居委会主任、黑社会杀手……。真正的三教九流，“沉默的多数”。用法国人福柯的说法，它们是“无名者的生活”。福柯把“无名”分为假的无名和严格意义上的无名，前者虽也卑贱，却借助了某异乎寻常的事而得名，“这件事要么圣洁辉煌，要么罪大恶极”。后者才是十恶不赦的无名，其中“既没有混入暧昧的丑闻，也没有产生私下的崇拜，没有掺杂任何荣耀”。应该说，本书主要聚焦后者。比如厕所门卫、遗体整容师、吹鼓手兼嚎丧者……那等人，说他们是边缘的边缘，底层的底层并不过分。当然，书中也写了些边缘文化人，如底层诗人、无名学者、不得志的作家、被敲诈的行为艺术家，他们像鲁迅笔下的孔已己，属于“穿长衫站着喝酒”的一类人。他们也是我们社会的弱势人群。同是天涯沦落人，相逢何必曾相识？大家一齐见证生存空间的险恶。

在今天，我们的生存环境确实在急遽恶化。诸如失学、贪污、吸毒、车祸、红灯区、黑社会、性虐待、看病难、入室抢劫、环境污染、计划生育、见死不救、下岗工穷困、北方农村光棍、民间艺术濒临绝种……等等，好比雨后春笋，人们已见惯不惊。也有未必纳入公众视野的，譬如“邪教”问题、狱政问题、皇权回归问题、城市失忆问题、文学变质问题……等等。总之形形色色的人，带出光怪陆离的问题。“你的记忆力还是这么好？”书中的酒鬼告诫：“很危险，老兄，很危险。这是个不需要记忆的时代，一个人出车祸死了，脑浆涂满的轮胎依旧要在道路上滚动。”我也觉得危险，进而佩服作者的道德勇气。

当然我最关注的，是我们时代的精神生态。世道太乱，书中人说，中国人开始病急乱投医了。彩票、酗酒、吸毒、色情、麻将、算命。麻将成为20世纪末中国最大的时尚，其普及程度不亚于上个世纪的鸦片。“输赢倒是其次，我要的是那种近乎虚脱的感觉”，赌徒袒露。“我不醉又咋办？这世道太空虚了。”酒鬼为自己辩护。“虚无，虚无使人疯狂”，色情狂呻吟。“这世道，穷也累富也累，下岗工人、打工仔、叫花子累，老板、官僚、警察也累。”吸毒者偶尔清醒。我们听到这样一个故事：一位有头有脸的官方诗人，为5万元钱不惜把自己的一生卖断，什么情书、照片、日记、剪报、纸条，甚至作为定情信物的女人内衣……全部拱手转让。人们摇曳在怎样一个无根底的空间啊。我们是否有命可救？我们去找瞎子，算命先生说：“难道这世界真是由瞎子指路么？”我们去世界屋脊，西藏的朝圣者说话不客气：“你们痛苦，因为你们的心在地狱里。”

作者是否刻意写史？如果是，这种写法能否让历史学家满意？我不敢肯定。不过心里还是有所触动。为小人物立传，主观上写人，客观上写史。“以人带史”并不新鲜，自司马迁《史记》以来汗牛充栋。不过太史公作传的多是大人物，即使小人物也有其精神上的“大”（如侠客悲歌慷慨，伯、叔不食周粟）。本书写严格意义上的小人物，他们不光身份低微，兼且人穷志短、马瘦毛长。他们何时有权述说历史？他们的述说有什么价值？作者未予正面回答，只说“我觉得从一个影子杀手或一个碎尸犯的口中得到的叙述，也比大批当红作家的小说、散文精彩数倍”。这当然类似挑衅。挑衅表明作者美学上的自信，他说透过时间去看那段历史，许多东西还是有趣。

这是一种“历史之美”吗？那么美从何来？因时间的距离。有别的因素吗？访谈者跟人议论：从某种程度说，80 年代以前中国没有个人史，我们每个人的经历都是社会背景的产物。所以，要尽量绕开时尚话题。又说自己不是新闻记者，对境界啦、白领啦、好人好事啦、一夜成名啦不感兴趣，因为，“所有的成功者或超凡脱俗者全是一个模子倒出来的，连说话的语气都差不多。”这足以见出他趣味的独特、眼光的独到。独特的趣味必然对历史有独到的发现。比如你看，梦游者关东成为“右派”，竟是有感于组织上对自己照顾，要报恩、要替领导分忧解难；再看，团委书记反右中的“失足”，竟最早起因于听到一首钢琴曲后的反应：“……你觉得那样深情，像落在深渊里的叹息，我愣住了。这一愣，后半生的命运就全改变了。”不知别人怎么看，我认为这种细节更近历史。有史实，也有史情、史意、史魂。历史本是偶然、感性、甚至荒诞的，哪有那么多理性成分、逻辑推理？更何况作者选择了失败者。套用那句有名的话，成功者都是相似的，失败者各有各的不同。选择了“不同”，就选择了更高的审美价值。古人说了：“夫和平之音淡薄，而愁思之声要妙；欢愉之辞难工，而穷苦之言易好也。是故文章之作，恒发于羁旅草野。”

尽管如此，主要不是美学问题，甚至也未必是历史问题。如果单对历史感兴趣，你可以选择看其他著作，《二十五史》、《乌托邦祭》和大量“解秘”书籍。如果单是为了写史，本书也可以用别的写法。主要是当代问题，是良心问题、道德问题，是我们生活的真正处境问题。这些问题血肉模糊，掐一把就痛，我们如何能够背过眼去？你看这样的细节描写：“……妈哟，我心疼的！刚刚把车的本钱挣回来！我死死地抱住车把子不放，泪水和汗水，在脸上都分不清了，最后，车还是被缴了。……我只有往回走，走了好几个钟头，还没拢家，心里空捞捞，差点就弄疯毬了。”（《打工仔赵二》）类似“疯毬了”的情景，我亲眼见过。本书第

543页上方那张照片，画家曾循拍摄的时候我在场。那是某年的冬天，一个蹬三轮的老人车被没收，想不通就跳了府南河。尸体出水时，两岸观者如堵。再如《偷越国境者黎忆丰》中的描写：“……那种刺激，那才叫人生哪！我曾被一条长绳子拴在手扶拖拉机的后面，被拖着在密林里跑，衣裤烂得像刷把。那时，我羡慕电影里绑在木桩上出卖的黑奴，市场里的买主都有权出价，有权带我漂洋过海，到天南海北去服苦役。嘿，奴隶的生活！今儿东明儿西的浪漫生活！……这世上最难追求的就是自由。你饿死没人管，可是你要挪地方，变一种活法，就有人管你了。”

连电影里的黑奴都羡慕，我们活在怎样的世上？写到这儿，我想起了去年，因漂洋过海而闷死在闷罐车中的中国偷渡者。58名偷渡者活活闷死，欧盟峰会立即中断，发表联合声明，称这是“人类的悲剧”；《世界日报》发表社论，指出“多佛惨剧是全球共同的耻辱”。当然这里“人类”、“全球”不包括我们。我们这边有人在报上写文章，说死者往国外跑，是“要钱不要命”，差一点没说他们活该。唉，这世上没有小人物的位置。你活得低贱，草木尚且有荣辱；你死得耻辱，九泉之下有余辜。我们活在怎样的世上！

二

这是一部失败的故事汇编。

失败是人类恒久的故事，更是小人物专有的别名。造化不仁，以万物为刍狗。人在底层，更身不由己。高尔泰先生曾深刻地指出，“无力感”是东方社会显著的意志特征，也是东方人普遍持久的心理体验。无力，是由他们命运被控制、不能自主决定的。底层小人物可谓失败者中的失败者。他们活得力不从心，死后更被历史灭口。本书做的，是类似“挽回活口”、“抢救史料”的工作，即小人物见证大历史。虽然所见证的，顶多冰山露出的一角，甚至一角也不算。

应该指出，说小人物见证大历史，不等于他们的个人经历加起来构成“宏观叙事”。从严格意义上讲，小人物没有历史、只有宿命，只不过是宏观叙事的看客，或者刑场陪斩的陪客。国民党老军人廖恩泽说：“……历史是大人物们创造的，面对着无法支配自我命运的小人物，只是一种宿命。”我想，他道出了实情。在动荡不已的时代，许多风云一时的人物尚且有力不从心之感，不要说底层小人物了。失败是他们的别名，无力是他们的本质，朝不保夕是他们的现状，没有历史是他们最大的历史。我想，这样说虽然残酷，却接近真实。如果不这样写，那就不真实了，更谈不上深刻。“生活累啊，难啊，绷起一根筋做人，哪天筋绷断了，就完毬了。”这位小人物表述的，不是专属于哪一个人的感受，而是普遍的感受、普遍的现实。

作为失败的缩影与象征，我想指出，本书一组以监狱生活为背景的访谈，具有更高的认识价值和欣赏价值。它们是：《胡风牢友张广天》、《死刑犯牟大路》、《影子杀手赵苗苗》、《逃犯崔志雄》、《碎尸犯卢人标》、《狱霸田洪》、《色情狂梁寒》、《农民皇帝曾应龙》。

监狱的事情，对一般人来讲显得神秘。在中国，自古以来似乎是一种禁忌、禁区。不用说，从来很少有作家真实、全面地写它，但我们读者呢？难道我们不在自觉不自觉回避？人们不想影响自己的生活，不愿破坏自己生活的安宁。还用说别的吗？在这样的土地上，当然不能指望有索尔仁尼琴那样的作家产生。“国家不幸诗家幸，赋到沧桑句便工”，这是真理，却不是现实。真理何时成为现实呢？1990年，本书作者他因失声嚎叫而沦落地狱，有缘跟那些杀人、强奸、贩毒、碎尸犯为伍。如果说他曾有短暂的委屈，那很快就想通了。事实上从那时起，他一直在为本书做准备。“挥毫当得江山助，不到潇湘岂有诗？”我们读到本书，不知该感谢作者，还是感谢老天的相助？

西方人但丁说，地狱的入口处，写着：“这里必须根绝一切犹豫；这里任何怯懦都无济于事。”在监狱的入口处呢？东方人牟大路说：“入了班房，就四海之类皆王八”。

这是一个等级森严的世界。据狱霸田洪介绍，自从盘古王开天地，神农尝五谷，牢里的规矩就有了。变了泥鳅你就只有在泥巴里翻，不朝上就朝下，不朝左就朝右，总之你要尽量做最大最粗的那根泥鳅，搅得其它泥鳅瞎撵着你转。在外人上人，在内鳅上鳅，社会层面不同嘛。“大社会，小监狱，当然是外头有啥，里头就有啥。”

这个社会信奉“民以食为天”。“民以食为天”是写在菜单上的话，菜单是牢里的传家宝。“菜”的花样很多，谦虚地说，地下党未必能一一消化。总之，在“上菜”的幽默下，牢房变成了厨房，厨房变成了屠宰场。幽默冷到我们的脊梁，也冷到了历史的脚板心。愿人们放下书后，忘掉这一切。但有句话不容易忘、也不该忘的，就是那位狱霸自辩的话：“……这不是我发明的，菜单上的东西，还不是烂贼东一份西一份凑出来的，咋能算在我一个身上？我也是受害者。”他肯定在开脱自己。都不当刽子手，怎么会有死刑？没有他那样的“厨子”，“菜单”又有什么作用？但我担心，即使他被枪毙了，“菜单”却可能不会消失，会一代一代传下去。

我的担心并不多余。事实上饥饿并没有完全消失，在这个星球上有些地区，它甚至在扮演主要的角色。它有时被作为需要创造出来。古拉格群岛史的编纂者索尔仁尼琴就发现，到今天，人们还在用饥饿改造那些不慎落水的同胞。这些同胞们做梦也只梦见面包。在这种情势下，谁还会反对“民以食为天”呢？当然不会。索氏进一步发现：“善与恶的界线并不在国家与国家之间、阶级和阶级之间、政党与政党之间，而是在每一个人的心中穿过，在一切人的心中穿过。”捷克政治家、作家哈维尔有类似的观察，他说：“生活的目的与体制的目的之间的冲突不是两个定义明确和分离的社会集团之间的冲突：只有非常空泛的观念才会把社会分为统治者和被统治者。”据此而言，饥饿或者说败坏，不只属于“被统治者”，更属于人性全体，它在我们每个人的心底。

败坏使人堕入地狱。而在地狱的底部，也还是有对于人性的追寻，哪怕它以扭曲的形式出现。这一点，没有经验的人可能难以想通。比如你会问，“都落到这步田地，为啥还要相互折磨？”死刑犯牟大路解释，不管落到哪步田地，人和人都互相折磨。社会上天地宽，所以摩擦要少些，在牢里，一间房关十几个人，严打的时候，经常涨到二十来个，人和人挤得这么亲密无间，不寻开心咋办？何况坐牢太单调，除了干活，连唱歌也只能在喉管里打转，谁不需要“开心果”呢？需要，所以囚犯的赛吃居然构成“舍房里最快活的一天”。它是生活中的味精和盐，使坐牢充满令人回味的温情。没有牢狱生活经验的人，谁能理解？所以光怜悯不顶用，还需要设身处地的理解。而如果你理解，你就会明白：

人性的败坏与自由的丧失密不可分。

人性与自由不可分，人性与社会也不可分。“监狱”不过是一个观察窗和方便的法门。监狱小社会，社会大监狱。狱内有狱，狱外有狱。有形的狱，心造的狱。虽然它们外延不同，内涵却高度一致。比如那位“最小的短命鬼”，不过18岁。“你猜他干了啥？他赶公共汽车，不肯给孕妇让座，人家就骂了声‘傻农民’。他气不过，竟拔出水果刀，把孕妇的肚子捅漏了。”天底下有这样的事？我们的人性多么脆弱。用精神分析眼光看，“我们都存在某种心理缺陷，当某种外力恰好击中了这种缺陷，每个人都有可能在瞬间丧失理智，沦为疯子”（见《碎尸犯卢人标》）。还应考虑社会环境。良好的环境有助于人们抑制缺陷，而另一种环境则相反。就像上述故事中，那位怀孕的妇女至死都不明白，“傻农民”一语对那位愣头青，竟然是骆驼背上最后的一根草？！

“想不到”，于是不该发生的事情发生了。类似的事情每天都在发生。我们应该想到的。如果说以前想不起来，则本书是一种提醒。我们需要这种提醒，我们应该为社会、人性的健康建立档案。人性的档案上写着：“这世上哪有高低贵贱？皇亲国戚就不拉屎？”“谁晓得国难当头的堂堂大丈夫，在私生活中是不是变态狂？”“正义与邪恶，真理与谬论，成王败寇都相差那么一点点。”在社会的卷宗里，记载着关于黑暗和死亡的故事：“我的罪名是热爱黑暗”；“我们在脑髓里讨论死亡/在永恒的日光灯下/讨论死亡/跪着去还是站着去/子弹是穿过后心还是后脑/刽子手的枪法如何/浆汁溅往哪个方向/灵魂出窍的刹那/是否还来得及回眸一笑/当屁股朝天栽入土坑时/腿会不会像旗杆高高地竖起”（参见《死刑犯牟大路》）这些残酷的文字，难道不使你感到眼前发黑，感到无法可想、无路可走？老子说，“民不畏死，奈何以死惧之？”谁信他的话。不是绝望，谁说出那样的话来？这世间谁不畏死？谁真正不畏？谁愿意主动赴死？谁感到生不如死？谁觉得生也难死也难？……我不能再说下去。

作者 80 年代是诗人，我没怎么读过他的诗。也一直没想到找来读读。可本书第 27 页那幅母亲的照片，以及旁边配的诗，我一见就喜欢：

只有从嘴里吐出来的人才不动感情
而我们是从阴道里生出来的
知道疼
再坏的家伙也有母亲。

为什么喜欢？我也怕疼，我也有母亲，我更怕死。依我看，“怕”其实包含人性。有人性才产生共鸣，有人性才产生悲悯，有悲悯才感到疼痛。有人性、有同情、有疼痛才反躬自问，拥抱众生。并注视自己的脚下，观看生命的源头。常言道，急来抱佛脚。黑暗使我们心向光明，厄运使我们亲近上帝。尼采说，“一切祝福者都向下看”。一位俄罗斯军官说：“索尔仁尼琴回来了，古拉格就不会回来。”《中国底层访谈录》则明确表示：

“某种档案应该通过公布而永远保存，为了历史与社会的健康。”

地狱是小人物的快乐老家，其中不乏零落的英雄。

胡风就是这样一个英雄。——然而是怎样的“英雄”啊？本书开宗明义一篇访谈《胡风牢友张广天》，通过一位普通囚犯张广天之口“反英雄”。这里没有大义凛然、威武不屈，胡风狱中的表现可能让有的读者失望。“自从有了张光人（胡风原名），我们组的学习记录精彩多了”，这是大批评家的用武之地。可他的无能却很突出：“有一回，他把大家的饭给弄倒了”，为此他挨了一顿烂打。“如果没有政府管着，我们早把张光人分吃了。”还有什么？他偷吃……浆糊！

我们问：这样写“中国数一数二的知识分子”是否合适？把

他放在一本以底层人物为对象的书中，是否合适？莫非“钦犯”胡风也是底层人物？莫非真的“凤凰落架不如鸡”？我们会摆出许多道道：人当然有价值上的高低，不管他在什么地方。就算是四海之内皆王八，“王八”总要分个大小、等级吧？政治王八跟刑事王八总不该是一回事。同时，良心未完全泯灭的坏人，和一念之差而做了坏事的好人总该不同。我们继续引经据典：完美的苍蝇总归是苍蝇，有缺点的英雄毕竟是英雄。即使虎落平阳被犬欺，可瘦死的骆驼比马大。……等等。我们的发问义正词严，没人能够驳倒。好了，这种人可以合上此书，继续睡他的觉去。

以本书观点，犯人张光人跟张广天们，不同却也没甚本质上的不同。自其异者言之，天下哪有两片相同树叶？自其同者言之，入了班房，四海之内谁不王八？人为地区分大王八、小王八有什么意义？不看僧面看佛面，黄泉路上无老小。“管他外面有多大的本事，一进这里，都是罪犯。监狱到处都写着：你是谁？你到了什么地方？你来干什么？”来到这里，你就既来则安，提什么当年勇？英雄失路跟贩夫走卒失手杀人，有什么区别？都是身不由己，“人命危浅，朝不保夕”。你是“好人做坏事”，谁又像中世纪魔鬼罪不容赦？而且说白说黑，“外面”的乌鸦有什么不同？……庄子说“齐物”；佛祖说，众生皆苦；西方人说，自由不可分割。一切分割的思想，排他的原则，都导致了冷酷、无情、自私、暴虐，成为我们精神上的芥蘚，并事实上成为中华民族政治与道德痛苦的根源。我们刚愎自用、礼令智昏了。这样的人群、民族要想得救，比骆驼通过针眼还困难。他们有成王败寇，却不配有自由。

古人讲究“礼辨异、乐和同”。《中国底层访谈录》对“辨异”不感兴趣。作者其实缺少做那种讲究的勇气及资本。十年前，他感叹“阳痿的警察，用他的电鸡巴，把我这个知识分子的后路给抄了”。十年后，他更不敢轻易戴“知识分子”的桂冠。也罢，“祸兮福所倚，福兮祸所伏”，作者失去的只是一张皮，得到的却是千载难磨的心，可能更接近“知识分子”本义。在人生阴霾密布的黑森林里，他忍看活人变新鬼，推敲着“新鬼和旧鬼，政治鬼和刑事鬼，是不是同一个鬼？”再由鬼及人，想到哪怕流氓、恶棍、下三烂、滚刀肉，再坏的家伙也有母亲。失去儿子的母亲，晚年多么凄凉。想到这里，他就没来由感到心酸：“我的心经常发软，控制不住怜悯坏蛋的冲动”，他甚至喊出“发明监狱的人类，我多么爱你们”那样的傻话。傻近乎仁。仁者爱人。《被抢劫者余桂生》篇引述了《禅说》一则故事：一个贼去偷庙里的和尚，那和尚躺着一动不动。眼看着贼到处乱翻，一无所获，只好把和尚晾在窗外的唯一的袈裟扯下了。和尚不忍，忙起身喊站住，准备将裤衩脱下一并送他，不料贼听见喊声就不见踪影。于是和尚只好抱着光膀子，站在庙外的空荡荡中叹息：“可怜的贼！我为什么不能把天上的月亮送给你？”

这，就是悲悯情怀，就是人道主义。高尔泰先生有句名言：“人道主义是没有被意识到的美学。而美学，从本质上来说，则应当是被意识到的人道主义。”确实如此。人道主义、或人道情怀，是现代美学的发源地，也是它最坚实的根基。如果没有主义、也没有情怀，美感与文学能够像猴子一样从石头缝迸出来？果真那样，我们也就见不到这一部“恶则恶矣、趣实趣也”的作品。不错，这是一部人类惨败的记录。然而，悲情与怜悯在，它们是本书真正的主角，它们隐身于叙事背后、现身于字里行间，而成为天寒地冻中、温暖我们心灵的不绝如缕的光辉。

呜呼，魂兮归来！

三

招魂即立心。

本书为底层人物立心。

古人抗议:“昊天不惠”,“昊天不平”。没有这一抗议和激愤,不会有本访谈录产生。可只有这个,访谈录也还是产生不了。因为一味怨天而不反躬自问,谈不上什么道德感和人的尊严。人应该有道德感有尊严。即便在世界东方,即便大山般的“超稳定结构”压得我们喘不过气来。“天生一人,必有一人之用”。历史虽然不听小人物的发言,而无力者确有他的力量。他的力量不容易为别人认可,其实也不容易为自己发现。完全是“平时看不见,偶尔露峥嵘”。还要提到,对历史中的许多人来讲,命运就是承受;对另外一些人来讲,性格就是命运,造次必如是,颠沛必如是,江山易改而秉性难移。人性的败坏是事实,事实还有其他方面。

索尔仁尼琴提出:“把在严寒的气候中会变凉的房子一座座地历数一遍有什么意思,指出那些在严寒的气候里仍能保暖的房子不更使人惊奇吗?”

应该看到“使人惊奇”的故事。

——先说胡风,即使身陷牢狱,他的心志却未被完全摧毁。记得文革初起,当局要他揭发周扬、立功赎罪。他拒绝了,说:不管报上说得怎么吓死人,我应该有我自己的看法,问题是怎样就说怎么样。今天,周扬虽然被拎出来示众了,但我连拍手称快的心情都没有。像这样来批周扬他们,是言过其实的,难以服人。——我们不用“英雄”这个词称他,也要公正地说,在没有英雄的年代,胡风的表现不愧为真正的人。《胡风难友张广天》也承认："他是文豪，特别犟，哪怕憋疯也不拐弯；我呢，小爬虫一个，莫说狗洞，耗子洞也钻。""这里私下说，政府也理解不了。犹如飞碟，见得再多，也不晓得那是啥东西。"

还有老右派冯中慈。1957 年，如果他稍微少一点人性，顺着别人搭好的梯子往上爬，他本来可以飞黄腾达、青云直上的。但他有个弱点，就是太有良心、太有人性了。这害了他。他看不惯"有那么多党员的组织，欺负一个弱女子"，他这一生就此注定。奇怪的是，他不为当初的选择后悔。"我不愿意做畜生！不，那个龌龊的年代，做畜生也比做人强！"这是一个怎样的傻瓜呀？！

类似的傻瓜还有：梦游者关东"一直生活在天堂里"；黄浦军人廖恩泽表示，"自己的历史自己负责"，他为自己没有扛着假名过一生而庆幸；偷越国境者黎忆丰为了追求自由"九死其犹未悔"；甚至"天才的贼"崔志雄也有人的骨气，他说"人的尊严比本性更重要"。我固执地认为，我们的社会中，许多道貌岸然的人灵魂很肮脏，比不上一个"天才的贼"。他们的故事看得人心热。他们那样的人，在全中国究竟有多少？

最震撼我的，是下面一个故事：

……这人是 57 年反右时判的刑，反革命罪，无期徒刑。由于坐牢坐成老资格，再加上懂点医，就成了队里的卫生员。你可能不清楚，牢里的油荤很缺乏，更别说大鱼大肉了。按规定，一个星期吃两回肉，有时是辣椒回锅肉，一人一瓢，当然辣椒占大半；有时是莲花白炒肉，肉就只有屈指可数的几小砣。我讲的这人姓杨，当时 65 岁。每次吃肉时，他都厚着老脸，让犯人组长给他多分肥一点的，而后，他端起肉钵回到卫生室，关上门，点燃酒精灯，把挑选出的肥肉片或肥肉砣放在灯火上炼油。他只能炼出很少的一点油，他把这辛辛苦苦得来的猪油一滴滴刮进一个瓶子，才端起碗，把剩下的油渣和菜吃掉，还舔碗。……他把这三个月才能攒满的一小瓶化猪油（大约三两多吧）捎给他母亲，几十年都这样。当时他妈快满 90 岁了，只有他这么一个儿子。（《流浪汉王响》，本书 327 页）

这个故事，我曾听作者当面讲起。难以形容我听后的震撼。当时，我半晌说不出话来。久违了，让人心热的传奇。好比大旱时的云霓，沙漠中的甘泉，因为久违，我们怀疑它的存在，怀疑它的真实性，甚至怀疑自己的眼睛。夏虫不可语冰，我们不可语天堂。久而久之，我们见日月而起吠；久而久之，我们见死水而倾心。善恶成为上帝的成见，撒旦进入我们的内心。我们倾心后现代，不惜伤天害理；我们膜拜洋祖宗，费耶阿本德说，“怎么都行”。却忘了独自一人时扪心自问：我是谁？我从哪里来？我到哪里去？

有朝一日，听到这样一个故事，一种水样的透明沁入我的内心：“克己复礼为仁。一日克己复礼，天下归仁焉。”这是两千多年前孔子说过的话。

刹那间，我觉得，我懂了孔子。

话到这里，感到语言难以为继。

但还是要讲。

究竟，我们的头顶有没有命运？我们的命究竟由天定、还是由自己决定？小人物该怎样看待自己，看待自己的历史和作用？……这些，都是大得无边的问题，世界任何地方都有数不清的议论，这种议论还将继续下去。“你我都是小人物呀”，小人物许长久说，“所以尽量别诉苦”。是这样吗？不，没有那么简单。

中国古人讲“天人合一”，讲“安身立命”。按下安身不表，命如何立？从孔子“知命”，墨子“非命”，孟子“立命”，庄子“安命”，到后世王充、张载、二程、王夫之等，人言言殊、各有侧重。似乎也有一种“家族相似”的色彩，即不废命、提倡知命而更重人事。什么造命在天、立命在人啦；什么我命由我不在天啦；什么命由我作、福自己求、福祸无门、惟人自召啦；什么太上立命、其次制命、再下听命啦……，中国思想中的几大家有相近、相似的观点。似乎儒家表现得更积极，“立命”主要是他们的说法。孟子说，“存其心，养其性，所以事天也；天寿不贰，修身以俟之，所以立命也”；张载说，“为天地立心，为生民立命，为往圣继绝学，为万世开太平”；程颐说，“在天为性，在人为命，论其所主为心，其实只是一个道”，又说“儒者只合言人事，不合言有数，直到不得已处，然后归之于命可也”……他的话明白得不能再明白。

西方人说法跟我们不同，他们喜欢用“自由意志”与“决定论”，“唯名”与“唯实”之类语言。不过，似乎问题的性质差不多，结论也有跟我们相仿的。我不打算引经据典论证，只谈一种感觉，那就是他们对人的兴趣比我们更浓。而且似乎越到现在，对人的自由问题越强调，对其他问题采取“存而不论”立场。限于篇幅，我不全面、系统地举哲学家的例子，还是举文史方面现成的两例：《古拉格群岛》和哈维尔。在逮捕成风的岁月，索尔仁尼琴意外地发现：即使劳改营，也不能败坏一个具有坚强内核的人；“要成为一个真正的人毕竟是可以做到的”。哈维尔则标举“无权者的权力”，向我们昭示在真实中生活的可能。他说：政治没有理由只是专家的事，随便一个人，例如一个电子工程师，只要心术正，懂得赞美能使他超越和无所惧怕的那种力量，一样可以影响他的民族的历史；另一方面，“没有只为理想而死的英雄，是万人坑的第一步”。

《中国底层访谈录》也在关注这些问题。一方面，向我们揭示了底层民众真实的生活处境；另一方面，指出自我负责的必要性、可能性。作者不是专家学者，他说不出“重建本体论”之类话，何况他在骨子里是怀疑论者。怀疑论者不相信任何乌托邦，老实坦白着“我不明白信命好还是不信命好”。不过他显然厌恶虚无主义，不过他显然想坚持一些东西，可能是做人的一些基本东西罢。三言两语难以说清。我们的祖先讲“敬天知命”、“不诚无物”，它们维系了我们这个没有坚实信仰的民族几千年。但现在不作数了，物质主义宣传摧毁了它。我们几十年鼓吹的物质主义，不是最原始、最粗鄙的虚无主义是什么？经过它的摧枯拉朽，现在哪里寻心灵的甘泉、信仰的绿洲？人们活得惶惶不可终日像丧家之狗，不是很自然吗？种瓜得瓜，种豆得豆。现在，连人贩子都知道“报应？哄鬼，封建主义那一套。”夜总会老板嘲笑老师“讲迷信”：“人死如灯灭，哪有灵？老师这是迷信嘛。”我们活在什么样的文明社会、礼仪之邦？人们除了“奇里斯玛”和严刑峻法，“现在世界上究竟谁怕谁？”彻底的唯物论者是什么样子？川西神医张松说：“那些自以为健康的人，其实是病得最深的，因为不信神不信鬼，人就什么都不怕，世上没有个怕字，天下就要大乱了”。另一位风水先生对“人”心有余悸：“人太毒了，比蛇和蝎子毒得多”。

“信命好，”书中的算命先生对人们说，“上畏天命，下守法律”不是封建迷信，是积德行善走正道，有益于国家有益于个人。但“信命”不等于一事不做、听天由命。那就同样违背了圣人的教导。按孔圣人的教导，命是不可违也不可算的。应该不怨天、不尤人，发愤忘食、乐以忘忧，“知其不可为而为之”。当一个人对他的命运感到无能为力时，庇护他的星座也将从他的面孔消失。这位孔夫子第 74 代玄孙说：“一个人在被无形的凶象所笼罩之际，他往往是茫然无知的，哪怕神明在上，他也不会抬起头来仰望”，比如，被坑杀的四十万赵军中，无一人有好相。他们都在无法摆脱的国家命运笼罩下，像羊群一般被驱赶到前线当炮灰。所谓天无好天，地无好地，作为“三才”中的人哪来好相？发国难财的都是大奸大恶，谁让这些大奸大恶者能够得逞？再说南京大屠杀的前几日就已有城破迹象，危城之中的百姓如同放在砧板上待宰的鱼，哪来什么好相？总之，“覆巢之下，所有的相是同一个相，工农兵学商同命”。（《算命先生孔庆天》）由此引出“天谴”思想。当然，你可以说，“天谴”是反科学是唯心主义，我不愿回答。只想说，人不该放弃自己。古人说：“天作孽，犹可逭；自作孽，不可活。”什么是“天谴”， 自作孽就是。哈维尔表达过近似的意思：

“人们每时每刻都在创造这个自我定向的制度，通过这个制度剥夺他们自身的最深刻的本质。这并不是因为对历史的不可思议的误解，也不是历史误入歧途。这更不是冥冥中某种高超的神明不知何故来让人类的一部分如此受折磨。这种情形之所以发生，就是因为显然在现代人类之中有某种与之相呼应的东西，人们思考和容纳这个东西，使人性中美好部分的任何反叛的意图都被瓦解。人类被迫在谎言中生活。他们之所以如此，是因为他们实际上具有这样的情形下生活的能力。因此，现制度不仅使人类异化，异化了的人类同时支持这个制度，以此为他们必然的纲领，成为他们蜕变人性的现象，为人类的自身失败的记录。”

总之，异化就是自弃。自弃就是作孽。作孽必遭天谴。从这里能够引出什么结论？就是：人应自负其责，自立其命；人之立命，像树立根。人应忠实于自己，尊重自己的历史，不管别人如何看。“独立生活最重要的中心是高度的内在的解放。这样独立生活犹如一叶小舟，在任人宰割的生活的汪洋中，虽然在风浪中颠簸飘摇，但总能不断浮起，成为在真实生活看得见的使者，为受压制的生活目标仗义执言。”内心解放的人不媚俗，不随波逐流、逢场作戏。对于他来说，不论环境如何恶劣，自由都是可期的。孔子说，“为仁由已”，“我欲仁，斯仁至矣”。佛经说，“性名自有，不待因缘。若待因缘，则是作法，不名为性”。萨特说，在纳粹的牢狱中，人也可以实现内心自由。而如果做不到这个，则世界再大、宇宙无垠，对他而言也不过是硕大无垠的囚房。

这个道理难懂吗？我们举两个现成的例子：“我经常想起两

年前的那次逃跑，太神了。然而，人是逃不过命的，我就这命，身体自由了，心也不自由。”这是“天才的贼”、逃犯崔志雄的自白。他逃出了有形的监狱，却对活下去感到了厌倦。流浪汉王响与之不同：他说自己经常兜圈子，一天要走好几十圈。“自由是一种发自内心的东西，你尽管走，一直走下去，就感觉不到是在监狱里。”禅说：“脚在哪里，我就在哪里。”王响就是如此。他身在大墙之内，心却跨越了巴士底狱。这是一种精神的越狱，他成功了。

常言道，心想事成。只要你的心在想，怎么都不算失败。

——有多少这样想的人呢，中国？

四

这样想的人似乎不多，向上的、使人惊奇的故事总体嫌少。在我们的生活中，多而又多的是假冒伪劣产品，打着底层民众幌子的“小人物”如过江之鲫、招摇过市，另外一些人打着“为人民”的旗号为自己牟利。他们是挂羊头卖狗肉，是孔子说的“乡愿，德之贼也”。与此同时，就有人明火执仗地攻击英雄，对向上的英雄做毁尸灭迹的处理。这年头，与忧患做斗争，与命运做斗争的真正英雄越来越少，他们一意孤行、应者寥寥；精神的芥藓却在大面积疯长，腐败却如青苔、渐行渐远还生。——究竟发生了什么事情？

《演员高洋》里，写一位无耻诗人传授心得：“……诚实和正直和真理和原则当不了饭吃；但只要肯公开这样叫板，就能当饭吃，当酒喝，当宝贝卖。”在精神领域跟物质领域一样，也有假冒的真理和主义。在真实的权利得不到保障时，抽象的人民是我们的图腾。现在草民们的生死没人管，“为穷人的主义”却依旧大行其道。即以人民利益的代言人自居，对每一具体的公民实施绑架。就像前苏联夏达尔的雕塑作品《圆石块一无产阶级的武器》，据介绍，乃是“通过普通人物的塑造来反映崇高的共产主义理想”。表面的普通人物其实一点都不普通，“普通人物”像骊山的刑徒被武装起来，向真实的个人发起一次次冲锋。这是一种借鸡生蛋、铸犁为剑的把戏。

我们看一眼文学领域。前些年，有几个作家在那里“抵抗投降”，除了众多的反对者以外，也确实博得一些由衷的喝彩。包括我自己，一段时间都被他们瞒过了眼。但是经过长期的“听其言而观其行”，越来越感到怀疑，越来越发现不是那么回事。就说作家张承志吧，他标榜以“骑手歌唱母亲”的姿态歌唱人民，断定“山野之民最高洁、王侯上流最卑污”。1993 年，我曾跟几个朋友通过对话向他表示致意。但是多少年过去了，标榜“为人民”的他何曾作过一、两件具体的事情，比如为哪一个草民的利益抗争，并因这种抗争同“王侯上流”、同食利者发生冲突？我想不起来。我心里很不是滋味。类似的现象还有。前不久，小剧场里瓦格拉在声嘶力竭，荧屏上保尔·柯察金为“壮丽的事业”燃烧生命。我进不起小剧场，只是根据生活的经验和阅读，知道“壮丽的事业”与“古拉格群岛”脱不开干系。算了，导演。算了，编剧。托克维尔说：“当世界由个别有钱和有权的人把持时，这些人喜欢大肆谈有关人的责任的崇高理想。他们津津乐道忘我的品质如何值得赞美，为善又如何不该希望报答，就该像神的为善一样。”

朱学勤有篇访谈，叫《文人发嗲》，揭发“为穷人的主义”的伪善。他说，有史以来富人剥夺穷人，“为穷人的主义”也在剥夺穷人，而且是更彻底、更无情的剥夺，篡改他们的记忆，剥夺他们的历史。这种“为穷人”的呼声，本书那些底层生命能够听见吗？即便听见，他们能感受到有人在“为”自己吗？大概不会。底层人物不是那么没头脑的。举一个例：《川西神医张松》

中，农民医生张松质问世人："你以为农民医生就没脑子？就可以任人宰割和愚弄？告诉你，柯云路和司马南的书和报道我都细细读过。"他的看法是，柯云路同胡万林其实没多大关系。柯云路同司马南是对头，柯云路吹一个，司马南打一个。柯云路遇上胡万林，想借他证明自己的一贯思路，却惹翻了司马南。后者是记者，大报小报当然向着他，"司马南一腔正气，普天下记者也就个个都成了为民做主的侠客。"所谓神仙打架、凡人遭殃。现在江湖骗子戳穿了，乡下人到哪里看病？那些为民做主的记者管不管这些？司马南他们难道不该把打笔墨官司挣的钱捐出来，建一所乡村医院？——"您说胡万林是个江湖骗子，现在他跑了，您就在他的根据地建一座司马南医院，并把支持你的医学专家、科学家都请进去，胡万林的信徒一定会转而鼓吹您，拥护您。"

农民医生的话当然偏激，但是否也有几分道理？

如果"为人民的主义"高调登场，则文艺领域的"小人物"则姿态很低。其实它也是一种"为人民"，如果说前者是假冒的为人民，则后者是伪劣的为人民。假冒与伪劣其实不可分，高调与低调经常两极相通。而从效果来看，后者有更大的欺骗性：它宣称自己写真实的凡人。写小人物是文学史上的宝贵传统。好多世纪了，据福柯介绍，西方 17 世纪开始写小人物。一般人提起"小人物"一词，总要联想到契诃夫、陀斯妥耶夫斯基等名字，他们以写"被欺凌和被践踏的小人物"著称。我们中国呢，如果说对《诗经》是否在写"小人物"有争议，至少汉乐府已在明确写他们。"惟歌生民病，愿得天子知"，被认为是中国古典文学的现实主义传统。二十世纪中国文学不也同样？五四以来作家，有多少没在底层社会呆过？"新时期文学"不也是？像《李顺大造屋》、《陈奂生上城》不也看得过去吗？这一传统不该中断，是吗？作为读者和观众，我们对"小人物"有先天的好感，对他们今日的粉墨登场应鼓掌才是。

然而不然，揉揉眼睛，你看见了怎样的“小人物”？与其说那就是“小人物”，不如说是仿冒小人物商标的大人先生或侏儒。变了，全变了，变样了、变味了。中央电视台有个《生活空间》，据说“讲述老百姓自己的故事”。谁在讲述呢？摄像机和扛摄像机的人，以及电视台的编导加上把关的领导。在影视界，从冯小刚到张艺谋都纷纷青睐小人物，大家说“小人物换来了高票房”。同时，一部部根据小说改编的电视剧，渲染普通人的情感故事、欲望追求，看得大家如痴如醉、欲罢不能。我还见到一则报道，说中国21世纪传记文学的走向是“淡化历史责任转向普通人”。原因呢？写伟人、领袖总要有所忌讳，写普通群众作家就更放得开。原来如此。我本以为传记作家爱他们，原来作家们有一本难念的经。写普通人真的没有忌讳？写他们真能够逃避“生命之重”？我怎么都觉得像缘木求鱼。当然，作家用心我领会了：是想“淡化历史责任”。淡化谁的责任？作家自己，还是那些普通人？语焉不详，那就兼而有之。

我们看到了偷梁换柱、移花接木的表演。欢跳在小说、传记、影视的舞台的“小人物”，一半是活人一半是木偶，一半是真实一半是戏说。表面上是真实的普通人，是柴米油盐交响曲，是流水账烦恼人生“众生皆苦”，其实表达的不过作家自己。经常说仁者见仁、智者见智，我们写小人物的作家同样如此。他们有的热衷于表现“痞子”，有的热衷于表现“小日子”。是怎样的小人物、小日子呢？早已有批评者先我提出了自己的怀疑，指出：“所谓小人物的银幕行迹和穿街走巷贩盗版贺岁片的一样可疑”。我同意这一判断。你看，《没事偷着乐》的主人公“贫嘴张大民”在亡父遗照前怎么说的：“我们活得不比别人好，也不见得比别人差，大伙正咬着牙往前奔呢”。几乎是基层干部向下岗职工做安抚工作。我们还欣慰地看到，张大民主任喜气洋洋乔迁新居。

这就是银幕上的小人物，他们经过了包装和美容，就像那些严重亏损、濒临“摘牌”的公司，经过了“资产重组”成了金凤凰。这些“资产重组”的小人物，怎么看都不是真正的小人物。电影是电影，生活是生活。如果你了解真实的底层，如果你有平民立场具同情心，如果你不愿自欺欺人，你其实知道真实的底层是怎样的，知道底层人物过着怎样的日子。在我们身边，小人物的处境要不老样子，要不更加恶劣。局部的改善掩盖不住总体的恶劣。尤其最近十年，真实的生活并没多大的改善，一变再变的是包装、是标语。为什么不正视这些呢？你的眼睛没瞎你的耳朵没聋，为什么做鸵鸟自欺欺人？天道福善祸淫，说假话是失德早晚要丧身的。

我反感“小人物”借壳上市，反感对他们进行包装和强奸。人们容易看透强奸，却不大容易识破包装。其实包装最常见最普遍最有麻痹性。包装就是人们的意识形态。我们以前用“共产主义”大同理想包装苦难，现在用“向前看”的小康理想掩盖卑微。小康与大同固然有别，作为包装它们有共同的效果，它们都是障眼术、麻醉药、以及“能指”的游戏。障眼术使人们看不清真正的现实，对真实的苦难能够甘之如饴。用哈维尔的话说，它是人人能用的藉口，有时冠冕堂皇地为上上下下正名和开脱，有时用来掩饰自己的失落和卑琐——“帮助他遮掩一下他惟命是从的可鄙境界，同样掩盖了权势的可鄙基础。它用某种高等的东西掩盖基本的现实。”包装也是“偷换”。索尔仁尼琴揭露说：“就像魔术师几乎不用方巾遮盖就立即把母鸡换成橙子一样，他们偷换了整个群岛，使群众看到的已不是小说里描写的古拉格群岛，而是比它要美好得多的完全另外一个群岛了。”如果说，画布上有时也有几笔真实，那不过是作者“为了取得读者信任”。

为了换取读者信任，包装者也要说一些常见事实。你不能说它完全在编造、在宣传。但是可否说，这其实是一种更高明、更巧妙的宣传？“高明的宣传与阿谀有时也不是撒谎，而是投合权势的需要，只说出一种事实，不说另一种事实。”而“另一种事实”却更说明问题。比如，如果你稍微留心，或者时常翻翻《南方周末》等报纸，就能得出结论：在我们的生活中，像“贫嘴张大民”那样“活得不比别人好、也不见得比别人差”的人，已经够幸运、够吉星高照的了。君不见许多活得比他好的人，命运却比他惨得无比。顺手举几例：活活闷死在车中的 58 名偷渡客，烟台海难中死去的 280 多个同胞，还有洛阳火灾中烧死的那么多人，他们是不是普通人物、或者“小人物”？法院干部到水库游泳，将农民的孩子扔到水中活活淹死，被淹死的小孩是不是“小人物”？因口角纠纷引来杀身之祸的研究生，他是不是“小人物”？山西岚县的青年被关押他的警察割了舌头，被害青年是不是“小人物”？……类似的例子数不胜数。

“我只是一株野草，低贱而卑微的草，任人弋割践踏的野草。谁都可以任何神圣的名义把我粉碎了做饲料。没有谁关心我是活生生的人，我可以在微凉的清晨感觉风的存在，我因为爱而受的伤害，我被刀割破皮肤的时候会有鲜血流出来，我是在这世界上真实存在的，而且独一无二，没有任何一个其他人能够替代。”——这是洛阳大火后，我从网上见到的一段话。作者为无名氏。我要提的问题是，类似的事情在我们周围屡见不鲜，有多少在我们的电影、电视、小说、传记中得到了表现？《生活空间》几时邀请他们中的幸存者面对镜头讲述？那些以“底层”、“民间”、“小人物”相标榜的先锋作家、先锋导演，几时把这些“被侮辱被践踏”的人纳入视野？偌大个国家，有多少“专家、学者”、多少“院士、博导”为他们拍案而起、仗义执言？没有，要不就是他低声咕哝，我们听不到。但是，就有人代表他们说，没什么大不了，大伙正在往前奔呢，等等。

人道洛阳花似锦，依我看来不是春。

作假的“小人物”可以退场了。中国底层民众过得够难了，如果你不能帮他们，至少不要打他们的主意，把他们当作升官发财的终南捷径。刽子手要杀人，你阻止不了，那也不要当帮凶，并替刽子手粉饰现场、铺撒花瓣，行不行？你在往活人的灵魂上投毒。世界上没什么事比这可怕。孔子明白这一点，他强烈地抨击“乡愿”，因其“同于流俗，合乎污世；居之似忠信，行之似廉洁；众皆悦之，自以为是，而不可与入尧舜之道。故曰德之贼也。”他之所以厌恶乡愿，胜过公开的恶人，因为“恶紫之夺朱也，恶郑声之乱雅乐也，恶利口之覆邦家也”。对今天的“穷人秀”、“小人物秀”，难道不该说同样的话？

你见过吗，什么是“毁尸灭迹”？

向上的人被毁尸灭迹。

只讲一件事。几年前，有家不错的杂志登了一篇陈寅恪、王小波比较谈的文章，标题是《从圣贤到凡人：中国人文精神的蜕变》。文章认为，陈代表“中国传统人文精神”，王则代表“凡人时代的人文精神”。同样是人文精神，陈属于过去、王属于现在。按一般的理解，“属于过去”就是不合时宜，即使不明说“反动”，总该自己退出历史。果然，作者讨伐起那场人文精神讨论，说凡人时代知识分子虽也批判，但不“犯禁”更也不怂恿别人“犯禁”，等等。读了这篇文章，我想自己领会了作者的“微言大义”，期期然不敢赞同，就写了一篇短文，指出王、陈两种人文精神的区分，不过是重复历史上“宋、明儒”和“清儒”人格类型的区别。并针对该文的“醉翁之意”提出批评：

……章太炎指出：“宋明儒者多耿介，清儒多权谲。”刘师培提出：“清代之学，迥与明殊。明儒之学，用于应世，清儒之学，用于保身。明儒直而愚，清儒智而谲。明儒尊而乔，清儒弃而湿。”——陈寅恪，我们知道他是“新宋学”的倡导者；至于“王小波”，我不好说；如就人们为他描绘的肖像而言，我以为属于典型的“清儒”。我们处于后清学时代。处于这一时代的我们，看惯了陈寅恪、胡风、顾准那帮“想凭奇骨在这一代求得贯彻”的“糊涂人”，怎样“不自量力”而“飞蛾扑火”。相形之下，“王小波”

则显得平易可亲。作为良民，我不能不认可“王小波”的机智，却不想过于赞美。基于对人类文明发展史的一点粗浅认识，我更不敢轻易抹煞别人“犯禁”的成就。我们不能饮水忘源。何况，据说现在是多元社会。既是多元，则“凡人”、“英雄”，也如萝卜、青菜。你当农夫好了，犯不着诋毁海员；更不用说对“海员”做毁尸灭迹的处理！(《不读王小波》)

现在我持同样的看法。多元时代，萝卜青菜。你当你的农夫，犯不着诋毁海员，更不必犬吠他们，否认他们的存在。这样提要求，跟“应然”无关，仅仅是“退而求其次”。可事实上，在自由准则消失的地方，连退而求其次都办不到。普遍的情形是，人们以“凡人”自命，却避而不谈凡人也是“人”，凡人也有理由活得像个人。事实上，不少人把太监当作人的标准，把侏儒的高度当作人的平均值。如果你不同意他们，他们就说你想充好汉、当英雄。他们开始疏远你，像疏远麻风病人。结局呢？上帝死了，谁杀的？尼采。人死了，谁杀的？凡人。“凡人”长什么样？太监的嘴脸、侏儒的身材。我们忘了凡人究竟是人，“英雄”只不过是不想当奴隶的人。英雄上天堂，人也就下地狱。要说区别，区别只在这里。难怪哈威尔说，“没有只为理想而死的英雄，是万人坑的第一步”。索尔仁尼琴痛切陈辞：“我们丧失了自由的标尺。我们无法衡量，哪里是它的起点，哪里是天的终点。我们是亚细亚人，谁只要不手懒，谁就可以从我们这里取得，取得，取得这些无穷无尽的关于不泄露的甘结。我们已经搞不清楚：我们是否有讲述自己亲身经历的权利。”

在普遍的溃败中，我格外看重向上的故事。看重它们就是看重人性，看重人的尊严，看重生活本身，看重获取自由的信心。在今天，重建信心非常困难，但是应该。人应该对自己怀有信心，而不该被轻易摧毁。卢梭说，人生而自由，却无时不在枷锁中。我说，人生而枷锁，却无时不在向往自由。自由的、富于道德意味的故事数量不多，却每每产生一以抵十、甚至一以抵百的效果。这也难怪。所谓“天不生仲尼，万古如长夜”，所谓“我有迷魂招不得，雄鸡一唱天下白”，说的就是这个道理。尼采说，“谁喜爱深渊，必须有翅膀。”哈维尔则提醒：

“我们只有先沉到井底，才有指望看到星星。”

五

天上一个星。

地上一个人。

本书写灿若星河的中国底层民众。真实的他们什么样？当然不着统一的制服。由于长期以来，政治、道德、历史、文学、审美的目光疏远了他们，一般的读者要不歪曲地理解他们，要不顶多有模糊的印象。那情形，就像一个老外和中国人初次相交，浅尝辄止谈不上理解。而如果你生活在他们当中，自然会发现他们一个跟一个不同，他们有美学价值也有道德感。就像在本书中，即使作者戴有“绿色眼镜”，还是似真地描摹出了他们。哪个人没有“绿色眼镜”呢？

可能因为视界比较融合，我觉得真实的中国底层生活大体如本书所写。而且，真实的底层人物同前述影视“小人物”大不相同。即使你用同一个名称，叫他们底层人物、民间人物、或小人物，事实上内涵很不同。依我看，其间的不同远大于表面的相同。比如：真实的底层人物是无权势者，他们自己也清楚这一点；而影视小人物虽也置身于“基层”，他们给人的印象似乎是这个社会的主人，有时他们自己如是宣称。真实的底层民众活得无望，活得喘不过气来，有时简直在死亡线上挣扎，而影视小人物虽也“活得累”，气还出得赢，他们的视野里没有死亡线，他们是革命乐观主义。在他们看来，困难是暂时的，历史是前进的。而真实的底层生命则根本不信“进步”这类鬼话。他们搞不懂深沉的理论，只相信自己的感觉。感觉告诉他们，古代的帝王没有见过冰箱、彩电，自己见到了，不等于自己的生活赛过帝王。那不相干。真实的底层小人物凭本能生活，凭“好死不如赖活”的生命天性支撑自己；而影视小人物却为自己的生命赋予诸多说道，什么“人的一生应该这样度过”啊、什么“青春无悔”啊之类的。那是读了几本小册子的导演让他们说的，我们怎么都感觉到一种酸腐和狐假虎威的味儿。真实的底层草民活得艰辛，却不想辜负老天、辜负生养自己的父母，只要有机会就要“黄连树下弹琴”，强作的欢颜让人觉着酸心；而影视小人物却没有什么“生命之重”，他们顶多“没事偷着乐”，本能地实行精神胜利、自欺欺人。在我看来，“强颜为欢”与“精神胜利”之间，存在着一条明显的鸿沟。

另一方面，真实的底层生命赴告无门，他们经常用“草民”来称呼自己，这并不等于他们自轻自贱。事实正相反，就像本书写的那些偷渡国境者、遗体整容师、三陪小姐一样，虽然身处下贱却不失人的尊严，有着真正的梦和纯情。那些影视中主角哪能谈得上这些？影视小人物骨子里就是“雇佣军”，没有自我没有精神没有灵魂，在他们的“大脑”中安装着冰箱、彩电、房子、职称……等遥控程序，和“奔小康”、“希望工程”、“再苦不能苦孩子”之类冠冕堂皇的假话、空话、大话。那是官员、报纸和导演命令他们说的。他们被洗脑了，不，他们其实压根儿就没脑，有的只是机械装置和中央处理器。所以，我在这里说“他们”是不确切的，严格来说是“它们”。真实的他们被挤在边缘、蠕动在底层，而底层之下还有底层，边缘之外还有边缘。尽管如此，他们并不安命、不认命，在不断努力、不断追求、不断抗争，有时成为主流社会的“麻烦制造者”；而影视的“它们”基本是皇军的良民，是安分守己的齿轮和螺丝钉。总之是天生的贱种、万劫不复的奴才：生是你的人、死是你的鬼，一颗红心交给你，叫奴家干啥就干啥。……

底层的他们和荧幕的它们：对上述区分可以继续说明下去。但也可以打住了，相信上面的话已足以给读者一个明晰的印象。最后只想交代一点：如果你愿意继续分析，则底层的真相还包括：

底层之下有底层，边缘之外有边缘，就像陨星在太空中坠落，不可能有止境；而抢夺了无数眼球的影视“它们”，却从来不告诉人们这个。“它们”存在的本意和合法性，似乎正是为了抹杀“另类”事实。我想打个比方来说明：影视的“它们”自居于中国底层的“主流社会”，它起初说自己代表底层社会，后来宣布自己就是底层，“主流”之外别无“社会”；而“真实的他们”呢，好比那些不争气的厕所门卫、遗体整容师、吹鼓手兼嚎丧者一样，他们即使在底层社会也不足以前排就座。有时在底层也找不到他们的身影。别人代表他们，在麦克风前发言、诉苦、表功、博得掌声，后来索性抹杀了他们。而他们自始至终对此一无所知，也不觉得那麦克风跟自己有何关系。他们并非出于谦虚，而是发不出声音。这就是“沉默的多数”、“无声的中国”。对于他们的命运，启蒙主义者有所察觉，并做过初步的描述。比如胡风，他在为《生死场》写的后记中如是写：“……蚁子似地生活着，糊糊涂涂地生存，乱七八糟地死亡，用自己底血汗自己底生命肥沃了大地，种出粮食，养出畜类，勤勤苦苦地蠕动在自然的暴君和两只脚的暴君底威力下面。”

我想说，对于冒名顶替的“它们”来说，《中国底层访谈录》的出现肯定不是吉兆。好比说，野心家杀死了国王，篡位娶妻、快活如蚁。多少年以后，真正的国王却浮出海面，他高唱着“打不死的李尔王，我还活在人间”。本书有类似的性质。它不慌不忙地走上讲坛，拿过麦克风，面对台下观众，面对千秋万世，一字一顿：

有这样的事，有这样的人。我看到，我作证。

我为之欢欣。

本来，我们该把目光对准他们。理由不言而喻。中国自古以来的社稷观念，是“民为邦本、本固邦宁”，“民为贵，社稷次之，君为轻”等；我们现代追求的国家观是，国家的一切权力属于人民。就是说，属于全体中国人，而不是少数中国人。那为什么不写他们？我说的是真实地写他们，如其所是地书写他们；既不歪曲他们的面貌更不抹杀他们的存在。可为什么没写呢？

我知道，存在大于本质，生命大于注解。但也知道，没有合法性就难以生存，没有效果就很难有历史。前后两句话是否矛盾呢？不矛盾。未能进入历史，首要原因是未能进入现实。没有今天奢谈什么明天？没有自尊哪能让人尊重？人必自侮，而后人侮之。后之视今，犹如今之视昔。尚鬼的墨子说："执有命者不仁"。不仁的人背叛了自己，跟历史又能建立什么关系？关键问题是存在合法性，天生一人必有他的权利。什么立德、立功、立言都以此为前提。换句话说，立命是一切的前提。哈维尔提出，有荣誉感的人想过一种历史生活。但所谓历史生活说到底只是当代生活。不能把握自己的权利，无权势者就永远进入不了历史。怎样把握自己的权利呢？对于"沉默的多数"来讲，意味着开口说话。如果不开口，活着就像死去，更何待死神来"灭口"。自己早把自己灭了。——当然，这里"开口说话"只是一个比方，并不是说，立命只等于开口、等于立言。不是那么回事。立命首先意味着立心，在此前提下才有立德、立功、立言等等。立命可以体现于传统的"三不朽"，也可以有更多延伸和表现，比如人们常说的"见证"。相对而言，对于普普通通的"他们"，古代所谓"三不朽"确实显得迂不可及也高不可及，而今天的"见证"则容易实现得多。

见证是小人物的一种参与形式，也是底层生命自我实现、自我提升的一种途径。见证是一种"为己之学"，为己才能为人。如果一个人"生活在他处"，他就无从见证。所以，见证意味着为己，意味着真实的生活，意味着生活在真实中。"《易经》难道不是一部招魂术么？"书中的算命先生孔庆天讲，"乱世之中，好命相者首先应具有好的心相，远离时代凶气，超凡入圣以独善其身。"我不认为他的思想消极。能够做到这一点，其实已经不容易。但是，只要你愿意，只要你清醒，即使你是不起眼的小人物，你也能说自己的话，走自己的路，有血有肉地过好每一天，最后成为一个时代的积极证人。

不是所有的人能够有效作证，没有灵魂无法作证，没有言语、没有血肉作不了证。有灵魂、有言语、有血肉，这就是你，每一个人，包括本书的作者。“见证”一头拉着现实，一头伸向历史。在未来与现在的连接中，底层人物获得了满足和自尊。如果说，算命先生“下算苍生百姓”，则本书为“苍生百姓”立命。命不可算的，立命或者招魂却是办得到的。“亡魂的感召力虽然不如宗教，但它有抑恶扬善之功。”从这层意义上讲，立命云云，既是心性之学也是社会哲学，既是道德哲学也是历史哲学。当然，也不妨碍它成为一种叙事学，一种热的美学。我要说，作者通过这本书所做的事，你我用其他方式也能做。难道不是吗？尘尘是心，法法是道。

“脚下的石块沙沙作响，我们在向上……”

作者说，此书起于他学习吹箫的经历。他师父是个83岁的和尚，他很想知道他的一些故事，但除了吹箫一无所知。中国民间还有多少这样的人物？在书中，这个问题被一再提起。历史上那些有名的医生，像扁鹊、华佗、张仲景哪一个是专家、教授？从古至今那么多好的音乐，有几只是在朝教授弄出来的？“我觉得在一次次空前的掘墓鞭尸的文化浩劫之后，好的东西都流落到民间，而历朝历代的暴君所干的，正是肃清民间邪说，以正朝纲。”“礼失而求诸野”，这一思想来自孔子。作者不以此为满足，进一步提出：从古至今，中国有极深厚极成熟的“底层思想”，如将这些东西编排成小说，绝不亚于高尔基《人间三部曲》、索尔仁尼琴《古拉格群岛》等。本书可谓他从“精神江湖”上采到的鲜果。

我欣赏作者“求诸野”的努力，也非常看重寻找工作取得的成就。不过，对于中国底层思想“极深厚极成熟”的说法有所保留。我是这样考虑的：底层是相对上层的概念，底层思想本质上是一种与权力、与社会控制有关的思想，底层人物的确切含义是“无权势者”。这是我受福柯启发引出的结论。福柯这人喜欢从权力角度分析一切问题，有时我感到他有些故作艰深。但是他有一句话我不敢否认，亦即：“命运表现为与权力的关系，要么与权力并肩作战，要么对抗权力，这不正是我们社会的一个根本特征吗？”(《无名者的生活》)是啊，真正的化外之地(如果存在)能有什么底层思想？在社会控制相对松懈的地区，我想底层思想也成熟不到哪里去。传统中国的情形可能正好如此。“普天之下，莫非王土，率土之滨，莫非王臣”是非常古老的话了，但也应分朝代具体分析。根据梁漱溟的研究，中国自古以来由于政权不下县等原因，社会控制其实不是那么一律，有时甚至网开一面。古代士人讲究“有道则出、无道则隐”，有时“道不行，乘桴浮于海”，本身就透露了个中消息。在传统中国，“隐逸”之类思想异常丰富，但我所理解的“底层思想”则未必算得上。

今天的情况完全不同。今天的社会控制空前严密，完全到了“法网恢恢，疏而不漏”的地步。不要说找不到一块净土，想要沿袭“有道则出、无道则隐”的行为模式也很困难。甚至那种划分本身都类似胶柱鼓瑟。你想隐？能“隐”到哪里去呢？这同时意味着反弹。克罗齐说，一切历史都是当代史。我说，“底层思想”主要是一种当代思想。由于社会控制的空前严酷，由于阶级、阶层意识的普及和差距的拉开，底层人物到今天才真正获得自我意识。底层思想和无权势者的自我确认到今天才浮出海面，获得更加自觉、更加实际的意义。还有，几十年来，一方面是控制的加密，另一方面是社会参与渠道的单一，使我们的社会渐渐“野有遗贤”，所谓“三尺之外，必有圣贤”；像本书写的那些古琴大师、算命先生、监狱卫生员等，他们是底层意识的体现者，也是底层思想得以深厚、丰富、系统的因子。我们看重民间社会的意义在此，我们对目前中国“民间社会”的发育程度保持清醒，也在此。冰冻三尺，非一日之寒啊。

“精神江湖”同样。我不主张用它指代一些确定的人。在我看来，“精神江湖”固然有它的所指、有它的实体成分，本质上不是什么实体化的概念，而是一个功能化的词。它跟中国哲学中的“道”一样，用来指示一种确定的价值、标准、原则、精神。从而精神江湖、底层人物、无权势者这类词，也具有更多的功能而非实体的成分。它们代表安身立命，就像几千年来的“道”，成为古中国人立身处世、评估万事万物的标准：无论“有道则出”、“无道则隐”，抑或“道不行，乘桴浮于海”，人们一以“道”为自身进退取舍的标准。在大道沉没、西风东渐的今日，我们不能不考虑熔铸新的标准。

标准不是标签，精神江湖不是言诠，更不是制订好了让人遵循的戒条。而是一声呼喊、一种方向、一种导引，帮助人们认清自己真实的处境，促使人们重视自己的历史，确认自个的权益和使命，脚踏实地创造自己的明天。就是说，它具有社会动力学的意义，而不简单是人群分割、自我定位的用处。我们一再看到，就像“戏说”不是历史，却在不断杀死真正的历史；影视“小人物”不是真的小人物，却取代了真的小人物；甚至，“民间写作”不是真正的民间，却败坏了人们对于“民间”的感知。可能我担心得太多，我觉得“底层人物”一词也可能被人们当作标签。这是无可如何的事，但我还是有一种恐惧。怎么办呢？起用哈维尔“无权势者”一词吧，相对来说，它在而今眼目下不易过早滥用。

“无权势”是无权势者的自我意识及心理感受。谁有了这一意识和感受，他就接近了我们所说的底层。所以，我说的无权势者主要是心理、价值概念，而非物理、社会概念。不，不是说它没有社会学意义，而是说它的主要意义在精神方面。传统那种朝与野、官与民、统治者和被统治者……的两分法不宜被简约为“权势者”和“无权势者”的对立。我们每一个人既是无权势者，也应该认识到自己本有的权利。用哈维尔的话讲，每个人都参与了奴役和被奴役，不管大家参与的程度如何不同，生活与控制的冲突却在每个人身上发生。“生活的目的与体制的目的之间的冲突不是两个定义明确和分离的社会集团之间的冲突：只有非常空泛的观念才会把社会分为统治者和被统治者。”老实说，某种物理的处境与身份已不足以说明一个人。一个体制之内的人，一旦他疏离权力并开始从民众角度提问题，他就成为我们的“无权势者”；一个寄身海外的人，如果他享受着民主制度的好处，却心存汉阙而忧其君，他很可能是统治者的后备。

基于这一立场，我不大赞成“还原精神江湖”的说法。说“还原”，不如说“熔铸”、“唤醒”。精神江湖何处寻？固然在一些底层精英的身上，更在无权势者的意识中。底层意识在底层者的心底，好比荷塘月色在朱自清的心底。

由此形成本书的叙事个性。

首先是用了对话体，由底层人物自己说话，而不是由作家代他们立言。虽然在实际操作中，不能完全避免“拟言”的可能，但由于有了“我口说我心”的意识，使本书总体上不同于那些借鸡生蛋的叙事。其次，本书叙事角度也很耐人寻味，从中可以透视出作者的主体意识和价值标准。这里涉及的，不单是一个叙事学的问题，而是美学问题；也不单是美学问题，说到底是精神向度的问题。

从来作家跟他的对象有仰视、俯视、平视三种视角，分别体现出作家与对象所处的三种不同关系。在二十世纪中国大陆，文学很多时候被规定只能写人民大众。也还是有一个“怎么写”的问题。提倡“群众崇拜”，势必采用“仰视”式叙述；揭示“精神奴役的创伤”，势必采用“俯视”式叙述。在这个问题上，一个有民粹主义立场的作家跟一个启蒙主义者表现完全不同。本书什么“主义”？“生活之友”主义。就是说，大体上是平视，局部有一点俯视和仰视。概括的讲，平视中略带俯视；细致地讲，七分平视、两分俯视、一分仰视。就是说，跟民粹主义、启蒙主义都不同，基本是特立独行。如果你一定要问他跟何者更近？回答是略微靠近“启蒙”，也只是略微靠近。谁说平视就等于“零距离”呢？本书采用平视略带俯视的角度，取决于访谈者对于自己访谈对象的态度，即：因同情而写，在同情中批评，在批评时同情。套用鲁迅的话，是“哀其不幸、怒其不争”。只不过同情、悲悯成分大于批评不满、和改善的期望。这也其来有自。在知识分子一步步边缘化的今天，“怒”显得不合时宜，但人活一口气。

作者也有他“一口气”，在我看来理所应当。比如，面对人贩子的巧舌如簧，你难免产生割他舌头的冲动。面对居委会主任那以自我为中心的霸道，你觉得好笑又好气忍不住讽刺几句。面对那个说起吃人肉津津有味的食客，你难道不会产生“用一根大头针把这厮的嘴缝起来”的念头？面对“披着艺术家羊皮的狼”、那个长于演戏的无耻诗人，你难道在赞叹之余不会产生上前揭发脸上脂粉的恶意？甚至，对自己的一些朋友，因其积习难改、或沾染上世故，你也忍不住要揶揄几句，开玩笑、揭隐私、甚至添油加醋布告天下，以图“断狗日的后路”，这不也很正常吗？古人说“畏友”、“诤友”就是如此。当然，好诗不过近人情，你要“下猛药”也要考虑人家能否接受。要不，总有一天我们要为作品喜、为作者忧。都是吃五谷、生百病的人，谁没有弱点、缺点甚至劣根性？你没有吗？你的屁股就很干净可以照镜子？那你先照照自己吧。水至清则无鱼；中国人讲究立身与作文分开；哲学家在标榜“极高明而道中庸”，你为什么不向他们学习？你未必想让朋友们远离你？……尽管如此，也不觉得“妖魔化”了哪个。

“文人火旺，鸡巴傲在头上”，厕所门卫周明贵如是说。但总地说来，访谈双方的关系平等而隐忍，他们相互平视对方。所谓乌龟看王八，大眼盯小眼。书中写了“落魄文人阳九根”，他是一位柏拉图式的男人。鉴于他近乎自虐的性压抑，作者不顾自己在读者心目中形象可能受损，而以狐朋狗友身份“挑唆”他去嫖妓。“老阳，你还是适合放下老师架子，找一个生活之友。”“生活之友”——这是作者对于自我身份的圈认。这一身份在本书中多有流露，比如，为实现采访而跟对象讨价还价、“花钱肉疼”。我们开眼界了。我同时注意到，底层群众接纳了他，把他当成跟自己一样的人：街头瞎子答应为他引路，再邀一些瞎子一同搞个街头音乐会；吹鼓手兼嚎丧者对他说，“你的嗓音不错，很适合做我们这一行”；同性恋者倪冬雪向他示爱：“你做男人，我就做你的女人。”色情狂梁寒跟他惺惺相惜：“听口气，你也是个老淫棍。”嫖客老唐也把他当成同一个战壕的战友，他不想澄清反而暗喜：“这再好不过，访问顺利进行”。

有趣的是，“狗咬狗”的事时有发生。比如别人不买他的账，访谈过程中唇枪舌剑，就像街头吵架的小品。色情狂讽刺他说话没档次。他回敬，你的档次有多高？食客迟福教训他：你这辈子，吃没吃好，穿也没穿好，活得没意思。他反驳：我他妈自由。对方一句话噎得他喘不过气：“没见你飞上天啊。”三陪林小姐对他由爱到恨：“你绕着弯子让我讲，你伤害了我，你和其他客人有啥两样？”落魄文人老阳大骂：“你太烂了，啥子都嬉皮士，其实你的骨血里又不是这种人。”他无力地辩白：这跟是什么人没关。……类似的细节很有喜剧色彩。打是亲，骂是爱，可见访谈对象跟他“彼此彼此”。

也有仰视。主要体现在《蜀派古琴大师王峪》和《老右派冯中慈》等篇。对前者，他似乎有点必恭必敬：“晚辈真是高山仰止啊”。他祝愿大师保重、长寿，把扎根于心的好东西尽可能保存得完整。在后者面前，他也执晚辈之礼：“冯老伯，谢谢你的故事，谢谢你对我们这代人的情感教育。”应该补充说明的是，他的仰视有节制，仰望里面有平视。就是说，表达了崇敬也体现了理解，“迷信”与他无缘。他的仰视，不是自信心丧失而是增强。就是说，仰视之处曲折流露出“主观战斗精神”。这不容易。现在，除了那么几个声嘶力竭的“战士”外，多数中国作家精神状态不很好，普遍现象是“排死节、否正直、轻仁义、贱守节”。当然，那种现象不是凭空产生的。古人王夫之说，“其上申韩者，其下必佛老。”外国人约翰·密尔说，专制使人变成犬儒。尽管如此，“人必自侮，而后人侮之”的古训不可忘记。马克思讲，“普鲁士的专制制度是对作家内心不自由的惩罚”。他的话也值得人们三思。

人活一口气，作家尤其应有自己的主体意识。作家也有一个自我启蒙、自我立命的问题。我们的现实异常沉重，有时又感到“难以承受之轻”。乌托邦破灭了，我们看清了现实。看清了现实，人们觉得理想、梦想、意义那些东西不仅奢侈，更多时候还是陷阱。如果你不愿与狼共舞，最好远避它们。哈维尔对此不以为然。他说出，荒谬感可以同意义感连在一起。“在我的理解中，荒谬感决不是对生命的意义失去信念的表现，恰恰相反，只有那些渴求意义的人，那些把意义当作自己存在的不可分割的部分的人，才能体验到缺乏意义是痛苦的，更准确地说，只有他们才能领悟到这一点，在令人痛苦的意义缺失状态，它反而比在其理所当然、无可置疑存在时更真切地呈现出来，就像病人比健康人更懂得什么是身体好一样。”本书作者是同样的情况。他是一个怀疑论者，怀疑一切乌托邦，自称连梦都不做。另一方面，他对天命有敬畏心理，该他承担的他不敢逃避。这是怎么回事呢？

我们可以摒弃乌托邦，同时拒绝一个后现代上帝。

六

说一点“写史”话题，可能不是多余。

前面提到，本书“以人带史”。不管主观上如何，客观上一个作家闯入历史学家的领地。这能否让人家满意呢？我说没把握。你殖民了人家还要人家谢你，天底下有那样吃力又讨好的事？信手举数例，足以交代作家“非法越境”的不受欢迎：“文之与史，皎然异辙”（刘知几）；“文人不可与言史事”（章学诚）；“断不可以文学手段去做历史工作”（何炳松）；“历史而以文学出之，令人迷乱，不知所谓，不可不谓为幼稚之史学也”（朱希祖）；“天下人有文学趣味者多，懂科学方法者少，所以虽然满口客观，其实读起记事一类书来，欢迎主观的叙述。喜读稗史而厌正史；喜前四史而厌宋以后史。殊不知四史等的叙述，全以主观为主，时代愈后，则客观的成分愈多。”（吕思勉）

但我想，应允许这东西存在。我无意于鼓励众人“不务正业”，而想说史无定法、亦无定式。你说它“幼稚之史学”也罢，“有史心而缺史德”也罢，这种亦文亦史的东西自有其价值，那就是“写心”价值。历史要写事、也要写心。龚自珍很明白地讲：“后世读书者，毋向兰台寻。兰台能书汉朝事，不能尽书汉朝千百心。”我还注意到，也有历史学家认可它的价值。历史实际分为“艺术化之史”与科学化之史两类，它们的目标都是“显真”，但“前者之所显者为真相，后者之所显者为真理。”历史本身具有宗庙之美、百宫之富，故讲求历史之美学价值，并非对史学的背叛（张荫麟）。更有人热衷搞“诗史互证”，比如用唐诗证唐史，这样做的人大家都知道，是大名鼎鼎的陈寅恪先生。当然有人对此不以为然，终究是你们历史学内部的事情。“诗文皆史”的说法本身，不正是史家对“诗史”的一种有条件认可吗？

不仅如此。我还想提醒人们，文史不分可是我们文化的一大传统。文史不分不等于文史合一。有人批评文史不分，指陈《战国策》为“小说家言”，《史记》为“太史公文集”；甚至整个前四史，都被指责为主观的历史。可人们就喜欢它们；而且批评的人也不能断然下结论，说前四史跟“历史演义”相同。“《史记》、《汉书》亦仅文词之工，记事亦有不事处。”这是康熙皇帝的批评。但“亦有不事处”一语本身表明，它们总体讲是信史。人们承认《三国志》有“小说笔法”，不过谁会把它与《三国演义》混淆呢？大概不会有人那么聪明。当然你说，客观点不是更好吗？向后世那些正史学习不是更好吗？史书应该是主观成分越少、客观成分越多越好。我不能反驳你的意见。我深知后世历史失实的问题不少，自有当行之人考证、讨论。作为非当行出身的我，坚持五十步有理由笑百步。只不过对“客观主义”史观本身，我不敢轻易点头。蒙谁呢？

限于本文性质，我不能扯得太远，不想太多引证解释学之类，说历史与写史像两条平行伸展的钢轨、永远并不拢。写史当然要力求客观，可任何写史都不能没有标准。如没有价值标准，就算你本人“没有主义”，你的著作没有“义法”，可你连材料的罗列也完不成（天地间何物非“史料”？）。所以问题不是该不该有标准，而是选择怎么样的标准？孔子编《春秋》，以此“贬天子、退诸侯、讨大夫”；司马迁写《史记》，在大军出发、旌旗飘飘的阵候，穿插进“螳螂挡车”的伯夷、叔齐，若不是史家别有怀抱，两个“小丑”以何德何能进入一部中国大历史？！欧阳修写《新五代史》，用了那么多“呜呼”，不是价值观作祟又是什么？我知道，今天的史学工作者可能对他们看不上眼。今天的人偏爱客观、偏爱宏观叙事，但什么时候说自己要拒绝“世界观和方法论”？只能说，热爱“大历史”的人，世界观跟我们不同。可怜的小人物，你不仅没有历史价值，你的历史存在本身都没有真实性！在许多人心目中，历史正是这样的。易言之，表面讨论的是“客观”、“真实”，其实还是“成王败寇”的价值标准。在此等标准的裁制下，我们的史学不能不瘫痪。人们说，历史被修改得太多，已没有一个权威的版本。如此写史，连基本的“修辞立其诚”都办不到，有什么真理性、客观性可言？由它宣讲“真实”，岂不笑掉人的大牙？

打开天窗说亮话：客观云云，只是一种逻辑要求，只是一种理想境界。否认它、不向着它，历史则不成为历史。但任何人类的写史活动都不能完全让它满意。史不是天地之心，而是为天地立心。人世间没有一部人写的历史不带“心”的印记。如果有，那只能是神的所为。我们不要“挟天子以令诸侯”，说自己还原了天地之心。完全还原根本做不到，我们只能真诚书写。我们明知不能还原，还要哼哧哼哧写，就像人带着镣铐跳舞，这是无可奈何的事情。人世间许多事都无可奈何。历史活动中的人“知其不可为而为”，历史写作中人同样“知其不可为而为”。这不是要人放弃“朝向真实”，而是说，非此不足以达到真实，哪怕只是有限的真实。古人说，“不诚无物”。我们所能要求于史家的，就是真诚。人通过真诚达到真实，而不是与真诚无关的什么真实。人的品质的高低由此见出，史家、史学品质的高低亦由此见出。

此外，有更好的方法吗？我想不出。

我说本书写史，有两层含义：一是“以人带史”，小人物见证大历史，前面说多了。这里要指出，它不是本书最有价值的地方。作为看客的小人物，能够见证什么历史？顶多是一部失败的历史，一部没有历史的历史，好比一出发不出声音的话剧。“今天回首解放以来的种种运动，我看到的是一望无际的拉线木偶，没有家庭，没有私生活，因为家庭和私生活都是时代文本复制下来的。这就是我们的历史吗？世界上哪个民族的历史是无形的大复印机弄出来的？我这样想着，感到心里有泪，却淌不出来。”

这是《边缘学者洪声》里的议论。真正的“历史”当然不该如此。真正的历史是走路，而不是收藏留下的足迹；真正的历史是“独自行走”，而不是千军万马过独木桥；真正的历史是和声，而不是什么大合唱；真正的历史是使人活，而不是使人死。真历史就是立史。

本书为无权势者立史。一方面，为无权势者立传，为真实的中国底层“写心”，为“普普通通的依万”、银河沙数般的“柳如是”立传；另一方面，自觉地“为往圣继绝学”，使我们民族中断已久的精神血脉再相连。它们是一而二、二而一的事。可否说，这是一部特殊的《春秋》？

写史，本质上是抗拒虚无。真正的写史，促使人对自己恢复信心，同时导引出今后的路来。顾名思义，写史就是“写”历史。那何为历史？历史就是人的活动及其活动轨迹。在时间的洪流中，活动使人成为人，书写使历史成为历史。所以重要的是“活动”、是“书写”，而不是超出人的“活动”、“书写”之外的什么东西。超出人的活动之外的一切，包括所谓“历史规律”在内，只不过是虚无。对于真诚的、勇于负责任的史家来说，“历史规律”之类没有好处，反而是瘫痪自己生命的东西。真正的史家重视人，尤其一个一个个人。只有个人才是最重要的东西。值得一提的是，重视个人“是我们中国传统文化中一大观点，也可说是中国一番绝大的历史哲学，而且亦是中国传统学问中一绝大精神”。据历史学家钱穆介绍，至少从《春秋》起，个人就在我们的史书中占了上风。“贬天子，退诸侯，讨大夫”，着眼的是事情背后的人。中国史书重视列传体，常记载一些没有事功的人，比如伯夷、叔齐，他俩居然成为中国历史上的重要人物。还有颜渊，也没有丰功伟绩。但颜渊这一人在历史上有他不可磨灭的地位，东汉以下人就特别看重颜渊。宋明时代人讲理学，也特别看重颜渊。怎能说他不是一历史人物？既是一历史人物，就该上历史。所以司马迁以人物来做历史中心，创为列传体，那是中国史学上一极大创见。“中国历史之伟大正在此，”钱穆先生说：“纪传体的伟大，也伟大在这里。”

我感觉，《中国底层访谈录》继承了中国古人的传统。“所谓古者何？古之书也，古之道也，古之心也。”（明·宋濂）比如，你不觉得有其中《史记》的影子？同为纪传体，同为没有事功的底层小人物。甚至，曾感动过太史公的一些人和事，在这里也顽强地露出他们的身影：像周文王，伯夷、叔齐，孔子，庄子，老子，师旷，荆轲，聂政，高渐离，项羽，阮籍，嵇康……等，本书屡次提到他们。这不是偶然的，作者有他的深思熟虑。我甚至觉得，上述人其实正是作者的精神教父。亏了上述过时的英雄或小丑，“世代相传的汉人血脉腰斩，被接上；再次被腰斩，再次被接上。”今天做同样的工作是否徒劳？作者说不。——在《遗体整容师张道陵》里，他劝老人不必为美的毁灭而伤感：“历史上有许多无法追寻的东西，但你认定他们肯定存在过。就如霸王别姬的瞬间，你只记住了霸王穷途而歌，虞姬起舞自刎的场景，你把这种千古绝响孤悬起来，不断地赋予它新的想象、新的意义。”

当然，除了上述古人，作者的精神教父还有。比如，前苏联伟大作家索尔仁尼琴、当代捷克政治家、作家哈威尔。从前者身上，他吸收了为历史做见证的意识，对“古拉格群岛史编纂学”有所领会。他说，刽子手制造血腥的现实，诗人制造血腥的文字；“是的，许多人都死了，我还活着，并且还将继续活下去，活到底。为了给儿孙们留下一份真实的个人见证。”从后者身上，他最大的感触是小人物该重视自己，重视自己的历史。常言道，“贵人多忘事”。我们既然不是贵人，当然要记住自己的历史。无权势者应该发现自己的权利，脚踏实地刷新自己的历史记录。天助自助者。有志者事竟成。这也是主对我们的恩宠。《圣经》说：公义使邦国高举。这里的“公义”就包括，叫有权柄的失位，叫卑贱的升高，让无能者显出大能，以卑微者成就大事，等等。

写史，首先意味着写当代史。

克罗齐说，一切历史都是当代史。这话我们非常热衷。却很少有人从另一个角度、非接受美学地提出：当代也该进入历史。我的见闻当然有限。据我观察，除极少数人外，大多数浑浑噩噩活在当代的人（包括“历史学工作者”），不思考自己对于当代史有什么责任。人们只在过活，而无暇对“过活”做人文反思；人们生活在“当代”，却把“当代史”的书写重担推给后人。有人会振振有辞，说中国传统是“隔代修史”，否则难以客观公正。我说你只知其一、未知其二。稍微留心一下，就会注意到我们古代，其实一直有著当代史的传统。钱穆先生提出：《春秋》是孔子时代的现代史，《西周书》是周公那时的现代史，“我们此刻，主要也该是讲我们的现代史”；“今天我们都不再写历史了，明天的人考些什么呢？岂不连考都没有了？我们的历史岂不要从此中断？”这是史学的衰落。但，哪里仅是史学的悲哀？！

史学问题不是史学家的问题，它跟我们每一个人有关系。

当代无史，根本原因是当代无人。人的存在更多体现为生物性、动物性而非精神性、社会性。这是人性的死亡，人性的死亡不能不造成历史的中断：历史意识的中断，历史写作的中断。让我们重温一下福柯的论断：“命运表现为与权力的关系，要么与权力并肩作战，要么对抗权力，这正是我们社会的一个根本特征”。谁能否认这一点？谁能说回避现实，与回避写当代史不是一个意思？对历史的冷漠，当然源自对现实的冷漠。人们不能面对现实，对自身感到无能为力，如何对历史产生真正兴趣？深入分析其精神，则：一个人把持不住今天，他就不再试图把持。一旦把持的能力瘫痪，他发现明天也不属于自己。对不属于自己的一切，人们怎能产生真正的兴趣？有心无力——无力无史——无史无心——无心更无力……这一过程相互发明、相互推动，恶性循环、没有止境。虚空的坠落永远没止境。人死了，谁杀的？

虚无。历史死了，谁杀的？“历史规律”。虚无杀死了生命，“历史规律”杀死了历史。虚无扎根于我们“万物之灵”的内心，这是“当代无史”的深层原因。

不能不指出，虚无的病毒也污染着我们民族一些精英人物的内心。恕我不恭，想举高行健先生为例：高先生去年刚荣获诺贝尔文学奖，他在题为《文学存在的理由》的获奖演说中称：“人类的历史如果只由那不可知的规律左右，盲目的潮流来来去去，而听不到个人有些异样的声音，不免令人悲哀。从这个意义上说，文学正是对历史的补充。历史那巨大的规律不由分说施加于人之时，人也得留下自己的声音。” 看到这样的论述，我暗暗吃惊并略感伤心。他认可那“不由分说施加于人”的“历史规律”干啥？难道他不觉得，“历史规律”不过是“第二十二条军规”或“皇帝的新装”？我不承认有这样的东西，不承认形形色色决定论。根本不承认。规律是生命的敌人，它消灭、戕害了多少人啊。它似乎也在戕害着高行健的灵魂。我不反对他为文学辩护，但事情显然有其他方面。我明白了：一个认可规律的人怎么不可能安命？一个安命的作家如何见证、能见证到哪里？一个致力于见证的作家怎么会倡导“冷的文学”？一个对历史见证三心二意的作家，倡导一种新隐逸文学，不是很自然吗？

可能，有人不同意我的判断。他们会说，怎么会“当代无史”呢？不是事实嘛。我们有那么多历史考证，有多么多史学讨论，有那么多关于前天和昨天的书籍。谁说我们忘记历史？谁说人们对历史没有兴趣？历史不能忘记。忘记就是背叛。我们在抗拒遗忘，同时也在荆轲刺秦王。你难道没看见？我承认它们的意义，也认可他们的无奈，并且深知，不是所有的人都在背对现实。确实，有人在克服难以想象的困难，默默做着他们的工作。由于种种原因，他们的著作不为一般人所知。我说“当代无史”的论断不包括他们。同时我还是感到，已有的工作似乎还是太少。相对于那么多的事情、相对于那么多的人（包括历史学家），现有的一切都少得不成比例。我们有那么多历史学从业人员，他们在忙些什么呢？忙于“抗拒遗忘”？抗拒遗忘能成为另一形式的遗忘。《床下作家汪建辉》中议论：“你不认为这种‘记忆’是另一种形式的健忘吗？”之所以如此，是因为一个人历史感过分沉重，就会不知不觉丧失对于现实、对于今天的感知。钱穆先生提醒：议论当代问题、尤其政治，其实是中国人的传统。

他们在干什么呢？在完成选题、晋升职称？我知道选题是怎么回事。《中国底层访谈录》写了一位吹鼓手兼嚎丧者，他直言不讳地承认：“三年自然灾害饿死人一片接一片，我也照吹天下太平调。孝子当多了，人就没啥心肝。这世道，为人就是要没心肝。”这是他的生活阅历。如果他吃历史学那碗饭，他兢兢业业完成的“选题”就是如此。这等选题摆在书店里货架上，除了另一些想应付考试或完成选题的人，谁会感兴趣、谁会关心？他们在干什么？现在“戏说”风行，人们“戏说”这、戏说那，戏说清代的皇帝也戏说饿死的外婆，越戏说越上瘾，索性一不做、二不休开始戏说奥斯威辛古拉格无产阶级文化大革命。人们什么都不相信、不认真，从一部历史里得出“是非成败转头空，青山遮不住，依旧夕阳红”的结论。历史学家，你们为什么不制止？你们坚守自己的原则、尽到自己的责任了吗？未尽到责任，怎么说当代有史？不仅如此，所有历史都会被消解。玩世不恭必然玩史不恭，很自然的。

我的话似乎耸人听闻，也近乎杞人忧天。但愿是，我却不认为自己在“狗拿耗子——多管闲事”。历史跟每个人有关，跟自己有关，怎么是“多管闲事”？我还有个观点：有史不乱世，史与治相连。那位俄罗斯军官说得对：“索尔仁尼琴回来了，古拉格就不会回来。”中国传统思想也是同样。孔子作《春秋》，而使“乱臣贼子惧”。欧阳修著《新五代史》，“以治法而正乱君”，使大大小小“冯道”无所存身，而使我们民族重新迈入正道。类似的例子不少。史家不仅被动地记载历史，也在能动地影响着历史走向。50 年前，大军包围北平。自由主义史学家杨人楩劝告守城长官："如果傅作义将军能为北平免于战火作贡献，我作为一个历史学家，将来在书写历史时，一定要为傅将军大书一笔"。这位历史学家的自尊、自信、从容给我留下了深刻印象。

所以，我对于中国史学传统素有敬畏，对今天的史家则有更深的期待。虽说条条道路通罗马，罗马城也非一手一足所能建成，《中国底层访谈录》当然有它重要的、不可替代的历史价值；但我还是不敢贬低"当行"之人。孟子曾说，"王者之迹熄而诗亡，诗亡然后春秋作。"为什么这样？因为"古史即诗"，反面说就是"史蕴史心"，算不上成熟的历史著作。那好，请你们拿出著作来，以成熟的"春秋"之作促使"诗"安分守己，不是很顺乎情理吗？

历史学家，你在哪里？

七

回头说作者。

“老威”是化名，我还是用他的真名，喊他“老廖”。认识老廖是 1994 年，他刚刚流放中归来。他那时英雄失路，我红尘失语，朋友都很少，于是惺惺相惜，“叩寂寞以求音”，就像丰子恺那幅《冬夜工毕》的漫画。我们常在昏黄的灯下吃喝。《中国底层访谈录》这书也跟我有“缘分”，不仅因为许多有趣的故事听他当面说起，其中有些篇章还跟我有关。那次，在贵阳的阴霾中听人摆“灵哥、灵姐”的故事，我就在场。去西藏也是沾了老廖的光，坐的是“中国联航”免费飞机。《朝圣者旺吉》中提到此事，同时提到大昭寺深处那位抄经的老人。他的眼睛像孩子，也像太阳下的水，我们当时就深受感动。

书中的乡村教师说，胃口一致能成夫妻。可能朋友同理。但怎样才算“一致”呢？我们在一块主要是吃，可他的“吃道”比我精深多了，《食客迟福》一篇就是有力的证明材料。我甚至觉得，“吃”是他的世界观及本体论。有时边涮火锅我边纳闷：这家伙对吃的一往情深从何而来？后来知道，“三年自然灾害”中他差点饿死。再就是 1990 年他的“进宫”，那可是培养食欲的好地方。本书有句话：公子哥儿一跟斗栽成灾民，一天到晚就想吃。“穷人胃大”，老廖也时常把它挂在口上，嘲人更兼自嘲。真的，让人怜悯。

他因此算不上美食家，“食不厌精、脍不厌细”之类跟他无缘。一个饿汉，也不能指望他对中国的饮食文化有所贡献。确实，这家伙口味太粗了，能进口不能进口的都往口里放。我拿不稳的是，他的审美趣味变得粗俗是否与此有关？你看这本访谈录，说得好听一点，是大千世界、林林总总；说得不好呢，那是医院的痰盂、食堂的潲水桶、城市里的垃圾山。老廖喜欢庄子，经常拿《逍遥游》说事。庄子还有篇《德充符》，是古今畸人的大本营："劈头出一个兀者，又一个兀者，又一个兀者，又一个恶人，……令读者如登舞场，怪状错落，不知何故"。本书有同样的偏爱，全写些不登大雅之堂的东西。举一例：这年头谁不青睐靓女？偏偏老廖变态，谁不好写，偏写公认为"丑得稀奇"的茜茜。也有不同，庄子的畸人"德有所长而行有所忘"，可本书呢？有几个心灵美的，大多数不美。现代人的适应力、消化力比古人可强多了。我不知道是坏事还是好事。"方今之时，仅免刑焉"，能够活得安然无恙的，哪个不是狗崽子？

《流浪者王响》一篇，有作者精神自传成分。流浪者说，自己是钻垃圾桶的野狗，"肉体消失了，灵魂继续走"；又说自己是"没有教养的底层孩子"。我欣赏他的没有教养。百无一用是书生。而且，我从自己、从许多人身上发现，读书人的"儒雅"、"斯文"往往跟世故、自阉之类纠缠不清。大学问家钱钟书说，"认识字的人，未必不是文盲"，包括他自己吗？诺贝尔和平奖得主埃利·威塞尔有一句话，我以为说得千真万确："人性的堕落与他的文化或社会背景并无关系。一个人可以向活靶子射击却又欣赏一首诗的音韵、一幅画的构图。"……例子么，免了。

但老廖却不是没教养的人。"教养"比较笼统，那就说"学养"。《藏书家冉云飞》篇中，冉云飞当面吹捧老威："……你目中无书，不也照样写大气磅礴、才华横溢的诗篇吗？"这话容易让人生厌，不过也不全是"猪八戒照镜子——自我作揖"。从本书，我惊奇地发现，老廖居然懂很多东西：命相学啊、风水术啊、艺术史啊、变态心理学啊、饮食文化啊、厕所文化啊、性文化啊，……远远超过了孔子提倡的"多识草木鱼虫之名"。不光是罗列学问，他更有自觉的问题意识——如《流浪儿》，提出"中国教育向何处去"这等大问题。依我看，许多读书专业户、"两脚书橱”正缺少问题意识。以前竟把他看扁了。

本书更有若干篇，立意跟“治学”直接有关：如《碎尸犯卢人标》（犯罪心理学）、《厕所门卫周明贵》（城市史），作者单刀直入表明，想要填补学术上的空白。学术界会买账吗？未必。但学院派本身不也问题多多？我就见识过若干少壮派“学者”，非汉非宋、不古不今，门径未必摸到，自我感觉却好得不得了，没有“白首穷经”的真精神，却摆出一派“垂垂老儒”的姿态。我不明白他们良好的感觉哪里来？如果不是沐猴而冠，就只得归因于“路数”不同。还怎么想呢？“胸中成见尽消除，一气如云自卷舒。写出此身真阅历，强于饤饾古人书。”清人张问陶这首诗，诉说着老廖“入学”的门径。

显然，在这人心向吃的年代，老廖除了吃有着更广泛的爱好。他爱吹箫。“虽然年复一年，我被生计问题压得喘不过气来，但吹箫是每日必做的功课。”在本书里，他劝好友忠忠戒赌，话头是：“世上好玩的事情多，何必非要在一棵树上吊死？”他好奇，喜欢在街头看叫花子打手虫。他有对于自由的深入爱好。他说为了写书，自己像条狗见缝就钻；同时干的营生跟叫花子差不多，都在“吃百家饭穿百家衣交百家朋友”。这还不算，根据本书坦白，有次，他跟一位三陪小姐在夜总会外面见面，“危险的浪漫”维持了一段时间（《三陪林小姐》）。这显然逾越了常人的“游戏规则”。不过也说明了，他跟访谈对象处于完全平等的地位：“人人都渴望一种平等而正常的交流，这容易吗？很容易，可几乎忘记了。久而久之，我们就失去了嘴巴，失去了说出内心想法的冲动。”

我想，问题出在这里。小人物的痛是真实的，没人理解、甚至没处诉说的，这是一个方面。另一方面，也确实跟我们放弃诉说、呐喊得不够有关。我们信奉内外有别：契柯夫的小人物向马倾诉，我们流泪；祥林嫂向人倾诉，我们耻笑。中国人真的不如一匹马吗？久而久之，连嘴巴都两极分化：权势者喋喋不休，我们噤若寒蝉。人们感到人微言轻，于是沉默。沉默得久了，人们渐渐失语。失语到最后，人们弄不清是否有讲述自己亲身经历的权利。哀莫大于心死。所谓“沉默的多数”、“无声的中国”，跟普遍的心死是同一个意思。

不能这样下去了。不能再这样下去！

我们应该学会开口，应该鼓起勇气说话，努力说自己想说的话，而不是别人教会我们的台词。人的嘴巴不光是用来吃饭的。人的大脑也不光是用来接收指令的。真正的说话是人际沟通，而不是关起门自言自语。索尔仁尼琴懂这个理，他提醒会说话的哑巴们：“必须把它说出来。说出来是为了求得改变！如果只是说说，不谈实质问题，不能使人有所作为，那么这种话有什么用？那不是无异于僻乡黑夜里远方的犬吠声吗？”

老廖生活在底层。他跟多数中国人一样，吃饭问题都未能得到解决。生活压力之于他，跟贫困农民、下岗职工一样具体。尽管这样，他不孜孜于追物逐利，为生存不择手段。而是志于道、据于德、游于艺，像蚂蚁一样勤奋劳动。他写煌煌巨著《活下去》，为当代史作见证；编《沉沦的圣殿》，寻访诗歌江湖的“根”；《中国底层访谈录》则通过平等交谈，唤醒小人物的记忆，开启小人物的嘴巴，使哑巴说话、铁树开花，让濒死的心灵重新苏醒。这是一件多么了不起的事？我认为它近乎积德，善莫大焉。

天道酬勤，福善祸淫。老廖分明也在为自己立命。

“在当今文学界，‘呐喊’正遭受奚落；但是，对于那些被压在车轮子底下的活人来说，对于那些被禁锢在刚硬沉重的物结构中的桀骜不驯的灵魂来说，不管怎么样都不得不呐喊。这是一种天籁，一种自然，一种情不自禁的绝叫，奚落不掉的。”高尔泰先生这段话，我以为很适于说明老廖。本书也就不是文学梦想驱使下的名山事业，而是五十年目睹之怪现状，是血肉模糊的当今现实，是车轮下发出的绝叫，是一种天籁、一种自然、一种情不自禁的呐喊。也像飞船在太空播放的《欢乐颂》，奚落不掉的。不是吗？离离原上草，一岁一枯荣。野火烧不尽，春风吹又生。

我祝福他。“叫饥饿的得饱美食”，福音书如是说。

2001年阳春三月，写于成都

www.ingramcontent.com/pod-product-compliance
Lightning Source LLC
LaVergne TN
LVHW021945220826
846091LV00015B/4097